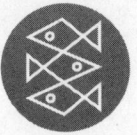

Die Fähigkeit, eine Sprache gut zu beherrschen, ist eines der größten Geschenke, das Eltern ihren Kindern machen können. Die ersten drei Lebensjahre eines Kindes sind entscheidend für die Entfaltung der Sprechfähigkeit, Intelligenz und sozialen Kompetenz. Im Rahmen ihrer Arbeit mit sprachgestörten Kindern hat Sally Ward ein effizientes Programm zur Förderung der Sprachbegabung entwickelt. Sie konnte nachweisen, dass Eltern, die regelmäßig mit ihrem Baby oder Kleinkind sprechen, dessen Drang nach sprachlichem Ausdruck seiner Gefühle, Wünsche und Erlebnisse optimal fördern. Ihr Buch enthält praktische Vorschläge für Eltern, die auf spielerische, stressfreie Weise ihr Kind bei seinem Heranwachsen unterstützen wollen. Von der Geburt bis zum Alter von vier Jahren folgen Eltern den Entwicklungsstufen ihres Kindes und optimieren Schritt für Schritt den immer größer werdenden aktiven und passiven Wortschatz, die Konzentrations- und Lernfähigkeit sowie die kindliche Phantasie beim Spielen und die Intelligenz. Tipps für altersgemäße Spielsachen und Bücher sowie eine Checkliste mit untypischen Verhaltensweisen, denen Eltern auf den Grund gehen sollten, runden diesen Ratgeber ab.

Dr. Sally Ward, selbst Mutter von drei Kindern, beschäftigte sich mehr als 20 Jahre mit der Behandlung von Sprachstörungen im Kindesalter und galt als führende Expertin auf diesem Gebiet. Sie war bis zu ihrem Tod im Juni 2002 Leiterin eines Londoner Therapiezentrums für Sprech- und Sprachstörungen, in dem Kinder aus der ganzen Welt behandelt werden.

Unsere Adresse im Internet: www.fischer-tb.de

Dr. Sally Ward

BabySprache – BabyTalk

Wie Eltern die Intelligenz ihrer Kinder
fördern können

Aus dem Englischen von Gabriele Herbst

Fischer Taschenbuch Verlag

Veröffentlicht im Fischer Taschenbuch Verlag, ein Unternehmen der
S. Fischer Verlag GmbH, Frankfurt am Main, Juni 2003
Lizenzausgabe mit freundlicher Genehmigung des Krüger Verlages,
Frankfurt am Main

Die englische Originalausgabe erschien 2000 unter dem Titel ›BabyTalk‹
bei The Random House Group Limited, London ■ Copyright © Dr Sally
Ward 2000 ● Für die deutsche Ausgabe: © Wolfgang Krüger Verlag GmbH,
Frankfurt am Main 2001 ▲ Typographie: Iris Farnschläder, Hamburg ■
Druck und Einband: Clausen & Bosse, Leck ● Printed in Germany ▲
ISBN 3-15904-0

Dank

Meinem Agenten Luigi Bonomi danke ich für die Idee zu diesem Buch und meiner Lektorin Kate Parkin für ihre großartigen redaktionellen Fähigkeiten. Beiden bin ich überaus dankbar für ihre Unterstützung und ihre Ermutigung.

Mir ist bewusst, welch reichen Wissensschatz ich von meinen zahlreichen Kollegen erworben habe, durch persönlichen Kontakt und durch die Lektüre ihrer Arbeiten. Ihnen allen schulde ich Dank.

Meinen Kindern Caroline, Tim und Jonathan,
die mir unendlich viel über Sprachentwicklung
beigebracht haben.

Inhalt

Einführung

■ Meine Geschichte

Ich war schon immer *wortverliebt*, und zusammen mit einem ganz starken Interesse an Sprache und der Arbeit mit Menschen brachte mich dies dazu, mich beruflich mit Sprachheilkunde zu befassen. Sprachtherapeuten und Logopäden behandeln eine ganze Palette von Kommunikationsstörungen, angefangen von den Behinderungen erwachsener Schlaganfallpatienten bis hin zu den Problemen von Säuglingen mit Gaumenspalte. Meine Ausbildung absolvierte ich in London, dann heiratete ich und zog nach Manchester. Dort bildete ich mich auf dem verwandten Gebiet der Audiologie weiter, die sich mit der Diagnose und Behandlung von Hörstörungen befasst.

Bald danach bekam ich drei Kinder, eine Tochter und zwei Söhne, von denen ich in den folgenden Jahren viel über Sprach- und Kommunikationsentwicklung lernte.

Von 1980 an arbeitete ich in Manchester am heutigen Mancunian Community National Health Service Trust und baute einen Beratungsdienst für Eltern von hörbehinderten Kindern im Vorschulalter auf; auch therapierte ich Kinder, die an den unterschiedlichsten Stimm- und Sprachproblemen litten. Nach einer Zeit wurde ich zur leitenden Sprachtherapeutin für Kinder mit Sprach-, Hör- und Lernschwierigkeiten ernannt und hielt Kurse über diese speziellen Fachgebiete für Sprachtherapeuten, Logopäden und andere Fachleute. Ebenso zog mich das Royal College of Speech and Language Therapists als Beraterin bei Sprachentwicklungsstörungen hinzu, sodass ich heute jedem, der in diesem Land auf dem Gebiet der Sprachheilkunde tätig ist, auf Wunsch beratend zur Seite stehen kann.

Dann erhielt ich von der regionalen Gesundheitsbehörde für den Nordwesten Gelder für ein dreijähriges Forschungsprojekt, und das Ergebnis der damit durchgeführten Studie war ein zuverlässiges Verfahren, um bei Säuglingen schon im ersten Lebensjahr ein eventuelles

Risiko einer verzögerten Sprachentwicklung festzustellen. Mit dieser und einer damit zusammenhängenden Studie, die untersuchte, wie hörbehinderte, lernbehinderte, gehörlose und autistische Kinder auf auditive Reize reagieren, promovierte ich. Danach wurde ich zur Abteilungsleiterin Sprachheilkunde mit Verantwortung für alle vom Trust betreuten sprech- und sprachbehinderten Kinder ernannt.

Aus meiner Arbeit erwuchs ein besonderes Interesse an der auditiven Wahrnehmung und Aufmerksamkeit von Kleinkindern, und ich wollte mehr darüber herausfinden, wie diese Fähigkeiten mit der Sprachentwicklung zusammenhängen. Es ergab sich die wunderbare Gelegenheit, mit meiner Kollegin Deirdre Birkett, die ich schon lange als außerordentlich fähige Sprachtherapeutin schätze, regelmäßige Förderkurse mit Vorschulkindern durchzuführen. Deirdre und ich lernten enorm viel voneinander, während wir unseren kleinen Patienten gemeinsam beim Sprechen und Kommunizieren halfen. Wir entwickelten ein äußerst effektives Programm, das ganz und gar darauf baute, den Eltern selbst Mittel an die Hand zu geben, mit denen sie die Entwicklung ihrer Kinder fördern konnten. In jedem Fall, in dem das Kind an einer Sprachschwierigkeit oder -verzögerung litt, die, wie gravierend auch immer, nicht mit Taubheit, Autismus, Störungen der neuronalen Entwicklung oder allgemeiner Entwicklungsverzögerung zusammenhing, stellten wir zu unserer Freude fest, dass die Kinder ausgezeichnete Fortschritte machten, wenn die Eltern willens und in der Lage waren, täglich nur eine halbe Stunde für unser Programm aufzuwenden. Häufig erreichten die Kinder in sehr wenigen Wochen oder Monaten ein altersgemäßes Sprachverständnis und Sprechvermögen. Die Freude in den Gesichtern der Eltern, wenn ihr Kind sich verbal mitzuteilen beginnt, ist und bleibt einer der lohnendsten Momente meiner beruflichen Tätigkeit. Es dürfte daher kaum überraschen, dass uns beide unsere Interventionsmethode überzeugte und immer noch überzeugt. Weil sie das Sprechenlernen auf vergnügliche Weise im wahrsten Sinn des Wortes zum Kinderspiel macht, haben wir sie das »Sprechlern-Spaß-und-Spiel-Programm« getauft.

Viele der Kinder, die wir in Manchester therapierten, kamen aus sozial benachteiligten Familien. In der Zwischenzeit hatte ich Gelegenheit, das von uns entwickelte Programm in Familien aus vielen verschiedenen Regionen Großbritanniens quer durch das gesamte soziale Spektrum anzuwenden. Die Ergebnisse waren durchweg positiv.

■ Die Sprechlern-Spaß-und-Spiel-Studie

Deirdre und ich hatten unser Spielprogramm eigentlich für Kinder entwickelt, die bereits unter Sprachproblemen litten. Doch dann kam uns der Gedanke, dass sich damit vielleicht Sprachbehinderungen schon von vornherein verhüten ließen, wenn wir es so anpassten, dass es schon bei sehr kleinen Kindern angewandt werden konnte. Im Verlauf der Screening-Studie, bei der Deirdre als Forschungsassistentin mitwirkte, hatten wir die Familien von 373 zehn Monate alten Kindern besucht. Als Erstes fiel uns auf, dass schon auf dieser sehr frühen Stufe große Unterschiede zwischen den Kindern bestanden, nicht nur hinsichtlich ihrer vorsprachlichen Fertigkeiten, sondern auch in Bezug auf ihren allgemeinen Entwicklungsstand. Das soziale Milieu der Kinder war sehr unterschiedlich, ebenso wie viel und wie mit ihnen gesprochen wurde, und diese Faktoren schienen eng mit ihrer Sprachentwicklung zusammenzuhängen. Gegen Ende der Studie glaubten wir voraussagen zu können, bei welchen Babys wahrscheinlich eine verzögerte Sprachentwicklung eintreten würde.

Die regionale Gesundheitsbehörde bewilligte mir ein zweites dreijähriges Forschungsprojekt, um diese Vermutung zu überprüfen. Mit Hilfe des entwickelten Screening-Tests filterten wir eine Gruppe von 140 zehn Monate alten Säuglingen heraus, die Sprachentwicklungsverzögerungen in unterschiedlichem Maße von sehr leicht bis gravierend aufwiesen. Diese Kinder teilten wir in zwei Gruppen ein, die hinsichtlich der Sprachentwicklung, der allgemeinen Entwicklung und des sozialen Hintergrunds übereinstimmten. In der einen Gruppe wurde das Programm angewandt, in der anderen, die als Kontrollgruppe diente, nicht. Im Verlauf der folgenden vier Monate besuchten Deirdre und ich die Gruppen, die an unserem Spielprogramm teilnahmen, viermal und sprachen mit den Eltern über verschiedene Besonderheiten ihres Lebens, etwa über die übliche Geräuschkulisse und die Fernsehgewohnheiten und darüber, wie viel und in welcher Weise sie mit den Säuglingen sprachen. Dann baten wir sie, eine halbe Stunde pro Tag für unser Sprechlern-Spaß-und-Spiel-Programm zu erübrigen.

Es freute uns sehr, dass die Sprechlern-Spaß-und-Spiel-Babys, genau wie die Kleinkinder in unseren Fördermaßnahmen, sehr rasche Fortschritte in der Sprachentwicklung machten und alle, die das Programm vollständig durchlaufen hatten, in weniger als vier Monaten zu ihren sich normal entwickelnden Altersgenossen aufgeschlossen hatten. Überdies berichteten uns die Eltern, wie viel Vergnügen ihnen und den Kindern das Programm bereitet hatte, worüber wir natürlich sehr froh waren.

Die Sprechlern-Spaß-und-Spiel-Kinder mit drei Jahren

Äußerst wichtig war natürlich zu wissen, ob die Wirkungen des Sprechlern-Spaß-und-Spiel-Programms von Dauer waren. Aus diesem Grund verfolgten wir beide Gruppen bis zum Alter von drei Jahren.

Wir wählten dieses Alter, weil mehrere Studien vorliegen, die dreijährige Kinder mit verzögerter Sprachentwicklung über mehrere Jahre weiterverfolgten, manche sogar bis ins Erwachsenenalter. Alle diese Studien ergaben, dass viele dieser Kinder weiterhin Probleme mit dem Sprechen und der Sprache hatten und bei einer beträchtlichen Anzahl in der Folge Schulschwierigkeiten auftraten.[1-5]

Als wir unsere Kinder im Alter von drei Jahren betrachteten, erstaunten uns die Ergebnisse sehr. 85 Prozent der Gruppe, die nicht in den Genuss des Sprechlern-Spaß-und-Spiel-Programms gekommen war, zeigten immer noch eine verzögerte sprachliche Entwicklung, in einigen Fällen in gravierendem Maße. Im Gegensatz dazu waren fast alle, die das Programm mitgemacht hatten, auf einem normalen Entwicklungsstand. Viele Kinder, die aus einem sozial schwachen Innenstadtbezirk kamen, wiesen sogar einen Sprachentwicklungstand *über* dem ihrer Altersgenossen auf. (Nur drei, die allesamt mit schwierigen Lebensumständen zu kämpfen hatten, lagen unter dem altersgemäßen Niveau.) Einige Kinder wiesen ein Sprachverständnis und einen Satzbau auf, wie er normalerweise erst bei viereinhalbjährigen Kindern vorkommt! Diese Kinder vermochten sehr lange und komplizierte Sätze zu verstehen und sich erstaunlich gewandt auszudrücken. Ein kleiner Junge namens John etwa konnte mit seinen gerade mal drei Jahren enorm langen Sätzen folgen wie »Geh und hol die dicken Wachsmalstifte und gib sie Billy, damit er sie an die Mädchen austeilt.« Normalerweise versteht erst ein viereinhalbjähriges Kind solche Sätze. Ebenso leicht fiel es ihm, eingehend über sein Interesse an Dinosauriern zu sprechen und dabei Worte wie »ausgestorben« zu benutzen. Beträchtliche Unterschiede zeigten sich auf dieser Stufe auch in der Spielfähigkeit und den Konversationsfertigkeiten der Kinder.[6]

Wie diese Ergebnisse andeuteten, hatte eine Veränderung von sozialen Faktoren und vom sprachlichen Umgang mit Säuglingen nicht nur eine tief greifende präventive Wirkung für Sprachschwierigkeiten, sondern half auch Kindern, deren Entwicklung hinter der ihrer Altersgenossen nachhinkte, Rückstände aufzuholen. Die Ergebnisse waren so aufregend, dass wir beschlossen, die Entwicklung beider Kindergruppen weiterzuverfolgen, und zwar bis zum Alter von sieben Jahren.

Die Sprechlern-Spaß-und-Spiel-Kinder mit sieben Jahren

Wir zogen zwei Psychologen hinzu und baten sie, unsere beiden Gruppen zu begutachten, sagten ihnen aber nicht, welche Kinder an dem Spielprogramm teilgenommen hatten und welche nicht. Sie benutzten standardisierte psychometrische Tests einschließlich der Intelligenztests, die hierzulande bei Kindern dieses Alters am häufigsten verwendet werden.[7-9]

Wiederum kam diese Untersuchung zu verblüffenden Ergebnissen. Nur vier Kinder in der Sprechlern-Spaß-und-Spiel-Gruppe wiesen eine verzögerte Sprachentwicklung auf, dagegen zwanzig Kinder in der Kontrollgruppe. Sowohl in ihrem Verständnis komplexer Sätze als auch in den Satzstrukturen, die sie benutzen konnten, waren die Sprechlern-Spaß-und-Spiel-Kinder der Kontrollgruppe um durchschnittlich ein Jahr und drei Monate voraus. Manche von ihnen wiesen einen Sprachentwicklungsstand auf, wie er für Zehneinhalbjährige typisch ist! Die Lesefähigkeit der Sprechlern-Spaß-und-Spiel-Kinder zeigte ebenfalls einen Vorsprung von durchschnittlich einem Jahr und drei Monaten.

Dieselben Ergebnisse erbrachte ein Wortschatztest, der interessanterweise der beste Vorhersagefaktor für Intelligenz ist.[10] Die Kinder, die am weitesten voraus waren, verstanden Wörter wie »Katastrophe«, »Ausstellung«, »Fragment« und »Vorlesung«, mit denen Kinder unter zehneinhalb Jahren in aller Regel nichts anfangen können.

Das spannendste Ergebnis überhaupt war jedoch ein beträchtlicher Unterschied in der allgemeinen Intelligenz zwischen den beiden Gruppen. Der durchschnittliche IQ der Sprechlern-Spaß-und-Spiel-Gruppe lag im oberen Drittel der Gesamtgruppe. Ein Drittel bis ein Viertel dieser Kinder zählte zur Gruppe der überdurchschnittlich Begabten. Dagegen lag der Durchschnitts-IQ derjenigen, die nicht an dem Programm teilgenommen hatten, im unteren Drittel der Gesamtgruppe, nur ein Kind war überdurchschnittlich begabt.

Diese Unterschiede spiegelten sich auch in den staatlich vorgeschriebenen *Standard Attainment Tests* (SATs), Schulleistungstests, an denen alle britischen Kinder zwischen sieben und elf Jahren teilnehmen müssen. Alle Sprechlern-Spaß-und-Spiel-Kinder erzielten Normwerte oder lagen darüber, während ein Drittel der anderen Gruppe die Kriterien nicht erfüllte.

Auch hinsichtlich der emotionalen und verhaltensmäßigen Entwicklung, der sozialen Fertigkeiten und der Konzentrationsfähigkeit bestanden deutliche Unterschiede zwischen den beiden Gruppen. Die Psychologen, die die Tests durchführten, schrieben oftmals Bemerkungen auf die Testbögen der Sprechlern-Spaß-und-Spiel-Kinder wie »ausgezeichnete Konzentrationsfähigkeit«, »zuvorkommendes und freundliches Betragen« und »er ist sehr nett und drückt sich überaus gewandt und gut aus«. Umgekehrt fanden sich auf den Bögen von mehr als einem Drittel der anderen Gruppe Bemerkungen wie: die Kinder seien sehr leicht ablenkbar und benötigten viele Pausen, um die Aufgaben zu Ende zu bringen. Am traurigsten waren Kommentare zu einigen Kinder aus dieser Gruppe, dass sie sich von der Situation sichtlich unter Druck gesetzt fühlten und große Angst vor einem Versagen hätten, was ihnen offensichtlich vertraut war. Den meisten der Sprechlern-Spaß-und-Spiel-Kinder dagegen schien die Sache viel Spaß zu machen. Eine Bemerkung, die mehrere Eltern von Sprechlern-Spaß-und-Spiel-Kindern machten, bereitete uns besondere Freude:»Er beteiligt sich jetzt so selbstsicher am Gespräch« war häufig zu hören. Ähnliche Aussagen machte sogar ein Fernsehteam, das im Rahmen der Dreharbeiten über die Ergebnisse einige der Kinder interviewte. Der Kameramann war ganz verblüfft, wie sich ein kleiner Junge mit ihm unterhielt, nachdem ihm seine Mutter erlaubt hatte, mit den Fernsehleuten zu reden; er stellte Fragen über ihre Ausrüstung und verglich diese mit der Kamera seines Vaters. Die Leute waren so beeindruckt, dass sie ihn das Schlusswort für die Sendung sprechen ließen.

Unsere nun unabhängig überprüften Ergebnisse veranlassten uns zu der Schlussfolgerung, dass das Spielprogramm, das zur Prävention von Problemen entwickelt worden war, sich auch zur Förderung der Entwicklung aller Kinder eignete. Es hatte sich erwiesen, dass man Eltern dazu anleiten konnte, das Sprechlern-Spaß-und-Spiel-Programm von Geburt ihrer Kinder an einzusetzen, um jedem Kind die Möglichkeit zu geben, sich bestmöglich zu entfalten.

Die Studien zogen mehrere Veröffentlichungen in Fachzeitschriften und Vorträge auf nationalen und internationalen Konferenzen nach sich und riefen eine beträchtliche Nachfrage nach Fortbildungen über den Screening-Test und das Sprechlern-Spaß-und-Spiel-Programm hervor, sowohl in Logopäden- wie anderen Fachkreisen. Gegenwärtig erforsche ich die Aufmerksamkeitsentwicklung von Säuglingen, hoffe jedoch, daneben die klinische Arbeit weiterhin fortsetzen zu können: Im Umgang mit den Kindern und ihren Eltern liegt für mich immer noch der befriedigendste Teil der Arbeit.

Wie sich Sprache entwickelt

Obwohl wir wissen, dass Kinder, deren Sprachentwicklung nicht dem altersgemäßen Stand entspricht, ein sehr hohes Risiko für schulische, soziale und emotionale Probleme tragen, haben wir noch keine endgültige Antwort auf die Frage gefunden, wie es das hilflose Neugeborene schafft, die Sprache in nur vier Jahren im Wesentlichen zu beherrschen.

Die älteste Theorie[11] über diesen ans Wunderbare grenzenden Vorgang nahm an, dass das Baby Zufallslaute hervorbringt und die Erwachsenen in seiner Umgebung diese »formen«, indem sie das Kind für diejenigen Laute belohnen, die Wörtern am nächsten kommen. Wenn beispielsweise das Baby häufig »mama« lallt, erscheint vielleicht jedes Mal seine Mutter, und das Kind verknüpft schließlich das Wort mit der Person. Der große Linguist Chomsky wies jedoch diese Ansicht in den fünfziger und sechziger Jahren zurück.[12,13] Er vertrat den Standpunkt, dass Kinder mit einer angeborenen Fähigkeit zum Spracherwerb auf die Welt kommen und wenn sie Sprache hören, automatisch etwas zu benutzen beginnen, was er als »Spracherlernungsmechanimus« bezeichnete. Mit diesem Spracherlernungsmechanimus erfassen Kinder die Bedeutung des Gehörten und setzen später selbst Sätze zusammen. Chomsky war der Ansicht, dass es nur eine untergeordnete Rolle spielte, wie viel Sprache das Kind hörte und in welcher Weise Erwachsene mit ihm sprachen. Chomsky hat seine Vorstellungen weiterentwickelt und glaubt heute, dass wir mit einem angeborenen Vorwissen über Grammatik zur Welt kommen. Zu diesem Wissen gehört beispielsweise, dass Substantive und Verben aufeinander bezogen sind: So ist der Satz »Der Junge springt« korrekt, ebenso »Das Mädchen springt«; die Sätze »Der Junge springe« und »Die Mädchen springt« aber nicht.[14] Diese Theorie geht immer noch davon aus, dass die Sprachentwicklung nur aufgrund eines solchen angeborenen Wissens möglich ist und dass das Ausmaß und die Art der gehörten Sprache wenig Bedeutung haben.

Pinker, ein anderer bedeutender Linguist, der neuere Arbeiten veröffentlicht hat,[15] vertritt ebenfalls die Ansicht, dass Kinder von Beginn ihres Lebens an eine Kenntnis derjenigen verschiedenen Wortarten und ihrer Rolle in der Sprache besitzen, die in allen Sprachen gleich sind. Das kleine Kind weiß beispielsweise, dass alles, was ein Ereignis verursacht, das Subjekt des Satzes ist. Wenn es etwa sieht, wie die Katze eine Vase umstößt, und seine Mutter sagen hört: »Diese ungezogene Katze«, dann nimmt es zu Recht an, dass die Katze die Ursache des Ungemachs und daher das Satzsubjekt ist.

Es herrscht immer noch keine völlige Einhelligkeit über die Art dieses angeborenen Wissens, doch allgemeiner Konsens ist, dass ein angeborenes Wissen oder ein Mechanismus notwendig ist, um die erstaunliche Schnelligkeit zu erklären, mit der Säuglinge Sprache lernen.

Sehr umstritten ist immer noch, in welchem Ausmaß solche Mechanismen für Umwelteinflüsse empfänglich sind. Chomsky und Pinker schreiben ihnen nur geringes Gewicht zu, doch andere namhafte Forscher[16-18] heben die entscheidende Bedeutung der sozialen Interaktion und der sozialen Anregung für den Spracherwerb hervor. Ihrer Ansicht nach erwerben Kinder die frühesten sprachlichen Fertigkeiten durch die sinnvolle und aktive Auseinandersetzung mit den Menschen in ihrem Umfeld. Sie räumen ein, dass wir in gewisser Weise für Sprache vorprogrammiert sind, sehen jedoch ihren Erwerb als in höchstem Maß abhängig von dieser Interaktion des Kindes und seiner Umwelt, insofern die Art Sprache, die das Kind hört, die Weichen dafür stellt, ob das Kind seine Anlagen entfalten kann.

Diese Ansicht stützen Studien, die den Zusammenhang zwischen der Anregung durch Erwachsene sowie dem Tempo und Verlauf der Sprachentwicklung untersuchen. Viele dieser Studien wurden in den siebziger Jahren durchgeführt. Sie sollten überprüfen, ob Chomsky mit seiner Behauptung Recht hatte, dass es einen »Spracherlernungsmechanismus« geben müsse, weil die von Erwachsenen Kindern gegenüber benutzte Sprache zu komplex, desorganisiert und abweichend sei, als dass der Spracherwerb anders vonstatten gehen könne. (Es schien, als hätte Chomsky nicht allzu viel Kontakt mit Babys und Kleinkindern gehabt, da die meisten Erwachsenen intuitiv wissen, dass sie mit ihnen nicht so sprechen wie mit ihren Freunden.)

Obwohl auf der Hand liegt, dass bestimmte sprachliche Meilensteine relativ unabhängig von Umwelteinflüssen erreicht werden (gehörlose Kinder beginnen zum selben Zeitpunkt zu plappern wie hörende, und das Alter, in dem sie das erste Wort zustande bringen, ist bei Kindern aus fördernden und benachteiligten Familienverhältnissen gleich), besteht kaum ein Zweifel, dass die Einflüsse des Umfeldes die zukünftige sprachliche und soziale Entwicklung entscheidend mitbestimmen. So ist ausreichend belegt, dass das Ausmaß, in dem mit einem Kleinkind gesprochen wird, positiv mit seiner Sprachentwicklung korreliert; das heißt, je mehr man mit ihm spricht, desto schneller erlernt es die Sprache.[19, 20] Auch der Sprachgehalt wirkt sich nachgewiesenermaßen tief greifend auf den Spracherwerb aus.[21, 22] Überdies belegen etliche Studien, dass Babys und Kleinkinder eine deutliche Vorliebe für eine bestimmte Art des Sprechens zeigen, dieser aufmerksamer zuhören und infolgedessen mehr lernen.[23] Zudem zeigten Untersuchungen, dass der Erwerb eines bestimmten Wortschatzes und bestimmter grammatischer Strukturen mit der sprachlichen Anregung zusammenhängt, die die Kinder erhalten.[24]

In Deirdres und meiner gesamten klinischen und wissenschaftlichen Arbeit spielte und spielt die Veränderung der Art und Weise, wie die Eltern mit ihren Kindern sprechen, eine entscheidende Rolle für deren oft dramatische Fortschritte. Sie bildet infolgedessen einen zentralen Bestandteil des Sprechlern-Spaß-und-Spiel-Programms.

Zusammenfassend kann man sagen, dass wir zwar sehr wahrscheinlich über einen angeborenen Spracherlernungsmechanismus verfügen, aber stichhaltig nachgewiesen ist, dass die Art und Weise, wie wir mit Kindern sprechen, einen ganz beträchtlichen Einfluss auf ihre Sprachentwicklung ausübt – wie Sie im Verlauf des Programms selbst erleben werden. Lenneberg, ein Biologe, der in den sechziger Jahren schrieb, kam ebenfalls zu dieser ausgewogenen Position. Seiner Ansicht zufolge sind Säuglinge in derselben Weise biologisch darauf programmiert, Sprache zu entwickeln, wie das Verhalten von Tieren programmiert ist. Damit dies aber in zufrieden stellender Weise gelingt, muss der Organismus intakt sein und die Umwelt in angemessenem Umfang Anregung der richtigen Qualität liefern.[25] Dies gilt interessanterweise auch in Bezug auf andere Spezies. Die

Grundmelodie des Gesangs des Buchfink beispielsweise scheint angeboren zu sein, da auch isoliert aufgezogene Vögel sie singen. Damit sich jedoch der voll ausgebildete Gesang entwickelt, muss der Jungvogel die Lieder erwachsener Tiere als Vorbilder hören.[26]

Das Ergebnis der Sprechlern-Spaß-und-Spiel-Studien stützt diese ausgewogene Ansicht in hohem Maße. Ich kann Ihnen helfen, Ihrem Baby zu helfen, sein schönstes Lied zu singen!

■ Warum die Entwicklung manchmal schief läuft

Die Sprache unterscheidet den Menschen von allen anderen Geschöpfen und an ihrer Bedeutung für unsere Gesellschaft und Kultur kann es keinen Zweifel geben. Trotz dieser wunderbaren Fähigkeit zu sprechen haben wir jedoch oft große Schwierigkeiten, uns miteinander zu verständigen. Ich fand es bemerkenswert, dass mir kürzlich eine befreundete Tierärztin erzählte, dass fast alle Zweitkonsultationen, um deretwillen man sie aufsucht, nicht in einer falschen Diagnose, sondern in mangelhafter Kommunikation begründet sind. Wir spekulierten dann darüber, wie viele Kriege und andere gravierende Konflikte wohl auf solchen Missverständnissen beruhen.

Es liegt also auf der Hand, dass kaum etwas wichtiger sein kann als zu gewährleisten, dass unsere Kinder die bestmöglichen Kommunikationsfertigkeiten erwerben, die wir ihnen vermitteln können. Dennoch gelten Sprachentwicklungsstörungen als die häufigsten Beeinträchtigungen in der Kindheit[27] und betreffen Schätzungen zufolge bis zu zehn oder mehr Prozent aller Siebenjährigen, in sozial benachteiligten Bezirken noch weitaus mehr.[28-31]

Sie fragen sich vielleicht, warum das so ist. Sprachentwicklungsstörungen sind die unvermeidliche Folge von Lernschwierigkeiten, Autismus und Hörbeeinträchtigungen. Sie können auf bestimme Probleme in der neuronalen Entwicklung zurückgehen, etwa auf expressive und/oder rezeptive Sprachbeeinträchtigungen, Störungen der motorischen Fertigkeiten (Dyspraxie) und Aufmerksamkeits- und Hyperaktivitätsstörung (ADHD), die in Anhang I (siehe S. 369) diskutiert werden. Probleme bei der Produktion von Sprachlauten gibt es bei Defekten wie Gaumenspalte und Störungen der Innervation von Lippen, Zunge und Gaumen.

In Bezug auf die zahlreichen ansonsten völlig normalen Kinder jedoch, die das Gros der sprech- und sprachbeeinträchtigten Kinder ausmachen, sind Deirdre und ich seit langem zu der Überzeugung gelangt, dass die Sprachentwicklungsstörung aus einem Missverhältnis zwischen der Sprache, mit der das Kind angesprochen wird, und dem Niveau entweder seines Sprechvermögens oder häufiger seines Sprachverständnisses resultiert. Erwachsene passen ihre Sprache in der Regel automatisch dem Alter und der Größe von Kindern an, und wenn ein Kleinkind hinter seiner Altersgruppe zurückbleibt, insbesondere im Sprachverständnis, was aus verschiedenen Gründen geschehen kann, dann entsteht sehr leicht ein solches Missverhältnis. Beispielsweise treten, bedingt durch Erkältungskrankheiten, im Säuglings- und Kleinkindalter sehr häufig Phasen zeitweiligen Hörverlustes auf, was sehr leicht dazu führen kann, dass das kleine Kind Probleme mit dem Hören hat und dieses deshalb ganz lässt, was sich wiederum auf sein Sprachverständnis auswirkt. Auch eine längere Krankheit des Kindes oder der Mutter kann dieses Problem hervorrufen, ebenso wie viele der Belastungen und Anforderungen, die das Leben mit sich bringt, etwa ein erforderlicher Umzug, möglicherweise an einen Ort, an dem die Eltern von jeder Unterstützung durch den erweiterten Familienverband abgeschnitten sind.

> Es ist jedoch von allergrößter Bedeutung, sich klarzumachen, dass dies nur in den sehr seltenen und tragischen Fällen von Missbrauch oder schwerer Vernachlässigung als Verschulden der Eltern bezeichnet werden kann.

Ich lasse in dieser Hinsicht nicht an meiner Meinung rütteln, denn ich habe allzu viele Eltern darunter leiden sehen, dass sie sich wegen etwas Vorwürfe und Schuldgefühle machen, von dem ich felsenfest überzeugt bin, dass es ihnen in keiner Weise anzulasten ist.

■ Ist Intelligenz nicht von Geburt an festgelegt?

Schon seit dem 18. Jahrhundert wird genau wie über die Frage des Spracherwerbs eine breite Debatte darüber geführt, ob die menschliche Intelligenz ausschließlich auf genetischen Grundlagen beruht oder ob sie durch Erfahrung und Lernen beeinflusst wird. Allerdings stimmen die Wissenschaftler heutzutage darin überein, dass das Baby nicht als genetisch vorprogrammierter Automat zur Welt kommt, und richten ihr Augenmerk auf die vielfältigen Wechselbeziehungen zwischen genetischer Prädisposition und Umweltbedingungen. Wir wissen heute, dass schon zwölf Wochen nach der Empfängnis Schübe koordinierter neuronaler Aktivität auftreten, die die Organisation des Gehirns verändern. Dieselben Prozesse, die die Verschaltungen des Gehirns vor der Geburt beeinflussen, stecken auch hinter den erstaunlich schnellen Lernprozessen, die danach stattfinden. Das Gehirn des Säuglings besitzt bei der Geburt praktisch alle Nervenzellen, über die es jemals verfügen wird, doch das Verschaltungsmuster ist zu diesem Zeitpunkt noch nicht festgelegt. Die Information, die der Säugling mit seinen Sinnen aufnimmt, ruft neuronale Aktivität hervor, und fast unmittelbar nach der Geburt beginnen sich zahllose Verknüpfungen zu formen. (Ein neuerer Bericht fasst aktuelle Arbeiten darüber zusammen.) [32]

Die frühesten Jahre, insbesondere die ersten drei, sind daher eine Zeit ungeheurer neuronaler Plastizität, in der die Entwicklung der neuronalen Schaltkreise auf angemessene Anregung angewiesen ist. Diese Anregung bestimmt daher entscheidend über die zukünftige Entwicklung mit. Im Alter von zwei Jahren verfügt das Gehirn des Kleinkindes über doppelt so viele Synapsen und verbraucht doppelt so viel Energie wie ein Erwachsenengehirn. Die Verknüpfungen, die in dieser Zeit gebahnt und nicht weiter benutzt werden, werden nach dem Alter von zehn Jahren allmählich aufgelöst.

Es überrascht daher nicht, dass ein Mangel an Anregung sich genauso verheerend auf die Entwicklung auswirken kann wie sensorische Deprivation, was zahlreiche Forschungsarbeiten belegen. Die tragischen Folgen bei vielen rumänischen Waisenkindern bestätigen, dass Reizmangel die Intelligenz irreversibel beeinträchtigt. Zu Beginn dieses Jahrhunderts, als man noch nicht so viel über Kinderpflege und -betreuung wusste, zeigte sich, dass Säuglinge in Heimen, die zwar körperlich gut versorgt wurden, jedoch sonst kaum Ansprache von Erwachsenen erfuhren, vom Alter von drei Monaten an irreversibel in ihrer Entwicklung zurückblieben.

Andere Studien, die die immens nachhaltigen Auswirkungen einer frühen Anregung auf die geistige Entwicklung erhärteten, führten in den Vereinigten Staaten zur Einrichtung des Förderprogramms Headstart und in anderen Ländern zu ähnlichen Maßnahmen, die die Chancen sozial benachteiligter Kinder vergrößern sollten. Diese Programme setzen im Kindergarten bei den Dreijährigen an, eröffnen ihnen vielfältige Spielmöglichkeiten und sprachliche Förderung, und viele der Kinder profitieren eindeutig davon. Bemerkenswerterweise vertreten viele Fachleute, die mit diesen Programmen zu tun haben, heute die Ansicht, dass sie, wenn sie erst mit drei Jahren beginnen, zu wenig zu spät bieten.

Es besteht kein Zweifel, dass es von Anfang an reale Unterschiede bei der angeborenen Intelligenz gibt. Schließlich können wir nicht alle Einsteins sein. Klar ist jedoch auch, dass der IQ nicht ein für alle Mal festgelegt ist und dass Anregung durch die Umwelt in den Frühphasen des Lebens tief greifende Veränderungen bewirken kann. Und möglicherweise liegt die bedeutsamste davon in einer Förderung der Sprachentwicklung. Die Sprache ist unser Hauptwerkzeug des Denken, und infolgedessen hängen Sprache und Denken ganz eng miteinander zusammen. Zwar besteht auch hier keine völlige Übereinstimmung unter den Psychologen über das Ausmaß und die Natur dieses Zusammenhangs, unbestritten ist jedoch, dass er sehr stark ist.

Die Forschung zeigt nachhaltiges Interesse an der Frage, inwiefern diese beiden Bereiche sich überschneiden. Die meisten Theoretiker sind der Ansicht, dass sowohl die kognitive als auch die sprachliche Entwicklung auf dem Entdecken beruhen, also darauf, dass das Kind die Objekte, Ereignisse und Personen in seiner Umwelt erkunden kann, und es liegt auf der Hand, dass die beiden Bereiche sich wechselseitig durchdringen. Das Kleinkind muss beispielsweise bestimmte Stufen der kognitiven Entwicklung erreicht haben, um sich Wörter aneignen zu können. Es muss erst über die Vorstellung verfügen, dass Objekte weiter existieren, wenn sie nicht mehr zu sehen sind, bevor es sie benennen kann. Umgekehrt liegt auf der Hand, dass die kognitive Entwicklung durch Sprache sehr stark gefördert wird. Stellen Sie sich vor, wie das ganz kleine Kind herauszufinden versucht, an welche Stelle die Teile eines Puzzles gehören. Eine erwachsene Person, die ihm sprachliche Hinweise gibt wie »Dreh es« oder »Es ist zu klein«, versetzt das Kind in die Lage, das Gelernte auf andere Situationen zu übertragen. Zudem wird die Begriffsbildung durch das Nennen eines verbalen Etiketts deutlich erleichtert. Wenn das Baby beispielsweise das Wort »Katze« anfangs nur mit dem Haustier der Familie in Verbindung gebracht hat, so lernt es durch den Gebrauch des Wortes »Katze« in anderen Situationen bald, den Begriff auf jede beliebige Katze in jeder beliebigen Situation anzuwenden. Noch später können Kinder Sprache benutzen, um ihre Aktivitäten zu planen und zu besprechen, bevor sie sie wirklich in die Tat umsetzen. Von Vierjährigen beispielsweise kann man Sätze hören wie »Erst bist du an der Reihe, und dann bin ich an der Reihe« oder »Wenn wir im Park gewesen sind, spiele ich glaube ich mit meinem Meerschweinchen«.

Die Sprache hilft uns allen, etwas zu behalten und Informationen zu geben und aufzunehmen. Im Alter von viereinhalb Jahren ist die Sprache voll verinnerlicht und kann wie im Erwachsenenalter als Handlungsersatz verwendet werden; sie dient dann als Abkürzung auf dem Weg vom Problem zu einer Lösung. Das Kind ist beispielsweise imstande, erst darüber nachzudenken, wie ein Puzzle gelegt werden muss, wie es die Teile anordnen und bewegen muss, bevor es sich tatsächlich daranmacht. Die Sprache wird zum Schlüsselfaktor, um die Welt zu verstehen, und sie bleibt es das ganze Leben lang.

▪ Der Ansatz des Sprechlern-Spaß- und-Spiel-Programms

Das Sprechlern-Spaß-und-Spiel-Programm zielt darauf ab, die Fundamente für alles spätere Lernen zu legen. Zu diesen Grundlagen gehören nicht nur Sprachverständnis und Sprechvermögen, sondern auch Hören, Aufmerksamkeit und Spiel. Viele Menschen wissen nicht, dass diese Fertigkeiten sich stufenweise entwickeln, geschweige denn, wie viel man dazu beitragen kann, dass Säuglinge und Kleinkinder diese Stufen leichter und mit größerem Nutzen bewältigen.

Das konkrete Vorgehen ist immer der jeweiligen Entwicklungsstufe angemessen und für Eltern wie Kind völlig stressfrei. Obwohl es ein solides Fundament in einer umfassenden klinischen Erfahrung, der linguistischen Theorie und der allerneuesten Forschung besitzt, ist es auch fest im natürlichen Austausch verwurzelt. Zu keiner Zeit werden künstliche Lehr- und Lernsituationen erzeugt: Das Sprechlern-Spaß-und-Spiel-Programm fügt sich nahtlos in den normalen, entspannten Tagesablauf Ihres Kindes ein.

Gegenwärtig ist man sehr besorgt über die wachsende Zahl von Kindern mit Schreib- und Rechenschwierigkeiten. Kürzlich berichtete mir eine Lehrerin an einer großen Gesamtschule, wie entsetzt sie darüber war, dass mehr als die Hälfte der elfjährigen Kinder nicht altersentsprechende Lesefertigkeiten aufweist. Es gibt Ansätze, diesem Besorgnis erregenden Problem gegenzusteuern, und zwar durch eine Frühförderung mit Schwergewicht auf Zahlen, Farben, Formen und dem Alphabet. Dieser Ansatz ist höchst umstritten; manche Pädagogen halten ihn für verfehlt. Es gibt zunehmend Indizien dafür, dass dieser »Frühbeetansatz« die Kinder nicht nur unter Stress setzt, sondern bei vielen eben das Problem verursacht, das es zu verhüten sucht, da es bei den Kindern, die für einen solchen Unterricht noch nicht bereit sind, Ängste und Aversionen erzeugt.

Dementsprechend habe ich in meiner therapeutischen Arbeit neuerdings oft mit Kindern zu tun, die in einem zu frühen Alter – wenn sie noch nicht verstehen, was von ihnen verlangt wird – darauf »trainiert« wurden, Sprachlaute »korrekt« wiederzugeben. So verstehen sie nur, dass die Art und Weise, wie sie sich verständlich zu machen suchen, nicht gut genug ist. Infolgedessen werden sie zu ängstlichen, deprimierten und praktisch stummen Kindern.

> Jasper, gerade dreieinhalb Jahre alt, wurde von seiner aufs äußerste besorgten Mutter zu mir gebracht, um die intensive Arbeit an seiner Sprachlautartikulation fortzusetzen, die während des vergangenen Jahres in einer anderen Gegend des Landes durchgeführt worden war. Der kleine Kerl lugte mich unter seinem Pony hervor an, und es war klar, was er beschlossen hatte: Reden war auf keinen Fall angesagt. Seine Mutter berichtete mir, dass er jetzt nur noch zu Hause sprach und selbst dort immer schweigsamer wurde. Sie war sich bewusst, dass er seine logopädischen Sitzungen hasste und er offensichtlich genau wusste, dass er ein Sprachproblem hatte, doch ihr war versichert worden, die Therapie sei nötig. Ich machte sie auf das Sprechlern-Spaß-und-Spiel-Programm aufmerksam, schickte sie und ihren Sohn nach Hause und empfahl ihr, die Logopädie zu vergessen. Einige Wochen später rief sie mich an und erzählte mir, dass sich zu ihrer großen Freude nicht nur Jaspers Ausspracheprobleme wie von selbst gegeben hatten, sondern dass sie wieder einen Sohn hatte, der herrlich aus sich herausging und schwatzte wie ein Wasserfall!

Eltern, die das Sprechlern-Spaß-und-Spiel-Programm anwenden, brauchen sich nicht mit Sorgen oder Schuldgefühlen wegen einer Berufstätigkeit zu plagen, und sie brauchen auch nicht zu befürchten, dass sie ungeheuer viel Zeit für die bestmögliche Entwicklung ihrer Kinder aufbringen müssten. In den kritischen frühen Entwicklungsstadien hat eine geringe Dosis des »absolut richtigen« Reizes ungeheure Wirkungen. 30 Minuten am Tag genügen; auch werden Sie feststellen, dass einige Empfehlungen des Spielprogramms sich ganz natürlich und mühelos in alltägliche Lebenssituationen einbauen lassen.

> Werfen Sie eventuelle Schuldgefühle
> wegen Ihrer Berufstätigkeit über Bord!

Sie werden sehen, dass sich die Anforderungen an Sie beträchtlich ändern, je größer Ihr Kind wird, und damit beispielsweise auch Ihre Rolle und die von Büchern und Spielen. Ich hoffe, Sie sind sich bewusst, dass Sie die Entwicklung Ihres Babys durch Ihre Bemühungen bereichern, und wissen immer genau, wie Sie ihm am besten helfen können. An welchem Punkt Sie auch beginnen mögen, ich hoffe, dass Sie und Ihr Baby oder Kleinkind bei dem Spielprogramm viel Spaß miteinander haben.

■ Ein ganz wichtiger Hinweis für Eltern

Die Stufen der normalen Entwicklung sind hier umrissen, damit Sie die Entwicklung Ihres kleinen Kindes verfolgen und sich darüber freuen können. Sie sollen auch sehen, dass das Spielprogramm auf die jeweils erreichte Stufe eingeht – aber nicht, um Ihr Kind zu »testen«! Die normale Entwicklung hat eine sehr große Variationsbreite, die nicht nur in der Umwelt, sondern auch im genetischen Erbe des Babys sowie im Zusammenspiel verschiedener Entwicklungsaspekte gründet. Ein Baby, das beispielsweise früh laufen lernt, ist höchstwahrscheinlich mit dem Lernen von Wörtern später dran und tut sich vielleicht schwerer mit bestimmten Spielen. Ihr Kind wird sich, wie alle anderen auch, nach seinem ganz individuellen Muster entwickeln.

> **Hüten Sie sich davor, Ihr Kind zu »testen«!**
> Zwischen Beobachten und Registrieren einerseits und Überprüfen andererseits besteht ein großer Unterschied. Letzteres kann
> Sie dazu verführen, Ihr kleines Kind zu drillen, statt im Gegensatz dazu behutsam Bedingungen zu schaffen, unter denen es seine Möglichkeiten voll ausschöpfen kann.

Allgemein gesagt gilt für jeden der hier angesprochenen Entwicklungsaspekte, dass Grund zur Sorge äußerst unwahrscheinlich ist, solange Ihr Kind nicht weiter zurück ist als:

- mehr als zwei Monate im ersten Lebensjahr
- drei im zweiten
- vier im dritten oder
- sechs im vierten.

Nähere Einzelheiten finden Sie in dem jeweiligen Kapitel. Wenn Sie sich wegen irgendeines Punktes in der Entwicklung Ihres Babys oder Kleinkindes dennoch sorgen, dann klären Sie die Sache mit einem Logopäden, Kinderpsychologen oder Kinderarzt, denn es dürfte Ihnen schwer fallen, sich uneingeschränkt an Ihrem Kind zu erfreuen, wenn Sie sich in irgendeiner Weise Sorgen machen.

Zum Inhalt dieses Buches

Das Buch ist nach bestimmten Altersabschnitten in Kapitel unterteilt, vier für das erste Lebensjahr, drei für das zweite, zwei für das dritte und eines für das vierte.

In jedem Kapitel finden Sie folgende Inhalte:
- Eine genaue Darstellung der Kommunikations-, Sprech- und Sprachentwicklung auf dieser Stufe.
- Die Stufen der allgemeinen Entwicklung.
- Die Entwicklung des Hörens und der Aufmerksamkeit.
- Das Spiel auf jeder Stufe sowie Empfehlungen der geeignetsten Spielzeuge und Bücher.

Das Sprechlern-Spaß-und-Spiel-Programm ist auf jeden Altersabschnitt zugeschnitten. Es zeigt Ihnen:
- Wie Sie eine Umgebung schaffen, die der Entwicklung Ihres Babys am förderlichsten ist.
- Wie viel Sie mit Ihrem Kind sprechen sollten und worüber.
- Was Sie neben Ihrer täglichen halben Stunde tun können.

Das Programm wird anhand von Fallstudien erläutert, und in Anhang II finden Sie Antworten auf Fragen, die Eltern häufig stellen (siehe Seite 372).

Sie werden feststellen, dass sich manche Themen wie ein roter Faden durch das Programm ziehen und sich manche der empfohlenen Aktivitäten über mehrere Altersabschnitte erstrecken, zuweilen mit kleinen Abwandlungen oder aus anderen Gründen.

Möglicherweise fällt Ihnen dieses Buch in die Hände, wenn Ihr Kind die Babyzeit gerade hinter sich lässt oder schon hinter sich gelassen hat. Wenn ihm bislang irgendetwas widerfahren ist, das sich verzögernd auf seine Sprachentwicklung ausgewirkt hat, etwa Probleme mit den Ohren oder eine längere Krankheit, dann müssen Sie vielleicht feststellen, dass seine sprachlichen Fertigkeiten hinter dem altersgemäßen Stand zurückbleiben. Ist dies der Fall, dann gehen Sie zu dem Programmabschnitt, das seinem Verständnisniveau entspricht, und beginnen Sie damit. Ich hoffe, dass Sie eine rasche Verbesserung beobachten werden, aber bitte scheuen Sie sich nicht, um Überweisung zu einem Sprachtherapeuten oder Logopäden zu bitten, falls Sie dennoch irgendwelche Befürchtungen hegen.

Wenn Ihr Säugling oder Kleinkind von einem der Probleme betroffen ist, mit denen eine Sprachentwicklungsstörung einhergeht, beispielsweise Lernschwierigkeiten oder eine autistische Störung, dann wurde mit an Sicherheit grenzender Wahrscheinlichkeit eine Sprachtherapie verordnet. Das Sprechlern-Spaß-und-Spiel-Programm wird meines Erachtens zusätzlichen Nutzen bei allen möglicherweise angewandten Hilfsmaßnahmen bringen, deshalb sollten Sie mit Ihrem Logopäden darüber sprechen. Es wird mit Sicherheit hilfreich sein, während Sie auf eine Therapie warten, und es kann keinerlei Schaden anrichten.

Eine meiner Freundinnen, die einen kleinen Jungen mit Down-Syndrom hat, fragte mich, als Bennie vier Jahre alt war, ob ich glaubte, dass das Programm auch für ihn geeignet sei. Ich erwiderte, dass ich mir dessen ganz sicher sei. Ich erklärte ihr, dass sie aber nicht mit dem für sein Lebensalter gedachten Programmschritt be-

ginnen, sondern ihn ein paar Tage lang beobachten sollte, um festzustellen, wie viel er verstand, und an diesem Punkt mit dem Programm beginnen sollte. Wie sie herausfand, war das Zweijährigen-
Niveau für ihn angemessen, da er etliche Namen von Personen und
Objekten und einige kurze Sätze verstand. Sie und Bennie genossen
die gemeinsam verbrachte Zeit, und in sechs Monaten machten Ben-
nies Sprachverständnis und Sprechvermögen Fortschritte, die einer
Entwicklungszeit von sechs Monaten entsprachen. Seine aus genetischen Gründen eingeschränkte Begabung wird weitere derart
schnelle Fortschritte verhindern, doch seine Mutter glaubt jetzt
zuversichtlich, dass er seine Fähigkeiten maximal ausschöpfen wird.

Hören und Aufmerksamkeit

Sie fragen sich vielleicht, warum das Spielprogramm auch das Hören
mit einbezieht. Wir leben ein einer Gesellschaft mit immer mehr
Lärm, und als Erwachsene nehmen wir es für selbstverständlich, dass
wir Hintergrundgeräusche »ausblenden«, uns auf das konzentrieren,
was wir hören wollen, und diese Konzentration aufrechterhalten
können, solange wir das wünschen. (Halten Sie einmal einen Augenblick lang inne und lauschen Sie auf all die Geräusche und Laute, die
Sie bis jetzt überhört haben.) Diese Fähigkeit wie auch diejenige, die
Aufmerksamkeit auszurichten und aufrechtzuerhalten, entwickelt
sich in Stufen, und immer mehr Kinder schaffen es nicht, sie zu erwerben. Einer großen Anzahl Kinder mit völlig normalem Gehör
fällt das Zuhören enorm schwer. Mediziner und Lehrer gleichermaßen bringen immer öfter die Meinung zum Ausdruck, dass den Lern-
und Sprachschwierigkeiten vieler Kinder die Unfähigkeit zuzuhören
zugrunde liegt. Bezeichnenderweise erfuhr ich von einer Freundin,
deren Elfjähriger gerade auf eine weiterführende Schule gekommen
war, dass der Schulleiter in seiner Begrüßungsansprache an die Eltern
erklärte, er sei sicher, dass die Kinder allesamt ein Problem hätten,
und dieses Problem sei das Zuhören.

Kinder sind auf Erwachsene angewiesen, die die Bedingungen dafür schaffen, dass Kinder die Fähigkeit entwickeln können, aus der

vielfältigen Geräuschkulisse in ihrer Umgebung das herauszufiltern, was sie hören wollen, und diesem solange sie möchten zu lauschen. Unser Spielprogramm erklärt Ihnen, wie Sie diese Bedingungen schaffen können.

Die Entwicklung der Aufmerksamkeit wird aus den gleichen wichtigen Gründen einbezogen. Viele Menschen glauben, dass Kinder (und Erwachsene ebenso!) entweder aufmerksam sind oder nicht. In Wirklichkeit durchläuft die Entwicklung der Fähigkeit, die Aufmerksamkeit gezielt auf etwas zu richten und gerichtet zu halten oder gegebenenfalls auf etwas anderes zu richten, insbesondere in einer ablenkenden Umgebung, während der frühen Kindheit deutlich abgegrenzte Stufen.[33]

Bei sehr vielen Kindern im Schulalter hat diese Entwicklung jedoch nicht stattgefunden. Lehrer klagen zunehmend darüber, dass die Kinder sich nicht mehr auf das Unterrichtsgeschehen konzentrieren können, insbesondere in einem lauten, unruhigen Klassenzimmer.

Es liegt auf der Hand, dass in diesem Fall nicht nur der Lernprozess schwer beeinträchtigt wird; in den Frühstadien des Spracherwerbs, insbesondere auf der Stufe, auf der allmählich Wörter mit ihren Bedeutungen verknüpft werden, ist es sogar unabdingbar, dass das Kind und der Erwachsene ihre Aufmerksamkeit demselben Gegenstand zuzuwenden vermögen. Überdies gilt die Steuerung der Aufmerksamkeit traditionell als zentral für die Intelligenzleistung des Erwachsenen. Es ist belegt, dass die Fähigkeit, die Aufmerksamkeit von unwichtigen oder ablenkenden Reizen abzuwenden, eng mit der Intelligenz des Erwachsenen zusammenhängt. Wenn man aber versucht, Kinder zu Aufmerksamkeit zu »zwingen«, macht man alles nur schlimmer. Kinder brauchen vielmehr eine Hilfestellung, die sie in die Lage versetzt, die normale Stufenabfolge zu durchlaufen.

Das Sprechlern-Spaß-und-Spiel-Programm erklärt Ihnen, wie Sie erkennen können, welche Stufe Ihr Kind gerade erreicht hat, und wie Sie ihm helfen können, den Schritt zur nächsten zu bewältigen.

Das Spielen

Das Spielen besitzt einen sehr hohen Stellenwert in unserem Spielprogramm. Es ist oft als »die Arbeit der Kindheit« bezeichnet worden, da sich das Kind auf diese Art und Weise die Welt aneignet, seine sozialen Beziehungen aufbaut und sich ausdrückt. Das Spiel und die Sprachentwicklung sind untrennbar miteinander verknüpft; so bietet das Spiel den Erwachsenen das beste Medium, um Sprache einzubringen. Das Kind kann Gegenstände und Materialien erkunden und neue Erfahrungen machen, während die Erwachsenen in seinem Umfeld ihm die Wörter liefern, die zu seinen Aktivitäten gehören. Beispielsweise macht es viel mehr Spaß, einen Gegenstand aus dem Hochstühlchen fallen zu lassen, nachdem das Baby loszulassen gelernt hat, wenn ein Erwachsener jedes Mal lächelnd »weg!«, sagt.

Das frühe Spiel von Erwachsenem und Kind ist ebenfalls von sehr großer Bedeutung, weil es beiden gemeinsame Erfahrungen und Vorstellungen vermittelt und die Basis für zukünftige gemeinsame Erinnerungen liefert, die in der Folge zu wichtigen Gesprächsthemen werden. Auf späteren Stufen nimmt die Sprache nachhaltig Einfluss auf das symbolische Spiel, steigert dessen Komplexität und Reichtum, was wiederum zu einer ähnlichen Erweiterung des Spiels führt. Im Entwicklungsverlauf des symbolischen Spiels erlaubt die Sprache dem Kind, viele Alltagsabläufe »durchzuspielen«, und erweitert so sein Wissen darüber, wie seine Welt »funktioniert«. Auf noch späteren Stufen kann die Sprache dazu dienen, Probleme zu lösen und Kreativität und Phantasie zu entwickeln.

Spielerische Erfindungen stellen zudem ein ausgezeichnetes Medium zum Spracherwerb dar, wobei die Sprache wiederum dem Spiel Impulse gibt. In das Spiel mit Wasser beispielsweise lassen sich wunderbare Wörter einführen, etwa »tropfen«, »triefen« und »wischen«.

Das Spiel ist ein weiterer Entwicklungsbereich, der deutlich voneinander abgegrenzte (wenn auch sich überlappende) Stufen durchläuft. Mit Hilfe des Programms können Sie erkennen, auf welcher Stufe sich Ihr Kind gerade befindet, und auf jeder Stufe sowohl das Spiel zu sprachlichen Anregungen nutzen als auch ein differenzierteres und vergnüglicheres Spiel anzuregen.

■ Schlussbemerkung

In diesem Buch zeige ich Ihnen, wie Sie auf oftmals ganz einfache Weise das Entwicklungspotenzial Ihres Kindes maximieren können. Sie brauchen gar nicht viel Zeit dafür aufzuwenden: Schon 30 Minuten pro Tag können enorm viel bewirken. Und vor allem werden Sie feststellen, dass das Programm völlig stressfrei ist und Ihnen und Ihrem Kind viel Spaß machen wird. Sie haben die Genugtuung, ihm lebenslang wirksame Vorteile verschafft zu haben, weil Sie diese für die Entwicklung entscheidende Zeitspanne nutzten.

Die langen Jahre, in denen ich mich jetzt mit der kindlichen Sprache befasse, haben in mir die Überzeugung reifen lassen, dass Sie Ihrem Kind zu Beginn seines Lebens kein größeres Geschenk machen können als die Fähigkeit zu kommunizieren. Dieses Buch bringt Ihnen bei, wie Sie diesen Entwicklungsprozess fördern und Ihrem Kind die bestmöglichen Kommunikationsfertigkeiten mitgeben können.

Dieses Buch wendet sich nicht nur an Eltern, sondern auch an Großeltern und andere Familienangehörige, ebenso an zukünftige Kindermädchen, Erzieherinnen und Tagesmütter, im Grunde an jeden, der kleine Kinder betreut.

Ich hoffe, dass Sie beim Lesen und Umsetzen dasselbe Interesse an diesem faszinierenden Thema entwickeln werden wie ich, und vor allem hoffe ich, dass Sie und Ihr Baby viel Spaß miteinander haben werden, während Sie ihm zugleich helfen, seine Anlagen bestmöglich zu entfalten.

Sally Ward
September 1999

1

Von der Geburt bis zum dritten Lebensmonat

▲ Überblick

Ein Kind zu bekommen stellt eine der tief greifendsten Erfahrungen im Leben dar, und in den ersten Wochen gehen Sie sicher ganz in dem faszinierenden Prozess auf, Ihr Baby kennen zu lernen und es zu umsorgen. Wenn Sie Ihr erstes Kind bekommen haben, sind Sie vielleicht genauso verblüfft darüber wie ich damals, dass das ein ausgewachsener Fulltimejob ist! Und zudem einer, der an die Substanz gehen kann, insbesondere bis zu diesem wunderbaren Augenblick um die sechste Woche herum, wenn Ihr Baby – falls Sie viel Glück haben – die erste Nacht durchschläft.

Ihr Kind ist anfangs fast völlig hilflos. Es hat praktisch keinerlei Kontrolle über seinen Körper, abgesehen von der Fähigkeit, seinen Kopf automatisch der Brust oder dem Fläschchen zuzuwenden. Es schreit laut und häufig, doch in den ersten Wochen ist es schwierig herauszufinden, was ihm fehlt. Dennoch verfügt es von Anfang an über Möglichkeiten, etwas über die Welt in Erfahrung zu bringen. Es kann sehen und hören (wenn auch einige Wochen lang noch nicht so gut), und es kann schmecken und riechen. Ein weiteres wichtiges Instrument der sensorischen Wahrnehmung ist seine Haut, die ihm vielfältige Botschaften aus der Außenwelt übermittelt, insbesondere die von Wärme, menschlichem Kontakt und Zuwendung.

Wie Sie feststellen werden, verfügt Ihr Baby bereits über erstaunliche Fähigkeiten zur Kommunikation und Interaktion. Obwohl es anfangs keinerlei Rüstzeug besitzt, Ihnen etwas Bestimmtes mitzuteilen, wird es das gegen Ende dieses Vierteljahres ganz bestimmt tun!

▲ Der erste Monat

▦ Die Entwicklung der Kommunikation

In diesem Abschnitt beschreibe ich – wie in allen folgenden – die Stufen der Kommunikations- und Sprachentwicklung und verknüpfe sie
mit der Entwicklung in anderen Bereichen. Ich möchte Ihre Freude
und Ihre Begeisterung über Ihr Baby noch steigern, indem ich Ihren
Blick für seine Entwicklung schärfe und Ihr Wissen darüber vergrö-
ßere. (Denken Sie aber daran, dass Babys sich unterschiedlich schnell
entwickeln und dass es am Anfang schon einen Unterschied machen
kann, ob es eine Woche zu früh oder zu spät geboren wurde.)

Das Neugeborene ist gänzlich hilflos und abhängig, aber dennoch
in mehrfacher Hinsicht erstaunlich gut dafür gerüstet, mit den Erwachsenen in seiner Umgebung wechselseitige Beziehungen aufzunehmen. Es wendet sich vom ersten Atemzug an emotional zu Menschen hin und bezieht sie bald in einen Kommunikationsprozess ein.

Schon kurz nach der Geburt zeigt das Kind, dass es auf die Erwachsenen ringsum reagiert: Es lässt sich beruhigen, wenn man mit
ihm spricht, es auf den Arm nimmt und Blickkontakt herstellt. Die
Natur hat es so eingerichtet, dass es auf diejenige Entfernung am
besten sieht, in der sich das Gesicht seiner Mutter befindet, wenn sie
es auf dem Arm hält.[1] Das Baby lauscht bereits mit Interesse, hört auf

zu strampeln, wenn sich ein Geräusch nähert, und gegen Ende seines ersten Lebensmonats reagiert es auf ein Geräusch in seiner näheren Umgebung.

Das Kind schreit häufig, beginnt jedoch bald, andere stimmliche Laute als Schreien hervorzubringen. Diese *Lautproduktion* dient in diesem Stadium keinen Kommunikationszwecken; allerdings signalisiert das Kind ganz klar durch seinen Blick und dadurch, ob es weint oder quengelt oder nur vor sich hin brabbelt, wie munter und wohl es sich fühlt, und es sucht aktiv Blickkontakt mit Erwachsenen.

In den ersten Wochen produziert das Baby noch andere Lautäußerungen wie Schluckauf und Rülpser, die mit seinen körperlichen Funktionen zusammenhängen. Zwar setzt es solche Vokalisationen in diesem Stadium nicht bewusst zur Kommunikation ein, doch die Erwachsenen in seinem Umfeld reagieren darauf, als ob es das täte. So bahnen sie den Weg für die spätere echte Interaktion, denn das Baby lernt, dass unterschiedliche Verhaltensweisen unterschiedliche Reaktionen nach sich ziehen. Wenn es beispielsweise weint und quengelt, sagt seine Mutter: »Ach, sicher brauchst du eine frische Windel.« Oder wenn es ein Stofftier anblickt, sagt sie: »Du möchtest deinen Teddy« und bringt ihn herbei.

Gesichter wecken die Aufmerksamkeit des Kindes. Sie weisen viele der Eigenschaften auf, die es am attraktivsten findet: vor allem Dreidimensionalität statt Zweidimensionalität, Kontrast zwischen dunkel und hell sowie kurvige statt gerader Linien.[2-4] Schon im Alter von nur 36 Stunden bevorzugt das Neugeborene ein Video vom Gesicht seiner Mutter gegenüber dem eines fremden Menschen, was auf einen erstaunlich schnellen Lernprozess hindeutet.[5] Zudem beobachtet es lieber die Bewegungen von Menschen statt von Tieren oder Dingen.[6] Das Neugeborene verfügt über eine außergewöhnliche Fähigkeit, die sich ein paar Wochen später verliert: Es kann das Herausstrecken der Zunge und das Öffnen des Mundes nachahmen, wenn man ihm diese Bewegungen vormacht.[7] Zudem vermag es Gesichtsausdrücke wie Traurigkeit, Freude und Überraschung zu imitieren.[8-10] Niemand weiß, warum es diese Fähigkeiten zu diesem frühen Zeitpunkt besitzt.

■ Allgemeine Entwicklung

Was die Entwicklung im Allgemeinen angeht, so macht das Kind erste Ansätze zur Erkundung seiner Welt. Es dreht den Kopf einer Lichtquelle zu, und obwohl es noch nicht räumlich sehen kann, nimmt es schon wahr, dass Größe und Form konstant bleiben, auch wenn es Objekte aus verschiedenen Blickwinkeln und Entfernungen sieht.[11] Es kann schon in diesem frühen Stadium zwischen einem Kreuz, einem Kreis und einem Dreieck unterscheiden.[12]

Seinen Körper kann das Kind kaum gezielt bewegen; es macht große, ruckartige und unkontrollierte Bewegungen. Wie bei allen Wirbeltieren verläuft die allgemeine körperliche Organisation vom Kopf zu den Füßen. Das heißt, das Baby erlangt zuerst die Kontrolle über seinen Kopf, dann über seinen Rumpf und zuletzt über seine Beine. Auf dieser Stufe kann es seinen Kopf schon einige Sekunden lang halten, wenn es an den Schultern gestützt wird. Es zeigt einige reflexhafte Bewegungen, die später zielgerichtet werden: Beispielsweise umklammert es eine Rassel, wenn sie seine Hand berührt. Wenn man es aufrecht hält, zeigt es das Schreitphänomen, einen vollständigen und koordinierten Laufreflex, der jedoch nur einige Wochen lang vorhanden ist.

■ Aufmerksamkeit

Die Aufmerksamkeit des Säuglings zeichnet sich durch zwei verblüffende Merkmale aus. Zum einen ist seine Aufmerksamkeitsspanne extrem kurz, zum anderen besitzt es keinerlei Mechanismen, mit Ablenkungen fertig zu werden.

Wenn Sie es während des ersten Monats beobachten, stellen Sie fest, dass es ein Spielzeug nur für einen sehr kurzen Moment ansieht. Ähnlich schaut es Ihnen nur für einen Augenblick ins Gesicht, und wenn Sie es füttern, werden Ihre Augen die seinen nur ganz kurz festhalten können.

▪ Hören

Die Fähigkeit zuzuhören – das heißt, uns auf das zu konzentrieren, was wir hören wollen, und diese Konzentration aufrechtzuerhalten und Unerwünschtes auszublenden – setzt mit der Geburt ein und entwickelt sich stufenweise. Ihr Weg bis zur Reife ist lang. Dies ist der wahrscheinlich am meisten vernachlässigte und unterschätzte Entwicklungsbereich, und dennoch ist er entscheidend für die sprachliche und kognitive Entwicklung. Zudem ist dieser Aspekt der Entwicklung sehr leicht durch die Umwelt zu beeinflussen, wie wir in all den Abschnitten, die sich damit befassen, sehen werden.

Ein Baby erkennt die Stimme seiner Mutter und seines Vaters schon an seinem ersten Lebenstag.[13] Dass es noch stärker auf diese Laute reagiert, wenn sie aufgezeichnet und in der Form abgespielt werden, wie das Kind sie im Mutterleib hörte, beweist, dass es ihnen schon einige Zeit zugehört hat.[14] Es reagiert auch auf eine Fernseh- oder Radiosendung, die während der Schwangerschaft häufig in seiner Nähe lief.[15] (Das Gehör ist ab dem siebten Schwangerschaftsmonat funktionstüchtig!)

Das Gehör des Neugeborenen ist noch nicht so empfindlich wie das eines Erwachsenen,[16] doch nach wenigen Tagen kann es zwischen Aufzeichnungen seines eigenen Geschreis und dem anderer Babys sowie zwischen dem Schreien eines echten Babys und einer Computersimulation unterscheiden – es schreit als Reaktion auf Ersteres lauter. Auch zeigt es auf dieser Stufe eine Vorliebe für Sprache, die in hoher Tonlage und stark moduliert, also mit vielen Hebungen und Senkungen der Stimme gesprochen wird.[17, 18]

Einen Beleg dafür, dass das Baby zuhört, liefert auch die Tatsache, dass es sich reflexhaft tiefen, ruhigen Tönen zuwendet[19] und aufhört sich zu bewegen, wenn es in seiner Nähe ein neues Geräusch wahrnimmt. Anfangs reagiert es unterschiedslos auf die vielfältigen Töne und Laute in seiner Umgebung, da erst sehr wenige eine Bedeutung für das Kind haben. (Können Sie sich vorstellen, wie es ist, wenn man die Bedeutung von Geräuschen wie das Klappern einer Tasse auf der Untertasse oder das Drehen eines Schlüssels im Schloss nicht kennt?)

Innerhalb weniger Wochen jedoch verknüpft das Kind Geräusche, die wichtig sind und häufig auftreten, mit ihrer Bedeutung, beispielsweise solche im Zusammenhang mit dem Füttern. Anfangs gelingt ihm das nur, wenn die Geräusche in seiner nächsten Umgebung auftreten, doch wenn sich die Verknüpfungen zwischen den Geräuschen und ihrer Quelle festigen, kann es sie auf immer größeren Abstand erkennen.

▲ Der zweite Monat

▪ Die Entwicklung der Kommunikation

Das zauberhafte, erste echte Lächeln erscheint mit etwa sechs Wochen, und es ist ein äußerst wirksamer Reiz, der die Erwachsenen ringsum förmlich dahinschmelzen lässt. Sie würden sich sogar auf den Kopf stellen und tun es auch, um dieses Lächeln hervorzurufen. Auf dieser Stufe hängen der Umfang der Lautproduktion des Babys und die Häufigkeit seiner Mimikveränderungen nicht davon ab, ob es einen Erwachsenen anblickt oder nicht, und es lächelt eine Vielzahl von Reizen an, nicht nur Menschen.[20] Es wendet sich jetzt auch von selbst einem Erwachsenen zu, schaut ihn kurz an und sieht wieder weg.

In dieser Phase zeigt das Baby mehr und mehr Interesse an seiner Umwelt im Allgemeinen und an Menschen im Besonderen. Es dreht häufig seinen Kopf und blickt in die Richtung, aus der Stimmen kommen, und es scheint jedem Sprecher bewusst zu lauschen. Es reagiert offenbar auf den Tonfall des Sprechers, und ab der Mitte dieses Monats lächelt es manchmal, wenn es angesprochen wird.

Auch die *Lautproduktion* entwickelt sich. In diesem Monat setzt das Gurren ein, das gewöhnlich Zufriedenheit signalisiert. Gurren ist ruhiger und musikalischer als Weinen und besteht aus einem konsonantenähnlichen Laut, gefolgt von einem vokalartigen Laut, mit gelegentlicher Wiederholung immer desselben Lauts. Das Baby entwickelt auf dieser Stufe oft besondere Laute, die Hunger signalisieren; dies ist das erste Mal, dass ein Laut eine bestimmte Bedeutung hat. Es setzt jetzt die Stimme ein, um Aufmerksamkeit einzufordern.

▪ Allgemeine Entwicklung

Das Baby hat jetzt längere Wachperioden. Seine motorische Entwicklung wird beherrscht vom Drehen des Kopfes auf die bevorzugte Seite, wobei der dem Gesicht zugewandte Arm gestreckt und der entgegengesetzte gebeugt wird. Diese Position begrenzt sein Gesichtsfeld, doch allmählich entwickelt sich die Kontrolle über die Augenmuskeln. Es kann jetzt seinen Kopf einer Rassel oder einer bewegten Lichtquelle zuwenden und einem bewegten Objekt mit den Augen folgen, zuerst waagerecht und dann senkrecht. Es kann eine spielerische Aktivität beobachten und schaut zuweilen für längere Zeit einen Gegenstand an. Es bekommt seinen Kopf immer besser unter Kontrolle und vermag ihn in Bauchlage anzuheben. Dass seine Muskelkraft zunimmt, beweist sein heftiges Strampeln beim Baden.

▪ Aufmerksamkeit

Im zweiten Monat treten Veränderungen ein. Das Baby entwickelt die Fähigkeit, seine Aufmerksamkeit kurzfristig zu binden, zuerst an einen fesselnden Gegenstand, der sich horizontal bewegt, und etwa eine Woche später an einen, der sich vertikal bewegt. Beobachten Sie, wie es aufhört sich zu bewegen und ganz intensiv auf das starrt, was sein Interesse gefunden hat. Es schaut vielleicht auch Sie bewusst an, wenn auch immer noch recht kurz. Es fängt jetzt an, bei allen Stimmen in seiner Umgebung aufzumerken, nicht nur bei denjenigen, die ihm vertraut sind.

■ **Hören**

Mit einem Monat lauscht das Baby interessiert auf ein breites Spektrum von Lauten und Geräuschen und verweilt eine Zeit lang bei einem interessanten Geräusch. Was in diesem Stadium besonders hervorsticht, ist, dass das Baby mit vier Wochen zwischen Phonemen – den kleinsten bedeutungtragenden Einheiten der Sprache – unterscheiden kann. Das bedeutet beispielsweise, dass es den Unterschied zwischen »ich« und »ach« erkennt, der ja sehr gering ist.[21] Man ist versucht daraus zu folgern, dass der Säugling schon für Sprache angepasst zur Welt kommt, doch es ist genauso gut möglich, dass die Sprache an die angeborenen Merkmale von Menschen angepasst ist.

Mit zwei Monaten erkennen Babys den Unterschied zwischen männlichen und weiblichen Stimmen.

▲ **Der dritte Monat**

■ **Die Entwicklung der Kommunikation**

Von acht Wochen an richten sich der Blick des Babys und die kleinen Laute, die es von sich gibt, häufiger an Erwachsene, und mit zwölf Wochen bevorzugt es ganz eindeutig Menschen vor allen anderen Reizen in seiner Umgebung. Es reagiert auf sie mit sehr viel mehr Lauten als auf alles andere, am meisten aber auf seine Mutter.[22] Es reagiert zum ersten Mal auf Gesichtausdruck und Tonfall seiner Mutter und hat selbst ein Mienenspiel. Es lächelt eher vertraute Erwachsene an als Fremde.

Das Baby zeigt jetzt rasch zunehmendes Interesse an Sprache, blickt sich schon aus Gewohnheit nach Sprechern um und kann sie auch erfolgreich ausfindig machen. Es vermag zwischen zornigen und freundlichen Stimmen zu unterscheiden. Es beobachtet eher Lippen und Mund statt das ganze Gesicht, als wüsste es, dass von dort diese so interessanten Geräusche kommen. Es zeigt wachsendes Interesse an allen Arten von Geräuschen und verfolgt sie ständig mit den Augen. Es schaut hin, wenn sich beispielsweise eine Tür öffnet, Besteck klappert oder sonstige mit der Hausarbeit verbundene Geräusche auftreten. Durch Reglosigkeit zeigt es, dass es sich für Musik interessiert. Es findet alles schön – Pop und Klassik –, bevorzugt auf dieser Stufe jedoch eher leise statt laute Töne. Am liebsten ist es ihm jedoch, wenn seine Mutter ihm etwas vorsingt.

Auch seine *Lautproduktion* entwickelt sich weiter, sowohl quantitativ als auch qualitativ. Es produziert immer öfter Laute für sich allein, jetzt ab und zu mit zwei oder mehr unterschiedlichen Silben, die aus einem Konsonanten und einem Vokal bestehen, und reiht zuweilen zehn oder mehr kleine Laute aneinander. Manchmal bringt es während des Fütterns oder danach einen langen, vokalartigen Ton hervor. Mit drei Monaten äußert es das, was uns so entzückt – Lachen –, und reagiert auf ein Lächeln ebenfalls mit Lächeln.

In diesem Stadium ist seine stimmliche Hauptaktivität das Gurren. Dies schließt ganz absichtsvolles Spielen mit Lauten ein, wenn es zufrieden ist. Auch macht es tastende Bewegungen mit Zunge und Lippen; es wirkt manchmal so, als versuche es, Wörter zu sprechen. Dies geschieht meist im direkten Kontakt mit Erwachsenen. Statt nur Laute zu äußern, die im vorderen Teil des Mundes erzeugt werden, produziert es jetzt auch Laute weiter hinten im Mundraum, und das Spektrum der erzeugten Laute erweitert sich stark. Das Baby bringt jetzt auch viele Ausdruckslaute wie Glucksen, Lachen und Wonnequietschen hervor.

Nun entwickelt sich auch eine Art von sprachlichem Austausch. Das Kind gibt manchmal Laute von sich, wenn es angesprochen wird, und reagiert auf den Blick eines Erwachsenen mit Gurren und einem Lächeln – eine absolut unwiderstehliche Kombination. Dies also ist der aufregende Beginn der verbalen Kommunikation zwischen Erwachsenem und Kind, die im Grunde den Beginn eines lebenslangen Gespräches darstellt. Das Baby gibt mehr Laute von sich, wenn man mit ihm spricht, die meisten dann, wenn dies ein vertrauter Erwachsener mit lebhafter Mimik tut.

■ Allgemeine Entwicklung

Viele dieser Entwicklungen werden erst dadurch möglich, dass das Baby die Bewegungen seines Kopfes kontrollieren lernt und im Alter von drei Monaten alle zwölf Muskeln, die die Augenbewegungen steuern, unter Kontrolle hat. Es kann jetzt seinen Kopf heben, wenn es auf dem Rücken liegt, und ihn halten, wenn es auf dem Schoß eines Erwachsenen sitzt. Es kann seinen Blick von einem Gegenstand zu einem anderen schweifen lassen, ein kreisförmig bewegtes Objekt verfolgen und ein Objekt beobachten, das vorübergezogen wird.

Der asymmetrische tonische Halsreflex verliert an Einfluss, und viele der frühen Reflexe gehen verloren. Das Baby sitzt jetzt gerne und bekundet ein stets wachsendes Interesse an der Welt um sich herum. Es beginnt sich vertrauter Situationen bewusst zu werden. Es reagiert mit promptem Hinschauen und freudigen Bewegungen auf Spielzeug, das vor es gelegt wird, und zeigt unbeholfene Ansätze zu Greifbewegungen. Es rudert mit den Armen, klatscht quasi mit den Händen und spielt mit seinen Fingern, als hätte es sie noch nie gesehen. Es betrachtet sie gespannt und kann eine Rassel, die man ihm in die Hand legt, jetzt greifen. Beim Baden strampelt es noch heftiger.

Neuere Forschungen haben entgegen früheren Ansichten nachgewiesen, dass sich kleine Babys der Prinzipien, die die Welt beherrschen, in erstaunlich hohem Maße bewusst sind. Sie scheinen zu wissen, dass Gegenstände einander nicht durchdringen und auch nicht ohne sichtbare Unterstützung mitten in der Luft hängen bleiben können.[23] Andere Arbeiten lassen vermuten, dass der drei Monate alte Säugling sich merken kann, dass versteckte Sachen weiterhin existieren und dass diese Erinnerung Informationen über verborgene Objekte einschließt, sogar Informationen wie die Position im Raum, Größe und Eigenschaften wie Festigkeit und Elastizität.[24] Rätselhaft bleibt, wieso Babys dieses Wissen nicht nutzen und nicht danach suchen, bevor sie ein Alter von acht bis neun Monaten erreicht haben, das Alter, von dem man früher annahm, sie wüssten erst dann, dass die Dinge nicht zu existieren aufhören, wenn man sie versteckt.

Wir wissen heute auch, dass Säuglinge von Geburt an Begriffe bilden können. Wenn man beispielsweise drei Monate alten Säuglingen eine Serie von Pferdebildern zeigt, können sie einen Begriff bilden, der andere Tiere einschließlich Zebras ausschließt.[25] Aus dem Neugeborenen ist in drei kurzen Monaten ein überraschend kompetenter kleiner Wissenschaftler geworden.

■ Aufmerksamkeit

Der dritte Monat zeichnet sich durch erste Ansätze der Fähigkeit aus, die Aufmerksamkeit zu steuern. Das Baby kann zum ersten Mal seine visuelle Aufmerksamkeit willentlich von einem Objekt auf ein anderes verschieben, wenn auch auf dieser Stufe nur in kurzen Blicken. Es kann einen interessanten Gegenstand, der sich im Kreis bewegt oder an einer Schnur gezogen wird, für eine kurze Zeitspanne beobachten. Es zeigt dauerhaftere Aufmerksamkeit für Menschen, starrt auf den Mund eines Sprechers und beobachtet mit Vergnügen umhergehende Menschen. Gegen Ende dieser Phase vermag es allmählich den Blicken einer anderen Person zu folgen. Dies ist der erste Vorläufer der späteren, für den Spracherwerb entscheidenden Fähigkeit, seine Aufmerksamkeit gemeinsam mit einem Erwachsenen demselben Ziel zuzuwenden.

■ Hören

Wir haben gesehen, dass der Säugling auf sozialen Austausch vorbereitet ist, und dies spiegelt sich auch in seinen Hörfähigkeiten und deren Entwicklung. Wir haben erfahren, dass er in den ersten Monaten Sprecher anschaut und sich mittels Stimme beruhigen lässt und dass er mit vier Wochen über die erstaunliche Fähigkeit verfügt, Phoneme zu unterscheiden. Im zweiten und dritten Monat nimmt sein Interesse insbesondere an Sprechern, aber auch an Musik und allen anderen Geräuschen in seiner Umwelt rasch zu.

Er kann sich jedoch auf dieser Stufe noch nicht auf ein Geräusch im Vordergrund konzentrieren und Hintergrundgeräusche ausblenden. Dies hat bedeutsame Folgen für das Sprechlern-Spaß-und-Spiel-Programm.

▲ Das Spielen

Spielen – auf dieser Stufe genauso wie auf allen späteren Stufen – lässt sich wunderbar mit sprachlicher Anregung verknüpfen. Zu diesem Zeitpunkt besteht es ausschließlich aus dem Zusammensein von Erwachsenem und Kind und bezieht noch keine äußeren Objekte oder Ereignisse ein. Erwachsene sind daher in dieser Zeit praktisch das einzige benötigte Spielmaterial. Wiederum sorgt Ihr Baby geschickt dafür, dass Sie das tun, was ihm am meisten Vergnügen und Befriedigung verschafft.

In der Neugeborenenphase ist das körperbezogene Spiel für das Baby *das* Vergnügen schlechthin. Auf dieser Stufe geht die Initiative zum Spielen ganz von Ihnen aus. Tätscheln Sie seine Füße, kitzeln Sie es sanft im Gesicht, lassen Sie es seine Finger um die Ihren schließen, zählen Sie seine Finger und Zehen und legen Sie sanft Ihren Kopf auf seinen Bauch. All dies ist nicht nur ein Vergnügen für Sie beide, sondern bietet dem Baby neben verbalen, stimmlichen Anreizen, über die wir später sprechen (siehe Seite 51), Stimulation und sorgt so für das zur Erkundung der Umgebung optimale Anregungsniveau. Spielen trägt zudem schon in diesen ersten Wochen nicht unerheblich dazu bei, eine Vertrauensbeziehung herzustellen, und baut ein Repertoire von Ansichten, Aktivitäten und Kenntnissen mit auf, das Sie mit Ihrem Baby teilen. Dieser Erfahrungsschatz wiederum wird zu einer wesentlichen Grundlage des späteren Spracherwerbs.

Mit zwei Monaten wird die auf Seite 53 beschriebene abwechselnde Lautproduktion ein beliebter Bestandteil des Spiels, doch auf dieser Stufe werden eher Sie auf das Baby eingehen als anders herum.

Die Spielzeugkiste

- Mobiles mit ausgeprägten Farbkontrasten, insbesondere schwarz und weiß, können sehr interessante Beobachtungsobjekte sein.
- Einfache Glöckchen oder Spieluhren zum Beispiel sind gut fürs Zuhören.
- Bunte Gegenstände, die das Baby leicht greifen und gefahrlos in den Mund stecken kann, sind sehr beliebt.
- Unterschiedliche Oberflächenstrukturen bieten Anregung. Ein einfaches Stück Stoff ist auf dieser Stufe eines der allerbesten Spielzeuge.

Mit drei Monaten werden verschiedene neue Veränderungen und Entwicklungen sichtbar. Ihr Baby benötigt jetzt Dinge, die es betrachten, denen es zuhören und die es – gegen Ende dieser Phase – greifen kann. Ihr Baby wird Vergnügen daran haben, eine Rassel zu schütteln, wenn Sie sie ihm in die Hand geben, und es beginnt nach Gegenständen zu greifen und einige festzuhalten, wenn Sie sie ihm reichen. Sein Mund ist sein Haupterkennungswerkzeug, doch es beginnt auch weiter entfernte Gegenstände zu betrachten und braucht Veränderungen des Blickwinkels, damit es verschiedene Dinge zu sehen bekommt. Es braucht Zeiten, in denen es sich mit vielen verschiedenen Gegenständen alleine beschäftigen kann, und es braucht viel Zeit, um mit Ihnen und anderen Erwachsenen zu spielen.

Es liebt Musik und Gesang und findet es großartig, wenn es ab und zu weitgehend nackt strampeln und sich bewegen kann.

■ Fernsehen und Videos

Wir werden im Verlauf des Spielprogramms recht häufig über Fernsehen reden, weil dieses Medium in unserer Gesellschaft so großen Raum einnimmt. Während es für Kinder bestimmter Altersstufen von enormem Wert sein kann – es vermittelt ihnen Wissen, macht ihnen zahlreiche Facetten der Welt zugänglich, die ihnen ansonsten verschlossen blieben, und unterhält sie ausgezeichnet –, kann es in anderen Stadien, insbesondere den sehr frühen, die Entwicklung behindern.

Säuglinge und Kleinkinder besitzen, wie wir gesehen haben, von Natur aus einen Drang zu Kommunikation und Interaktion, und sie können dabei in den ersten Monaten und Jahren Riesenschritte in erstaunlichem Tempo zurücklegen. Damit dies jedoch stattfinden kann, braucht das Baby unbedingt einen Kommunikationspartner, der auf es eingeht, und das Fernsehen vermag diese Rolle ganz und gar nicht auszufüllen.

Babys und Kleinkinder brauchen überdies viele, viele Gelegenheiten, die Welt um sie herum zu erforschen und zu begreifen – eine enorme Aufgabe, die vor ihnen liegt. Es gibt keine Möglichkeit, etwas durch Fernsehen zu lernen, bevor sie nicht ausgiebig Gelegenheit hatten, ihre unmittelbare Umgebung und die realen Dinge und Menschen darin zu erkunden und zu untersuchen.

Lassen Sie sich auf dieser frühen Stufe nicht in Versuchung führen, den Fernseher einzuschalten, damit Ihr Baby zu quengeln oder zu schreien aufhört. Zweifelsohne geht vom Fernsehbild mit seinen bunten Farben und seiner Bewegung ein mächtiger Reiz aus, und schon wenige Wochen alte Babys sind so davon gefesselt, dass sie aktiv zum Fernseher streben. Bitte widerstehen Sie der Versuchung, damit anzufangen.

▲ Zusammenfassung

Im Alter von drei Monaten wird Ihr Baby wahrscheinlich
- glucksen und lachen, wenn Sie mit ihm spielen, und damit ganz deutlich zeigen, wie viel Freude ihm dies macht
- gurren, das heißt, eine Reihe kleiner Lautsilben, die aus einem Vokal und einem Konsonanten bestehen, von sich geben

- gelegentlich mit Lautäußerungen reagieren, wenn Sie mit ihm sprechen: Das Gespräch setzt ein
- Ihnen zeigen, dass es sich sehr für Sprache interessiert, indem es nach Sprechern sucht und ihre Lippen und ihren Mund beobachtet
- sein Interesse an anderen Geräuschen kundtun, etwa an solchen im Zusammenhang mit Hausarbeit
- gerne Musik hören – und sein Vergnügen daran deutlich machen.

▲ Grund zur Sorge

Ich habe schon auf die große Bandbreite der normalen Entwicklung hingewiesen, doch als Eltern möchten wir alle so früh wie möglich Anzeichen erkennen, ob unser Kind vielleicht ein Problem hat. Unten ist aufgeführt, bei welchem Sachverhalt Sie fachlichen Rat einholen sollten, was die Entwicklung Ihres Kindes angeht. (Rufen Sie sich aber bitte ins Gedächtnis zurück, dass ein rascher Fortschritt auf einem Gebiet eine vorübergehende Verzögerung auf einem anderen zur Folge haben kann.)

Wichtig ist auch, sich vor Augen zu halten, dass keine Checkliste eine fachlich fundierte Meinung ersetzen kann. Wenn Sie irgendwelche Zweifel hegen, auch wenn der Grund Ihrer Besorgnis hier nicht aufgeführt ist, dann bringen Sie Ihr Baby so bald wie möglich zu einem Kinderarzt oder Kinderpsychologen.

Mit drei Monaten könnte Anlass zur Sorge bestehen, wenn
- Ihr Baby nicht lächelt
- es sich weder durch Zureden noch durch Hochheben beruhigen lässt
- es nicht gurrt
- es sich niemals einer Lichtquelle oder dem Geräusch einer Rassel zuwendet
- es nicht weint, wenn die Zeit des Fütterns herannaht.

Das Sprechlern-Spaß-und-Spiel-Programm

Da stehen Sie nun, sind wieder zu Hause mit Ihrem wundervollen neu geborenen Kind, überglücklich, mit dem Wissen, dass Ihr Leben sich für immer verändert hat, erfüllt von dem Wunsch aller Eltern, das Allerbeste für dieses gänzlich abhängige kleine Wesen zu tun.

Sie brauchen keine Angst zu haben! Wie wir gesehen haben, sind Neugeborene alles andere als passive Partner im Interaktionsprozess, sondern tragen selbst ein gerütteltes Maß zu diesem Prozess bei. Die Natur hat es so eingerichtet, dass wir als Erwachsene biologisch darauf getrimmt sind, auf Babys mit dem für diese Altersstufe angemessensten Kommunikations- und Interaktionsverhalten zu reagieren. Natürlich müssen viele Aspekte der Kinderpflege erlernt werden, doch interessanterweise scheinen wir in dieser ersten Zeit bestens über Kommunikation, diesen vielleicht interessantesten Aspekt der menschlichen Entwicklung, Bescheid zu wissen. Diese biologisch ausgelösten Reaktionen sind in fast allen Kulturen gleich, obwohl die Praktiken des Großziehens von Kindern ansonsten stark voneinander abweichen.

Leider verhält es sich in späteren Altersstufen nicht mehr so; dann müssen wir alle lernen, was zu tun und was zu lassen ist. In den ersten Monaten jedoch, vorausgesetzt, es sind einige sehr wichtige Bedingungen erfüllt, kriegen Sie es wahrscheinlich mühelos richtig hin. Über diese Bedingungen sprechen wir noch, und für spätere Altersstufen werde ich beschreiben, was sich dann sehr wahrscheinlich ereignen wird. Sollte etwas davon nicht eintreten, wird Ihnen jede Maßnahme, die Sie vielleicht ergreifen müssen, leicht fallen.

◼ Eine halbe Stunde täglich

Die erste wesentliche Voraussetzung, die sich durch das gesamte Spielprogramm zieht, besteht darin, dass Sie tatsächlich jeden Tag eine halbe Stunde ausschließlich Ihrem Baby widmen können. In dieser halben Stunde beschäftigen Sie beide sich nur miteinander.

Diese völlige Verfügbarkeit ist das größte Geschenk, das Sie ihm machen können. Es ist von unschätzbarem Nutzen für Babys und Kleinkinder, wobei die Nutzeffekte im Einzelnen sich mit dem Alter und Entwicklungsstand des Kindes ändern. Leider geraten wir durch unser voll gepacktes Leben nur allzu oft in die Situation, dass dafür eigentlich nie oder nur selten Gelegenheit bleibt, insbesondere für nachfolgende Geschwister. Es lohnt sich aber auf jeden Fall, alles nur Mögliche zu tun, diese halbe Stunde einzurichten.

> Verbringen Sie Zeit allein mit Ihrem Kind

Auf dieser Stufe kann man das Füttern und Trockenlegen ausdehnen, statt eine bestimmte Zeit zu reservieren. Diese gemeinsame Zeit gibt Ihnen eine wunderbare Gelegenheit, Ihr Baby kennen zu lernen, denn Sie beginnen die Welt aus seinem Blickwinkel zu sehen und erleben ganz bewusst seine erstaunlichen Fähigkeiten.

▨ Die Umgebung für Ihre Spielzeit zu zweit

Die nächste wesentliche Bedingung, die ebenfalls für das gesamte Programm gilt, besteht darin, dass die Umgebung in dieser kostbaren Zeit ruhig und möglichst ablenkungsfrei ist. Das bedeutet: Kein Fernseher, kein Video, kein Radio, keine Musik (obwohl all dies zu anderen Zeiten und in anderen Situationen seinen Stellenwert bekommt). Wichtig ist auch, dass möglichst keine anderen Menschen den Raum betreten und verlassen. Wie erläutert, entwickelt sich die Aufmerksamkeit in kleinen, feinen, aber sehr bedeutsamen Schritten. Das funktioniert jedoch nur in einer Umgebung, die relativ frei von Ablenkungen ist.

Auch das Hören macht sich auf seinen langen Entwicklungsweg hin zu der Fähigkeit, das »auditive Feld« zu strukturieren. Darunter versteht man das Vermögen, sich auf ein bestimmtes Geräusch im Vordergrund zu konzentrieren und das Hintergrundrauschen »auszublenden«. Für Babys müssen sich Hinter- und Vordergrundgeräusch viel stärker unterscheiden als für Erwachsene, damit sie dieses Filtern überhaupt erst lernen können.

In diesem Stadium tritt auch die magische Fähigkeit auf den Plan, zwischen Phonemen unterscheiden zu können. Die Forschung belegt, dass sie sich nur in einer Umgebung entwickeln kann, in der die Unterscheidungsfähigkeiten überhaupt eine Chance haben, wirksam zu werden: Das heißt, dass das Baby reichlich Gelegenheit bekommt, klar wahrnehmbare gesprochene Sprache zu hören. Es muss deshalb Zeiten geben, in denen der Säugling einem einzelnen Erwachsenen zuhört, der in einer ansonsten ruhigen Umgebung mit ihm spricht.

> **Sorgen Sie während Ihrer Spielzeit für Ruhe im Raum**

Interessanterweise wurde festgestellt, dass das Gespräch von Erwachsenen, die sich im Hintergrund miteinander unterhalten, diesen Prozess nicht fördert. Daraus folgt, dass es zwar schön wäre, wenn verschiedene Erwachsene im Umfeld des Kindes mit ihm das Programm durchspielten, dass sie es aber unbedingt zu verschiedenen Zeiten tun sollten.

Wir leben in einer immer mehr von Lärm erfüllten, reizüberfluteten Gesellschaft, und sehr viele Kinder erleben buchstäblich niemals eine Situation, in der sie ausschließlich zuhören und sich nur einer einzigen Schallquelle widmen. In einer Studie mit mehreren hundert Babys las ich, dass diese Feststellung auf 86 Prozent von ihnen zutraf!

Diese beiden grundlegenden Fertigkeiten – Zuhören und Aufmerksamsein – sind entscheidend für alles spätere Lernen. Wir werden viele Möglichkeiten kennen lernen, die Entwicklung dieser Fertigkeiten zu fördern, doch für diese ruhigen Zeiten zu sorgen, ist die bei weitem wichtigste.

■ Wie Sie mit Ihrem Baby sprechen sollten

Fangen Sie schon am ersten Tag an, mit ihm zu sprechen. Die Forschung hat zahlreiche Belege dafür zusammengetragen, dass die Sprachentwicklung von Kindern stark damit zusammenhängt, wie viel mit ihnen gesprochen wird,[26,27] und Sie können gar nicht zu früh

damit anfangen. Natürlich versteht es noch nicht, was Sie sagen, doch Ihre Stimme vermittelt ihm deutlich, was Sie fühlen. Ihre Stimme ist einer der wirksamsten Verstärker der wechselseitigen Bindung, die für die lebenslange psychische Gesundheit so wesentlich ist. Wir haben schon gesehen, wie wirksam die Stimme ein Baby zu beruhigen vermag, doch sie stellt auch eines Ihrer wichtigsten Hilfsmittel dar, mit dem

> **Sprechen Sie häufig mit ihm**

Sie ihm signalisieren können, dass Sie für es da sind und es nicht nur als einzigartiges menschliches Wesen anerkennen, sondern es auch als soziales Wesen sehen, das der Gemeinschaft viel zu bieten hat.

Worüber Sie sprechen, spielt auf dieser Stufe überhaupt keine Rolle, auch wenn es später sehr wichtig wird. Erzählen Sie ihm von allem, was so passiert oder was Ihnen durch den Kopf geht. Sagen Sie beispielsweise: »Jetzt ist unsere Spielzeit. Du schaust den Teddy an.« Ich erinnere mich noch sehr gut, dass ich meiner drei Tage alten Tochter haarklein erzählte, was auf der Heimfahrt vom Krankenhaus, in dem sie zur Welt gekommen war, rechts und links der Straße lag. Sie können aber auch sagen: »Mir gefällt diese grüne Tapete mit den Tieren, die wir für unser Kinderzimmer ausgesucht haben. Ich hoffe, dir auch.«

- Sprechen Sie in den ruhigen Zeiten, die nur Sie beide miteinander verbringen, in einer ganz bestimmten Weise mit ihm:
- Benutzen Sie einfache Sätze, die Sie mit starker Modulation sprechen. Sagen Sie etwas wie »Da lachst du aber!« oder »Da sitzt du auf meinem Knie!«
- Achten Sie darauf, dass Ihre Stimmlage ein wenig höher ist, als wenn Sie mit Erwachsenen reden.
- Sprechen Sie langsam; machen Sie nach jeder Redewendung oder jedem Satz eine Pause.
- Machen Sie häufig Wiederholungen, etwa so: »Das sind deine Finger. Ein Finger, noch ein Finger, noch ein Finger ...« und so weiter. Oder: »Teddys Augen, Teddys Nase, Teddys Mund ...«
- Kommen Sie Ihrem Kind ganz nahe, Auge in Auge, und Sie werden gar nicht anders können, als es oft zu berühren.

- Reden Sie diesen herrlichen Unsinn, der Ihnen zu dieser Zeit ganz von selbst in den Sinn kommt, etwa: »Wer ist toll? Du bist toll. Ja, du bist toll. Du bist einfach toll.«

Auf diese Weise mit dem Baby zu sprechen ist in uns angelegt und wird von ihm automatisch ausgelöst. Interessanterweise bevorzugen sie, wie nachgewiesen wurde, nicht nur Säuglinge von Geburt an,[28,29] sondern sie stellt auch die Sprechweise dar, die ihnen in verschiedener, sehr bedeutsamer Hinsicht am förderlichsten ist.

> **Wiederholen Sie sich häufig**

Säuglinge sind besonders empfänglich für Rhythmus, Lautstärke und Modulation, die wir in dieser Zeit übertreiben. Die hohe Stimme, mit der Erwachsene mit ihnen sprechen, hängt damit zusammen, dass der äußere Gehörgang des Babys, bedingt durch seine Größe und Form, eher höhere Frequenzen weiterleitet als der von Erwachsenen. Dies ist auch genau die Sprechweise, die der Entwicklung der erstaunlichen Fähigkeit, zwischen Phonemen zu unterscheiden, im Alter von einem Monat am förderlichsten ist.

Zudem ist dies auch die Sprechweise, die mit der größten Wahrscheinlichkeit die Aufmerksamkeit des Babys weckt. Seine Aufmerksamkeit erregt auch das lächelnde, sich bewegende, sich verändernde Gesicht, das diese Sprechweise begleitet.

> **Sprechen Sie in einer höheren Stimmlage mit ihm**

Eng mit der Aufmerksamkeit zusammen hängt das Ausmaß der freudigen Reaktion des Babys, und Sie werden merken, dass Sie die Häufigkeit Ihrer Kopfbewegungen und Blickwechsel variieren, um sie zu steuern und sicherzustellen, dass es weder gelangweilt noch überdreht ist.

Die Wiederholung bei dieser Form des Sprechens berücksichtigt, dass die Verschaltungen im Gehirn des Kindes, wie schon erwähnt, durch wiederholte Erfahrungen beeinflusst werden.

In den allerersten Wochen kommt es häufig vor, dass Sie und Ihr Baby gleichzeitig Laute äußern. Das schadet gar nichts. Nach etwa sechs bis acht Wochen werden Ihnen allmählich kleine Veränderungen auffallen; Sie und Ihr Baby fangen an, sich zu »unterhalten«.

Passen Sie sich dem an, was es vorgibt. Gurren Sie beispielsweise zurück, wenn es gurrt, drehen Sie Ihren Kopf hin und her, gleich nachdem das Kind dies getan hat, oder geben Sie ihm sein Lächeln strahlend zurück. Dies ist wirklich und wahrhaftig der Anfang eines Lebens im Dialog. Ihnen wird auffallen, dass Ihr Baby öfter gurrt, wenn Sie lebhaft, mit übertriebener Mimik und Modulation mit ihm sprechen. Sie werden merken, dass Sie immer mehr auf das eingehen, was es mittels Lauten, Körpersprache und Mimik ausdrückt. Sie werden darauf reagieren, als ob es damit eine bestimmte Bedeutung übermitteln wollte, und sagen beispielsweise: »Oh, du hast Hunger. Gleich bekommst du Milch«, wenn es schreit. Dies hilft dem Kind zu begreifen, dass das, was wir sagen, bestimmte Folgen haben kann, und führt es so an die Fähigkeit heran, tatsächlich bestimmte Botschaften mitzuteilen.

> Beginnen Sie, sich beim »Gespräch« abzuwechseln

Wenn das Kind sich dem vierten Monat nähert, werden Sie immer mehr »Gespräche« führen – Sie machen die Laute nach, die Ihr Baby produziert, und Sie gehen immer öfter auf seine nach wie vor noch nicht zweckgebundenen Äußerungen ein. Machen Sie seine Laute sehr oft nach; das ist auf dieser Altersstufe die beste Methode, eine »Unterhaltung« in Gang zu bringen.

Singen Sie ihm während dieser Monate viel vor. Es wird ihm Freude machen, es beruhigen und ihm vor allem bestätigen, dass einer Stimme zu lauschen einen Riesenspaß macht. Das wird einmal sehr wichtig werden. In Bezug auf das Zuhören könnte es kein besseres »Vordergrundgeräusch« vor einem stillen Hintergrund geben. Welche Lieder, Melodien oder Popsongs Sie singen, ist in dieser Phase unwichtig; singen Sie einfach alles, was Ihnen einfällt und was Sie mögen. Häufige Wiederholungen derselben Lieder sind von Nutzen.

> Machen Sie die Laute Ihres Babys nach

Sie fragen sich vielleicht, ob Sie nicht auch außerhalb des Sprechlern-Spaß-und-Spiel-Programms so mit Ihrem Baby reden. Wahrscheinlich tun Sie das die meiste Zeit, doch manchmal – beispielsweise wenn Sie mit etwas anderem als unmittelbar mit Ihrem Kind beschäftigt sind – werden Sie merken, dass Sie in Form eines »laufenden Kommentars« zu dem, was Sie gerade tun oder was geschieht, vor sich hin reden. Ein Beispiel: »Ich schäle Kartoffeln. Jetzt kommt eine in den Topf, und jetzt wieder eine. Ich sollte schnell machen. Wir müssen heute früh zu Abend essen.« Diese Art zu reden dient zweierlei Zwecken. Zum einen hält es den Kontakt zu Ihrem Baby aufrecht, wenn Sie nicht direkt mit ihm zu tun haben, und zum anderen bekommt es auf diese Weise die »Gestalt« der Sprache insgesamt zu hören, ihren Rhythmus, ihre Melodie und die Betonung beim fortlaufenden Sprechen. Dies ist für Ihr Baby eine sehr wichtige Information.

■ Fragen

Eine Bemerkung zu den Fragesätzen. Ich greife das Thema hier auf, weil Erwachsene die Konversation mit Kindern zu einem Großteil in Form von Fragen führen und Fragen stellen von großem Vorteil oder großem Nachteil sein kann, je nachdem warum und wie viele Fragen gestellt werden. In den ersten drei Monaten werden Sie vor allem rein rhetorische Fragen stellen, etwa: »Wer ist ein kluger Junge?« Auf solche Fragen erwartet man keine Antwort; sie sind im Grunde gefühlsbedingte Aussagen und völlig in Ordnung. Wir besprechen den Einsatz dieser und anderer Fragen im weiteren Verlauf des Spielprogramms.

■ Zwei Sprachen

Ich erhalte viele Anfragen aus Familien, in denen mehr als eine Sprache gesprochen wird, welche Sprache Babys gegenüber gebraucht werden soll.

Ein Vater berichtete mir, er sei Franzose, seine Frau Griechin und die Familie lebe in London. Er wollte nun wissen, in welcher Sprache sie mit ihrer einmonatigen Tochter sprechen sollten. Meine erste Reaktion war wie immer, wenn mir eine solche Situation zu Ohren kommt, der Gedanke: Welch ein Glück für dieses Mädchen, vielleicht drei Sprachen flüssig beherrschen zu lernen und Zugang zu der Dichtung und Literatur der verschiedenen Kulturen zu bekommen. Ich erklärte ihnen zunächst, dass sie sich um Englisch keinerlei Gedanken machen müssten, denn das würde ihre kleine Tochter, wenn es an der Zeit war, durch ihre Umwelt von alleine lernen. Dann riet ich ihnen, dass er und seine Frau immer in ihrer jeweiligen Muttersprache mit ihrer Tochter sprechen sollten, wenn sie mit ihr allein waren. Ich versicherte ihnen, dass sie beide Sprachen ohne Schwierigkeiten erlernen würde, insbesondere wenn sich die Eltern an das Sprechlern-Spaß-und-Spiel-Programm halten könnten. Diese Grundlage würde dafür sorgen, dass das Kind Englisch als dritte Sprache später ganz leicht lernen würde.

Viele Eltern glauben, dass ihre Kinder der Kontakt mit mehr als einer Sprache verwirren und in ihrer Entwicklung hemmen könnte. Doch dies geschieht nur, wenn die Eltern beide Sprachen sehr stark miteinander vermischen, beispielsweise Wörter aus beiden Sprachen in einem Satz verwenden oder mit ihren Kindern in einer Sprache sprechen, die nicht ihre Muttersprache ist. Letzteres ist besonders wichtig. Bekanntlich ist es sehr schwierig, die Sprechweise in einer anderen Sprache als der Muttersprache zu verändern, und ein zentrales Prinzip des Sprechlern-Spaß-und-Spiel-Programms ist, wie Sie sehen werden, die Modifikation der Art und Weise, wie Sie in Ihrer täglichen Spielzeit mit Ihrem kleinen Kind sprechen. Auch ist es von Nutzen, Ihrem Kind althergebrachte Verse und Sprechspiele nahe zu bringen, die Sie aber in einer Fremdsprache wahrscheinlich nicht kennen.

Kürzlich kam ein bezauberndes dreijähriges Mädchen griechischer Herkunft namens Elysia zu mir, weil ihre verzögerte Sprachentwicklung Anlass zu großer Sorge gab. Elysia sprach vorwiegend einzelne Wörter und nur gelegentlich Zwei-Wort-Sätze und schien große Schwierigkeiten zu haben, Sätze zusammenzufügen. Ihre Eltern waren beide Griechen, doch da sie in England lebten und Englisch als Zweitsprache beherrschten, glaubten sie, mit ihr Englisch sprechen zu müssen. Glücklicherweise stand die Familie kurz vor der Abreise nach Griechenland, wo sie den Sommer bei Elysias Großeltern verbringen wollte. Ich empfahl ihnen, völlig in das Griechische einzutauchen und täglich das Sprechlern-Spaß-und-Spiel-Programm anzuwenden. Die Familie suchte mich zwei Monate später wieder auf, und Elysias Eltern fanden es erstaunlich, wie schnell sie Griechisch gelernt hatte. Sie sprachen zu Hause weiterhin Griechisch mit ihr und waren bald ebenso erstaunt darüber, wie rasch sie auf dem Spielplatz Englisch lernte.

Bemerkenswert fand ich, was mir eine Russisch-Englisch-Dolmetscherin, die natürlich in beiden Sprachen sehr zu Hause war, vor einiger Zeit berichtete. Sie hatte das Gefühl, mit ihrer kleinen Tochter nicht Englisch sprechen zu können; sie wusste intuitiv, dass es besser war, ihre Muttersprache Russisch zu sprechen. (Siehe dazu auch Anhang II, Seite 375.)

Ein anderer besorgter Anruf kam kürzlich von der Mutter eines drei Wochen alten Säuglings, der an Blähungen litt. Sie fragte mich, ob ich es für sehr schädlich hielte, ihm abends, wenn er Bauchweh hatte, einen Schnuller zu geben. Meine Antwort kam ohne Zögern: »Natürlich nicht!« Als frisch gebackene Eltern brauchen wir jedes Hilfsmittel, das wir kriegen können, und mir ist bis jetzt noch kein Baby oder Kleinkind begegnet, dessen Sprech- und Sprachentwicklung ich durch die Verwendung eines Schnullers ernsthaft beeinträchtigt gesehen hätte. Es könnte einzig dann ein Problem geben, wenn ein Baby oder Kleinkind so wenig bekommt, das es interessiert oder mit dem es etwas anfangen kann, und so wenig Zuwendung von anderen, dass ihm nichts anderes bleibt, als täglich stundenlang am Schnuller oder an seinem Daumen zu nuckeln. Ihrem Baby wird das nicht passieren.

▥ Außerhalb Ihrer halben Stunde

- Reden Sie weiter; erzählen Sie, was Sie tun oder was vor sich
  geht. Auf diese Weise bekommt Ihr Baby die »Gestalt« der
  Sprache insgesamt zu hören.
- Reduzieren Sie Hintergrundgeräusche auf ein Minimum,
  damit sich Ihr Baby immer nur auf eine Geräuschquelle
  konzentrieren kann.
- Machen Sie kurze Sätze und viele Wiederholungen.
- Singen Sie ihm vor, was immer und wann immer es Ihnen
  einfällt.

2

Drei bis sechs Monate

▲ Überblick

Dies ist eine Entwicklungsstufe, die viele Freuden und in mancher Hinsicht auch Erleichterungen gegenüber der vorigen mit sich bringt. Mit etwas Glück hat sich jetzt bei Ihrem Baby ein regelmäßiger Rhythmus von Füttern, Schlafen und Spielen eingependelt, und Sie gewinnen vielleicht den Eindruck, dass Ihr Leben jetzt in etwas geordneteren Bahnen verlaufen wird.

Sie werden feststellen, dass Ihr Baby freudiges Interesse am Umgang sowohl mit anderen Menschen als auch mit Ihnen zeigt, und Sie alle werden durch entzückendes Lächeln und Lachen belohnt. Es fürchtet sich bis gegen Ende dieser Phase nicht vor Fremden, kann unbesorgt anderen übergeben werden und schläft problemlos in fremder Umgebung. All dies ändert sich gegen Ende des ersten Vierteljahres. Das Baby wird sich bewusst, dass Fremde eben Fremde sind, und braucht Ihren Beistand im Kontakt mit ihnen. Es besteht sehr nachdrücklich darauf, in vertrauter Umgebung zu schlafen.

Es gewinnt vielleicht mehr Mobilität, weil es sich nun herumrollen kann. Jetzt ist der Zeitpunkt, wertvolle Gegenstände allmählich aus seiner Reichweite zu entfernen.

Sie werden merken, dass Ihr Kind die Welt ringsum zu verstehen beginnt, beispielsweise ganz aufgeregt wird, wenn seine Mahlzeit zubereitet wird. Es beobachtet gespannt alles um sich herum und beginnt nach Dingen zu greifen und sie festzuhalten.

> Bitte beachten Sie, dass die hier beschriebenen Entwicklungsstadien sich nur auf den Durchschnitt beziehen. Alle Babys entwickeln sich in unterschiedlichem Tempo, und häufig können Fortschritte

in einem Bereich zu Stillstand in einem anderen führen. Sorgen
oder gar Verzweiflung sind unangebracht, wenn bei Ihrem Kind
nicht alles in genau dem hier behandelten Zeitabschnitt einzutreten scheint. Weitere Information finden Sie im Abschnitt *Grund
zur Sorge* auf Seite 74.

▲ Der vierte Monat

■ Sprachentwicklung

Wir haben gesehen, wie sich das Baby in den ersten drei Monaten
zu einem vollwertigen Kommunikationsteilnehmer entwickelt, der
wichtige soziale Botschaften empfängt und sendet. In diesen zweiten
drei Monaten werden wir erneut Zeugen riesiger Fortschritte.

In dieser Phase nutzt das Baby die in den ersten drei Monaten entwickelten Fertigkeiten, denn sein angeborenes Interesse an Menschen
führt es an die Schwelle zur eigentlichen, gesprochenen Sprache. Es
befindet sich immer noch in der präverbalen Phase, doch auf dem
Pfad zu seinem magischen ersten Wort macht es einige enorm bedeutsame Entwicklungsschritte.

Im Hinblick auf seine sozialen Wechselbeziehungen treten Veränderungen in zwei immens wichtigen Bereichen ein.

Zum einen zeigen sich erste Anfänge eines Wechselgesprächs zwischen ihm und anderen. Das Baby fängt an, mit Lauten zu »antworten«, wenn es angesprochen wird, was nichts anderes ist als der Beginn den Dialogs.

Die zweite Veränderung hängt mit der zunehmenden Kontrolle
seiner Augenbewegungen zusammen. Das Kind kann nun seine Umgebung visuell erkunden; es schaut jetzt jeden Gegenstand länger an
und vermag bewegte Objekte leichter zu beobachten. Es kann der
Blickrichtung eines Erwachsenen ein wenig leichter folgen und so
seine Aufmerksamkeit demselben Ziel zuwenden.

Die neu erworbene Kontrolle über Kopf und Augenmuskeln macht es ihm möglich, den Kopf zu drehen, um Sprecher zu lokalisieren, und es zeigt wachsendes Interesse, wenn ringsum gesprochen wird. Dieses zunehmende Interesse des Babys an Menschen und an dem Kontakt mit ihnen drückt sich in häufigem Lachen und Lächeln aus, sowohl spontan als auch als Reaktion auf andere. Es lächelt sogar sein eigenes Spiegelbild an. Es sucht jetzt auch häufig nach Sprechern – und nicht nur nach vertrauten –, und oft gelingt es ihm, sie auch dann zu finden, wenn sie außerhalb seiner Sichtweite sind.

Was das *Sprachverständnis* angeht, so erkennt das Kind jetzt die kommunikative Absicht von gesprochener Sprache. Beispielsweise merkt es, ob das Gehörte ein Gruß oder eine Warnung ist. Auch des emotionalen Gehalts ist es sich recht deutlich bewusst und reagiert darauf. Eine zornige Stimme ängstigt es, eine tröstende beruhigt es.

Die *Lautproduktion* entwickelt sich weiter. Das Baby beginnt zu »lallen« – es wiederholt ständig Laute, meist solche, die mit den Lippen erzeugt werden: p, b und m.

▪ Allgemeine Entwicklung

In diesem Alter beruht die Fähigkeit des Babys, Sprecher ausfindig zu machen, auf der zunehmenden Kontrolle über seinen Körper. Es kann jetzt den Rücken stabilisieren, wenn es in sitzender Position gehalten wird, und es kann seinen Kopf ständig selbst halten. Es kann zudem Kopf und Brust heben, wenn es auf dem Bauch liegt.

Neben den sprachlichen Entwicklungen beginnt das Baby, sich seiner Hände bewusst zu werden und mit seinen Fingern zu spielen. Es macht Greifbewegungen nach Dingen, die es interessieren, und kann einen Ring umklammern, den man ihm in die Hand legt. Zudem leistet es Widerstand, wenn man ihm etwas aus der Hand nehmen will.

Seine größte kognitive Leistung besteht wie schon erwähnt darin, dass es jetzt weiß, dass Objekte, die aus dem Gesichtsfeld verschwinden, nicht zu existieren aufhören.

■ Aufmerksamkeit

Das Baby ändert nun ab und an seine Blickrichtung, sodass sie mit der seiner Mutter übereinstimmt, was eine sehr wichtige Vorstufe der Fähigkeit darstellt, die Aufmerksamkeit auf ein gemeinsames Ziel zu richten.[2] Diese wiederum trägt später entscheidend dazu bei, dass das Kind lernt, Wörter mit Bedeutungen zu verknüpfen, und so auf vielfältige Weise erfährt, wie es in der Welt zugeht.

Nachweislich lässt sich aus der Sensibilität der Mütter für die Aufmerksamkeitsentwicklung ihres Babys vorhersagen, welchen Stand dessen Sprachentwicklung mit dreizehn Monaten erreicht haben wird.[3] Wie die Ergebnisse einer aufschlussreichen Untersuchung zeigten, wiesen Babys, deren Müttern klar war, dass die Aufmerksamkeit ihres Kindes noch nicht sehr beständig war, mit siebzehn Monaten einen größeren Wortschatz auf als Kinder, deren Mütter das nicht merkten. Dieses Ergebnis geht wahrscheinlich darauf zurück, dass die Mütter, die besser erkannten, auf was das Baby sich gerade konzentrierte, mit dem Kind länger über den Gegenstand seiner Aufmerksamkeit sprachen.

Auf dieser Stufe findet das Baby auch allmählich heraus, wie es die Aufmerksamkeit von Erwachsenen auf sich lenken kann: Es macht energische Körperbewegungen, zuweilen begleitet von Lauten.

■ Hören

Aufgrund seiner deutlich verbesserten Muskelkontrolle kann das Baby jetzt hin und her schauen, wenn es etwas hört. Dies ist ein erster wichtiger Schritt hin zu der Fähigkeit, Geräusche direkt zu lokalisieren und sie mit ihrer Quelle in Verbindung zu bringen. Auf diese Weise erweitert das Baby sein Wissen über die »Welt der Töne und Geräusche«. Auf dieser Stufe kann es seine Augen nicht isoliert bewegen, sondern muss den ganzen Kopf drehen. Es zeigt ein besonderes Interesse an Stimmen und versucht emsig, Sprecher ausfindig zu machen, die sich außerhalb seines Gesichtsfeldes befinden. Dieses

Interesse ist so stark, dass das Kind oft seine Beschäftigung unterbricht, um besser lauschen zu können.

Überdies beginnt das Baby zum ersten Mal, dem Gehörten Bedeutung zuzuschreiben, insofern es differenziert auf den Tonfall reagiert. Es erkennt, dass die Stimme seiner Mutter Freude, eine Warnung oder sogar Missbilligung ausdrücken kann. Es ängstigt sich vor zornigen Stimmen.

Das Baby scheint seinen eigenen Lauten zu lauschen und Spaß daran zu haben, wobei es klare Rückmeldungen über die erzeugten Laute durch die verschiedenen Zungen- und Lippenbewegungen erhält, die es dabei macht.

▲ Der fünfte Monat

▪ Sprachentwicklung

Bewusstsein, *Verständnis* und Interesse des Babys für seine Umwelt erweitern sich rasch. So lässt sich an seinem heftigen Gezappel, wenn es beispielsweise hört, dass seine Mahlzeit zubereitet wird, ablesen, dass es zum ersten Mal ein Ereignis geistig vorwegnimmt. Ein weiterer Beleg für diese Vorwegnahme ist, dass es zu schreien oder zu weinen aufhört, wenn man mit ihm spricht oder wenn es Musik hört.

Das Baby beginnt bereits »Sprachbrocken« mit bestimmten Handlungen oder Situationen zu verknüpfen. So reckt es Ihnen wahrscheinlich die Ärmchen entgegen, wenn es ein stark moduliertes »Na komm mal hoch zu mir« hört. Auch der magische Moment, in dem es erstmals ein Wort mit einer Bedeutung verknüpft, ereignet sich in dieser Zeit: Es scheint seinen Namen zu erkennen und sucht prompt mit den Augen nach dem Sprecher, wenn es ihn hört. Es erkennt offenbar, dass eine bestimmte Lautfolge etwas meint: in diesem Fall es selbst. Es ist aufschlussreich, wie früh dies geschieht und wie weit es dem ersten gesprochenen Wort vorausgeht. Bald danach scheint das Kind zu begreifen, was »nein« bedeutet,[4] obwohl es nicht gerade oft gehorcht.

Die Fähigkeit des visuellen Verfolgens ist jetzt ausgereift, und mit fünf Monaten kann das Baby in der Regel alle Sprecher in seiner Nähe ausfindig machen. Dies führt häufiger dazu, dass Baby und Erwachsener ihre Aufmerksamkeit koordinieren. Die visuelle Wahrnehmung, das Verständnis der Bedeutung des Gesehenen erweitert sich ebenfalls. Das Baby erkennt jetzt seine Geschwister und hat Freude daran, ihnen beim Spielen zuzuschauen. Es beobachtet auch seine Mutter, was wiederum sein Verständnis für die Bedeutung und den Zweck von Gegenständen und Ereignissen erweitert: mit anderen Worten dafür, wie es in der Welt zugeht.

Es beschäftigt sich viel mit *Lautproduktion*, sowohl alleine als auch in Gesellschaft anderer, und die Bandbreite der Laute, die es dabei erzeugt, nimmt stetig zu. Jetzt sind auch Laute von ihm zu hören, die hinten im Mund erzeugt werden: beispielsweise g und k. Oft entwickelt das Kind einen bestimmten Laut, um Unbehagen zu signalisieren. Dieser Laut ist bei jedem Baby ein anderer und daher nur für diejenigen »verständlich«, die oft mit ihm zusammen sind.

Das Baby kommuniziert immer noch nicht zweckgerichtet, doch die größere Bandbreite seiner Handlungen, seiner Laute und seiner Mimik erleichtert es den Erwachsenen zu verstehen, was es empfindet und was es will. Aus diesem Erkennen seiner Wünsche und Absichten entwickeln sich gemeinsame Ziele von Baby und Erwachsenen, was in der Sprachentwicklung eine wichtige Rolle spielen wird.

■ Allgemeine Entwicklung

Die zunehmende Kontrolle über seinen Körper fördert die Entwicklung der Kommunikationsfähigkeiten des Babys. Das Baby vermag jetzt mit sehr wenig Unterstützung zu sitzen, kann seinen Kopf drehen und ihn heben, wenn es auf dem Rücken liegt. Bei manchen Babys ereignet sich in dieser Zeit etwas sehr Wichtiges. Sie können sich jetzt von einer Seite auf die andere rollen, was ihnen die erste Erfahrung von Mobilität und Kontrolle über ihre nähere Umgebung vermittelt. Sie können dadurch ihre Erkundungen ausdehnen und

Objekte und Aktivitäten aus verschiedenen Blickwinkeln betrachten.

Das Baby macht nun auch Versuche, Gegenstände zu sich heranzuholen und mit ihnen zu hantieren. Es kann nach Dingen greifen und sie festhalten, auch wenn es sich manchmal übernimmt. Es führt die Gegenstände unweigerlich zum Mund, der auf dieser Stufe das wichtigste Werkzeug zur Erkundung ihrer Eigenschaften darstellt. Es wird sich seiner Hände immer deutlicher bewusst, ebenso seiner Füße, und spielt gerne mit Fingern wie Zehen.

■ Aufmerksamkeit

Was die Entwicklung der Aufmerksamkeit angeht, so unterscheidet sich dieser Monat relativ wenig von dem vorangegangenen. Die Aufmerksamkeitsspanne des Babys ist immer noch extrem kurz, und es lässt sich von jeder Kleinigkeit ablenken. Seine Methode, Ihre Aufmerksamkeit auf sich zu lenken, wenn es merkt, dass Sie mit etwas anderem beschäftigt sind, ist jetzt das »Rufen«: Es macht sich nachdrücklich durch Laute bemerkbar, um zur Kenntnis genommen zu werden.

■ Hören

Dem Baby gelingt es jetzt besser, die Quelle von Geräuschen ausfindig zu machen, obwohl es dazu immer noch den ganzen Kopf drehen muss, statt nur die Augen zu bewegen. Es findet jetzt Geräuschquellen unter ihm und über ihm und nicht mehr nur solche, die sich auf einer Höhe mit seinen Ohren befinden. Es wendet sich jeder Stimme in seiner Nähe zu (nicht nur der vertrauter Menschen), wenn auch am ehesten der von Familienangehörigen. Überdies bringt es jetzt vertraute Geräusche mit ihrer Bedeutung in Verbindung, wird beispielsweise ganz aufgeregt, wenn es das Geräusch eines Schlüssels im Schloss vernimmt. Es interessiert sich sehr für Musik, liebt es, wenn man ihm vorsingt, und beginnt Tönen zu lauschen.

Es liegen aufschlussreiche Forschungsergebnisse vor, wonach das Baby bereits auf dieser Stufe für Geschwindigkeits-, Betonungs- und Melodiemuster, die die Grenzen zwischen größeren Satzteilen markieren, empfänglich ist.[5] Der Spracherlernungsmechanismus tritt bereits in Aktion!

▲ Der sechste Monat

■ Sprachentwicklung

Diesen Monat charakterisieren weitere Meilensteine in der Entwicklung der Fähigkeit des Babys, sich der Menschen in seiner Umwelt bewusst zu sein. Es reagiert unterschiedlich auf verschiedene Menschen, ihm wird insbesondere klar, dass Fremde eben Fremde sind, und es zeigt zum ersten Mal Scheu – es »fremdelt«. Es erkennt Gleichaltrige, lächelt und lallt sie an.[6]

Es *versteht* jetzt die allgemeine Bedeutung von gesprochener Sprache, erkennt also beispielsweise eine Warnung oder Verärgerung, und versteht ein immer breiteres Spektrum von Gefühlen, die später in sein symbolisches Spiel eingehen. Faszinierend ist, dass es jetzt einige häufig gehörte und wichtige Wörter wie »Papa« oder »tschüs« ganz offensichtlich versteht, und das wiederum sehr viel früher, als es diese zu sprechen lernt. Über die Gründe dafür reden wir später. Das Kind beginnt, sich die täglichen Abläufe zu merken und auf sie zu reagieren. Es kommt dem vollen Verständnis dessen, was »nein« bedeutet, etwas näher und gehorcht in etwa der Hälfte der Fälle.

Seine *Lautproduktion* verändert sich in dieser Zeit deutlich, sowohl hinsichtlich der erzeugten Laute, als auch wie es sie einsetzt. Es tauchen mehr Konsonanten auf, einschließlich der Laute, die im Rachenraum erzeugt werden: beispielsweise g und k. Das Kind beginnt ganze Aneinanderreihungen von stets wiederkehrenden Silben zu lallen. Dazu gehören gewöhnlich die Laute »mama«, »dada« und »baba«, die im vorderen Mundraum erzeugt werden und sehr leicht hervorzubringen sind. Zuweilen hält man das für die ersten Wörter, doch dieses kleine Wunder geschieht jetzt noch nicht. Es ist dem Baby anzusehen, dass es ihm viel Spaß macht, mit Lauten zu spielen. Ein sehr wichtiges Stadium in der Entwicklung seiner Kommunikationsfähigkeiten ist erreicht, wenn es sich mit seinem Geplapper an Menschen wendet, als ob es jetzt erfasst hätte, dass wir Unmengen von Lauten austauschen, und bei dem Spiel mitmachen möchte. Es unterbricht zuweilen die Äußerungen eines anderen und beginnt Laute zu äußern, ohne abzuwarten, bis der andere pausiert, und es beginnt mitzusingen, wenn es Musik vernimmt. Manchmal begleitet es Töne mit einer Geste und findet es sehr erheiternd, ein Husten nachzuahmen.

Zudem beginnt eine »Tendenz« hin zu den Sprachlauten, die es um sich herum hört. Die Laute in seinem Repertoire passen sich allmählich der Sprache seiner Umgebung an; ungebräuchliche verschwinden. (Interessanterweise schaffen dies Babys, die zweisprachig aufwachsen, in beiden Sprachen, weshalb nur Menschen, die eine Sprache in der Säuglingsphase oder sehr frühen Kindheit gehört haben, sie völlig akzentfrei sprechen können.)

■ Allgemeine Entwicklung

Jetzt kann das Baby fast ungestützt sitzen und macht Kriechbewegungen, wenn man es auf den Bauch legt. Seine Fähigkeit sich herumzurollen erweitert seinen Horizont. Das Kind liebt es, hochgehoben und herumgewirbelt zu werden, und reckt Erwachsenen auffordernd die Arme entgegen. Es kann jetzt viel zielgenauer greifen, sodass Erwachsene leichter herausfinden, was es haben möchte. Wenn es die Hände nach etwas ausstreckt, gibt es zuweilen auch Laute von sich – eine Vorform des Benennens.

Jetzt, wo das Kind Objekte erreichen und greifen kann, beginnt es sie zu erkunden. Auf dieser Stufe behandelt es alle Dinge gleich; es haut sie auf den Boden und schüttelt sie und versucht immer noch, sie ganz in den Mund zu stecken. Die allerersten Anfänge eines Verständnisses von Ursache und Wirkung treten zu Tage. Beispielsweise entdeckt das Kind, dass ein bestimmtes Geräusch entsteht, wenn es ein Spielzeug auf den Boden haut.

Unterstützt wird dieser Prozess durch seine wachsende Geschicklichkeit und Gewandtheit. Hände und Augen arbeiten jetzt zusammen, sodass das Baby Gegenstände zielgerichteter untersuchen kann. Es vermag jetzt ein kleines Objekt mit einer Hand zu greifen, ein Spielzeug vom Tisch zu nehmen und eines, das man ihm vor die Nase hält, zu fassen. Willkürlich loslassen kann es Dinge noch nicht, auch nicht mit mehr als einem auf einmal hantieren. Wenn man ihm ein zweites Spielzeug anbietet, lässt es das erste fallen. Es wird sich allmählich der Funktion mancher Dinge bewusst: beispielsweise dass ein Becher zum Trinken da ist.

Das Baby ist in diesem Alter visuell unersättlich. Es beobachtet gespannt alles, was ringsum vorgeht. Es schaut einem Erwachsenen zu, der mit einem Spielzeug spielt, versucht nachzuahmen, was er tut, und es macht ihm Spaß, Gesichtsausdrücke zu imitieren. Ein weiterer Fortschritt ist der, dass es jetzt nach Spielsachen sucht, die außer Reichweite geraten sind.

■ Aufmerksamkeit

Im Verlauf dieses Monats ereignen sich einige kleinere Entwicklungsschritte, und ein sehr wichtiges Stadium ist erreicht. Die Aufmerksamkeitsspanne des Babys wird ein wenig länger, doch nur bei Dingen und Aktivitäten,

- die bedeutungshaltig geworden sind,
- denen es sich aus eigenem Antrieb zuwendet und
- die sich in seiner Nähe befinden oder abspielen.

Hier liegen die Ursprünge der für das spätere Lernen so entscheidenden Fähigkeit, selektiv auf bestimme Geräusche zu lauschen und sich auf Wichtiges und Interessantes zu konzentrieren.

Dennoch lässt sich das Kind immer noch schnell ablenken und kann sich immer nur der Information einer Wahrnehmungsmodalität auf einmal zuwenden: Das heißt entweder hören oder sehen oder berühren. Wenn es in die Beschäftigung vertieft ist, ein Objekt mit den Händen oder dem Mund zu erkunden, hört es nicht zu. Es wird in einer solchen Situation auch nur in stark vermindertem Umfang Blickkontakt herstellen. Ihnen mag vielleicht der Gedanke durch den Kopf schießen, es könnte womöglich taub oder autistisch sein, wenn Sie es so sehen. Das ist nicht der Fall: Es ist nur beschäftigt.

Der wichtigste Schritt um diese Zeit herum besteht darin, dass das Baby der Blickrichtung eines Erwachsenen immer besser zu folgen vermag, sodass beide ihre Aufmerksamkeit demselben Gegenstand oder derselben Tätigkeit zuwenden. Wie wir noch sehen werden, öffnet ihm dies die Tür zu einer Welt neuer Lernerfahrungen.

Das Baby kann jetzt einem Erwachsenen dabei zusehen, wie er mit einem Spielzeug spielt. Es versucht ihn nachzuahmen, und dann spielen sie gemeinsam, sodass das Spiel in den Mittelpunkt ihrer gemeinsamen Aufmerksamkeit rückt. Dies bahnt dem Lernen einen weiteren enorm wichtigen Pfad.

■ **Hören**

Was das Hören betrifft, so vollziehen sich auf dieser Stufe einige sehr bedeutsame Entwicklungen. Das Baby kann sich jetzt zwar schneller herumdrehen, um Schallquellen zu orten, in diesem Stadium gelingt ihm das aber nur dann unmittelbar, wenn sich diese auf der gleichen Ebene wie seine Ohren und in seiner Nähe befinden. Es vermag schließlich nach einigem Suchen auch die Quelle von Geräuschen auszumachen, die von ober- oder unterhalb seines Kopfes oder von einer Stelle auf gleicher Linie mit seinen Ohren kommen. Hören findet es enorm spannend; es beginnt die Geräuschkulisse in der Umgebung lauschend abzutasten und die Beziehung zwischen Geräuschen und ihren Ursachen herzustellen. Seine Fähigkeit zuzuhören ist aber immer noch sehr begrenzt. Es kann noch nicht dauerhaft zuhören, da seine Aufmerksamkeitsspanne extrem kurz ist; allerdings kann es sich auf Geräusche, die Bedeutung für das Baby selbst bekommen haben, etwas länger konzentrieren. Selbst unter diesen Umständen ist es extrem leicht abzulenken. Dennoch lernt es allmählich zwischen nahen und ferneren Geräuschen zu unterscheiden.

Zum ersten Mal kann es jetzt zugleich schauen und zuhören, ein riesiger Meilenstein, denn bisher war dies völlig unmöglich. Diese Fähigkeit ist auf dieser Stufe aber alles andere als stabil, und es hängt sehr stark von der Umwelt ab, ob sie sich entfalten kann. Gleichzeitig zu sehen und zu hören gelingt dem Kind nur, wenn es im Zimmer ruhig ist, wenn der Gegenstand, den es betrachtet, auch die Geräusche erzeugt, die es hört, und wenn dieser Gegenstand sein Interesse nachhaltig fesselt. Das Baby ist außerstande zuzuhören, wenn es damit beschäftigt ist, etwas mit den Händen oder dem Mund zu »begreifen«, und wenn Sie ihm ein neues Spielzeug geben, werden Sie merken, dass es überhaupt keinen Sinn hat, darüber zu sprechen, bevor das Kind es nicht erschöpfend untersucht hat. Dies wird auch noch eine Weile so bleiben.

Es wird oft darauf hingewiesen, dass Babys in ihrer auditiven Aufmerksamkeit beträchtliche Unterschiede aufweisen, sogar schon in diesem frühen Alter. Das spricht dafür, dass diese Unterschiede auf Umweltbedingungen zurückgehen.

▲ Das Spielen

Das Spielen ist wie immer der ideale Vermittler für sprachliche Anregungen. Dieses Kapitel ist zwar nach Monaten untergliedert, doch beim Spielen überschneiden sich die einzelnen Altersstufen sehr stark.

Zwei Formen kennzeichnen das Spiel in dieser Phase:
- das Spielen, das auf direktem Austausch zwischen Erwachsenem und Baby beruht, wie alles Spielen in den ersten drei Monaten
- das Spielen mit Objekten, das jetzt ebenfalls auftaucht, da das Baby zunehmend Kontrolle über seinen Körper gewinnt, Auge und Hand koordinieren kann und seine Umwelt besser wahrnimmt.

■ Der vierte Monat

Jetzt beginnt das wiederholende, gemeinsame Spiel, das dem Baby wie dem Erwachsenen viel Vergnügen bereiten wird. In diesem Spiel werden die Handlungen des Erwachsenen und des Babys sowohl synchronisiert als auch strukturiert, und sie bilden einen Rahmen, durch den das Baby vorwegzunehmen und vorauszusehen lernt, was als Nächstes kommt. Dies vermittelt ihm die allerersten Anfänge von Kontrolle über eine Situation und eine erste Vorstellung von einer Ereigniskette und wie und wann es in sie eingreifen kann.

Auf dieser Altersstufe bereiten dem Baby körperbetonte Spiele mit seinen Armen und Beinen weiterhin viel Vergnügen, insbesondere weil es sich derer ja gerade erst bewusst zu werden beginnt. Es genießt Kitzelspiele, und seine ausgelassenen Reaktionen zeigen sein Entzücken buchstäblich von Kopf bis Fuß.

Reime und Lieder werden, wie in der gesamten Säuglings- und Kinderzeit, zu einem wichtigen Bestandteil des Spiels, und auch hier geben Babys ihrer Freude daran deutlich Ausdruck, insbesondere wenn die Lieder von rhythmischen Bewegungen begleitet werden. Dieses Interesse fällt mit dem aufkeimenden Interesse des Babys am Sprechrhythmus zusammen.

Manchmal rücken jetzt auch äußere Gegenstände in den Mittelpunkt des Spiels. Das Baby hat in diesem Alter Freude daran, sie durch noch recht unkoordiniertes Hantieren und In-den-Mund-Stecken zu erkunden. In diesem Stadium behandelt es alle Dinge gleich. Ganz offensichtlich ist sein Mund sein Haupterkundungswerkzeug, und bei diesen Erkundungen lernt es unaufhörlich.

■ Der fünfte Monat

Das Baby freut sich immer noch unbändig über sehr einfache gemeinsame Spiele, und nun macht die Vorwegnahme der Handlungen jedes Partners einen gewichtigen Teil des Spaßes aus. Das »Kuck-Kuck«-Spiel, bei dem der Erwachsene sein Gesicht beispielsweise hinter einem Kissen verbirgt und dies dann plötzlich wegzieht, ist in dieser Zeit der absolute Renner. Durch seine Körpersprache und die erzeugten Laute gibt das Kind klar zu erkennen, dass es versteht, welche Rolle jeder Partner spielt, das heißt, dass die Person, die ihr Gesicht versteckt, entscheidet, wann sie es wieder zeigt, während die andere in atemloser Spannung auf diesen Augenblick wartet. Das Baby gibt auch deutlich zu verstehen, wenn es möchte, dass das Spiel fortgesetzt wird. Es liebt das stets wiederholte Ritual, durch das es immer besser vorauszusehen lernt, was als Nächstes kommt, und es übernimmt allmählich einen aktiveren Part beim Abwechseln. Die Grundlagen einer lebenslangen Freude an sozialer Interaktion werden jetzt fest verankert, und es keimt ein erstes Verständnis für den Kommunikationsprozess. Das Baby beschäftigt sich immer noch gerne mit seinen Gliedmaßen und fängt an, mit Fingern und Zehen zu spielen.

Weil das Baby nun Objekte relativ kontrolliert greifen und halten kann, interessiert es sich stärker dafür. Es erforscht sie immer noch, indem es sie in den Mund steckt und mit ihnen hantiert. Jetzt beginnt es sie jedoch auch zu schütteln und auf eine feste Unterlage zu schlagen. Ein erstes Begreifen von Ursache und Wirkung zeichnet sich ab, weil das Baby beispielsweise merkt, dass Schütteln oder Aufschlagen ein Geräusch erzeugt. Das Kind bevorzugt Objekte, die seinem Forscherdrang eine große Bandbreite verschiedener Eigenschaften wie Farbe, Beschaffenheit und Form bieten.

Das Baby fängt nun auch an, anderen Personen, Erwachsenen wie Kindern, beim Spielen zuzusehen, und lernt dabei stets dazu. Es ahmt den Umgang mit Spielzeug nach und beginnt sich in das Spiel anderer einzuschalten. Es setzt überdies das Spiel fort und macht dem Erwachsenen auf diese Weise klar, dass es mit dieser Beschäftigung noch nicht aufhören möchte.

■ Der sechste Monat

Das Baby ist nun ein vollwertiger Partner in den ritualisierten Abwechslungsspielen, an denen es schon in den vergangenen zwei Monaten viel Gefallen gefunden hat. Es liebt Spiele, die Bewegungen mit Reimen verbinden, etwa »Backe, backe Kuchen«. Spaß macht ihm auch, auf den Knien eines Erwachsenen zu reiten und dabei lustige Geräusche zu erzeugen sowie hochgehoben und hin und her geschaukelt zu werden.

Seine Hände und Augen arbeiten jetzt so gut koordiniert, dass es nicht mehr nur mit Mund und Händen, sondern auch durch Betrachten erforscht, und sein Interesse an Spielsachen und anderen Dingen ist riesig. Es beschäftigt sich jetzt ein wenig länger mit jedem Gegenstand und geht völlig in dieser Beschäftigung auf, so sehr, dass es außerstande ist, gleichzeitig einen Erwachsenen anzusehen.

Es beobachtet seine Mutter und andere immer häufiger und lernt infolgedessen etwas über die Funktion von Sachen und über Ereignisfolgen, die es später in sein Spiel integrieren wird.

Die Spielzeugkiste

- Rassel mit Saugfuß zur Befestigung im Kinderwagen/Bettchen
- Rasselring
- Spiegelrassel
- Spielzeug für den Kinderwagen
- Weiche Würfel und Bälle
- Weiches Tuch
- Einfache Glöckchen und andere Dinge, die Geräusche erzeugen
- Klingelball
- Teddy und andere weiche Spielsachen

Das Baby benötigt in diesem Stadium viele Gegenstände, die es untersuchen kann, da seine Aufmerksamkeitsspanne sehr kurz ist und es rasch von dem einen zum anderen Spielzeug wechseln können muss.

Am wichtigsten ist immer noch eine große Bandbreite von Stoffen, Formen und Farben, die das Baby erkunden und untersuchen kann.

■ Fernsehen und Videos

Was ich hinsichtlich der ersten drei Monate gesagt habe (siehe Seite 45), gilt immer noch: Im Leben des Babys ist hierfür kein Platz. Es braucht immer noch vor allem eine Bezugsperson, die auf es eingeht.

▲ Zusammenfassung

Im Alter von drei bis sechs Monaten kann Ihr Baby wahrscheinlich Folgendes:

- Es macht durch Körperbewegungen und Mimik deutlich, dass es nun zwischen ärgerlichen und freundlichen Stimmen unterscheiden kann.
- Es beginnt Wörter zu erkennen, die es häufig hört, etwa »tschüs« oder »Papa«.
- Es reagiert auf Ankündigungen wie »Komm hoch zu mir.«
- Es scheint zu wissen, was »nein« bedeutet, und hört manchmal mit dem auf, was es tut.
- Es spielt häufig mit Lauten, sowohl wenn es allein ist als auch im Gesellschaft anderer Menschen.
- Es beginnt sehr häufig ein »Gespräch« aus Tönen, indem es sich mit einem Laut eindeutig an eine Person wendet.

▲ Grund zur Sorge

Unten sind Sachverhalte aufgeführt, bei denen es ratsam wäre, mit einem Spezialisten über die Entwicklung Ihres Babys zu sprechen. (Bitte denken Sie aber daran, dass nicht alle Kinder sich gleich schnell entwickeln.)

Wenn Sie irgendwelche Zweifel hegen, auch wenn der Grund Ihrer Besorgnis hier nicht aufgeführt ist, dann bringen Sie Ihr Baby so bald wie möglich zu einem Kinderarzt oder Kinderpsychologen.

Es wäre ratsam, die Meinung eines Experten einzuholen, wenn Ihr Baby mit sechs Monaten:

- sich selten nach Sprechern umblickt
- kaum einmal einem bewegten Objekt mit den Augen folgt
- selten mit Lauten reagiert, wenn Sie es ansprechen
- keine Lall-Laute von sich gibt, die aus einem Konsonanten und einem Vokal bestehen (beispielsweise »pa« oder »gu«)
- überhaupt sehr wenig Laute, abgesehen von Weinen, äußert.

Das Sprechlern-Spaß-und-Spiel-Programm

Solange Sie einigen elementaren, aber außerordentlich wichtigen Leitlinien folgen, ist es sehr wahrscheinlich, dass Ihr Baby auch in diesen zweiten drei Monaten Signale aussendet, die Sie dazu bringen, ihm genau die sprachlichen Anregungen zu geben, die seiner auf dieser Stufe sehr raschen Entwicklung am förderlichsten sind.

■ Eine halbe Stunde täglich

Wenn Sie Glück haben, hat sich ein regelmäßiger Rhythmus von Füttern, Schlafen und Spielen eingependelt, und Sie kommen infolgedessen eher zu Ihrer Nachtruhe. Wenn dies so ist, legen Sie Ihre tägliche halbstündige Spielzeit auf eine Tageszeit, zu der Sie und Ihr Baby sich ungestört miteinander beschäftigen können, statt sich beim Füttern oder Windelnwechseln dafür Zeit zu nehmen, wie Sie es bisher gemacht haben. Wenn sich noch kein regelmäßiger Rhythmus eingestellt hat, dann machen Sie weiter wie bisher. Tun Sie das, was Ihnen am wenigsten Mühe macht. Ihre ungeteilte Aufmerksamkeit ist das größte Geschenk, das Sie Ihrem Baby machen können, und nichts macht es glücklicher. Nichts löst Stress bei Babys und Kleinkindern wirksamer als Aufmerksamkeit, und Sie werden sehen, wie eifrig Ihr Baby sich jederzeit darum bemüht. Für eine gewisse Zeit des Tages als verlässlicher Partner bei seiner schrittweisen Entdeckung der Welt ganz für Ihr Kind da zu sein ist die wunderbarste Gelegenheit zum Lernen, die Sie ihm bieten können. In diesen frühen Phasen lässt sie sich am besten in regelmäßig wiederkehrende Spielzeiten einbauen.

■ Die Umgebung für Ihre Spielzeit zu zweit

Wie Sie bereits wissen, ist es von allergrößter Wichtigkeit, dass es im Raum ganz, ganz still ist, ohne Radio, Musik, Video oder Fernseher. Die kleinen, aber äußerst bedeutsamen Entwicklungsschritte beim

Hören und der Aufmerksamkeit, die sich auf dieser Stufe vollziehen, können sich nur in einer Umgebung entfalten, die frei von Ablenkungen, insbesondere von Hintergrundgeräuschen ist. Jetzt entwickeln sich die Anfänge der Fähigkeit, sich auf ein Vordergrundgeräusch zu konzentrieren und Hintergrundgeräusche auszublenden, und wie wir schon wissen, benötigen Babys dazu einen viel größeren Unterschied zwischen hörbarem Vorder- und Hintergrund. Das Baby braucht zudem Gelegenheit, die Töne, die es selbst produziert, deutlich zu hören, damit es seine Zungen- und Lippenbewegungen mit den daraus resultierenden Lauten zu verknüpfen lernt.

> **Das Baby muss seine eigenen Laute deutlich vernehmen können**

Ihr Baby ist immer noch sehr leicht ablenkbar und seine Aufmerksamkeit erlahmt sehr schnell. Es ist wichtig, dass es viele interessante Objekte in Reichweite hat, die es greifen oder anschauen kann oder die Sie ihm geben, wenn es damit spielen möchte. Achten Sie darauf, ihm Geräusch erzeugende Spielsachen zur Verfügung zu stellen, weil es an diesen besonders viel Spaß haben dürfte.

Gestalten Sie den Spielort so, dass Sie und Ihr Baby sich sehr nahe sind; halten Sie es entweder in Ihren Armen oder setzen Sie sich auf den Boden, während es auf einem Kinderstühlchen Ihnen gegenüber sitzt. Sorgen Sie auch dafür, dass sich die Spielsachen in Ihrer unmittelbaren Reichweite befinden.

Bereits hier kommt ein extrem wichtiges Prinzip des Sprechlern-Spaß-und-Spiel-Programms zur Anwendung. Es ist unbedingt notwendig, dass Sie *niemals* versuchen, die Aufmerksamkeit Ihres Babys oder Kleinkindes länger als es möchte an ein Objekt oder eine Aktivität zu binden. Nichts behindert die Entwicklung der Aufmerksamkeit mehr.

> **Versuchen Sie niemals, die Aufmerksamkeitsspanne Ihres Babys zu verlängern**

(Natürlich gibt es in späteren Lebensphasen Momente, in denen es angemessen ist, seine Aufmerksamkeit auf etwas zu lenken und es zu ermuntern, sich länger damit zu befassen. Dies ist jetzt aber noch nicht angebracht, und niemals, während Sie das Spielprogramm durchführen.)

Imrans Eltern waren verzweifelt, weil Imran keine ihrer Anweisungen befolgte, fast überhaupt nicht spielte und nur im Haus herumrannte und alles Mögliche kaputtmachte. Seine Eltern bemühten sich immer nachdrücklicher, ihn dazu zu bewegen, sich mit Spielsachen ihrer Wahl zu beschäftigen, und er verhielt sich immer widerspenstiger – nicht nur gegenüber ihren Spielvorschlägen, sondern gegenüber jeglichen Anweisungen, auch bezüglich Essen und Schlafen. Seine Mutter war den Tränen nahe, als sie sagte: »Natürlich liebe ich Imran, aber es fällt mir schwer, ihn zu mögen oder mich mit ihm wohl zu fühlen.« Zwei Wochen mit einer täglichen Spielzeit, in der Imran ausdrücklich dazu ermuntert wurde, seine Aufmerksamkeit allem zu widmen, was und wann er wollte, bewirkten eine Veränderung, die seine Eltern erstaunte und erfreute. Er spielte angemessen und über beträchtliche Zeitspannen mit Spielsachen und zeigte sich sehr viel zugänglicher. Und seine Mutter konnte sich wieder an ihm freuen.

Der Grund dafür ist folgender: In den Frühphasen der Aufmerksamkeitsentwicklung bewirkt jeder Versuch, die Aufmerksamkeit des Babys auf einen bestimmten Punkt gerichtet zu halten, nachdem es spontan schon zu einem anderen übergegangen ist, nur eine »Fragmentierung« dieser Aufmerksamkeit, das heißt, sie wird zwischen dem Interesse des Kindes und dem des Erwachsenen aufgespalten. Wenn dies in spürbarem Ausmaß geschieht, verzögert es die Entwicklung des Kindes und ruft sowohl aufseiten des Kindes als auch aufseiten des Erwachsenen viel Frustration hervor. Leider ist dies ein sehr verbreitetes Problem, und es kann äußerst befriedigend sein, wenn man den Eltern die Situation erklärt und dann umgehend eine Änderung bei dem Kind erlebt.

■ Wie viel Sie reden sollten

Es ist wichtig, dass Ihr Baby jetzt Zeit zum »Antworten« hat; kommen Sie also während Ihrer besonderen Spielzeiten nicht in Versuchung, nach Ihrem Gutdünken auf Ihr Kind einzureden. Verfolgen Sie vielmehr peinlich genau die geplapperte »Unterhaltung«, die zwischen Ihnen stattfindet. Pausieren Sie, wenn Sie etwas gesagt haben,

> Achten Sie auf
> seine Pausen

damit Ihr Baby Zeit für eine Erwiderung hat, und achten Sie auf seine Pausen, die Ihnen anzeigen, dass nun Sie an der Reihe sind. Sie werden in der Folge wahrscheinlich feststellen, dass Sie sich beide seltener gleichzeitig äußern. Wenn Sie sich selbst diese Zeit ausschließlich mit Ihrem Baby und für Ihr Baby zugestehen, werden Sie immer empfänglicher für seine Botschaften und Handlungsimpulse, und das Kind selbst übernimmt eine bedeutende Rolle, indem es Sie anleitet, so angemessen und hilfreich wie möglich auf es zu reagieren.

Eine Studie untersuchte, wie häufig Mütter von fünf Monate alten Babys auf deren Versuche eingingen, sie in ein »Zwiegespräch« zu verwickeln, indem sie abwarteten, bis das Kind andeutete, dass sie jetzt an der Reihe seien, und ihm viel Zeit zu einer Antwort gaben. Die Häufigkeit dieses Verhaltens bei den Müttern wies einen engen statistischen Zusammenhang mit dem Entwicklungsstand der Aufmerksamkeitsspanne, des symbolischen Spiels und des Wortverständnisses der Kinder mit dreizehn Monaten auf.[7]

■ Wie Sie sprechen sollten

Sie werden wahrscheinlich feststellen, dass zu Anfang dieser Dreimonatsphase das Spielen und die sprachliche Anregung, die sich so gut damit verbinden lässt, hauptsächlich in dem gemeinsamen Spiel zwischen Ihnen beiden besteht. Später kommen aufgrund des wachsenden Interesses Ihres Babys an Spielzeug und anderen Objekten, die es erkunden kann, diese Dinge immer stärker dazu. Solange Sie und die Spielsachen verfügbar sind, kann und wird Ihr Baby die Schwerpunkte des Spiels bestimmen. Welche Sprechweise angemessen ist, ändert sich in dieser Phase nicht von Monat zu Monat, weshalb das Programm für die gesamten drei Monate gilt.

Wiederholen Sie dem Baby seine eigenen Laute häufig. Ahmen Sie entweder den letzten Laut der Folge oder einen einzelnen Laut nach. Wenn es beispielsweise »uu« sagt, dann sagen Sie »uuuuuu«. Oder wenn es »aiai« sagt, sagen Sie »aiaiaiaiai«. (Manchmal findet das Kind es lustig, wenn Sie Ihre Laute länger machen als seine.)

> **Wiederholen Sie die Töne des Babys**

Dies ist die früheste Form des Abwechselns und ein entscheidender Vorläufer des Dialogs. Zudem kann sich das Baby leicht darauf konzentrieren, weshalb es sehr nützlich für die Entwicklung der Aufmerksamkeit ist. Sie werden merken, wie sehr sich Ihr Baby freut, dass Sie so begeistert sind von dem, was es von sich gibt, und sich darin bestärkt fühlt. Sie werden merken, dass es umso mehr Töne hervorbringt, je mehr Sie von sich geben. Später wiederholt das Kind dann die Laute, die Sie ihm zurückgegeben haben, und bald sind Sie mittendrin in der schönsten »Unterhaltung«!

Dies unterstützt die Wahrnehmung seiner eigenen Töne, da es auf diese Weise immer nur einen oder zwei Laute auf einmal hört statt des sich extrem schnell ändernden Lautstroms der normalen Sprache. Es sorgt zudem dafür, dass das Kind die Auswirkungen verschiedener Lippen- und Zungenbewegungen auf die resultierenden Laute deutlicher wahrnimmt. Wichtig ist darüber hinaus, dass man dem Baby kaum besser vermitteln kann, dass Zuhören Spaß macht und befriedigend ist. Diese Botschaft ist äußerst wichtig und

> **Ahmen Sie die Töne Ihres Babys nach**

ein weiterer roter Faden, der sich durch das gesamte Programm zieht.

Machen Sie das immer wieder, während der gesamten Dreimonatsphase – Ihr Baby wird begeistert sein!

Man hört verbreitet die Ansicht, dass Erwachsene gegenüber Babys nur »richtige« Wörter verwenden sollten. Keineswegs. Ich möchte Ihnen zeigen, dass das Sprechlern-Spaß-und-Spiel-Programm viele wichtige Funktionen hat, abgesehen davon, dass es, wie der Name schon sagt, jede Menge Spaß macht.

Aber Vorsicht: Achten Sie stets darauf, dass Sie die Töne Ihres Babys nachahmen; *Sie* reagieren auf *es*, wenn Sie eine »Plapperunterhaltung« beginnen. Machen Sie nie den Versuch, es dazu zu bringen, dass es Sie nachahmt.

Susie und Charlotte lebten unter Bedingungen, die sich in vieler Hinsicht stark ähnelten. Zunächst einmal waren sie beide Säuglinge, geliebt von der ganzen Familie und fast ständig im Mittelpunkt fürsorglicher Aufmerksamkeit. Sie waren beide sehr hübsch, intelligent und lebhaft. Es gab nur einen Unterschied, und der lag darin, wie ihre Mütter auf die Lautproduktion ihrer Babys reagierten.

Charlottes Mutter ging freudig auf alle ihre Töne ein und gab sie ihr in dem Bewusstsein zurück, dass dies eine »richtige« Unterhaltung sei. Charlotte wiederum reagierte darauf mit noch mehr Lauten und hatte sichtlich Freude sowohl daran als auch an dem, was ihre Mutter von sich gab.

Susies Mutter dagegen meinte, mit eigenen Lautäußerungen Susie dazu bringen zu müssen, sie nachzuahmen. Sie gab Laute von sich und erwartete dann, offensichtlich gespannt und ängstlich, dass Susie sie wiederholte. Wie wir gesehen haben, kennen sich Babys erstaunlicherweise schon sehr gut mit Kommunikation aus, und Susie reagierte auf dieses Verhalten damit, dass sie allmählich ganz aufhörte, Laute hervorzubringen. Ihre beunruhigte Mutter brachte sie mit sechzehn Monaten zu mir, und wir verordneten ihr das Sprechlern-Spaß-und-Spiel-Programm. Innerhalb weniger Wochen hatte sie zu ihren Altersgenossen aufgeschlossen, und sie und ihre Mutter hatten nun viel Spaß miteinander.

Sie können auch »Spielgeräusche« zu dem machen, womit sich Ihr Baby gerade beschäftigt.

Diese Spielgeräusche können ganz unterschiedlich sein. Beispielsweise kann ein einzelner Laut wie »huiiii« einen rollenden Ball begleiten. Sie können aber auch die Form wiederholter Wortfolgen annehmen, die mit interaktiven Tätigkeiten verknüpft werden, etwa »Hoch, hoch, hoch mit dir«, wenn Sie das Baby hochheben, oder einfach herrlicher Unsinn sein wie »Duzi duzi duzi du«, wenn Sie mit Ihren Fingern über seinen Bauch laufen. Rhythmische ritualisierte Lautäußerungen wie »Hoppsala!« fallen ebenfalls in diese Kategorie. Die häufige Wiederholung derartiger Geräusche macht die Sache noch lustiger.

Diese Spielgeräusche stehen zudem im Dienst einer Reihe bedeutsamer Ziele, ebenso wie die Förderung der Lautprodukion des Babys. Sie sind äußerst nützlich, um Aufmerksamkeit und Anregungsniveau aufrechtzuerhalten, und sie vermitteln dem Baby die Botschaft, dass es wirklich sehr viel Spaß macht, einer Stimme zu lauschen. Vielleicht bemerken Sie auch, dass Ihr Baby beginnt, Lautbildungsgesten wie Lippenrunden zu üben, wenn es Ihnen in diesen Zeiten ins Gesicht blickt. Damit bekundet es eindeutig sein enormes Interesse an gesprochener Sprache.

> **Das Spiel begleitende Geräusche erhöhen die Attraktivität des Zuhörens**

Benutzen Sie kurze, einfache Sätze

Sprechen Sie mit Ihrem Baby in kurzen, einfachen Sätzen mit übertriebener Satzmelodie. Sprechen Sie langsam und mit Pausen zwischen den Sätzen. Diese Sprechweise ist deshalb wichtig, weil sie die Aufmerksamkeit und die Erregung des Babys weckt und wahrt. Da sie immer noch die von Babys dieses Alters bevorzugte Sprechweise darstellt, können sie sich darauf am leichtesten konzentrieren.[8-11] »Da ist Mami. Da ist sie. Mami ist da!« ist für ein Baby weitaus interessanter als: »Ich glaube, ich höre Mamis Auto auf der Straße. Sie ist gleich da!«

Kurze, moduliert gesprochene Sätze sind auch für die Bindung zwischen Ihnen und Ihrem Baby wertvoll, weil sie eine

> **Sprechen Sie in kurzen und einfachen Sätzen**

emotionale Tönung transportieren. Etwas später in dieser Phase übernehmen sie noch eine andere extrem wichtige Funktion: Sie helfen dem Baby, Wörter mit ihren Bedeutungen zu verknüpfen. Wie man herausgefunden hat, widmen vier Monate alte Säuglinge dieser

Sprechweise, selbst wenn sie nur im Hintergrund zu hören ist, viel mehr Aufmerksamkeit als der Sprechweise, die Erwachsene untereinander benutzen, und noch stärkere Aufmerksamkeit wenden sie Videos zu, in denen Erwachsene sich dieser Sprechweise bedienen.[12]

Führen Sie Sprechspiele ein

Ritualisierte und sich dauernd wiederholende Sprech- und Abwechselspiele sind von unschätzbarer Bedeutung als Grundlagen jeder Art von Dialog und gemeinsamer Aktivitäten. Außerdem machen sie sehr viel Spaß. Ihr Baby lernt dadurch allmählich, Ereignisse vorauszusehen und so ein gewisses Maß an Kontrolle zu gewinnen; außerdem macht es sehr früh Erfahrungen mit dem Sichabwechseln. Zu Beginn dieser Phase sind allein Sie es, die solche Abwechslungsspiele initiiert, doch wenn das Kind sich dem siebten Monat nähert, werden Sie merken, dass es zum vollwertigen Partner wird.

> Sprechen Sie langsam und moduliert

Wie Sie sehen werden, beginnt es Pausen zwischen seinen Lautäußerungen einzulegen, als ob es abwarten würde, weil jetzt Sie an der Reihe sind. Es sagt beispielsweise »ah di baba« und schaut Sie dann in Erwartung Ihrer Antwort gespannt an. Fangen Sie zu Beginn dieses Dreimonatsabschnitts mit Kitzelspielen und anderen körperbezogenen Spielen an. In der ersten Zeit sind das einfache Aktivitäten, etwa seine Finger und Zehen zählen. Später sind es dann komplexere Reim- und Bewegungsspiele wie »Geht ein Männle 's Trepple rauf« und »Das ist der Daumen, der schüttelt die Pflaumen ...«, die hier voll zur Geltung kommen. (Wenn Sie nicht mehr wissen, wie sie gehen, dann holen Sie sich ein Buch aus der Stadtbücherei.)

Später können dann andere Gegenstände wie Stofftiere in das Spiel einbezogen werden. Beispielsweise können Sie mit Teddys Gesicht »Wo ist die Nase?« spielen oder »Kling, klang, klong« mit Löffeln. Achten Sie stets auf lebhafte Mimik, denn wie man festgestellt hat, sind Babys verbal viel produktiver, wenn sie in solche Gesichter blicken.

Spielen Sie Spiele, die Ihrem Baby Gelegenheit geben, Ihre Handlungen vorauszuahnen, was einem Abwechseln in seiner frühesten Form entspricht. Zu Anfang dieser drei Monate können Sie sich beispielsweise Ihrem Baby langsam mit dem Gesicht nähern und ihm Zeit geben, sich auf das unweigerlich folgende »Bu!« einzustellen. Wenn das Kind sechs Monate alt ist, liebt es Spiele wie »Händeklatschen«, wobei Sie abwechselnd in die eigenen und dann in seine Hände klatschen.

> Wiederholen
> Sie ausgiebig

Singen und sprechen Sie Ihrem Baby im fünften und sechsten Monat viele Kinderreime begleitet von Bewegungen vor; das wird ihm sehr gefallen. Wählen Sie solche mit deutlichem Takt und wiederholen Sie häufig dieselben, sodass sie dem Baby vertraut werden und es die Chance zur Vorwegnahme bekommt. Gegen Ende dieser Phase liebt es besonders diejenigen, in denen die Worte von Bewegungen begleitet werden, etwa »Alle meine Entchen«. Wie wir gesehen haben, wird es im fünften Monat empfänglich für Melodie-, Rhythmus- und Betonungsmuster, die ihm später Sätze entschlüsseln helfen, und solche Reimspiele unterstützen es dabei.

■ Orientieren Sie sich an dem, was im Mittelpunkt seiner Aufmerksamkeit steht

Gewöhnen Sie sich an, auf das zu achten und das zu verfolgen, was im Zentrum der Aufmerksamkeit Ihres Babys steht. Finden Sie heraus, wohin es gerade schaut, machen Sie dies zu Ihrem Gesprächsthema und folgen Sie ihm, wenn es etwas anderes anvisiert. Wenn es beispielsweise Sie anschaut, dann beginnen Sie mit einem Ihrer Spiele. Wenn es einen Gegenstand anschaut, dann geben Sie ihn ihm und sa-

> Schauen Sie das an,
> was das Baby anschaut,
> und sprechen Sie darüber

gen Sie dabei, wie er heißt, oder machen Sie ein passendes »Spielgeräusch« dazu. Dies ist ein enorm wichtiger Punkt in dem gesamten Spielprogramm.

Auf dieser Stufe sind zwar Sie diejenige, die den Anstoß zu praktisch allen Spielaktivitäten gibt, doch das Prinzip lässt sich trotzdem anwenden, insofern *Sie* darauf achten, in dem Augenblick, in dem das Kind das Interesse zu verlieren scheint, mit einer Aktivität aufzuhören. Ebenso sollten Sie sich bereithalten, etwas zu holen, das das Kind anschaut, und es in das Spiel integrieren.

In einer späteren Phase wird dieses Prinzip *das* Mittel schlechthin, um dem Kind zu helfen, Zusammenhänge zwischen Wörtern und Bedeutungen herzustellen. Im Augenblick trägt es enorm dazu bei, die Aufmerksamkeit des Babys zu fördern. Diese ist während des Großteils dieser Dreimonatsphase ganz und gar auf eine Sinnesmodalität beschränkt: Denken Sie daran, dass das Baby nicht zugleich zuschauen und zuhören kann. Wir wissen jedoch auch, dass es unter bestimmten Umständen sehr wohl zu dieser Leistung fähig ist:

- wenn es durch nichts anderes abgelenkt wird
- wenn es den Gegenstand seiner Aufmerksamkeit selbst gewählt hat
- wenn das, worauf es horcht und schaut, ein und dasselbe ist: beispielsweise ein Spielzeug, das Töne erzeugt, oder eine Person, die singt oder mit ihm über den Gegenstand seines Interesses spricht.

Wenn Sie dem folgen, worauf sich die Aufmerksamkeit Ihres Babys richtet, dann helfen Sie ihm, diesen ganz wichtigen Schritt zu bewältigen.

Fragen

Sie werden sich dabei ertappen, dass Sie eine Frage stellen und dann eine Pause machen. Wenn Sie sich selbst zuhören, merken Sie, dass der Zweck dieser Pause darin liegt, dem Baby Zeit für eine Reaktion zu lassen und nicht auf eine echte Antwort zu warten. Einschlägige Beispiele sind: »Sollen wir das nochmal machen, ja?« oder »Wer ist ein kluges Mädchen?« Das ist alles in Ordnung. Wahrscheinlich fällt Ihnen auch auf, dass Sie manchmal fragen: »Was ist das?« Wiederum handelt es sich auf dieser Stufe nicht um eine echte Frage, sondern vielmehr um ein »Obacht«-Signal, das Sie verwenden, wenn Sie wissen, dass sich etwas in seiner Nähe befindet, das wahrscheinlich sein Interesse wecken wird. Auch das ist völlig in Ordnung.

■ Außerhalb Ihrer halben Stunde

Geben Sie, wie im vorigen Kapitel empfohlen, weiterhin laufend einen Kommentar zu dem ab, was geschieht oder was Sie denken, wenn Sie beschäftigt sind und Ihr Baby in der Nähe ist. Sie können etwas sagen wie: »Sollen wir jetzt einkaufen gehen? Nein, ich glaube nicht – es sieht aus, als ob es gleich schütten wollte. Wir gehen lieber morgen einkaufen.« Natürlich versteht Ihr Baby nicht, was Sie sagen, aber Sie geben ihm damit Gelegenheit, auf Sprachrhythmus und Sprachmelodie zu horchen.

3

Sechs bis neun Monate

▲ Überblick

Nun haben sich alle Rhythmen Ihres Babys gut eingependelt, und Ihr gemeinsames Leben ist jetzt weniger anstrengend und vorhersagbarer. Sie dürften keinerlei Zweifel hegen, dass Sie die wichtigste Person in seinem Leben sind. Das Baby macht Ihnen mit seinem strahlenden Lächeln, seinem Lachen, seinen Freudenschreien und seinem Zappeln klar, wie sehr es Ihre Gesellschaft genießt. Da es sich des Unterschieds zwischen bekannten und unbekannten Menschen und Situationen immer deutlicher bewusst wird, sucht es das Gefühl von Geborgenheit zunehmend bei Ihnen.

Sie werden merken, dass Ihr Baby auf dieser Stufe sehr leicht zu unterhalten ist. Es freut sich, dass es etwas greifen und festhalten kann, und schlichtweg alle Gegenstände sind in seinen Augen faszinierend. Wie Sie feststellen werden, kann selbst ein so simples Ding wie eine Pappröhre es für einen beträchtlichen Zeitraum beschäftigen. Es ist aber auch leicht abzulenken, wenn Sie möchten, dass es etwas loslässt oder etwas anderes tut. Es mag seinen Körper für einen Moment abwehrend zurückwerfen, doch da alles so interessant für es ist, wird es sich bald mit einem neuen Objekt oder einer neuen Beschäftigung befassen.

Möglicherweise beginnt es jetzt, sich durch Robben ein wenig vorwärts oder rückwärts zu bewegen, doch Sie können es immer noch ein paar Sekunden lang aus den Augen lassen – es kommt noch nicht sehr weit.

> Bitte beachten Sie, dass die hier beschriebenen Entwicklungsstadien sich nur auf den Durchschnitt beziehen.

Alle Babys entwickeln sich in unterschiedlichem Tempo, und häufig können Fortschritte in einem Bereich zu Stillstand in einem anderen führen. Weder Sorgen noch gar Verzweiflung sind angebracht, wenn bei Ihrem Kind nicht alles in genau dem hier besprochenen Zeitabschnitt einzutreten scheint. Weitere Information finden Sie im Abschnitt *Grund zur Sorge* auf Seite 108.

Sie werden merken, dass ihm die alltäglichen Abläufe jetzt sehr vertraut sind und dass es schon kleinere Dinge, wie einen Keks halten oder die Hände um seinen Becher legen, selbst tun möchte.

▲ Der siebte Monat

■ Die Entwicklung der Kommunikation

In diesem dritten Abschnitt des ersten Lebensjahres macht das Baby wieder große Fortschritte auf seinem Weg hin zur Sprache. In dieser Phase entstehen in raschem Tempo weitere Verknüpfungen zwischen Nervenzellen in den Sprachzentren seines Gehirns, und das zugrunde liegende neuronale Netzwerk dürfte in hohem Maße davon beeinflusst werden, wie viel Gelegenheit zum »Üben« es bekommt.[1]

Der Einfluss der Umwelt wird daher zu einem entscheidenden Faktor in der Entwicklung des Babys. Dies spiegelt sich darin, dass sich Babys von sechs Monaten an stärker voneinander unterscheiden, was Muster und Ausprägung einiger Leistungen angeht, als vor diesem Alter. Diese größere Bandbreite lässt sich wahrscheinlich sowohl auf unterschiedliche Umweltbedingungen als auch auf genetische Faktoren zurückführen. Mehrere Studien fanden beispielsweise heraus, dass Kinder, die in einer Familie aufwuchsen, viel größere Entwicklungsfortschritte machten als Kinder, die vorwiegend in Gemeinschaftseinrichtungen betreut wurden.[2]

Das enorme Interesse an Sprache, das das Baby vom ersten Lebenstag an zeigt, hat dafür gesorgt, dass es jetzt bereits die Namen verschiedener vertrauter Dinge und Menschen kennt. Zu Beginn dieser Phase fängt es sogar an, nach abwesenden Familienangehörigen zu suchen, wenn es deren Namen hört.[3]

Auch zeigt es jetzt durch sein Verhalten, dass es über ein gewisses *Verständnis* für die Bedeutung von häufig gehörten Redewendungen verfügt: Beispielsweise winkt es, wenn es »dada« oder »tschüs« hört. (Etwas Ähnliches erleben Sie selbst, wenn Sie ein Land besuchen, dessen Sprache Sie nicht sprechen, und nach einer Weile plötzlich merken, dass Sie die Bedeutung einiger Wörter verstehen.)

Dies gelingt ihm aber nur, wenn die Redewendungen in einem vertrauten Kontext auftreten: Wenn beispielsweise ein Elternteil regelmäßig das Haus verlässt, um zur Arbeit zu gehen. Es vermag dies noch nicht auf andere Situationen zu übertragen, sodass Sie sich vielleicht wundern, warum es nicht zum Abschied winkt, wenn Sie beide das Haus einer Freundin verlassen, bei der es vorher noch nicht zu Besuch gewesen ist.

Sein Verständnis des emotionalen Gehalts von Sprache ist seinem Wortverständnis weit voraus und schon auf dieser frühen Stufe gut entwickelt. Es ist sich deutlich bewusst, ob es bei seiner Mutter oder seinem Vater Freude oder Missfallen erregt. Musikhören und Singen machen ihm jetzt sehr viel Spaß, und das zeigt es mit seinem ganzen Körper.

Die Erkenntnis, dass mit seinem Namen es selbst gemeint ist, schlägt ebenfalls Wurzeln, und es reagiert häufig mit Lauten, wenn es ihn hört, als ob es auf ein Rufen antwortete.

Ihr Baby entwickelt in dieser Phase ein breites Spektrum kommunikativer Verhaltensweisen, darunter Gestikulieren, Zerren, Ziehen, Anstupsen und Mienenspiel. Es ist auch imstande, vielfältige Botschaften auszusenden; es lenkt Aufmerksamkeit auf sich, auf andere Menschen und auf Gegenstände, es begrüßt, weigert sich, verlangt, kommentiert und erwidert. Es ist bereits ein kompetenter »Unterhalter« und vermag die Menschen in seinem Umfeld durch all diese verschiedenen Mittel äußerst wirksam zu beeinflussen.

Bereits mit sechs Monaten erkennt das Baby, dass es insbesondere mit seiner Lautproduktion bewirken kann, dass in seiner Nähe etwas geschieht. Es merkt, dass es mit Lauten seine Mutter zu sich heranholen kann, und beginnt daher, sie bewusst zu »rufen«. Es setzt Lautäußerungen auch gezielt zur Kommunikation mit Altersgenossen ein; es plappert sie direkt an und beteiligt sich ganz begeistert an »Unterhaltungen«. Mit sieben Monaten begleitet es einen Großteil seines Spiels mit Lautäußerungen und beginnt die Menschen in seinem Umfeld durch Ausrufe und andere Lautäußerungen zu lenken.

Während dieser drei Monate stellt das Baby zunehmend mehr Verbindungen zwischen seinen Lippen- und Zungenbewegungen und den resultierenden Lauten her. Ihm wird beispielsweise bewusst, dass mit den Lippen zu schmatzen einen Laut wie »p-p-p« erzeugt.

Dieses Beobachten ist äußerst wichtig für die Entwicklung seines Sprachlautsystems, und die Auswirkungen zeigen sich im Fortschreiten der Entwicklung seiner Laute hin zu den Sprachlauten seiner Muttersprache. Damit ist gemeint, dass das Baby immer sensibler auf die Lautdifferenzierungen der in seinem Umfeld gesprochenen Sprache oder Sprachen reagiert und sie genauer nachahmt, während es andere, die in der Sprache oder den Sprachen nicht benutzt werden, allmählich gar nicht mehr erzeugt. Zugleich lässt die Unterscheidungsfähigkeit des Babys für Laute, die in der Sprache seines Umfelds nicht vorkommen, deutlich nach, während es, wie eben gesagt, zu sehr feinen Unterscheidungen zwischen Sprachlauten »seiner« Sprache fähig ist.

Es ist sich also der Laute, die es erzeugt, nun offenbar viel deutlicher bewusst und äußert eine kleinere Anzahl mit zunehmender Häufigkeit. Es wiederholt sie mit Vorliebe und bringt immer längere Lautketten wie »mamama« oder »bababa« hervor. Auch bringt es jetzt manchmal zwei Silben statt nur einer zustande und wiederholt vielleicht auch zwei oder mehr unterschiedliche Laute, etwa »bidibidibidi«. Sein Geplapper ähnelt in Rhythmus und Melodie immer mehr gesprochener Sprache, und es versucht Sachen zu »benennen«, indem es sich durchgängig mit denselben Lauten darauf bezieht. Jedes Baby erfindet seine eigenen, individuellen Laute, die mit der tatsächlichen Sprache wenig oder gar nichts gemein haben können. Sie markieren jedoch ein extrem wichtiges Stadium, denn darin drückt sich aus, dass das Baby nun weiß, dass sich bestimmte Laute auf bestimmte Dinge oder Ereignisse beziehen können.

Das Baby entwickelt in dieser Phase Strategien, um die Gegenstände und Menschen in seiner Umgebung zu erforschen und sich auf sie zu beziehen. Je größer die Welt des Babys wird, desto mehr Themen bereichern die soziale Interaktion, sodass Baby und Mutter allmählich Objekte und Ereignisse aus einer gemeinsamen Persepktive betrachten können.[4–6] Das Kind macht zum Beispiel mit anderen gemeinsame Spielerfahrungen mit bestimmten Spielsachen und verknüpft bestimmte Spiele mit anderen Menschen: Es erfährt etwa, dass sein Bruder gerne bei Versteckspielen mitmacht. Dass es seine Aufmerksamkeit nun in viel größerem Umfang anderen Dingen zuwendet, fördert die so wichtige Fähigkeit, Wörter mit Bedeutungen zu verknüpfen, für die eine koordinierte Aufmerksamkeit zentral ist.

In dieser Phase erfährt die Entwicklung von »Plappergesprächen«, die ja ein entscheidender Vorläufer echter Gespräche sind, einen regelrechten Aufschwung.

■ Allgemeine Entwicklung

Diese Fortschritte in den Bereichen soziale Interaktion und Kommunikation vollziehen sich zur gleichen Zeit wie große Veränderungen in der motorischen und kognitiven Entwicklung.

Das Baby kann nun auf den Füßen stehen, wenn man es senkrecht hält, kann gerade sitzen und seinen Kopf ruhig halten. Es kann sich vom Rücken auf den Bauch rollen. Es kann seine Haltung so verändern, dass es einen bestimmten Gegenstand besser sieht, und seine Fähigkeit, Objekte zu ergreifen und damit zu hantieren, verfeinert sich rasch. Es versucht sich nach einem Gegenstand zu recken, der sich nur wenig außerhalb seiner Reichweite befindet, und es kann eine Sache aus einer Hand in die andere nehmen. Seine Finger schließen sich energisch um einen Gegenstand, und es kann eine Hand zu einem hoch gehaltenen Spielzeug erheben. Wenn man mit der Hand auf den

Tisch schlägt, macht es das nach, und es schlägt zwei Objekte gegeneinander. Das sind keine geringen Leistungen. An der Greifbewegung nach einem Objekt sind drei Gelenke im Arm und vierzehn in der Hand beteiligt. Das Vorbereiten einer Greifbewegung bewerkstelligen mehr als dreizehn Armmuskeln, und um die Hand so einzustellen, dass man einen Gegenstand greifen kann, müssen mehr als zwanzig Handmuskeln aktiv werden.[7]

Die kognitive Entwicklung macht ebenfalls Riesenschritte. Mit sieben Monaten können Babys sich über einige der Eigenschaften teilweise verdeckter Gegenstände im Klaren sein. Sie wissen beispielsweise, dass ein weiches Objekt von einer rotierenden Scheibe zerquetscht würde, ein hartes dagegen nicht.[8]

Es ist in dieser Phase unvermeidlich, dass die Entwicklung in einem Bereich zuweilen die in einem anderen beeinträchtigt. Beispielsweise kann ein Kind, das sehr früh krabbelt, zeitweise das Interesse an Kommunikation verlieren, weil es so hingerissen ist von seiner neu gewonnenen Mobilität. Vergleichsweise dürfte wohl niemand, der gerade gelernt hat, ohne Hilfe aufzustehen, noch einen Funken Energie für irgendetwas anderes übrig haben. Sie sollten sich darüber unbedingt im Klaren sein, damit Sie sich nicht unnötig Sorgen machen, wenn sich die Entwicklung in einem Bereich eine Zeit lang zu verlangsamen scheint. Es lässt sich jedoch verhindern, dass Sprache und Kommunikation über solche vorübergehenden Ausnahmesituationen hinaus ins Hintertreffen geraten.

Alice war sechs Monate alt. Ihre Mutter war äußerst besorgt, weil ihre Tochter kaum Interesse an Stimmen oder Sprache zeigte und nicht mehr als einige wenige vokalartige Laute von sich gab. In anderen Bereichen entwickelte sich Alice sehr gut. Insbesondere körperlich war sie sehr weit. Sie konnte sicher frei sitzen, drehte ihren Rumpf mühelos und betastete und untersuchte alles, was sie erwischen konnte. Zudem war sie mobil, konnte sich flott herumrollen und steuerte die Objekte ihrer Begierde zielsicher an. Diese beiden Bereiche, Mobilität und das geschickte Hantieren, absorbierten eindeutig ihre gesamte Aufmerksamkeit. Wir begannen mit dem

Sprechlern-Spaß-und-Spiel-Programm, und innerhalb von drei Monaten hatte sie den Entwicklungsrückstand ihrer Kommunikationsfähigkeiten aufgeholt. Ihre Entwicklung ist nun in allen Bereichen weit fortgeschritten.

▪ Aufmerksamkeit

Wie bereits erwähnt setzt sich die Entwicklung der sensorischen Integration, also der Fähigkeit, mehr als einen Sinn gleichzeitig zu benutzen – ein ganz entscheidender Entwicklungsschritt –, in diesem Monat fort. Die Aufmerksamkeit bleibt jedoch immer noch hauptsächlich auf einen Wahrnehmungskanal beschränkt: Sie werden feststellen, dass Ihr Baby, wenn Sie ihm einen interessanten Gegenstand reichen, Ihnen immer noch weder zuzuhören noch Sie anzuschauen vermag, bevor es das Objekt nicht ausreichend untersucht hat. Das Baby kann jetzt noch länger bei selbst gewählten Dingen oder Aktivitäten verweilen, bleibt jedoch noch extrem ablenkbar. Diese Verlängerung der Aufmerksamkeitsspanne ist sehr wichtig – sowohl für das Langzeit- als auch für das Kurzzeitgedächtnis –, denn im Grunde beruht alles spätere Lernen auf der Fähigkeit, die Aufmerksamkeit konzentrieren zu können.

▪ Hören

Jetzt beginnt eine entscheidende Phase für die Entwicklung zweier Fähigkeiten, die für einen erfolgreichen Spracherwerb unabdingbar sind:
• das Unterscheiden und Differenzieren zwischen den verschiedenen Lauten der gesprochenen Sprache
• das Verstehen von Wortbedeutungen.

Was die Fähigkeit zur Sprachlautunterscheidung angeht, so hat man schon zwischen erst sieben Monate alten Babys beträchtliche Unterschiede festgestellt, und sehr wahrscheinlich sind die unterschiedlichen auditiven Umgebungen der Babys für diese verblüffenden Differenzen verantwortlich. Es gibt Indizien, dass sowohl zu wenige als auch zu viele akustische Reize den Prozess beeinträchtigen können. Kinder, die in ihren frühen Entwicklungsphasen aufgrund von Hörproblemen ein Defizit an Hörerfahrungen erlitten, haben später oft beträchtliche Schwierigkeiten, nicht nur zwischen verschiedenen Lauten zu unterscheiden, sondern auch den Sinn von Lauten zu verstehen sowie zuzuhören, wenn sie Lärm ausgesetzt sind. Babys, die längere Zeit im Brutkasten verbringen mussten, in einem Raum also, wo viel Lärm herrscht, haben später oft ähnliche Probleme. (Ich möchte jedoch unterstreichen, dass sich diese Probleme überwinden lassen. Wir haben viele Kinder mit schweren Hörstörungen behandelt, und die Teile des Sprechlern-Spaß-und-Spiel-Programms, die auf das Hören abzielen, lösen die Probleme in bemerkenswert kurzer Zeit.)

In diesem Monat fährt das Baby damit fort, allmählich Laute mit Bedeutungen zu verknüpfen. Es vermag Geräusche immer noch nicht unmittelbar zu lokalisieren – das heißt, sich einer Schallquelle sofort zuzuwenden –, sondern muss umherblicken, bis sie es findet. Dennoch kann es sie ein wenig schneller anvisieren und auch Schallquellen ausfindig machen, die sich über seinem Kopf befinden.

Die Fähigkeit, gleichzeitig hinzuschauen und zuzuhören, ist immer noch instabil. Nach wie vor bleibt wesentlich, dass

- das Baby den Mittelpunkt seines Interesses selbst wählt
- es nicht ganz und gar entweder mit Schauen oder Zuhören beschäftigt ist
- das, was das Baby betrachtet und dem es zuhört, dasselbe Objekt ist
- seine Umgebung frei von Ablenkungen ist.

▲ Der achte Monat

■ Die Entwicklung der Kommunikation

In diesem Monat sucht das Baby nicht nur nach Sprechern außerhalb seines Blickfeldes, sondern beginnt, Gespräche zu verfolgen, wendet sich erst dem einen Sprecher, dann dem anderen und dann wieder dem ersten zu, was so wirkt, als beobachte es ein Tennismatch.

Es gibt zu erkennen, dass es den Zusammenhang zwischen vertrauten Gegenständen und den Wörtern, die dafür stehen, *versteht*, indem es einen solchen Gegenstand anschaut, wenn es dessen Bezeichnung hört. Gewöhnlich kennt es die Namen aller Angehörigen des engsten Familienkreises und horcht im Allgemeinen aufmerksam auf, wenn es seinen eigenen Namen vernimmt.

Mit acht Monaten reagiert das Baby auf einfache, vertraute Aufforderungen meistens mit einer entsprechenden Geste: Es reckt Ihnen beispielsweise die Arme entgegen, wenn es hört: »Na komm mal hoch zu mir«, oder wedelt mit der Hand, wenn es hört: »Mach winke winke«. Das klappt aber immer noch nur in einer vertrauten Situation. Auf dieser Stufe ist die Fähigkeit des Babys, den Gefühlszustand des Sprechers aus dessen Gestik, Mimik und Intonationsmustern herauszulesen, schon extrem gut entwickelt.

Die *Lautproduktion* des Babys nähert sich mit acht Monaten noch stärker den Sprachlauten der Sprache seiner Umwelt an, und seine Fähigkeit zur Differenzierung zwischen Sprachlauten, die in dieser Sprache nicht vorkommen, lässt deutlich nach.

Das Geplapper des Babys hört sich in diesem Stadium allmählich eher wie kleine Sätze in einer Fremdsprache an; es weist Rhythmus, Melodie und Betonungsmuster auf. Die Beziehung zwischen Plappern und dem späteren Sprechen ist sehr umstritten. Forschungsergebnisse deuten darauf hin, dass sich das Sprechen nicht direkt aus dem Plappern heraus entwickelt, doch das Plappern zeigt an, dass eine Bereitschaft des Nervensystems erreicht ist, die auf das Sprechen vorbereitet.[9] Babys auf dieser Stufe singen gelegentlich mit, wenn sie Musik hören, allerdings ihren »eigenen« Text.

Sie sind immer noch auf die körperliche Kommunikation angewiesen, die sich aber jetzt verfeinert. Sie bitten um etwas, indem sie
die Hand öffnen und schließen, und drücken eine Weigerung so aus,
dass sie den Erwachsenen wegschieben oder ihren Kopf schütteln.
Sie beginnen eine Geste mit einem Laut zu verbinden: Sie winken
beispielsweise mit dem Arm und glucksen, wenn sie ihre Mutter erblicken.

◾ Allgemeine Entwicklung

Babys dieses Alters können gewöhnlich einige Minuten lang selbständig sitzen. Sie können dabei sowohl den Kopf als auch den
Rumpf drehen, können also leichter umherblicken und ihre Umgebung erkunden. Dies ist eine wichtige Hilfe bei dem Prozess, die Verbindungen zwischen Geräuschen und ihren Quellen herzustellen.
Wenn man sie in aufrechter Haltung stützt, machen sie Gehbewe-
gungen, setzen also immer einen Fuß vor den anderen.

Sie greifen jetzt geschickter. Sie recken sich beharrlich nach einem
Spielzeug und verändern ihre Haltung so, dass ihnen das Ergreifen
gelingt. Sie können zum ersten Mal mit zwei Dingen auf einmal hantieren: beispielsweise zwei Würfel nebeneinander halten und vergleichen. Sie können auch an einer Schnur ziehen, um ein Spielzeug heranzuholen, und sie können ein verstecktes Objekt entdecken oder
ziehen an einem Tuch, um einen darauf liegenden Gegenstand zu sich
zu holen.

◾ Aufmerksamkeit

Mit acht Monaten vermag das Baby der Blickrichtung eines Erwachsenen ohne Mühe zu folgen, muss dies jedoch immer noch durch
Drehen des ganzen Kopfes bewerkstelligen; es ist noch nicht imstande, nur seine Augen zu bewegen.[10] Diese Fähigkeit ist weiterhin
äußerst wichtig, denn sie sorgt immer ausgeprägter dafür, dass Kind

und Erwachsener gemeinsam ihre Aufmerksamkeit demselben Gegenstand zuwenden. Diese koordinierte Aufmerksamkeit bietet dem Baby noch für lange Zeit eine wichtige Hilfestellung, um seine Umwelt zu verstehen und die Weltsicht der Erwachsenen teilen zu lernen, was entscheidend für die Entwicklung seines Wahrnehmungsvermögens ist. Der Erwachsene weiß, was das Baby im Augenblick interessiert, und kann ihm Information darüber vermitteln. Auch in anderer Hinsicht ist die koordinierte Aufmerksamkeit bedeutend. Sie hilft dem Baby, die Ursachen für die Gefühlszustände anderer Menschen zu erkennen, und fördert auf diese Weise seine Fähigkeit, Kontakt zu ihnen herzustellen. Am wichtigsten aber ist vielleicht, dass sie das Kind befähigt, Wörter mit ihren Bedeutungen zu verknüpfen.

Seine Aufmerksamkeitsspanne ist immer noch sehr kurz und vorwiegend an einen Wahrnehmungskanal gebunden: Das heißt, es kann immer nur die Information eines Sinnes verarbeiten, obwohl wir erwähnt haben, dass unter eng begrenzten Umständen erste Anzeichen der Fähigkeit zutage treten, gleichzeitig zu schauen und zuzuhören.

■ **Hören**

Wenn bisher alles gut verlaufen ist, macht das Hören in diesem Monat äußerst bedeutsame Entwicklungen durch. Erstens ist das Baby zum ersten Mal imstande, Schallquellen direkt zu lokalisieren. Dies fällt mit der Fähigkeit zusammen, sich selbständig aufzusetzen, und wird möglich, weil der Nerv, der Ohr und Gehirn verbindet, jetzt vollständig ausgebildet ist. Das Baby vermag nunmehr Geräusche unmittelbar zu lokalisieren, die von einem Ort auf gleicher Ebene mit seinen Ohren und aus einem Abstand von ungefähr einem Meter kommen. Diese Fähigkeit beruht auf dem Vermögen, die Lautstärke von Geräuschen und den Zeitpunkt ihres Eintreffens in den beiden Ohren zu beurteilen, und setzt normales Hören auf beiden Ohren voraus.

Zugleich mit diesem neu erworbenen Lokalisationsvermögen setzt jene entscheidende Fähigkeit ein, die hörbare Umgebung abzutasten und sich auf ein Geräusch eigener Wahl zu konzentrieren. Dieses Abtasten geht in diesem Alter sehr langsam vonstatten, und das Baby ist sehr leicht ablenkbar, doch es hilft ihm enorm dabei, Verbindungen zwischen Geräuschen und ihrem Ursprungsort herzustellen. Diese Verbindungen werden jetzt schneller geknüpft und sind entscheidend für die Entwicklung nicht nur der Sprache, sondern auch des Weltverständnisses.

Das Baby lauscht jetzt seinen eigenen Lauten aufmerksamer und vergleicht sie mit denen, die es in seiner Umgebung hört. So lernt es, seine eigenen Laute denen seiner Muttersprache anzupassen.

Es interessiert sich jetzt brennend für alle Geräusche und hat enormen Spaß an allen Spielsachen, die Geräusche erzeugen. Dasselbe gilt für das Hören von »Spielgeräuschen«, Reimen und Liedern.

▲ Der neunte Monat

Das *Sprachverständnis* des Babys erweitert sich in diesem Monat beträchtlich. Unter Umständen versteht es gegen Ende dieses Zeitraums nicht weniger als zwanzig Namen von Dingen und Menschen. Es reagiert jetzt auf ein größeres Repertoire von Aufforderungen wie »Gehen wir« oder »Komm zu Papi«, auch wenn es diese immer noch nur in einer vertrauten Umgebung versteht. Es erfasst die Bedeutung von »nein« ziemlich genau und bricht das, was es tut, jetzt gewöhnlich ab, wenn es dieses Wort vernimmt. Wenn man es dazu auffordert, führt es auch etwas vor, das es gelernt hat, beugt beispielsweise den Kopf zum Boden, wenn es bei dem Kinderlied »Alle meine Entchen« »Köpfchen in das Wasser« hört. Musik und Gesang begeistern es weiterhin.

Nun kann es zum ersten Mal Bilder von vertrauten Gegenständen mit den Objekten selbst verbinden und schaut gerne solche Bilder an, wenn auch immer nur kurz. Dies ist ein erster Schritt auf dem Weg zum Lesen.

Das Kind verfügt jetzt über eine breite Palette von Verhaltensweisen zur Kommunikation. Es kann einige gebräuchliche Gesten verwenden: beispielsweise den Kopf schütteln, um »nein« auszudrücken, und zum Gruß winken. Es kommuniziert auch weiterhin durch Ziehen und Schieben sowie Mimik und beteiligt sich insgesamt sehr geschickt am Kommunikationsprozess: Es sendet und empfängt Informationen, protestiert, stimmt zu und lenkt Aufmerksamkeit auf sich selbst, Dinge und Menschen. Es kann die Menschen in seinem Umfeld jetzt sehr wirksam beeinflussen und beginnt den Zusammenhang zwischen seinem Verhalten und den Reaktionen der Erwachsenen zu erfassen – und infolgedessen eine Show abzuziehen.

Sein Geplapper enthält jetzt immer mehr sprachlautähnliche Töne, Sprachrhythmus und -melodie. Zuweilen fällt es schwer zu glauben, dass dies keine echte Sprache ist, weil es immer mehr nach echten Sätzen klingt. Das Baby ist in diesem Stadium in zweierlei Hinsicht ganz nahe daran, wirkliche Wörter zu benutzen.

- Es gebraucht jetzt ein selbst erfundenes »Wort«, um ein Objekt zu bezeichnen, kein bloßes Lautmuster mehr wie im vorigen Monat, und es freut sich, wenn das Objekt zum Vorschein kommt.
- Es kann nun Gesten mit Lauten und Blicken kombinieren: Beispielsweise willentlich auf einen Gegenstand schauen, zugleich darauf zeigen und beides mit einem lauten »eh, eh« begleiten, um ganz deutlich zu machen, dass es das Objekt haben möchte.

Es gibt begeistert »Antwort«, wenn es angesprochen wird, und liebt Sprechspiele wie »Backe, backe Kuchen« noch mehr. Allmählich wird es ein richtiger kleiner Imitator und ahmt häufig Klang, Melodie und Anzahl von Silben nach, die andere benutzen. Auch das Mienenspiel anderer macht es nach.

Was die intellektuellen Fähigkeiten angeht, so entwickelt sich ein wesentlicher Vorläufer der Benutzung von echter Sprache, nämlich die Begriffs- und Kategorienbildung. Durch seine Spielaktivitäten hat das Baby bisher gelernt, Begriffe von Dingen nach ihrem Zweck zu bilden – beispielsweise dass Becher zum Trinken da sind – und auch Kategorien zu entwickeln: Zum Beispiel, dass neben Bechern auch Gläser und seine Flasche da sind, um daraus zu trinken. Diese Kategorien sind anfangs sehr breit und werden später in immer feinere Subkategorien unterteilt.[11] Solche Begriffe und Kategorien müssen zuerst vorhanden sein, bevor sinnvolle Sprache möglich wird: Wir können beispielsweise nicht von Katzen und Hunden sprechen, wenn wir nicht begreifen, dass dies zwei unterschiedliche Tierarten sind.

Ungefähr mit neun Monaten hat das Baby eine gewichtige Erkenntnis gewonnen: dass Laute nicht nur wie durch Zauberei das bewirken können, was es möchte, sondern auch, dass ganz bestimmte Laute ganz bestimmte Wirkungen zeitigen können. Es bekommt allmählich eine erste Ahnung von der erstaunlichen Macht der Wörter. Ihm stehen noch keine wirklichen Wörter zur Verfügung, doch es beginnt sich eigene zu schaffen: Lautfolgen, die eine spezielle Bedeutung haben und sich von Säugling zu Säugling unterscheiden. Die neun Monate alte Tochter einer Freundin etwa sagt nachdrücklich und durchgängig »uf«, wenn sie etwas zu trinken möchte. Sie ist sichtlich entzückt, wenn daraufhin etwas zu trinken erscheint.

Gegen Ende dieser Phase entwickelt das Baby die Anfänge einer weiteren sehr wichtigen Fertigkeit: sich gleichzeitig mit Dingen und Personen zu beschäftigen. Es kann sich jetzt einer Person bedienen, um an einen Gegenstand zu kommen oder um etwas damit zu machen: Es zeigt beispielsweise auf ein Spielzeugauto, gibt zugleich einen Laut von sich und schaut dabei seine Mutter an, damit sie es ihm gibt. Es kann auch Dinge benutzen, um Aufmerksamkeit zu erregen: zum Beispiel ein Spielzeug laut gegen sein Stühlchen knallen.

Mit neun Monaten »spricht« es ein Kauderwelsch – Lautfolgen, die sich durch Sprachrhythmus und -melodie auszeichnen –, das sich entfernt wie eine echte Sprache anhören kann. Dieses Kauderwelsch enthält noch keine echten Wörter, ist jedoch ein wunderbares Medium, um Empfindungen und Stimmungen auszudrücken.

■ Allgemeine Entwicklung

Der hervorstechendste Fortschritt dieses Monats ist bei vielen Babys die Fähigkeit, sich nun anders als durch Herumrollen im Raum umherzubewegen, was ihren Horizont beträchtlich erweitert.

Dass sich das Kind seiner Umwelt in wachsendem Maße bewusst

ist, spiegelt sich darin, dass es nun nach einem heruntergefallenen Spielzeug sucht, und somit aus den Augen nicht mehr gleichbedeutend ist mit aus dem Sinn. Es ahmt zudem einfache Handlungen wie eine Glocke anschlagen nach, was belegt, dass es gut beobachtet und aus dem Verhalten anderer lernt.[12]

■ Aufmerksamkeit

Weil das Baby seine Aufmerksamkeit nun schon gut auf ein gemeinsames Objekt des Interesses richten kann, ist es gerüstet für eine Stufe, auf der es Wörter sehr rasch mit ihrer Bedeutung verknüpfen kann. Diese koordinierte Aufmerksamkeit wird durch eine neue, gerade auftauchende Fähigkeit gefördert, nämlich die, einer Zeigegeste zu folgen. Im Alter von neun Monaten kann das Baby einem Objekt folgen, das nahe bei und direkt vor ihm ist. Es kann noch keiner Zeigegeste folgen, wenn es dazu den Kopf drehen müsste.[13]

Auch der räumliche Bereich, in dem seine Aufmerksamkeit geweckt werden kann, dehnt sich aus. Im Alter von neun Monaten beobachtet es Menschen und bewegte Objekte in bis zu drei Metern Entfernung mit nachhaltigem Interesse.

Obwohl das Kind jetzt Wörter mit Bedeutungen assoziiert, kann es Wörter noch nicht mit eigenen Tätigkeiten verknüpfen, weil seine Aufmerksamkeit immer noch praktisch ständig an nur eine Wahrnehmungsart gebunden ist. Es vermag entweder etwas zu tun oder zuzuhören – aber noch nicht beides.

Die leichte Ablenkbarkeit stellt immer noch ein großes Problem dar, und das wird auch noch für einen beträchtlichen Zeitraum so bleiben.

Ein wichtiger Fortschritt besteht darin, dass das Kind jetzt Abbildungen bis zu einer Minute lang Aufmerksamkeit schenken kann, wenn ein Erwachsener ihm sagt, was darauf zu sehen ist. Dies ist ein erster Schritt hin zum gemeinsamen Bücherlesen, wenn der Zustand auf dieser Stufe auch gewöhnlich weniger als eine Minute andauert.[14]

■ Hören

In diesem Monat verbessert sich allmählich das Vermögen des Babys, das, was es hört, zu unterscheiden, sich auf die gewünschten Laute oder Töne zu konzentrieren und Reaktionen auf andere Geräusche zu unterdrücken, sofern die Umweltbedingungen dies erlauben. Die für das Abtasten benötigte Zeit wird kürzer und die Aufmerksamkeitsspanne für selbst gewählte Reize ein wenig länger (wenn keine Ablenkungen vorhanden sind). Das Baby erweitert systematisch sein Verständnis für die Bedeutung von Lauten, etwa im Zusammenhang mit Fütterungszeiten, indem es auf sie lauscht und sie mit früher gehörten vergleicht.

▲ Das Spielen

Im Spielen zeigen sich einige wichtige Veränderungen, und wie immer stellt es ein wunderbares Medium für sprachliche Anregungen dar. Am deutlichsten sticht auf dieser Stufe hervor, dass das Baby nun immer mehr verschiedene Gegenstände und Situationen in das Spielen einbezieht, da sowohl sein Verständnis für die Welt zunimmt als auch sein Wunsch, alles über die Objekte und Personen in seiner Umwelt zu erfahren.[15,16] (Sie sollten sich aber stets vor Augen halten, dass Säuglinge und Kleinkinder zwischen den verschiedenen Stufen des Spielens hin und her springen. Ein müder Zweijähriger beispielsweise bevorzugt vielleicht genau die Art von Spiel, die er als sechs Monate altes Baby liebte: Auf dem Schoß seiner Mutter sitzen, während sie »Hänschen klein« singt.)

Es liebt weiterhin sowohl das gemeinsame Spiel als auch das Spiel mit Gegenständen nur für sich alleine. In Letzteres kann es sich zuweilen so vertiefen, dass es gar keine Mitspieler haben will.

■ **Der siebte Monat**

In dieser Phase liebt das Baby vor allem Spiele, die in Text wie Handlungen genau vorhersagbar sind, damit es voraussehen kann, was als Nächstes kommt. Es vermag zudem die Rollen der beiden Partner zu verstehen, also wer was tut und wann es selbst wieder an der Reihe ist.[17] Dies bedeutet, dass es ihm gefällt, wenn Sie immer wieder dieselben Reime und Spiele wiederholen. Dieses Wiederholen macht die Welt sicher und verständlich, und auf dieser Stufe schätzt das Baby keine Abwechslung.

Sehr einfache Spiele wie »Kuck-Kuck« und »Backe, backe Kuchen« sind da genau das Richtige. Die Texte sind durch und durch ritualisiert und eignen sich wunderbar zum Erkennen von dem, was als Nächstes kommt. Die Rollen der Spielpartner sind ganz einfach und klar und umfassen nur wenige Worte und Handlungen, doch sie bieten Gelegenheit zu äußerst befriedigender sozialer Interaktion. Das Element des Abwechselns bildet eine wunderbare Grundlage für spätere soziale Fertigkeiten.

Gesang, Kinderreime und Nonsensverse in Verbindung mit Körperbewegungen – die erwachsene Person wippt beispielsweise das Baby auf ihrem Knie und macht lustige Geräusche dazu – sind ebenfalls wunderbar. Babys dieses Alters lieben immer noch viel Körperkontakt beim Spielen und genießen es, wenn Lautäußerungen in dieser Weise mit körperlicher Aktivität verknüpft werden. Diese Aktivitäten sind außerdem sehr hilfreich, um die überaus wichtige koordinierte Aufmerksamkeit aufrechtzuerhalten.

Begeistert ist das Baby in dieser Zeit auch, wenn der Erwachsene ihm seine Handlungen zurückspiegelt, was es überaus erheiternd findet. Es hilft ihm, sich seiner eigenen Aktionen und deren Einflüsse auf andere Menschen bewusster zu werden, und festigt die Verknüpfungen zwischen der Information, die es mittels seiner Sinne aufnimmt, und den Bewegungen, die es macht.

Es möchte jetzt vielfältige Objekte und Materialien erkunden und benötigt eine Menge davon, da seine Aufmerksamkeitsspanne immer noch sehr kurz ist und es im Großen und Ganzen gerne schnell von einem zum anderen wechselt. Es interessiert sich weiterhin für Formen, Farben und Beschaffenheit sowie für die Geräusche, die von Gegenständen erzeugt werden oder die es mit ihnen erzeugen kann. Es beginnt sich diese Geräusche zu merken und möchte sie reproduzieren.

Die Kinder von Eltern, die diese Art Spiel möglich machen und daran teilnehmen, spielen varianten- und abwechslungsreicher als Kinder, die weitgehend sich selbst überlassen werden, wie die Forschung gezeigt hat.[18]

■ Der achte Monat

In diesem Monat mögen Babys immer noch Spiele wie »Kuck-Kuck« und lieben es immer noch, wenn diese viele Male wiederholt werden. Das Element des Abwechselns bei diesen Spielen macht dem Baby viel Freude, und sein Vergnügen am Vorwegnehmen lässt sich jetzt, wo es die Spiele so gut kennt, durch kleine Variationen noch steigern: Legen Sie beispielsweise eine längere Pause vor dem unvermeidlichen »Da ist der Jonas / die Julia!« ein, wenn Sie »Wo ist der Jonas / die Julia?« spielen. Seine Aufmerksamkeit bleibt gefesselt, und sein Entzücken ist grenzenlos. Durch diese Spiele empfängt es die Botschaft, dass es befriedigend und unterhaltsam ist, einer Stimme zu lauschen. Überdies baut es ein Repertoire gemeinsamer Erfahrungen mit dem Elternteil auf. Es fängt an, selbst die Initiative zu solchen Spielen zu ergreifen: Es »versteckt« sich hinter einer Zeitung, die es über sein Gesicht legt. In dieser Phase liebt es Überraschungen, wie sie beispielsweise Springteufelchen hervorrufen.

Nachahmung wird jetzt Bestandteil des Spiels, sowohl aufseiten des Babys als auch des Erwachsenen. Jeder beginnt, den Gesichtsausdruck und die Bewegungen des anderen nachzumachen, und dies leitet zu kooperativen Spielen mit Geben und Nehmen über, wie wenn das Baby anderen Kekse oder Ähnliches anbietet.

Jetzt kommen auch häufiger Gegenstände in das Spiel hinein, da das Baby wachsendes Interesse an ihnen zeigt. Gewöhnlich spielt sich in diesem Stadium etwa Folgendes ab: Das Baby schaut einen Gegenstand an, der Erwachsene folgt seinem Blick und gibt ihm das Objekt, und dann beziehen sie es in ihr Spiel ein. Der Erwachsene rollt beispielsweise einen Ball zu dem Baby hin oder schiebt ihm ein Auto zu, das es zwischen seinen Beinen auffängt.

Das Kind erforscht und untersucht mit großer Begeisterung alle Dinge, deren es habhaft werden kann: Es steckt sie in den Mund, kaut darauf herum, schüttelt sie, schlägt auf sie ein, mustert sie, wirft mit ihnen, befühlt sie.

■ Der neunte Monat

Nun zeigen Babys die allergrößte Freude, wenn man mit ihnen spielt. Einfache Abwechslungsspiele wie »Kuck-Kuck« und »Backe, backe Kuchen« sind immer noch sehr beliebt, entwickeln sich jedoch in gewisser Hinsicht weiter. Das Baby ergreift nicht nur selbst die Initiative, sondern es beginnt auch ein »Gespräch« mit dem Erwachsenen und macht ihm durch Mimik und Gestik klar, dass es eine Antwort erwartet. Überdies erfindet es neuartige Spiele: Es neckt den Erwachsenen, indem es ihm ein Spielzeug hinhält und es dann wegzieht oder übertrieben protestiert. Als größte Veränderung möchte es die Spiele jetzt abwandeln: Es will beispielsweise beim Ballrollen, dass der Erwachsene den Ball dem Teddy statt ihm selbst zurollt. Ganz bedeutsam ist, dass es nun die Spiele mit den dazugehörigen Wörtern verknüpft. So weiß es etwa, welches Spiel gleich folgen wird, wenn es »Backe, backe Kuchen« hört. Sein Gedächtnis beginnt zu funktionieren, was das Spiel beeinflusst. Es erinnert sich an Aspekte des Spiels und sucht nach einem Spielzeug, das vor seinen Augen versteckt wurde, und es sucht nach verlorenen Spielsachen. Sein Verständnis von verschwundenen Objekten ist jedoch immer noch auf einer sehr frühen Stufe, und es glaubt immer noch, es selbst sei nicht mehr zu sehen, wenn es sich die Augen zuhält.

Die Nachahmung wird zu einem immer wichtigeren Bestandteil des Spielens. Während das Baby zuvor oft automatisch imitierte, tut es das jetzt öfter mit voller Absicht, als wolle es sich auf diese Weise die Bedeutung verschiedener Gesichtsausdrücke und Handlungen besser erschließen. Es vermag jetzt zum ersten Mal mit einem Spielzeug und einem Erwachsenen gleichzeitig zu spielen, zum Beispiel Abwechslungsspiele mit Bällen, Spielzeugautos oder anderen Gegenständen.

Die Spielzeugkiste

Für sein erforschendes Spiel benötigt das Baby eine ganz breite Palette verschiedener Objekte, die es untersuchen kann.
Das müssen nicht unbedingt ausschließlich Spielsachen sein. Schachteln, Papiertüten und fast alle anderen Dinge, auf denen es gefahrlos herumkauen kann, geben in dieser Phase geeignete Spielsachen ab. Das Baby interessiert sich für verschiedene Formen und Umrisse, Farben und Materialien; sorgen Sie also für eine möglichst große Vielfalt. Geeignete Spielzeuge sind beispielsweise:

- Ziehspielzeug
- Springteufelchen
- Drehrasseln
- Spielspaß Lerncenter
- Brummkreisel
- Babyspiegel
- Babys Fitness Center
- Klötzchen und Kartons
- Plastikball
- Papier: Babys in diesem Alter sind versessen auf Papier. Man *kann* es zerknüllen und damit wedeln, und man kann sich darunter verstecken.

Die Leidenschaft des Babys für die Untersuchung von Dingen besteht ungebrochen fort, und seine wachsenden motorischen Fertigkeiten erlauben ihm nun neue Erforschungsmethoden. So kann es jetzt Dinge im Zangengriff halten, sie in Behälter legen oder herausnehmen und sie endlich willentlich loslassen. Dies führt zu diesen herrlichen Spielen, in denen der Erwachsene wiederholt »gebeten« wird, ihm Dinge zurückzugeben, nur damit es sie prompt wieder fallen lassen kann. Das Baby kann nun zum ersten Mal zwei Gegenstände miteinander in Beziehung bringen, beispielsweise eine Tasse auf eine Untertasse setzen oder einen Löffel in eine Tasse legen. Spielsachen, die Geräusche erzeugen, liebt es weiterhin.

Das Baby vermag nun bis zu zwanzig Minuten alleine zu spielen, sofern ihm genügend verschiedene Objekte zur Verfügung stehen, mit denen es sich unterhalten kann. Gewöhnlich besteht es jedoch darauf, in der Nähe eines Erwachsenen zu sein. Diese Zeiten des selbständigen Spiels sind sehr wichtig: Das Baby braucht Zeiten, in denen es seine volle Aufmerksamkeit seinen Erkundungen widmen kann, ohne unterbrochen zu werden. Halten Sie sich vor Augen, dass seine Aufmerksamkeit sich nach wie vor nur auf Information von einer Sinnesart richten kann.

Es beginnt jetzt auf seine Altersgenossen zuzugehen und versucht sie zum Mitspielen zu bewegen, indem es begeistert ein Spielzeug in ihre Richtung schwenkt.

Das Bücherregal

Bilderbücher aus kunststoffüberzogener Pappe oder aus Plastik können jetzt die Spielzeugkiste ergänzen, müssen es aber aushalten können, dass das Baby darauf herumkaut und sie auf den Boden haut, denn das macht es mit ihnen in diesem Stadium. Es ist nicht zu früh, das Baby gelegentlich auf den Schoß zu nehmen und gemeinsam die Bilder anzuschauen, sofern es ihm gefällt.

▪ Fernsehen und Videos

Lassen Sie sich nicht verlocken, das jetzt schon einzusetzen. Ihr Baby hat in dieser wichtigen Phase so viel zu lernen, dass es dadurch nur behindert würde.

▲ Zusammenfassung

Mit neun Monaten kann Ihr Baby wahrscheinlich:
- Ihre Aufmerksamkeit durch Rufen auf sich lenken
- Laute, die Sie hervorbringen, und die »Melodie« Ihrer Stimme imitieren
- »nein« und »tschüs« verstehen
- in langen Ketten wiederholter Laute plappern
- oftmals mit dem aufhören, was es gerade tut, wenn Sie »nein« sagen
- die Namen einiger vertrauter Gegenstände und Menschen verstehen.

▲ Grund zur Sorge

Unten sind Sachverhalte aufgeführt, bei denen es ratsam wäre, mit einem Spezialisten über die Entwicklung Ihres Babys zu sprechen. (Bitte denken Sie aber daran, dass nicht alle Kinder sich gleich schnell entwickeln.)

Wenn Sie irgendwelche Zweifel hegen, auch wenn der Grund Ihrer Besorgnis hier nicht aufgeführt ist, dann bringen Sie Ihr Baby so bald wie möglich zu einem Kinderarzt oder Kinderpsychologen.

Es wäre ratsam, die Meinung eines Experten einzuholen, wenn Ihr Baby mit neun Monaten:

- nicht erkennen lässt, dass es seinen Namen oder die Namen enger Familienangehöriger versteht
- sich selten mit Lauten an Menschen wendet, als ob es mit ihnen sprechen wollte
- keine Plapperlaute wie »mamamama« oder »babababa« von sich gibt
- gemeinsame Spiele wie »Kuck-Kuck« nicht mag
- kein Interesse an Geräusch erzeugendem Spielzeug zeigt.

Das Sprechlern-Spaß-und-Spiel-Programm

▪ Eine halbe Stunde täglich

Es ist nun von größter Wichtigkeit, dass Sie sich Ihre tägliche halbe Stunde, in der Sie und Ihr Baby sich ganz aufeinander konzentrieren können und in der es die kleinen, aber bedeutsamen Schritte in der Entwicklung der sozialen Interaktion tun kann, zur festen Gewohnheit machen. In diesen drei Monaten beginnt Ihr Baby, diese Zeit vorauszusehen und sich darauf zu freuen, und es wird unschätzbaren Nutzen daraus ziehen. Die Gewissheit, dass es jenes unbezahlbare Geschenk, Ihre ungeteilte Aufmerksamkeit, bekommen wird, flößt ihm Ruhe, Zuversicht und Vertrauen auf eine sichere und stabile Welt ein. Sie können regelmäßige Abläufe und gemeinsame Weltsichten entwickeln, die sein späteres Sprachverständnis und sein Sprechvermögen entscheidend beeinflussen.

Wie Sie sehen werden, empfiehlt Ihnen das Programm, mit einigen der Aktivitäten fortzufahren, die Sie bereits praktizieren. Manche davon werden Sie jetzt aus anderen Gründen machen, und Ihr Baby wird anders darauf reagieren. Darüber hinaus vollziehen sich noch einige kleine, aber feine Veränderungen, die sehr bedeutsam sind.

Wenn Sie Mutterschaftsurlaub hatten, dann gehen Sie nun vielleicht bald wieder arbeiten. Machen Sie sich in diesem Fall keine Sorgen. Diese halbe Stunde pro Tag stellt sicher, dass Ihr Baby weiterhin allen Nutzen aus dem Programm zieht. Sorgen Sie also dafür, dass Sie es fortsetzen können. Ich hoffe, dass es Ihnen so viel Spaß macht, dass Sie das sowieso gerne möchten!

■ Die Umgebung für Ihre Spielzeit zu zweit

Wir haben gesehen, dass sich in dieser Phase enorm wichtige Entwicklungen beim Hören und bei der Aufmerksamkeit vollziehen. Das Baby beginnt »das auditive Feld zu strukturieren«: Das heißt, es kann die Geräuschkulisse zerlegen, sich auf das konzentrieren, was es hören möchte, und ein wenig länger dabei verweilen. Auf diese Weise erweitert es sein Repertoire der Myriaden Verknüpfungen zwischen Geräuschen und Lauten und ihren Quellen. Dies gelingt ihm aber nur in einer von Hintergrundgeräuschen freien Umgebung. Bitte denken Sie wieder daran, dass Babys einen weitaus größeren Unterschied zwischen Vordergrund- und Hintergrundgeräuschen benötigen, um auf das horchen zu können, was im Vordergrund steht.

Wahrscheinlich bietet man Ihnen irgendwann in dieser Phase an, bei Ihrem Baby einen Hörtest machen zu lassen. Es ist sehr wichtig, dass Sie diese Gelegenheit wahrnehmen, da selbst eine geringfügige Schädigung des Gehörs – vielleicht infolge einer Infektionskrankheit – die Entwicklung des Hörens beeinträchtigen kann. Wir lokalisieren Schallquellen durch den Vergleich der Schallwellen, die in unseren beiden Ohren ankommen, und selbstverständlich wird dieser Prozess beeinträchtigt, wenn das eine Ohr anders hört als das andere. Was noch

> Babys brauchen einen großen Unterschied zwischen Vordergrund- und Hintergrundgeräuschen

wichtiger ist, leichte infektionsbedingte Hörverluste schwanken häufig von Tag zu Tag. Bei einem älteren Kind, das Laute bereits stabil mit ihren Ursprüngen verknüpft und auch beim Vorhandensein von Hintergrundgeräuschen zuzuhören gelernt hat, wirkt sich das relativ wenig aus. Ein Baby in diesem Stadium dagegen kann es sehr nachteilig beeinflussen, weil es das Gehör als Sinnesorgan verwirrend und unzuverlässig macht. Die meisten solcherart beeinträchtigten Babys beschließen einfach, sich nur auf das Sehen und die manuellen Fertigkeiten zu verlassen, was katastrophale Folgen für die Entwicklung ihrer Hörfertigkeiten nach sich zieht.

Die Fähigkeit, gleichzeitig zu schauen und zu lauschen, kann sich nur in einer Umgebung entwickeln, die frei von Ablenkungen ist. Die Verknüpfungen zwischen den Lippen- und Zungenbewegungen des Babys und den Lauten, die es erzeugt, sowie diejenigen zwischen seinen Lauten und den Sprachlauten, die es in seinem Umfeld hört, entwickeln sich ebenfalls rasch und tragen entscheidend zur Festigung seines Sprachlautsystems bei. Wiederum ist eine ruhige Umgebung unabdingbar, damit dieser Prozess in zufrieden stellender Weise abläuft.

Babys dieses Alters interessieren sich brennend für viele unterschiedliche Objekte und Materialien, um sie zu untersuchen und in ihr Spiel zu integrieren. Da ihre Aufmerksamkeitsspanne immer noch sehr kurz ist, benötigen sie eine möglichst große Auswahl, damit sie nach Belieben von einem zum anderen wechseln

> Sorgen Sie weiterhin dafür, dass das Zimmer während Ihrer Spielzeit ruhig ist

können. Wir wissen jetzt bereits über ein grundlegendes Prinzip des Sprechlern-Spaß-und-Spiel-Programms Bescheid: nämlich niemals zu versuchen, die Aufmerksamkeit eines Babys oder Kleinkinds auch nur einen Moment länger an einen Gegenstand zu binden, als es das möchte.

Achten Sie darauf, dass Sie beide sich nah sein können, dass Ihrer beider Gesichter sich auf gleicher Höhe befinden und dass viele Spielsachen und interessante Gegenstände in Reichweite des Kindes liegen. Es fällt dem Baby leichter, Geräusche und Laute mit ihren Quellen zu verknüpfen, wenn es sich frei bewegen kann. Machen Sie den Raum daher so weit wie möglich babysicher. (Ich kenne die Ansicht etlicher Menschen, dass Babys von Anfang an lernen sollten, dass es Dinge gibt, die sie nicht anfassen dürfen. Ich meine aber, dass es in dieser Zeit viel Wichtigeres zu lernen gibt und dass die Kinder in einem Alter, in dem Sie ihnen Gründe erklären können, sehr viel leichter verstehen werden, dass gewisse Dinge nicht zum Spielen da sind. Sie machen sich und Ihrem Baby das Leben in diesem Stadium viel leichter, wenn Sie einfach möglichst viele der Dinge entfernen, mit denen das Kind nicht spielen soll.)

■ Wie Sie sprechen sollten

Das »Gespräch« mit Plapperlauten erfährt jetzt einen ungeheuren Aufschwung. Sie sollten dieses Spiel auf jeden Fall als »Unterhaltung« sehen, und nicht, dass hauptsächlich Sie zu Ihrem Baby sprechen. Lassen Sie ihm immer viel Zeit für seinen »Gesprächsbeitrag«, und es wird Ihnen durch die Art, wie es Sie anblickt, und durch seine Bewegungen deutlich zu verstehen geben, wann Sie an der Reihe sind.

Sein Interesse an der Erkundung von Gegenständen ist nun sehr groß, und wenn Sie sehen, dass es darin vertieft ist, dann geben Sie ihm ein paar Minuten, bevor Sie sprechen. Es wird Ihnen wiederum deutlich signalisieren, wann der Augenblick dafür gekommen ist: Es wird auffordernd zu Ihnen aufblicken. Sie werden auch merken, dass es manchmal damit beschäftigt ist, seinen eigenen Lauten zuzuhören. Auch dann sollten Sie einige Augenblicke still sein.

Spielen Sie sich wiederholende Sprech- und Reimspiele

Das Baby hat weiterhin Spaß an sehr einfachen Sprechspielen und profitiert ungeheuer viel davon. Spielen Sie im sechsten Monat »Backe, backe Kuchen« und »Kuck-Kuck«; sprechen Sie jedes Mal dieselben Worte und machen Sie jedes Mal dieselben Bewegungen, und zwar immer mit lebhafter Mimik. Sie können an seinem Gesichtausdruck ablesen, wie viel Vergnügen es ihm macht, dass Sie beide Ihre Aufmerksamkeit demselben Gegenstand widmen, und wie sehr diese Aktivitäten seine Aufmerksamkeit wach halten.

Sprechen Sie ihm viele Reime und Verse vor, in denen ständig wiederholt wird, etwa »Summ summ summ, Bienchen summ herum« und »Hoppe hoppe Reiter«. Denken Sie sich selbst welche aus, wenn Sie können. Kurze Verse sind auf dieser Stufe am besten, weil die Aufmerksamkeitsspanne des Babys noch sehr kurz ist.

Lassen Sie es weiterhin auf ihren Knien reiten und machen Sie dabei lustige Geräusche, beispielsweise »hoppeldipoppel«, wenn Sie es auf und ab hüpfen lassen, oder »hui hui hui«, wenn Sie es hin und her schaukeln. Wieder werden Sie die Freude, mit der es Ihrer Stimme lauscht, deutlich daran ablesen können, wie gespannt es Ihnen zuhört.

Ahmen Sie als Teil des Spiels seine Bewegungen und Handlungen nach, etwa Lächeln oder Winken, und geben Sie ihm Gelegenheit, die Ihren nachzuahmen. Sie werden sehen, wie eifrig es sich daranmacht, hinter den Sinn dieser Handlungen zu kommen, und Vergleiche zwischen seinen und Ihren anstellt.

Wenn es sieben Monate alt wird, sollten Sie einige Ihrer Abwechslungsspiele ein wenig variieren, etwa eine kleine Pause vor dem »Da ist das Baby!« in »Wo ist das Baby?« oder vor dem nächsten Klatschen beim »Backe, backe Kuchen« einlegen. An seiner Körpersprache werden Sie erkennen können, dass es allmählich voraussieht, was als Nächstes kommt. Dasselbe Gefühl freudiger Erwartung können ihm Spielzeuge wie Springteufelchen einflößen.

Fahren Sie mit Ihren Kinderversen, Bewegungsreimen und Liedern fort, und Sie werden erleben, wie sich seine Aufmerksamkeitsspanne schrittweise verlängert und sein Entzücken noch wächst. Das Reimverständnis ist ein sehr bedeutsamer Vorhersagefaktor für die Lesefähigkeit, wie Studien gezeigt haben. Verknüpfen Sie stets dieselben Worte mit denselben Handlungen, und Sie werden merken, dass Ihr Baby die Worte mit dem Spiel zu assoziieren beginnt und freudige Erregung zeigt, wenn Sie ein Spiel beim Namen nennen. Wenn Sie etwa sagen: »Spielen wir ›Alle meine Entchen‹«, setzt es sich gleich zurecht, um bei »Köpfchen in das Wasser« den Kopf zum Boden zu beugen.

> Sagen Sie viele,
> aber kurze Reime auf

Wenn das Baby neun Monate alt wird, werden Sie wahrscheinlich feststellen, dass es selbst mit diesem Spielen beginnt. Natürlich reagieren Sie begeistert. Jetzt können Sie Varianten einbauen, etwa nicht nur mit Ihren und Babys Händen klatschen, sondern auch mit denen des Teddys, oder Sie verstecken sich bei »Kuck-Kuck« unter einer Decke.

Wiederholen Sie die Töne des Babys

Es ist äußerst nützlich, ihm weiterhin seine Töne zu wiederholen. Sie werden sehen, wie aufmerksam und mit welch sichtlichem Vergnügen es Sie anschaut, wenn Sie das machen. Auch wird es jetzt ab und zu Ihnen einen Laut zurückgeben und Sie auf diese Weise in eines dieser spaßigen Gespräche verwickeln, die nach denselben Regeln wie die Konversation Erwachsener ablaufen: Man spricht abwechselnd, hört dem Sprecher zu, stimmt die Äußerungen aufeinander ab und genießt das Wechselgespräch. Wie Sie merken werden, plappert das Baby immer mehr und reagiert immer bereitwilliger, je öfter Sie sich so verhalten. Es versteht eindeutig die wichtige Botschaft, dass einander Zuhören Spaß macht.

> **Wiederholen Sie die Töne des Babys**

Ein weiterer Grund, warum dieses Wiederholen der Babylaute so nützlich ist – und es noch eine Weile bleiben wird –, ist der, dass das Kind auf diese Weise einzelne Wörter statt den ganzen Sprachfluss aus vielen Hunderten Lauten zu hören bekommt. Damit helfen Sie ihm sehr, die so wichtigen Verbindungen zwischen seinen Lippen- und Zungenbewegungen und den Lauten, die es von sich gibt, sowie zwischen diesen Lauten und denen, die es in seinem Umfeld hört, herzustellen. Sie werden hören, dass es verschiedene Laute »ausprobiert«, Lippen und Zunge zielgerichtet bewegt und sich das Ergebnis offensichtlich mit Interesse anhört.

Zu Beginn dieser Phase, wenn es stets Silben wie »bababa« oder »mamama« aneinander reiht, sollten Sie diese wiederholen, und wenn es später gemischte Laute hervorbringt, etwa »badigu«, dann versuchen Sie diese möglichst genau zu kopieren. Wenn Sie Quietscher und Ausrufe nachahmen, wird ihm das auch viel Freude machen.

> **Wenn Sie ein »Gespräch« miteinander führen, dann lassen Sie Ihrem Baby viel Zeit für seine Erwiderungen**

Sprechen Sie anstelle Ihres Babys aus, was es meint

Es ist nun sehr wichtig, dass Sie nicht nur seine Laute wiederholen, sondern jetzt, wo es sich rasch der Stufe nähert, auf der es Wörter zu verstehen beginnt, ihm auch die Wörter vorsprechen, die ausdrücken, was es Ihnen mimisch und mit Körpersprache mitzuteilen versucht. Wenn es beispielsweise weint und Sie sich nicht sicher sind warum, können Sie sagen: »Oh mein Liebling, du bist traurig. Jonas ist traurig.« Oder Sie reagieren auf sein Verhalten mit: »Willst du hoch? Willst du auf den Arm? Komm hoch zu mir!« Oder: »Es ist weg«, wenn es mit etwa neun Monaten seine neu entdeckte Fertigkeit, Dinge loszulassen, wiederholt erprobt.

> Sprechen Sie ihm die Wörter vor, die zu seinen Handlungen gehören

Diese Art sprachlicher Anregung bringt es dem Verstehen von Wörtern ein gutes Stück näher, und gegen Ende dieser Phase werden Sie merken, dass es tatsächlich solche Verknüpfungen herstellt.

Begleiten Sie Ereignisse weiterhin mit zahlreichen Spielgeräuschen

Diese Laute wie »bschhhh«, wenn Wasser aus dem Hahn strömt, oder »gluckgluckgluck«, wenn es abfließt, haben weiterhin eine Reihe wichtiger Funktionen. Wie im vorigen Altersabschnitt unterstreichen sie die bedeutsame Botschaft, dass es Spaß macht, Stimmen zu lauschen, und Sie machen die vielen unterschiedlichen Sprachlaute für das Baby deutlicher wahrnehmbar, weil es sie isoliert zu hören bekommt. Sie helfen ihm zudem, Töne mit ihrer Quelle zu verknüpfen, und tragen wesentlich dazu bei, seine Aufmerksamkeit zu wecken und zu wahren.

Ich erläuterte dies vor kurzem der Mutter eines acht Monate alten Babys, das ihren Angaben zufolge sehr wenig Interesse an Stimmen und Sprache zeigte. Jedes Mal, wenn ich der Mutter ein Spielgeräusch vormachte, fuhr das Baby ganz aufgeregt herum!

Beispiele für Spielgeräusche für diese Stufe sind »brmm brmm«, wenn Sie ein Auto hin und her schieben, »iiiuh«, wenn ein Flugzeug vorüberfliegt, und »oh oh«, wenn Sie etwas fallen lassen. Gegen Ende dieser Phase kann es sogar vorkommen, dass es Sie nachzuahmen versucht.

Damit kommen wir zu einem weiteren extrem wichtigen Prinzip des Sprechlern-Spaß-und-Spiel-Programms. *Versuchen Sie niemals, unter keinen Umständen, in keiner Weise, Ihr Baby dazu zu bringen, Laute oder Wörter zu sagen oder nachzuahmen.* Wenn Sie das tun, wird dies seine Entwicklung hemmen, das ist so sicher wie das Amen in der Kirche. Das liegt daran, dass der angeborene Drang zu Interaktion und Sprache ein gut Teil Wissen über Kommunikation einschließt. Es gehört nicht zur normalen Kommunikation, voneinander zu verlangen, Wörter oder Laute auszusprechen oder nachzumachen, und Babys wissen das. Viele Kinder, mit denen ich im Lauf der Jahre zu tun hatte, wurden von Eltern, die sie auf die netteste und liebste Weise zum Sprechen ermuntern wollten, praktisch zum Schweigen gebracht.

> **Bringen Sie Ihr Baby niemals dazu, Laute oder Wörter nachzuahmen**

Harry war ein entzückender und sehr intelligenter Dreijähriger, der zwar über ein ausgezeichnetes Sprachverständnis verfügte, sich aber ständig und sehr erfolgreich auf jede nur mögliche andere Weise als durch Sprechen mitteilte. Er zeigte mit dem Finger, setzte Mimik und komplexe Gebärdenfolgen ein, sprach jedoch kein Wort. Wie sich herausstellte, war seine Großmutter zu der Familie gezogen, als er ein Jahr alt war, und sie hatte beschlossen, es sei jetzt Zeit, ihm das Sprechen beizubringen. Sie bombardierte ihn mit »Sag ...! Sag ...! Sag ...!«, was den erwähnten, unvermeidlichen Effekt hatte. Diesen Druck zu beseitigen und mitzuerleben, wie bei Kindern wie diesem fast sofort und in unglaublich schnellem Tempo die Sprachentwicklung einsetzt, ist einer der befriedigendsten Aspekte unserer praktischen Arbeit.

Sprechen Sie in kurzen, einfachen Sätzen

Dies ist und bleibt für die nächsten Monate ein sehr wichtiger Grundsatz. Wie wir gesehen haben, bewegt sich das Baby auf dieser Stufe rasch auf die Phase zu, in der es, sofern die Umstände stimmen, in immer stärkerem Maße Bedeutung mit Wörtern verknüpft. Wenn wir Sätze benutzen würden wie »Wir gehen in den Park, also müssen wir unsere Stiefel und Mäntel anziehen«, wie in aller Welt soll das Baby da wissen, welches dieser vielen Wörter sich auf die Dinger bezieht, in die wir unsere Füße stecken? Wenn wir dagegen sagen: »Hier ist dein Schuh. Timos Schuh. Schuh anziehen. Schuh an«, hat es eine viel größere Chance, die Bedeutung von »Schuh« zu erfassen. Benutzen Sie keine einzelnen Wörter. Dies ist keine natürliche Sprechweise. Zudem macht es das Zuhören schwieriger als kurze Redewendungen und Sätze.

> **Halten Sie Ihre Sätze kurz und machen Sie Pausen dazwischen**

Sie sollten Ihre Sätze moduliert und langsam sprechen und nach jedem eine Pause machen. Wie früher weckt und wahrt dies die Aufmerksamkeit des Babys und lässt ihm Zeit, jedes Wort aufzunehmen.

Geben Sie weiterhin einen »laufenden Kommentar« über ihre Tätigkeiten ab, um zwischen Ihnen beiden Kontakt zu halten und dem Baby die Erfahrung der »Gestalt« der Sprache zu vermitteln.

Benutzen Sie möglichst viele Namen

Es ist jetzt äußerst hilfreich, Namen statt Pronomen (wie ihm / ihr / er / sie / es / ihnen / sie) ins Spiel zu bringen, da das Baby sich rasch der Schwelle nähert, wo es Namen mit den zugehörigen Menschen und Gegenständen verknüpft. Sagen Sie beispielsweise: »Setzen wir *Teddy* auf den Stuhl« statt »Setzen wir *ihn* dahin«. Die Namen der Gegenstände und Personen, die es am häufigsten hört, versteht es am ehesten und leichtesten; sprechen Sie also die Namen seiner Familienangehörigen und Lieblingsspielsachen möglichst oft aus.

> **Benutzen Sie die Namen von Familienangehörigen und Lieblingsspielsachen**

Folgen Sie dem Baby zum Mittelpunkt
seiner Aufmerksamkeit

Dies ist auf dieser Stufe von allergrößter Wichtigkeit, wenn es das Baby leichter haben soll, jene entscheidenden frühen Verbindungen zwischen Wörtern und ihrer Bedeutung herzustellen. Wie wir bereits wissen, vermag es nur dann gleichzeitig zu schauen und zuzuhören, wenn das, was es anschaut und was es hört, ein und derselbe Gegenstand ist. Wenn wir also beobachten, was es im Augenblick gerade betrachtet, und es benennen, vermag das Kind uns zuzuhören und kann dies weiterhin tun, wenn wir dem Gegenstand seiner Aufmerksamkeit von Augenblick zu Augenblick folgen. Andernfalls ist es dazu nicht imstande. Wenn es während Ihrer Spielzeit ein Spielzeug betrachtet, nennen Sie dessen Namen in einem kurzen Satz: »Das ist ein Ball«, und wenn sein Interesse anhält, beginnen Sie ein Spiel damit: Rollen Sie ihn zum Beispiel sanft auf das Baby zu, damit es ihn auffangen kann. Wenn der Ball es nicht mehr interessiert und es woanders hinschaut, dann be-

> Wenden Sie Ihre Aufmerksamkeit demselben Gegenstand zu wie Ihr Baby

nennen Sie diesen Gegenstand, beispielsweise: »Da ist Teddy.« Seiner Aufmerksamkeit zu folgen fördert zudem deren Entwicklung so effektiv wie kaum etwas anderes. Auf jeder Stufe bewirkt der Versuch, die Aufmerksamkeit des Babys länger an etwas zu binden, als es selbst möchte, nur die »Fragmentierung« dieser Aufmerksamkeit und hemmt es in seiner Entwicklung.

Ihnen wird auffallen, dass Ihrer beider Aufmerksamkeit in dieser Zeit viel öfter und viel länger bei demselben Gegenstand verweilen wird.

▪ Fragen

Es gilt dasselbe wie im vorigen Vierteljahr. Sie stellen vielleicht fest, dass Sie das, was Ihr Baby tut, in Form von Fragen beschreiben, etwa: »Oh, hast du deine Decke weggestrampelt?« Andere Fragen sind eher

Kommentare wie »Willst du dein Fläschchen?« oder sollen aufmerksam machen wie »Was ist das?« Solche Fragen sind in Ordnung, da Sie ja keine Antwort erwarten.

▪ Außerhalb Ihrer halben Stunde

Sprechen Sie weiterhin viel über das, wofür sich Ihr Baby interessiert. Je mehr Sie sich angewöhnen, auf das zu achten und über das zu sprechen, womit es sich gerade beschäftigt, desto besser. Wenn Sie draußen spazieren gehen, können Sie beispielsweise etwas sagen wie »Da ist ein Hund … er rennt … ich kann ihn bellen hören«, wenn Ihr Baby gerade zu ihm hinschaut, oder »Da ist die Kartoffel und daneben sind Karotten«, wenn es zuschaut, wie Sie ihm sein Essen auf den Teller geben.

Neun bis zwölf Monate

▲ Überblick

Ihr Baby macht jetzt weitere Schritte in Richtung Unabhängigkeit. Es isst jetzt vielleicht schon ganz alleine mit den Fingern oder hält Ihnen seinen Arm oder seinen Fuß hin, wenn Sie es anziehen oder waschen. Es kann sich aber manchmal auch eigensinnig verhalten und sträubt sich heftig gegen Ihren Versuch, ihm seine Mütze aufzusetzen – und es lässt sich nicht mehr so leicht ablenken.

Sein Interesse an allem und jedem ist die reinste Freude, auch wenn es zuweilen schwer fällt, das so zu sehen. Das Kind findet beispielsweise das Muster, das seine verschüttete Milch macht, faszinierend. Es ist jetzt aber auch sehr lustig mit ihm; das Baby bringt Sie mit seinen Grimassen oder Lauten mit Vorliebe zum Lachen. Wenn Sie dann lachen, gibt es seine Darbietung für Sie gleich nochmal zum Besten.

Sie hätten jetzt wahrscheinlich auch gerne Augen im Hinterkopf. Das Baby kommt nämlich krabbelnd oder robbend recht schnell vom Fleck, aber es vergisst nach recht kurzer Zeit, wenn es sich gestoßen oder wehgetan hat, sodass es gefährliche Aktivitäten wahrscheinlich wiederholt.

▲ Der zehnte Monat

■ Kommunikations- und Sprachentwicklung

Babys dieses Alters zeigen ein starkes Kontaktbedürfnis; sie werden sich anderer Menschen sehr viel bewusster und zeigen beachtliches Einfühlungsvermögen für deren Empfindungen und Stimmungen. Sie interessieren sich zudem sehr für Wörter und horchen gespannt auf, wenn sie neue hören. Wenn alles gut gelaufen ist, können sie gesprochener Sprache jetzt lauschen, ohne sich ständig ablenken zu lassen.

Ein Schritt vorwärts in der kognitiven Entwicklung sorgt dafür, dass Babys jetzt besser *verstehen*, dass sowohl Gesten als auch Wörter für Dinge stehen können. Sie beginnen einem Fingerzeig zu folgen, zuerst zu nahen Gegenständen und dann zu fernen, und sie verstehen nun, was gemeint ist, wenn Sie ein Objekt benennen.[1] Das Baby entdeckt jetzt, welche Dinge und Ereignisse seine Mutter oder sein Vater interessant findet – beispielsweise ein neues Buch – und welche sie oder ihn in Wallung bringen – etwa wenn etwas kaputtgeht. So vermag das Baby nicht nur besser Kontakt zu anderen Menschen herzustellen, sondern wird auch empfänglicher für deren Reaktionen auf die Welt. Dieses Begreifen – dass ein anderer Mensch Gefühle hat genau wie es selbst – ist von fundamentaler Bedeutung für die Entwicklung der zukünftigen sozialen Beziehungen.

Das Baby versteht jetzt allmählich auch den Zusammenhang zwischen seinem eigenen Verhalten und der Reaktion des Erwachsenen; es weiß beispielsweise schon vorher, dass seine Mutter nicht gerade erfreut sein wird, wenn es sein Essen auf dem Boden verschmiert.

In dieser Phase macht das Baby einen weiteren Erkenntnisschritt: Es versteht nicht nur die Bedeutung des Tonfalls des Sprechers und erkennt die Namen vertrauter Menschen und Dinge im Kontext, sondern auch die Namen häufig vorkommender Dinge in seiner Umgebung wie »Ball«, »Teddy« oder »Katze«. Das wachsende soziale Bewusstsein des Babys spiegelt sich darin, dass es jetzt durchgängig und regelmäßig den Sprecher anblickt, wenn dieser es mit Namen ruft, einer anderen Person auf Aufforderung einen Gegenstand gibt und auf Aufforderung andere Routinehandlungen ausführt, beispielsweise zum Abschied winkt.

> Bitte beachten Sie, dass die hier beschriebenen Entwicklungsstadien sich nur auf den Durchschnitt beziehen.
> Alle Babys entwickeln sich in unterschiedlichem Tempo, und häufig können Fortschritte in einem Bereich zu vorübergehendem Stillstand in einem anderen führen. Weder Sorgen noch gar Verzweiflung sind angebracht, wenn bei Ihrem Kind nicht alles in genau dem hier besprochenen Zeitabschnitt einzutreten scheint. Weitere Informationen finden Sie im Abschnitt *Grund zur Sorge* auf Seite 139.

Zu diesem Zeitpunkt kann das Baby zwischen allen Sprachlauten seiner Muttersprache unterscheiden; es vermag sogar *nur* noch zwischen Phonemen (Sprachlauten, die Bedeutungsänderung signalisieren wie »ich« und »ach«) dieser Sprache zu differenzieren. Diese ausgereifte Unterscheidungsfähigkeit fällt interessanterweise mit dem Sprechen der ersten echten Wörter zusammen.

In dieser Phase findet eine grundlegende Veränderung der Kommunikation statt: Der Erwachsene interpretiert nicht mehr die absichtslosen Mitteilungen des Babys, sondern das Baby steuert den Dialog. Es ergreift die Initiative zu einem Großteil der gemeinsamen Tätigkeiten und kann diese jetzt auch beenden, indem es sich entfernt. Es kommuniziert sehr kompetent; es vermag praktisch dieselben Bedeutungen auszudrücken wie Erwachsene, wenn auch noch nicht auf dieselbe Weise. Es vermag nicht nur die Aufmerksamkeit eines Erwachsenen auf sich, auf Dinge und andere Menschen zu lenken, Objekte, Handlungen und Information zu verlangen, zu grüßen, den Gruß zu erwidern und sich selbst verständlich machen, sondern es kann jetzt sogar erkennen, dass es nicht verstanden wurde, und seine Mitteilung wiederholen, um dem Zuhörer zu helfen, und es versteht Erwachsenen ganz allgemein klarzumachen, ob seine Mitteilung den gewünschten Effekt hatte.

Es drückt sich vorwiegend mittels Gestik in Verbindung mit Lautäußerungen aus: Gewöhnlich deutet es auf etwas und macht dazu »uh uh«, was bedeutet, dass es etwas haben möchte. Es liebt ritualisierte Sprechspiele wie »Backe, backe Kuchen« und ergreift jetzt die Initiative dazu. Überdies ahmt es gerne ritualisierte Ausrufe von Erwachsenen nach, etwa »hoppla«, wenn etwas herunterfällt.

Seine *Lautproduktion* ist inzwischen sehr moduliert, zeichnet sich durch alle Rhythmen und Betonungsmuster von Sprache aus und hört sich immer mehr wie eine Fremdsprache an.

■ Allgemeine Entwicklung

Das Baby kann jetzt mehrere Minuten lang alleine sitzen bleiben und kommt viel leichter an Objekte heran, um sie zu untersuchen. Es kann sich nach vorne beugen, um sie aufzuheben, und sich zur Seite drehen und sich nach ihnen recken. Es hantiert geübter mit Spielsachen und kann infolgedessen vielfältiger mit ihnen spielen. Es vermag Spielsachen relativ leicht fallen zu lassen. Es kann Klötzchen in eine Kiste legen und wieder herausnehmen, wenn man ihm das vorgemacht hat, und es kann mit einer Glocke klingeln, die es in der Hand hält. Es beobachtet einen Ball und sieht voraus, wohin er rollt. Es ist zudem imstande, Spielsachen zu werfen, sie auszuwickeln und unter einem Tuch hervorzuholen, unter dem man sie vor seinen Augen versteckt hat. Dass es nun besser mit Dingen hantieren und sie erkunden kann, fördert weiterhin enorm die Begriffsbildung – etwa von Begriffen wie hart, weich, schwer und leicht –, die wiederum den Weg für die spätere Verknüpfung der Begriffe mit Wörtern bahnt.

Die Mobilität erhöht sich in dieser Zeit oft sprunghaft, was eine vorübergehende Verlangsamung der Sprach- und Kommunikationsentwicklung mit sich bringen kann, da die neue Erfahrung die gesamte Aufmerksamkeit des Babys in Anspruch nimmt, die immer noch an einen Wahrnehmungskanal gebunden ist. Das Baby kommt jetzt herum; es kann sich nicht nur herumrollen, sondern beginnt auch zu krabbeln oder zu robben. Es zieht sich vielleicht an Möbeln hoch und kann, wenn es sich festhält, eine Weile stehen oder sogar ein paar Schritte machen. Es kann sich aber aus dieser Position noch nicht ohne Unterstützung wieder hinsetzen.

Das Baby hilft jetzt aktiv beim Anziehen mit, steckt Arme und Beine in seine Kleidungsstücke und reißt sich sehr geschickt seine Mütze vom Kopf!

■ Aufmerksamkeit

Das Baby ist auf dieser Stufe in der Lage, sich für einen kurzen Zeitraum auf eine Sache oder eine Aktivität seiner Wahl zu konzentrieren, lässt sich jedoch von Lärm oder Bewegung sehr leicht ablenken. Seine Aufmerksamkeit ist immer noch fast gänzlich an jeweils eine Wahrnehmungsart gebunden, doch es vermag ein Objekt jetzt schon ansatzweise gleichzeitig hörend und sehend zu erfassen, vorausgesetzt, es gibt so gut wie keine Ablenkungen. Das Baby und seine Mutter oder sein Vater können ihre Aufmerksamkeit jetzt viel besser auf ein gemeinsames Ziel lenken, nicht nur durch Zeigen, sondern auch, indem sie der Blickrichtung des anderen folgen.[2]

■ Hören

Dieses Vierteljahr ist in der Entwicklung des Hörens eine immens wichtige Phase. Wenn alles gut läuft, hat das Baby am Ende die Fähigkeit zum selektiven Hören erworben: Die Fähigkeit, die gesamte Geräuschkulisse wahrzunehmen, zu entscheiden, welchem Geräusch es für längere Zeit Gehör schenken möchte, und unerwünschte Laute »auszublenden«. Wenn das Baby zwölf Monate alt ist, kann es der Sprache lauschen, ohne sich allzu leicht ablenken zu lassen, und es hat viele Laute mit ihren Quellen verknüpft. Infolgedessen gewinnt die Information über die Welt, die ihm seine Ohren vermitteln, zunehmend an Bedeutung. Diese Entwicklung wird dadurch unterstützt, dass das Baby sich umherbewegen und mehr erforschen kann; es vermag jetzt wirklich nach den Schallquellen zu suchen, statt sich nur nach ihnen umzuschauen.

Leider wird dieser Entwicklungsprozess bei immer mehr Kindern unterbrochen, und die Fähigkeit zu selektivem Hören stellt sich nicht einfach während des Reifungsprozesses von selbst ein, nicht einmal Jahre später. Nach Ansicht vieler Pädagogen sind Schwierigkeiten in diesem Bereich die Grundlage der Lernschwierigkeiten sehr vieler Kinder. Das Problem nahm im Verlauf der letzten fünfzehn Jahre immer größere Dimensionen an, weil der Lärm in unserem Alltag weiter zunimmt. Ich weiß noch genau, dass vor fünfzehn Jahren Erzieherinnen bei mir über die steigende Zahl der Kinder klagten, die nicht zuhören konnten, dann die Vorschul- und Grundschullehrer, und jetzt bekommen die Sekundarstufenlehrer und sogar die Universitätsdozenten die Auswirkungen des Problems zu spüren.

Ich habe vor fünfzehn Jahren die auditiven Wahrnehmungsfähigkeiten von neun Monate alten Babys untersucht und festgestellt, dass alarmierende zwanzig Prozent von ihnen signifikante Schwierigkeiten hatten. Diese Säuglinge hatten kaum Verbindungen zwischen Geräuschen und Lauten und ihren Quellen hergestellt und hörten immer weniger zu, da Laute in ihren Ohren bedeutungslos waren. Viele reagierten so schwach, dass man Taubheit vermutete. Andere zeigten höchst zufällige und unregelmäßige Reaktionen auf das, was in ihre Ohren drang, und ignorierten es häufig ganz, sogar sehr laute oder ungewöhnliche Geräusche. Sie waren außerstande, die Geräusche in ihrer Umgebung zu unterscheiden und auszuwählen, welchen sie Gehör schenken wollten, und sie vermochten überhaupt nicht zuzuhören, wenn sie auch nur oberflächlich damit beschäftigt waren, Gegenstände anzuschauen oder anzufassen. Man muss wohl kaum extra erwähnen, dass die erstaunlichen Fortschritte bei der Verknüpfung von Wörtern mit ihrer Bedeutung, die in diesem Alter möglich sind, bei diesen Kindern ausblieben. Im Gegenteil, sie ignorierten Stimmen sogar stärker als alles andere, fast als ob sie erkannt hätten, dass sie außerstande waren, den verbalen Code zu knacken.[3]

Im Alter von neun bis zehn Monaten beginnt das Baby, die hörbare Umgebung etwas intensiver abzutasten und sich auf ein bestimmtes Geräusch zu konzentrieren. Dieses Abtasten geht relativ langsam vonstatten, und seine Aufmerksamkeitsspanne für das gewählte Geräusch oder den Laut ist relativ kurz. Dennoch bringt diese Fähigkeit sein Wissen über die Bedeutung von Lauten beträchtlich voran, da es die aufgenommenen Laute mit zuvor erkannten vergleicht. Es fällt ihm jetzt allmählich ein wenig leichter, ein Geräusch zu registrieren, das von einem Gegenstand ausgeht, den es betrachtet oder untersucht. Ich möchte unterstreichen, dass diese Fertigkeit sich nur in einer ruhigen Umgebung entfalten kann, in der Hintergrund- und Vordergrundgeräusch deutlich zu unterscheiden sind.

▲ Der elfte Monat

▥ Kommunikations- und Sprachentwicklung

Das *Wortverständnis* des Babys entwickelt sich jetzt rasch. Wenn vertraute Objekte und Menschen im Gespräch erwähnt werden, blickt es sich nach diesen um und zeigt gelegentlich, dass es einfacheren Fragen oder Aufforderungen in einem bekannten Kontext wie »Wo ist Papi?« oder »Komm zu Mami« folgen kann. Das fragliche Objekt muss sichtbar sein. Seine Gestik verfeinert sich. Es streckt seinen Arm aus, um auf ein Objekt zu zeigen, und es drückt sich gestisch aus, äußert beispielsweise »Wo?« und »Weg!« mittels Handbewegungen.

Die *Lautproduktion* umfasst sowohl Sprachlaute wie »schsch« oder »bababa« als auch nicht sprachliche Laute wie Schnauben sowie ganz vereinzelte Wörter. Das Baby geht freudig mit rhythmischer Musik mit, bewegt seine Arme oder den ganzen Körper. Es ist begierig nach Sprechspielen wie »Kuck-Kuck« und »Backe, backe Kuchen« und ergreift häufig die Initiative dazu.

Es »redet« jetzt viel, sowohl wenn es alleine ist als auch in Gesellschaft, und plappert munter drauflos. Es weiß, was ein Gespräch ist und wie man daran teilnimmt, äußert sich fröhlich, wenn es an der Reihe ist, und wartet auf die Äußerungen seiner Gesprächspartner.

■ Allgemeine Entwicklung

Das Wissen des Babys über seine Umwelt und seine Körperbeherr-schung entwickeln sich weiter, sodass es Objekte nun genauer erkun-den kann. Es kann sich jetzt im Sitzen um seine eigene Achse drehen, um Gegenstände heranzuholen, und es kann sich nach denen recken, die zunächst außer Reichweite liegen. Es findet ein Spielzeug, das vor seinen Augen in einer Kiste versteckt wurde. Es kann seine Finger einzeln bewegen und kleinere Sachen mit einem Finger und dem Daumen greifen. Es steht sicherer, wenn es sich an Möbeln festhält, und vielleicht sogar kurzzeitig freihändig. Es hangelt sich an den Möbeln entlang und vermag vielleicht sehr rasch zu krabbeln.

In dieser Zeit schreitet die kognitive Entwicklung deutlich voran. Da der Erfahrungsschatz des Babys wächst, versteht es allmählich, wie Gegenstände zusammengehören – beispielsweise eine Tasse auf eine Untertasse –, und kann Objekte mit Ereignissen verknüpfen: sich beispielsweise das Haar mit einer Bürste bürsten. Dies stellt eine sehr bedeutsame Grundlage für die spätere Verknüpfung verbaler Begriffe dar: beispielsweise »Roberts Bürste« oder »Trinken alle«. Es beginnt sich auch für Bilder zu interessieren und sie mit den Dingen, die sie darstellen, in Verbindung zu bringen.

Das Baby wird ganz allgemein zielstrebiger, nutzt seine Mobilität, um Probleme zu lösen, beispielsweise um an einen bestimmten Gegenstand zu kommen, statt einfach zu einer allgemeinen Erfor-schungsrunde aufzubrechen.

■ Aufmerksamkeit

In dieser Phase sind wenig Veränderungen zu verzeichnen, vielleicht etwas häufiger koordinierte Aufmerksamkeit und jeweils ein wenig längere Aufmerksamkeit für einen bestimmten Gegenstand.

■ Hören

Wenn sich alles gut entwickelt, interessiert sich Ihr Kind immer stärker für Laute und Geräusche und insbesondere für gesprochene Sprache. Es ist jetzt weniger leicht abzulenken. Das hörbare Abtasten erfolgt schneller und die Aufmerksamkeitsspanne für bestimmte Geräusche oder Laute wird länger. Das Baby vermag nun allmählich Reaktionen auf andere Geräusche zu unterdrücken, was äußerst bedeutsam ist, und die Anzahl der Verknüpfungen zwischen dem, was es hört, und dessen Quelle wächst rasch. Das Kind kann nun besser zuhören, während es zugleich etwas betrachtet oder damit hantiert.

▲ Der zwölfte Monat

■ Kommunikations- und Sprachentwicklung

Babys zeigen jetzt über längere Zeitspannen ein starkes Interesse an gesprochener Sprache. Zu beachten ist, dass zwischen den einzelnen Kindern zu dieser Zeit erhebliche, milieubedingte Unterschiede im Sprachverständnis bestehen. Der Zeitpunkt jedoch, ab dem sie Wörter benutzen, variiert weitaus weniger und scheint in viel höherem Maße biologisch vorbestimmt zu sein. (Dies ist später nicht mehr der Fall.)

Die meisten Babys dieses Alters *verstehen* ein erweitertes Repertoire von Namen und kontextbezogenen, kurzen verbalen Fragen wie: »Magst du noch mehr?« Sie bringen dieses Verständnis durch Gesten wie Kopfschütteln zum Ausdruck, versuchen aber möglicherweise auch verbal zu reagieren: Beispielsweise »tschüs« zu sagen, wenn man sie dazu auffordert. Das Baby kann nun allmählich Wechselbeziehungen sowohl mit Gegenständen als auch Menschen zusammenbringen und benutzt Personen, um an Objekte heranzukommen – zupft beispielsweise einen Erwachsenen am Ärmel und zeigt auf einen Gegenstand –, und benutzt Dinge, um Aufmerksamkeit zu erregen: Es haut beispielsweise heftig mit einem Löffel auf ein Tablett.

Die *Lautproduktion* erfolgt jetzt zielgerichtet: Das Baby ruft nach Menschen, um deren Aufmerksamkeit auf sich zu ziehen, es gibt seinem Wunsch nach einem Beschäftigungswechsel Ausdruck, und es gibt sehr oft mit Lauten »Antwort«, wenn es angesprochen wird. Der Tonfall wird zu einem wichtigen Bestandteil seines stimmlichen Ausdrucks, und Melodie und Rhythmus variieren vielfältig. Den Eltern fällt es jetzt viel leichter zu verstehen, was das Baby mitteilen möchte. Es spielt jetzt liebend gerne den Clown und kaspert herum und findet es großartig, wenn vertraute Spiele durch kleine Neckereien aufgelockert werden.[4] Es singt jetzt Lieder mit und versucht »Da!«, zu sagen, wenn es heißt: »Wo ist die Julia / der Jonas?« Es plappert den lieben langen Tag nach sprachähnlichem Muster, sowohl mit Spielsachen als auch mit Menschen. Die im vorigen Kapitel geschilderte Entwicklung des Plapperns hin zu den Sprachlauten der ringsum gesprochenen Sprache (siehe Seite 94) ist beinahe abgeschlossen, und das Kind benutzt fast ausschließlich die in seinem Umfeld vorkommenden Sprachlaute. Sein Lautrepertoire umfasst jetzt Laute, die im vorderen Bereich des Mundes (beispielsweise p und b), im mittleren (t und d) und im hinteren (k und g) erzeugt werden. Es beginnt Töne zu verwenden, als seien es Wörter, etwa »brmm brmm« für Auto, und denkt sich eigene Wörter aus – einzelne Silben mit festgelegter Modulation, die es durchgängig für ein bestimmtes Objekt oder Ereignis verwendet. Diese »Wörter« gehören noch zu der »Privatsprache« und werden wahrscheinlich nur von Menschen der nächsten Umgebung erkannt. Die Laute sind klar, die Bedeutung allerdings noch nicht. Das Baby versucht sich überdies an der Nachahmung von Wörtern, meist wiederum Namen von vertrauten Gegenständen.

Der magische Moment des ersten echten Wortes ereignet sich oft in dieser Zeit, und manche Säuglinge sprechen im Alter von zwölf Monaten nicht weniger als drei Wörter[5] (obwohl viele Babys ein bisschen länger brauchen). In aller Regel sind dies Namen von vertrauten Menschen oder Gegenständen, und sie enthalten gewöhnlich Laute, die es schon länger geplappert hat, oftmals p, b, d und m: beispielsweise »mama« und »papa«. Dies ist höchstwahrscheinlich der Grund, weshalb sich diese Wörter für die Eltern in vielen Sprachen ähneln.

Eltern wundern sich oft sehr darüber, warum zwischen dem, was ihr Baby in diesem Alter versteht, und den wenigen – wenn überhaupt – Wörtern, die es benutzt, eine derart enorme Lücke klafft. Das Baby versteht unter Umständen nicht weniger als sechzig Wörter, benutzt aber nur zwei oder drei. Vielleicht können wir besser an diese Frage herangehen, wenn wir uns vorstellen, wie es uns geht, wenn wir den komplizierten Namen eines ausländischen Politikers zum ersten Mal in den Nachrichten hören. Wir erkennen ihn wieder, wenn wir ihn zum zweiten Mal hören und unser Interesse und unsere Aufmerksamkeit beim ersten Mal geweckt waren. Wir können die richtige Lautfolge jedoch erst dann behalten, wenn wir den Namen noch viele weitere Male gehört haben. Wir müssen diesen Prozess nur hie und da für ein einzelnes Wort durchlaufen; das Baby jedoch muss ihn für Hunderte und Aberhunderte bewältigen. Genau wie wir vermag es ein Wort oftmals beim zweiten Hören wieder zu erkennen und mit seiner Bedeutung zu verknüpfen, doch es muss jedes Wort Dutzende Male vernehmen, bevor es sich daran erinnern kann.

■ **Allgemeine Entwicklung**

Auch in anderen Bereichen schreitet die Entwicklung des Babys rasch fort. Es kann jetzt Gegenstände aufnehmen und sie einem Erwachsenen geben. Wenn man ihm das vormacht, kann es mit der Spitze eines Bleistifts auf Papier tippen und diesen so halten, als ob es kritzeln wollte. Es kann ein Spielzeugauto schieben, so tun, als rühre es etwas mit einem Löffel um, und es kann »Kuck-Kuck« spielen, indem es sein Gesicht verdeckt. Es kann sich immer gewandter im Raum umherbewegen, krabbelt schnell und geübt. Es kann für Augenblicke frei stehen, und manche Babys machen gegen Ende dieser Phase ihre ersten Schritte. Durch diese aufrechte Haltung bekommt es die Hände frei.

■ Aufmerksamkeit

Mit einem Jahr fällt es dem Baby leichter, gleichzeitig etwas anzuhören und anzuschauen, und es ist nicht mehr so leicht ablenkbar.
Gegen Ende dieses Monats setzt allmählich der Übergang zur nächsten Entwicklungsstufe der Aufmerksamkeit ein. Auf dieser Stufe
zeigt das Baby manchmal Phasen höchster Konzentration auf ein
Objekt, für das es sich besonders interessiert. Diese Konzentration ist
derart intensiv, dass sich Erwachsene völlig ignoriert sehen.[6] Diese Situation wechselt sich über viele Monate mit der flüchtigen Aufmerksamkeit des ersten Jahrs ab.

■ Hören

Wenn alles gut verlaufen ist, verfügt das Baby nun über die so entscheidende Fähigkeit zum selektiven Zuhören, die ihm in allen künf-
tigen Lernsituationen gut zustatten kommen wird. Die hörbare Welt
hat Sinn. Diese Fähigkeit hängt jedoch noch völlig davon ab, dass sich
das Baby in einer entsprechenden Umgebung befindet.

▲ Das Spielen

Das Spielen entwickelt sich in dieser Dreimonatsphase mit Riesen-
schritten. Das Baby untersucht weiterhin Objekte, jetzt aber gründlicher und geschickter, weil es Hand und Auge besser koordinieren
kann und seinen Körper, insbesondere seine Hände besser unter
Kontrolle hat. Wir haben gesehen, dass es bereits über die Fertigkeiten verfügt, die ihm ein weitaus zielgerichteteres Spielen erlauben:
Beispielsweise Dinge in Behälter legen und wieder herausnehmen,
Behälter öffnen, Spielsachen auswickeln, Gegenstände stapeln, Autos
schieben, Bälle rollen, Objekte Bildern zuordnen und Spielsachen
zusammenstecken. Und das Baby hat viel Spaß daran.

In diesem Vierteljahr kann die Grundlage für eine lebenslange Freude an Büchern gelegt werden, ein weiterer wichtiger Meilenstein. Wenn das Baby einen Stift ergreift und auf Papier kritzelt, tut es den ersten Schritt hin zum Schreiben.

Das Baby liebt nach wie vor die gemeinsamen Spiele der vorigen Monate, ergreift jedoch viel aktiver die Initiative und besteht nachdrücklicher darauf sie fortzusetzen.

Eine weitere wichtige Entwicklung betrifft die Interaktion mit Altersgenossen.[7] Das Baby bietet einem anderen Säugling ein Spielzeug an oder zeigt es ihm und zeigt auf Dinge, die es interessant findet. Es kann sich auch ein Spielzeug des anderen Babys greifen, was die Anfänge von Kooperation und Konflikt markiert.[8]

■ **Der zehnte Monat**

Ihr Kind benutzt jetzt den Zeigefinger, um Gegenstände zu ertasten, statt sie einfach mit der ganzen Hand zu greifen, sodass es sie nun gründlicher untersuchen und sich mehr Wissen über ihre Beschaffenheit und Form aneignen kann. Es nimmt immer noch vieles in den Mund, doch Augen und Hände lösen diesen als Haupterforschungsinstrument allmählich ab. Das Baby interessiert sich jetzt sehr für Details und betrachtet gespannt etwa das Muster eines Puppenkleidchens. Es genießt seine größere Bewegungsfreiheit, die ihm erlaubt, viele verschiedene Dinge und Materialien zu erkunden und so sein Verständnis für seine Umwelt zu erweitern. Diese Mobilität ist sehr bedeutsam, nicht nur für den Aufbau dieses Verständnisses, sondern auch für die weitere Entwicklung der selektiven Aufmerksamkeit: Das Kind kann mehr über Geräusche herausfinden, wenn es sie erreichen und genauer untersuchen kann.

Das Baby fängt jetzt an, das nachzuahmen, was es einen Erwachsenen mit Spielsachen anstellen sieht: Es lässt beispielsweise Teddy auf und ab hüpfen, wenn seine Mutter ihm dies vorgemacht hat.

Das gesamte Erkundungsspiel ist ungeheuer wichtig für die Begriffs- und Kategorienbildung, ohne die sinnvolle Sprache nicht möglich ist. Das Baby bildet nach und nach Begriffe – beispielsweise dicker und dünner Dinge – und Kategorien – etwa der verschiedenen Dinge, die sich rollen oder werfen lassen. Die Wörter dafür kommen später hinzu.

In diesem Stadium behandelt das Baby alle Gegenstände ziemlich ähnlich, und seine Vorstellungen von Ursache und Wirkung sind immer noch sehr unausgebildet, beispielsweise auf die Tatsache begrenzt, dass es ein Geräusch macht, wenn man mit einem Klötzchen auf den Tisch haut. Es liebt Spielzeuge, die Töne von sich geben.

Reime sind während dieses gesamten Vierteljahres von größter Wichtigkeit. Der bedeutende Linguist Pinker schildert Forschungsarbeiten, die belegen, dass Reime auf das menschliche Gehör dieselbe Anziehungskraft ausüben wie Streifen auf die Augen.[9] Einmal mehr ist der Spracherwerbsmechanismus in Aktion. Das Baby liebt es, auf den Knien eines Erwachsenen zu sitzen und Kinderliedern zu lauschen. Es bevorzugt solche mit bekannten Melodien, die sich auf die Welt, die Aktivitäten und Menschen, die es kennt, beziehen. Gute Beispiele dafür sind »Schlaf Kindchen schlaf« und andere Wiegenlieder und »Hoppe hoppe Reiter«, das mit dem Fallen zu tun hat – einer in diesem Alter sehr häufigen Erfahrung! Kinderverse über Kleider und das Anziehen rufen auch viel Freude hervor: »Grün, grün grün sind alle meine Kleider« oder »Eia popeia, was raschelt im Stroh«. Reime, die mit dem Körper und Gliedmaßen zu tun haben, üben immer noch großen Reiz aus. Gute Beispiele dafür sind »Geht ein Männle 's Trepple rauf« und »Das ist der Daumen«. Auch Kinderverse, die mit Handlungen verbunden sind, begeistern das Baby noch, etwa »Alle meine Entchen« oder »Häschen in der Grube«.

Das Baby nimmt jetzt aktiver an Spielen teil und wird nun zu einem gleichwertigen Partner des Erwachsenen.[10] Es hat immer noch viele Wochen lang Spaß an der Wiederholung vertrauter Spiele. Durch Gesten und Laute bringt es deutlich seine Freude über das Wissen zum Ausdruck, dass der Text und die Spielhandlungen vorhersagbar sind und dass ihm demzufolge klar ist, was als Nächstes kommt. Diese Spiele entwickeln im Lauf der Wiederholungen ihre eigenen besonderen Rhythmus-, Melodie- und Betonungsmuster.

Abwechslungsspiele sind auf dieser Stufe der absolute Renner, interessanterweise gerade zu dem Zeitpunkt, wenn das Baby die ersten Sprossen auf der Leiter zur verbalen Kommunikation erklimmt. Es liebt Spiele, bei denen es sich mit dem Erwachsenen abwechselt, etwa sich einen Ball zurollen oder ein Auto zuschieben. Auch Spiele wie Verstecken oder Fangen, bei denen es bei jeder Runde die Rolle mit dem Erwachsenen tauscht, findet es großartig.

■ Der elfte Monat

Das Baby beginnt jetzt, mit Gegenständen differenzierter umzugehen. Es findet es spannend, sie in Behälter zu legen und wieder herauszuholen – beispielsweise Bauklötze in eine Kiste und wieder heraus – und Gefäße zu öffnen. Es kann jetzt geschickt einen Ball rollen oder ein Auto schieben und dies oft unter Äußerung jener frühen, fast wie Wörter benutzten Laute wie »brmm brmm« für ein Auto. Es ahmt begeistert nach, wie ein Erwachsener mit einer solchen Aktivität beginnt. Es gibt zu erkennen, dass es allmählich versteht, was Objekte miteinander zu tun haben, beispielsweise eine Untertasse mit einer Tasse. Dieses Verständnis stellt einen weiteren wichtigen Vorläufer für den Gebrauch von miteinander zusammenhängenden Begriffen in der Sprache dar.

Das Baby vermag jetzt Bilder mit Gegenständen in Verbindung zu bringen und macht so einen weiteren Schritt auf dem Pfad zu lebenslanger Freude an Büchern. Es liebt bunte Bilder von vertrauten Dingen und beginnt sie tatsächlich zu betrachten, statt nur auf dem Buch herumzukauen oder damit zu hantieren. Es fängt jetzt sogar an, die Seiten umzublättern.

Mit elf Monaten nimmt es die Körperbewegungen vorweg, die zu Kinderversen gehören.

■ Der zwölfte Monat

Das Baby spielt jetzt begeistert mit weichen Spielsachen wie Stofftieren und spielt erste einfache symbolische Spiele: Es umarmt seinen Teddy oder drückt eine Puppe in einen Wagen. Es spielt aber auch gerne mit realen Objekten wie einer Tasse oder Bürste. Es hat gesehen, wie seine Eltern sie benutzen, und möchte jetzt selbst in Erfahrung bringen, wie sie funktionieren und welchen Platz sie in seinem Leben haben. Auch gefallen ihm jetzt Spielsachen, die reale Objekte darstellen, beispielsweise Tiere.

Am Spiel mit diesen Objekten lässt sich ablesen, dass das Baby deren Funktionsweise jetzt begreift: Es schiebt ein Auto voran und lässt einen Teddy laufen, aber nicht umgekehrt. Es zeigt in seinem Spiel zudem, dass es allmählich versteht, wie die Erwachsenen Dinge benutzen, beispielsweise dass ein Telefon zum Hineinsprechen da ist.

Weil die Hand-Auge-Koordination und die Feinmotorik der Hände des Babys sich verbessern, kann es jetzt einfache Zapfen in Aussparungen auf einem Brett stecken und Spielsachen wie Becher stapeln. Es liebt Papier und Kartons als Spielzeug, besonders eine Kiste, die so groß ist, dass es selbst darin Platz findet.

Das Baby ist auch begeistert, wenn der Erwachsene Spiele variiert, die bereits fest installiert sind.[11] Diese Abwandlungen machen ihm großen Spaß und ermuntern es zudem, in die Rolle eines vollwertigen Spielpartners hineinzuwachsen. Der Erwachsene kann beispielsweise kurze Pausen vor der nächsten anstehenden Aktion einlegen, ähnlich der Verzögerung von »Da!« beim »Wo ist die Julia / der Jonas«-Spiel, oder beim Fangenspielen kann er warten, bis das Baby seine Bereitschaft signalisiert, dass es jetzt der Gejagte sein will. Bei anderen Spielen mag es solche Abwandlungen wie die, dass der Erwachsene durch Gesten andeutet, dass er jetzt gleich den Ball dem Teddy zurollen wird, während das Baby den Ball bei sich erwartet.

■ **Spielmaterial**

Es wird nun wichtiger, dass Sie Ihrem Baby Spielsachen zur Verfügung stellen, die sich für die diversen Spiele, die sich jetzt herausbilden, eignen. Vieles davon wird ihm noch während mehrerer künftiger Monate von Nutzen sein. Seine Aufmerksamkeitsspanne ist in der Regel immer noch sehr kurz, weshalb ihm ein Fundus mehrerer Spielsachen zur Verfügung stehen sollte, aus dem es sich nach Belieben bedienen kann.

Während ihr Baby mit diesem Material spielt, hat es Sie gerne in der Nähe und mag es, wenn Sie ihm gelegentlich vormachen, was es mit den Spielsachen anfangen kann. Zuweilen können Sie sein Spiel beträchtlich in die Länge ziehen: Wenn Sie ihm beispielsweise einen Gegenstand immer wieder zurückgeben, wenn es seine neu erworbene Fähigkeit loszulassen erprobt. Wie man festgestellt hat, spielen Babys kreativer, wenn ein Erwachsener dabei ist und sie unterstützt. Widerstehen Sie jedoch der Versuchung, das Steuer zu übernehmen. In dieser Phase ist es besser, eine neue Spielweise mit einem Spielzeug einzuführen und sich dann zurückzuziehen. Ihr Kind braucht Zeit, um selbst zu forschen und etwas herauszufinden.

Die Spielzeugkiste

Symbolisches Spiel

Die folgenden Spielzeuge helfen dem Baby zu verstehen, wozu Objekte da sind und was man damit machen kann:
- Stofftiere
- Puppenwagen
- Puppengeschirr
- Einfache Holzfahrzeuge
- Puppenbürste und -kamm

Entdeckungs- und feinmotorisches Spiel

Die im Folgenden aufgeführten Spielsachen geben dem Baby reichlich Gelegenheit, seine neu erworbenen feinmotorischen Fertigkeiten zu erproben:

- Stoffbauklötze
- Stapelringe
- Stapelbecher
- Großer weicher Ball
- Papier und Stift
- Kartons verschiedener Größe, darunter einer, der so groß ist, dass es hineinklettern kann

Reale Objekte zum Erkunden

- Plastiktasse
- Löffel
- Weiche Haarbürste

Geräusch erzeugendes Spielzeug

Diese Spielsachen zeigen dem Baby, dass es großen Spaß macht, Geräusche und Töne zu erzeugen und anzuhören:

- Glocken
- Trommel
- Xylophon
- Rumbarasseln
- Kastagnetten
- Behälter, die beispielsweise mit Reis, Bohnen, Linsen gefüllt sind
- Topfdeckel und Löffel
- Zerknittertes Papier

Das Bücherregal

Ihr Baby hat nun eine Stufe erreicht, auf der es Bilder mit den dargestellten Dingen in Verbindung bringen kann. Daher beginnt es jetzt Bücher anzuschauen, ja es versucht sogar, die Seiten umzublättern, statt das Buch in den Mund zu stecken oder damit herumzufuchteln. Es mag bunte Bücher aus Karton oder Plastik mit lebensechten, realistischen Bildern von Dingen, die ihm vertraut sind, etwa einem Becher oder einer Spielzeugente. Es gibt da sehr hübsche Bücher, beispielsweise:

- *Mausi spielt* von Lucy Cousins
- *Dudu zieht sich an* von Annette Swoboda
- Ein Album mit Fotos der Menschen und Dinge, die im Leben des Babys wichtig sind, wäre sicher ebenfalls heiß begehrt.

Gemeinsam Bücher anzuschauen kann einen sehr angenehmen Teil Ihrer Spielzeit ausmachen. Das bei weitem Wichtigste dabei ist – und das ist wirklich äußerst wichtig –, dass Sie daraus ein fröhliches gemeinsames Spiel machen und Bücher dadurch von Anfang an mit etwas Angenehmem verknüpfen.

Setzen Sie sich das Baby auf den Schoß und umarmen Sie es häufig, während Sie gemeinsam die Bilder anschauen und Sie ihm zeigen, wie man Seiten umblättert. Bleiben Sie dicht beieinander, sodass Sie denselben Blickwinkel haben. Manchmal kann es auch Spaß machen, dem Baby die echten Dinge zu zeigen, die die Bilder darstellen. Sie können auch Geräusche zu den Bildern machen, beispielsweise quaken, wenn das Bild eine Ente zeigt. Lassen Sie Ihrem Baby viel Zeit, sich sowohl mit dem Buch zu beschäftigen als auch die Bilder anzuschauen: Denken Sie daran, dass es immer noch auf der Stufe des Ausprobierens und Erforschens ist, auch wenn es sich bereits auf andere zubewegt.

■ **Fernsehen und Videos**

Die Bemerkungen darüber für das vorige Vierteljahr gelten immer noch. Sprache wird durch wechselseitige Beziehungen erlernt.

▲ Zusammenfassung

Im Alter von zwölf Monaten wird Ihr Baby wahrscheinlich:
- bei Musik »mitzusingen« versuchen
- seinen eigenen Namen verstehen
- die Namen einer Reihe von Menschen und Objekten verstehen, sofern es sie in ihrem üblichen Kontext hört
- den Kopf schütteln, wenn es »nein« meint
- ein bis drei Wörter gebrauchen.

▲ Grund zur Sorge

Unten sind Sachverhalte aufgeführt, bei denen es ratsam wäre, mit einem Spezialisten über die Entwicklung Ihres Babys zu sprechen. (Bitte denken Sie aber daran, dass nicht alle Kinder sich gleich schnell entwickeln.)

Wenn Sie irgendwelche Zweifel hegen, auch wenn der Grund Ihrer Besorgnis hier nicht aufgeführt ist, dann suchen Sie mit Ihrem Baby so bald wie möglich einen Kinderarzt oder Kinderpsychologen auf.

Es wäre ratsam, die Meinung eines Experten einzuholen, wenn Ihr Baby mit zwölf Monaten:
- sich niemals nach vertrauten Dingen, etwa seiner Mütze, umblickt, wenn es sie erwähnt hört
- sich einem Sprecher nicht zuwendet, wenn sein Name gerufen wird
- selten moduliertes Geplapper von sich gibt

- es niemals versucht, die Initiative zu kleinen Spielen wie »Backe, backe Kuchen« zu ergreifen
- wenn es einer Zeigegeste nicht folgt und nicht in die Richtung blickt, in die Sie zeigen.

Das Sprechlern-Spaß-und-Spiel-Programm

■ Eine halbe Stunde pro Tag

Ihr Baby wird nun die Zeit mit Ihnen allein mehr genießen als alles andere. Kleine Kinder müssen unvermeidlich für den überwiegenden Teil des Tages den Anordnungen von Erwachsenen folgen, und wenn es eine Zeit gibt, in der sie der Boss sind, dann ist das wundervoll für sie und trägt dazu bei, dass sie für den Rest der Zeit sehr viel bereitwilliger gehorchen. Auf die emotionale und verhaltensmäßige Entwicklung wirkt es sich großartig aus, wenn das Kind sich für einen Teil jedes Tages eines Kommunikationspartners gewiss sein kann. Bitte lassen Sie Ihre tägliche Spielzeit nicht ausfallen, wie schwierig es manchmal auch sein mag, sie einzurichten.

Ich erinnere mich an Kevin und Nelly, ein fröhliches, rothaariges Zwillingspärchen. Als ich sie im Alter von zehn Monaten zum ersten Mal sah, waren sie sichtlich lebhaft, krabbelten eifrig in verschiedene Richtungen und untersuchten alles, was ihnen vor die Augen kam. Allerdings war die Sprachentwicklung von Kevin und Nelly auf dem Stand von sechs Monate alten Kindern. Sie verstanden nur »nein« und ihre eigenen Namen und gaben kaum Laute von sich. Ihre Mutter wollte ihnen unbedingt helfen. Es gelang ihr, eine Nachbarin zu finden, die einen der Zwillinge jeden Tag für eine halbe Stunde übernahm, und der andere Zwilling bekam seine halbe Stunde, wenn der Vater nach Hause zurückgekehrt war. Das größte Problem war anfangs, dass die Zwillinge sich ziemlich gegen die Trennung sträubten. Sie kamen jedoch rasch dahinter, wie schön es war, die Aufmerksamkeit eines Erwachsenen ganz für sich allein zu haben und das Spiel bestimmen zu können – und das Problem war gelöst. Auch ihre Mutter fand die Gesellschaft von nur jeweils einem ihrer Kinder äußerst angenehm. Beide Zwillinge machten ausgezeichnete Fortschritte, und mit sieben Jahren lasen und rechneten sie wie Zehnjährige.

Wenn Sie Zwillinge haben, lohnt es sich wirklich, alle Hindernisse aus dem Weg zu räumen, um eine eigene Spielzeit für jeden von ihnen einzurichten, so tollkühn sich diese Idee auch anhören mag. Zwillinge hinken Einzelkindern in der Sprachentwicklung oft hinterher. Viele holen den Rückstand bis zur Einschulung auf, manche aber eben nicht. Was die Ursache angeht, so verweise ich auf unsere frühere Erkenntnis, dass eine der hilfreichsten und wichtigsten Methoden zur Förderung der Sprachentwicklung darin besteht, immer über das zu sprechen, was sich im Zentrum der Aufmerksamkeit des Babys befindet. Dies ist aber extrem schwierig, wenn man sich mit mehr als einem Kind gleichzeitig befassen muss. Hier also liegt der Grund, weshalb zweit- und später geborene Kinder meist später mit dem Sprechen dran sind als erstgeborene. Wenn es Ihnen gelingt, sich auch nur zwanzig Minuten pro Tag für jeden Zwilling zu nehmen, können Sie diesem Problem vorbeugen.

> **Halten Sie Ihre Spielzeit zu zweit durch**

■ Die Umgebung für Ihre Spielzeit zu zweit

Die Umgebung für Ihre Spielzeit muss immer noch sehr ruhig sein. Dies ist unabdingbar für die Entwicklung des selektiven Hörens, das nur bei angemessener Umgebung gelernt werden kann. Für die Sprache muss Ihr Baby jetzt erkennen, aus welchen Sprachlauten sich welche Wörter zusammensetzen; daher ist es äußerst wichtig, dass es sie klar und deutlich hören kann. Aus diesem Grund ist es auch sinnvoll, dass Sie ihm während Ihrer Spielzeit sehr nahe sind.

Die Forschung hat gezeigt, dass das Ausmaß von sprachlicher Anregung auf dieser Stufe sehr eng mit der zukünftigen Sprachentwicklung zusammenhängt.[12] Sprechen Sie also weiterhin viel mit dem Baby.

In dieser Phase beginnt Ihr Baby, Wörter mit ihrer Bedeutung zu verknüpfen, und das unter günstigen Bedingungen mit erstaunlicher Geschwindigkeit.[13] Die Wichtigkeit Ihrer Unterstützung in dieser Zeit lässt sich gar nicht überschätzen. Befassen wir uns einen Augenblick mit diesem Prozess der Verknüpfung von Wörtern mit Bedeutungen und welch eine bewundernswerte Leistung das eigentlich darstellt. Halten wir uns vor Augen, welche Art von Sätzen wir gewöhnlich benutzen, beispielsweise: »Oh, schau mal, der Himmel klärt sich auf; holen wir unsere Mäntel und Stiefel und gehen wir an die frische Luft.« Woher in aller Welt wissen wir, dass in diesem ganzen Schwall von Wörtern dasjenige, das die Dinger bezeichnet, die wir über unsere Füße streifen, »Stiefel« lautet? Es ist klar, dass Babys dabei viel Hilfe benötigen, und genau diese Hilfe steht auf dieser Stufe im Mittelpunkt des Sprechlern-Spaß-und-Spiel-Programms.

In anderen Entwicklungsbereichen vollziehen sich ebenfalls wichtige Schritte: in der Entwicklung der selektiven Aufmerksamkeit, der Sprachlautdifferenzierung und den Anfängen des Gebrauchs von Wörtern. Ihr Kind macht zudem Riesenschritte beim Verständnis der Welt ringsum. Sie werden erneut bemerken, dass einige der Programmbestandteile das fortsetzen, was Sie schon vorher gemacht haben, jetzt allerdings anderen Zwecken dienen.

■ Setzen Sie Ihre gemeinsamen Spiele fort

Die Spiele, die Ihnen beiden im ersten Teil des Programms Spaß gemacht und bei denen Sie ritualisierte sprachliche Anregungen und Handlungen entwickelt haben, werden Ihnen jetzt gute Dienste leisten. Setzen Sie sie während dieser drei Monate fort. Während das Baby in früheren Phasen nur die allgemeine Form und Melodie Ihrer gesprochenen Sprache erfasste,[14] werden ihm diese vertrauten, wiederholten und willkommenen Erfahrungen nun sehr dabei helfen, Wörter mit ihren Bedeutungen zu verknüpfen. Sie und Ihr Baby haben ein gemeinsames Weltverständnis entwickelt, aus dem es sich die Bedeutung von wichtigen Gegenständen und Ereignissen erschlossen hat. Infolgedessen ist es jetzt bereit, die zugehörigen Wörter zu verstehen. In diesem Stadium wird es beispielsweise die Wörter in der Aufforderung »Na komm mal hoch zu mir« unmittelbar mit der Aktion des Hochgehobenwerdens verknüpfen.

Diese Abwechslungsspiele bieten zudem eine wunderbare Gelegenheit, die Aufmerksamkeit auf ein gemeinsames Ziel auszurichten. Die vertrauten Routineabläufe, in denen Sie die gleichen Absichten teilen und das Kommende zusammen voraussehen, eignen sich großartig dafür. Wie wir gesehen haben, wird Ihr Kind in dieser Phase immer mehr zum vollwertigen Partner. Anfangs sorgen hauptsächlich Sie dafür, dass Sie beide abwechselnd »dran« sind, doch diese Erfahrung wird Ihr Baby bald zu einem gleichwertigen Partner werden lassen. Achten Sie einmal darauf, dass es jetzt Pausen zwischen seinen Lautäußerungen einlegt, wie um Ihnen die Möglichkeit zu geben, jetzt Ihren Part zu spielen. Ihnen wird auch auffallen, dass das Baby sein Plappern jetzt häufig unterbricht, wenn Sie sprechen, und wieder anfängt, wenn Sie aufhören. Sie haben ihm geholfen, die Grundregeln der Konversation zu erlernen.

Behalten Sie in Ihren Spielen die im Wesentlichen immer gleichen Abläufe bei, aber bringen Sie nach und nach auch die Abwandlungen ein, die wir im Abschnitt über das Spielen besprochen haben. Tun Sie zum Beispiel so, als hätten Sie sich geirrt, oder verändern Sie die Regeln oder legen Sie vor einem erwarteten Ereignis eine lange Pause ein. Solche Handlungsweisen werden das Baby in dieser Phase nachhaltig ermuntern, das Spiel als vollwertiger Partner mitzumachen. Sie unterstützen es auch dabei, die Abfolge der verschiedenen Schritte, die eine Aktivität ausmachen, zu erlernen.

> Gemeinsame Spiele helfen Ihrem Baby, Wörter mit ihren Bedeutungen zu verknüpfen

Spiele, die aus wiederholten Benennungsritualen bestehen wie »Das ist der Daumen« eignen sich großartig, um dem Baby die Verknüpfung von Wörtern mit Bedeutungen zu erleichtern. Zudem erlebt es auf diese Weise wiederum koordinierte Aufmerksamkeit, gemeinsame Absichten und eine für beide Seiten sehr unterhaltsame Beteiligung am Spiel.

■ Wiederholen Sie weiterhin die Töne des Babys

Dies ist in diesem Stadium, in dem das Sprachlautsystem des Babys allmählich mit dem der ringsum gesprochenen Sprache deckungsgleich wird, sehr wichtig. Das Baby steht nun vor der riesigen Aufgabe, zu registrieren und zu behalten, welche Laute in den Abertausenden von Wörtern, die es hört, wohin gehören.

Wenn man ihm seine eigenen Töne nachmacht, festigt man damit die Verknüpfungen zwischen den Lippen- und Zungenbewegungen

> Führen Sie weiterhin
> »Plappergespräche«

des Babys und den resultierenden Lauten und hilft ihm, seine eigenen Töne mit denen, die es bei anderen hört, zu vergleichen. Die lustigen Plappergespräche erleichtern dem Baby diese Prozesse.

■ Machen Sie weiterhin Spielgeräusche

Diese lautmalerischen Geräusche wie »brmm brmm«, wenn Sie ein Spielzeugauto schieben, oder »wuschwuschwusch«, wenn Sie fegen, findet das Baby in dieser Phase nicht nur lustig, sondern sie haben nach wie vor denselben enormen Nutzwert wie früher.

Sie ermutigen das Kind zum Zuhören, weil Sie ihm die bedeutsame Botschaft vermitteln, dass es Spaß macht, Stimmen zu lauschen.

Sean wurde zu mir gebracht, als er acht Monate alt und praktisch stumm war. Er schien ein außergewöhnlich friedliches und zufriedenes Baby zu sein und stellte sehr wenig Ansprüche an seine Mutter oder seine Umwelt. Er ergriff kaum einmal die Initiative zu einem »Gespräch« und zeigte wenig Interesse an Kommunikation. Seine Lautproduktion war auf einem Stand, wie er gewöhnlich mit fünf Monaten erreicht ist: ausschließlich vokalartige Laute und nur wenige erkennbare Silben. Wir begannen mit dem Spielprogramm und rieten seiner Mutter, selbst sehr viel Laute zu äußern und auf Seans Lautäußerungen zu reagieren. Innerhalb zweier Monate war sein Entwicklungsstand in jeder Hinsicht altersgemäß.

Spielgeräusche wirken überdies bei dem so wichtigen Prozess der Differenzierung zwischen allen Sprachlauten der Muttersprache mit, der gegen Ende dieses Vierteljahres ebenfalls abgeschlossen sein kann. Die Wirkung dieser Geräusche beruht darauf, dass sie dem Baby die Gelegenheit geben, nur einen oder zwei Laute isoliert zu hören statt den gesamten, sich rasch verändernden Sprachfluss.

> Spielgeräusche
> machen das Zuhören
> zu einer Freude

Lassen Sie immer mehr Phantasie walten. Es ist verblüffend, wie viel Laute sich etwa mit einem fallenden Spielzeug verknüpfen lassen: Beispielsweise »peng«, »bums«, »krach«, »batsch« und so weiter. Benutzen Sie auch weiterhin Ihre lustigen Ausrufe wie »hoppsassa« oder »hoppeldipoppel«, die gleichfalls in diese Kategorie fallen.

■ Folgen Sie dem Baby zum Zentrum seiner Aufmerksamkeit

Die Wichtigkeit dieses Grundsatzes für diese Stufe kann man gar nicht genug betonen. Wenn Sie Ihre Aufmerksamkeit gemeinsam auf ein Objekt oder Ereignis richten, schaffen Sie ideale Bedingungen für den Spracherwerb, da die Sprache ausschließlich im Kontext gemeinsam geteilter Information erlernt wird. So überrascht es nicht, dass die Forschung folgenden Zusammenhang vielfach bestätigt hat: Je ausführlicher die gesprochene Sprache von Erwachsenen auf Objekte Bezug nimmt, die im Mittelpunkt der Aufmerksamkeit des Säuglings stehen, und je länger die Phasen dieser gemeinsamen Aufmerksamkeit sind, desto größer ist später der Wortschatz und das Verständnis des Kindes für grammatische Strukturen.[15-18] Spezielle Vergleiche zwischen dem Verständnis für Bezeichnungen, die unter diesen Bedingungen erworben wurden, und Namen, die ein Erwachsener auswählte und dem Kind beibrachte, fielen eindeutig zugunsten der ersten Lernsituation aus.[19] Eine Studie wies im Einzelnen nach, dass Kinder Namen leichter und schneller lernten, wenn Erwachsene ausschließlich Gegenstände benannten, für die sich die

Kinder interessierten, als wenn sie ihnen bestimmte Namen beibringen wollten.

Damit Sie diese fördernde Situation leicht schaffen können, sollten Sie viele interessante Dinge griffbereit haben und Ihrem Kind nahe und Auge in Auge mit ihm sein. Beobachten Sie, auf was es schaut oder wonach es greift, und nennen Sie ihm den Namen dieses Gegenstandes: »Das ist Teddy.« Falls es sich für ein Ereignis zu interessieren scheint, beschreiben Sie es: »Hast es fallen lassen.« Je näher Sie dem kommen, was nicht nur Gegenstand Ihrer koordinierten Aufmerksamkeit ist, sondern Ihr Baby auch wirklich im Sinn hat, desto besser fördern Sie sein Verständnis. Ein Buch beispielsweise kann sein Interesse in ganz unterschiedlicher Weise fesseln: vom Daraufherumkauen, wobei Sie sagen können »Du kaust darauf herum«, über das Seitenumblättern, was Sie mit »Blätter noch eine Seite um, blätter um« kommentieren, bis hin zu der Abbildung selbst, worauf Sie entsprechend sagen: »Das ist ein Auto.« Probieren Sie es aus; gewöhnlich ist es nicht allzu schwer.

> **Beobachten Sie, für was sich das Baby interessiert**

Ähnlich ist es, wenn das Baby Sie anschaut: Warten Sie zunächst ab, was geschieht. Wenn es darauf zu warten scheint, dass Sie etwas tun, dann zeigen Sie auf einen Gegenstand und nennen Sie dessen Namen oder holen Sie ein Spielzeug her und beginnen Sie damit zu spielen, wobei Sie mit ganz deutlichen Worten kommentieren, was Sie tun. In dem Augenblick, in dem das Baby seine Aufmerksamkeit abwendet, machen Sie das auch. Versuchen Sie niemals, diese länger auf etwas gerichtet zu halten, als das Kind will.

▪ Vermitteln Sie Ihrem Baby Spaß am Zuhören

Dieses Stadium ist entscheidend für die Entwicklung der Fähigkeit des Babys, sich auf das zu konzentrieren, was es hören möchte, und das auszublenden, was es nicht interessiert. Gegen Ende dieser drei Monate wird es, falls bisher alles gut gelaufen ist und angemessene Bedingungen herrschen, dazu imstande sein. Wenn dies nicht der Fall ist, können Babys zu diesem Zeitpunkt gravierende Hörprobleme bekommen. Ich habe viele Kinder in meinen vorschulischen Förderkursen gehabt, bei denen man ernsthaft den Verdacht auf Taubheit hegte, deren Gehör sich aber als völlig normal erwies.

Harry wurde mit fast einem Jahr in die Praxis gebracht. Er schaute ziellos umher und ignorierte jeden, der ihn ansprach, sogar seine Mutter. Er nahm keine Notiz von Geräusch erzeugenden Spielsachen, die ihm angeboten wurden, nicht einmal sehr lauten, und reagierte überhaupt nicht, als ein Kind im Raum nebenan aus Leibeskräften zu schreien begann. Ich kam zu der Überzeugung, ein stocktaubes Baby vor mir zu haben, was die größte Angst seiner Eltern war. Ich fragte Harrys Mutter nach seiner Lieblingsnascherei, worauf sie erklärte, es seien Kekse. Auf meine anschließende Frage, ob unter den Spielsachen, die Harry mitgebracht hatte, Lieblingsspielzeuge seien, wies sie auf einen kleinen Teddybär.

Wir ließen uns eine Packung Kekse bringen, und ich machte mich an die Arbeit. Ich setzte mich vor Harry hin und gab ihm nacheinander mehrere Kekse, wobei ich jedes Mal mit der Packung raschelte. Dann begann ich ein kleines Spiel mit seinem Teddy, bewegte diesen langsam immer näher an Harry heran und sagte dabei: »Ich komme, ich komme, ich komme ... bu!« Harry hatte an beidem einen Heidenspaß. Dann sollte sich jemand direkt vor ihn hinstellen und ihn ablenken, während ich mich hinter ihn stellte, mit der Packung raschelte und hinter seinem Rücken und in zufälligem Wechsel beiderseits von ihm sehr leise sprach. Er lokalisierte jeden Laut richtig, so leise ich auch war.

Nach vier Wochen mit dem Sprechlern-Spaß-und-Spiel-Programm reagierte Harry durchgängig normal auf Geräusche und Laute.

Alexandra war elf Monate alt, als ich sie zum ersten Mal sah. Sie war ein hübsches kleines Mädchen, spielte sehr eifrig und war sehr kontaktfreudig bei mir und ihrer Mutter. Doch mit ihren fast zwölf Monaten begann sie gerade erst, beim Plappern kurze Silben zu wiederholen, wie es sechs Monate alte Säuglinge tun. Ins Auge fiel, dass sie überhaupt nicht zuhörte und Stimmen und die meisten sonstigen Geräusche um sie herum ignorierte, obwohl ein kürzlich durchgeführter Hörtest bestätigt hatte, dass ihr Gehör normal war. Ihre Mutter berichtete, dass sie oft in einer eigenen Welt versunken zu sein schien. Alexandra war die ruhigere Hälfte eines Zwillings-paars und hatte einen sehr extrovertierten Bruder. So überraschte es nicht, dass ihr noch nie Zeit allein mit einem Erwachsenen zur Verfügung gestanden hatte, geschweige denn ruhige Zeit. Sie hatte auch seit dem dritten Monat mehrere Ohrinfektionen, die ihr Hör-vermögen zeitweise beeinträchtigt haben mochten.

Wir verordneten ihr das Sprechlern-Spaß-und-Spiel-Programm mit Schwergewicht auf dem Aspekt des Hörens. Ihre Mutter schrieb mir einen Monat später, dass deutliche Verbesserungen eingetreten waren, und zwar fast sofort. Alexandra reagierte jetzt gut, ihr Plap-pern hatte sich enorm entwickelt, sowohl in Länge als auch Kom-plexität, und sie hörte in den ruhigen Spielzeiten sehr schön zu. Ich sah sie einen Monat später noch einmal, und ihr Hören, ihre Laut-produktion und ihr Sprachverständnis bewegten sich allesamt inner-halb der altersgemäßen Grenzen.

Die Kinder hatten keine Möglichkeit gehabt, jene so wichtigen Ver-knüpfungen zwischen Lauten und ihren Quellen herzustellen, und die ganze hörbare Welt war in ihren Ohren so bedeutungslos gewor-den, dass sie einfach nicht mehr hinhörten. Ohne Hilfe hätten sie in der Schule gravierende Probleme bekommen.

Geben Sie in dieser Phase Ihrem Baby in Ihrer Spielzeit reichlich Gelegenheit, die Botschaft aufzunehmen, dass Zuhören leicht ist und Spaß macht. Dazu können Sie gut zu hörende, lustige »Vorder-grund«geräusche einsetzen, die nicht mit anderen Geräuschen im Hintergrund konkurrieren. Legen Sie sich einen Vorrat von Geräusch erzeugenden Spielsachen zu und zeigen Sie Ihrem Baby, wie es ihnen Töne entlocken kann. Lassen Sie ihm auf jeden Fall genügend Zeit zum Zuhören und sprechen Sie nicht währenddessen. Eine nette Abwechslung ist es, ihm beizubringen, wie man mit den Spielsachen beispielsweise laute und leise Töne erzeugen kann.

Eine warnende Bemerkung vorweg: Manche kommerziellen Geräusch erzeugenden Spielsachen, insbesondere solche mit Computerchips, geben sehr hochfrequente Töne von sich, die das Gehör des Babys schädigen können.

Bringen Sie Kinderverse und Bewegungsreime in Ihre Spielzeit ein oder lassen Sie das Baby auf Ihren Knien reiten, während Sie ulkige Geräusche dazu machen. Ihr Baby wird begeistert sein und die wichtige Botschaft aufnehmen, dass es sich lohnt, Stimmen zu lauschen. Lustige Rituale wie »Hoppsassa«, während Sie Teddy in die Luft werfen, eignen sich ebenfalls sehr gut zu diesem Zweck.

> Spielen Sie weiterhin Spiele, die dafür sorgen, dass Zuhören Spaß macht

Um dem Baby bei der Verknüpfung zwischen Lauten und Geräuschen mit ihren Quellen zu helfen, ist es auch hilfreich, ihm bei anderen Gelegenheiten zu zeigen, dass ein bestimmtes Geräusch folgt, wenn Sie beispielsweise den Staubsauger einschalten oder die Türklingel drücken.

■ Wie Sie sprechen sollten

Bisher haben Sie in einer bestimmten Art und Weise mit Ihrem Baby gesprochen, um seine Aufmerksamkeit, sein Interesse und die Kommunikation von Gefühlen zu fördern. Diese Sprechweise ist ihm jetzt eine wichtige Hilfe bei der Aufgabe, Wörter zu verstehen. Es befindet sich nun in einem entscheidenden Stadium des Spracherwerbs.

Sprechen Sie in kurzen und einfachen Sätzen

Kurze Sätze sind auf dieser Stufe von ausschlaggebender Bedeutung. Dies hat mehrere Gründe:

Erstens, ich habe es im Hinblick auf das Wortverständnis schon erwähnt, ist es viel leichter herauszufinden, worauf sich ein Wort bezieht, wenn es in eine Redewendung oder einen kurzen Satz eingebunden ist. Es ist beispielsweise klar, wovon die Rede ist, wenn wir hören: »Dort ist ein Hund«, viel weniger jedoch, wenn wir hören: »Ich glaube, dass gerade ein Hund und eine Katze über die Straße gelaufen sind.«

Zweitens haben wir gesehen, dass Babys gegen Ende dieser Phase zu allen notwendigen Unterscheidungen zwischen den Sprachlauten der ringsum gesprochenen Sprache fähig sind. Vor ihnen türmt sich jedoch nun die Riesenaufgabe herauszufinden, aus welchen Lauten sich welche Wörter zusammensetzen, sodass sie sich diese schließlich merken und aussprechen können. Es ist sehr viel leichter, Lautfolgen in einer kurzen Wendung oder einem kleinen Satz zu erkennen.

Ein grundlegendes Prinzip des Sprechlern-Spaß-und-Spiel-Programms lautet, dass die sprachliche Anregung durch einen Erwachsenen auf jeder Stufe dem Verständnisniveau des Babys angepasst sein muss. Auf dieser Stufe versteht das Baby einzelne Wörter, daher besteht die adäquate Anregung in kurzen Wendungen oder Sätzen um ein wichtiges Wort herum, beispielsweise: »Da ist eine Katze« oder: »Das ist der Ball«. Benutzen Sie niemals einzelne, isolierte Wörter, da dies nicht der normalen Kommunikation entspricht.

> **Sprechen Sie einfache Sätze, keine einzelnen Wörter**

Kurze Sätze sind überdies der Aufmerksamkeitsspanne Ihres Babys angemessen, die in diesem Alter noch kurz ist.

Gestalten Sie Ihre Sätze einfach, aber immer grammatisch korrekt. »Da ist der Hund, auf dem Tisch« beispielsweise ist in Ordnung, »Hund Tisch« entspräche nicht den Regeln der Grammatik. Dies ist sehr wichtig, um den Spracherlernungsmechanismus des Babys in Gang zu setzen. Wie Studien nachgewiesen haben, besteht ein Zusammenhang zwischen einer weniger komplexen Sprache der Mutter auf dieser Stufe mit einer schnelleren Zunahme der Satzlänge des Kindes.[20]

> **Machen Sie Pausen zwischen den Sätzen**

Legen Sie am Ende jedes kurzen Satzes eine Pause ein, um dem Baby Zeit zu geben, ihn aufzunehmen. Wir wissen, dass Säuglinge zuerst auf die ganzen gesprochenen »Brocken« zwischen den Pausen achten und dann auf immer kleinere Einheiten, das heißt auf einzelne

Wörter und Laute.[21] Machen Sie eine etwas längere Pause, wenn Sie das Thema wechseln. Wie Studien an Säuglingen dieses Alters ergaben, bevorzugen sie gesprochene Sprache mit solchen Pausen. Wieder einmal scheinen sie genau zu wissen, was ihnen am meisten hilft.

Sprechen Sie weiterhin ein wenig langsamer und lauter und mit überdeutlicher Intonation. Babys dieses Alters kommen mit dieser Sprechweise immer noch besser zurecht, und der melodische Tonfall und die Betonungsmuster helfen ihnen ebenfalls, die Grammatik der Sätze zu verstehen. »Hier ist Mami« mit ansteigender Intonation und leichter Betonung auf der ersten Silbe »Ma« beispielsweise hilft ihm zu erkennen, dass »Mami« das Subjekt des Satzes ist. Ähnlich gibt eine leichte Betonung auf dem Wort »Teddy« in dem Satz »Teddy kommt« dem Baby den Hinweis, dass dies ein neues Wort ist und mit welchem Gegenstand es zu verknüpfen ist. (Achten Sie aber darauf, nicht gekünstelt zu sprechen; was Sie sagen, sollte stets natürlich klingen.) Benennen Sie weiterhin die Dinge in Ihren Sätzen, beispielsweise »Stellen wir die Tasse auf den Tisch« statt »Stell sie dahin«.

Diese Sprechweise ist zudem die bei weitem effektivste, um die Aufmerksamkeit und das Interesse des Babys zu erlangen und zu erhalten.

Wiederholungen fallen ebenfalls sehr ins Gewicht. Wir alle müssen ein Wort viele Male und in den unterschiedlichsten Zusammenhängen hören, bis wir es sowohl gänzlich verstehen als auch behalten können. Stellen Sie sich wieder vor, Sie lernten eine Fremdsprache, oder versuchen Sie sich einfach nur den Namen eines ausländischen Politikers, der im Fernsehen zum ersten Mal erwähnt wird, ins Gedächtnis zu rufen: Sie möchten diesen Namen immer wieder hören, bis Sie ihn aussprechen können. Diese riesige Kluft zwischen Erkennen und Erinnern ist es, die auch Ihr Baby überwinden muss.

> **Babys müssen dasselbe Wort viele Male hören**

Wiederholungsspiele und -reime eignen sich zu diesem Zweck sehr gut. Sie können es sich zudem zur Gewohnheit machen, Namen in eine Folge von kleinen Sätzen einzubetten, die sich auf dasselbe Objekt oder Ereignis beziehen, beispielsweise: »Da ist der Hund.

Lieber Hund. Hier ist der Hund. Der Hund ist hier.« Natürlich sind auch Anlässe wie Waschen, Anziehen und Füttern ausgezeichnete Gelegenheiten dafür.

All dies wird Ihrem Baby viel Spaß machen: Babys dieses Alters freuen sich sehr, wenn sie Wörter hören, die sie schon kennen.

Setzen Sie reichlich Gestik ein

Wir haben schon über die erstaunliche Tatsache gesprochen, dass Babys auf dieser Stufe sehr schnell Verknüpfungen zwischen Wörtern und dem, worauf sie sich beziehen, herstellen können, wenn man ihnen angemessene Hilfestellung gibt.

Der Einsatz von Gestik ist eine solche Hilfestellung, insbesondere das Zeigen auf Gegenstände, deren Namen Sie aussprechen; noch wichtiger allerdings ist auf dieser Stufe das Benennen von Gegenständen, auf die das Baby zeigt. (Beachten Sie, dass das Baby mit neun Monaten einer Zeigegeste in gerader Linie folgen kann, allerdings nicht quer zu seiner Gesichtslinie.) Wenn Sie das tun, bestätigen Sie ihm, dass Sie Ihre Aufmerksamkeit auf denselben Gegenstand richten, und geben ihm eine wertvolle Hilfestellung bei der Verknüpfung der Wörter mit den richtigen Objekten. Ich habe etliche Kinder behandelt, die falsche Verknüpfungen zwischen Wörtern und Bedeutungen hergestellt hatten.

Molly, ein dreijähriger Lockenkopf, bezeichnete ein Auto als Tür und ein Hemd als Schuh. Sie war das zehnte Kind einer Familie und hatte nie erlebt, dass ein Erwachsener dem Mittelpunkt ihrer Aufmerksamkeit folgte. Aufgrund dessen hatte sie viele falsche Verknüpfungen hergestellt, weil sie häufig ein Objekt anschaute und den Namen eines anderen hörte. Wir richteten es so ein, dass Molly eine halbe Stunde täglich allein mit einer Tante sein konnte, und baten die Tante, in diesen Spielzeiten immer nur dann den Namen eines Objekts zu nennen, wenn sie ganz sicher war, dass Molly ihre Aufmerksamkeit darauf richtete. Wir baten zudem Mollys Familie und ihre Erzieherinnen, dies so weit wie möglich ebenfalls zu tun und im normalen Gespräch besonders diejenigen Gegenstände, die Molly falsch bezeichnete, richtig zu benennen. Langsam aber sicher begann Molly, immer mehr Dingen die richtige Bedeutung zuzuweisen, bis schließlich nur noch sehr selten Falschbenennungen vorkamen.

Setzen Sie Gestik auch dazu ein, Ihrem Baby zu zeigen, was Sie meinen. Sagen Sie beispielsweise: »Milch einschenken«, während Sie dies tun.

Manchmal macht es Spaß, die Gestik des Babys nachzuahmen. Das bringt es zum Lachen und ermuntert es überdies verstärkt zur Kommunikation.

■ Fragen

Wahrscheinlich stellen Sie immer noch Fragen, um damit die Aufmerksamkeit Ihres Babys zu erlangen, sowie Fragen, die im Grunde Kommentare sind. Das ist in Ordnung, aber achten Sie darauf, dass Sie niemals Fragen stellen, um Ihr Baby dazu zu bringen, Wörter auszusprechen.

> Bringen Sie Ihr Baby nicht durch Fragen zum Sprechen

■ Außerhalb Ihrer halben Stunde

Sprechen Sie weiterhin viel über alles, wofür sich Ihr Baby interessiert. Kommentieren Sie den Spaß, den es beim Baden hat, beispielsweise mit: »Platsch platsch – du hast die Ente nass gespritzt. Sie ist untergegangen – da ist sie wieder.« Oder wenn es mit seinen Stapelbechern spielt: »Einer obendrauf … und noch einer.«

5

Zwölf bis sechzehn Monate

▲ Überblick

Eine der faszinierendsten Entwicklungen in dieser Altersstufe ist, wie schnell sich Ihr Kind nun auf das Sprechen zubewegt. Sie werden merken, dass sich sein Sprachverständnis während dieser Phase enorm erweitert.

Ihr Kind scheint nun an der Schwelle vom Säugling zum Kleinkind hin und her zu schwanken. Es ist beispielsweise ganz wild darauf zu laufen, wenn Sie draußen unterwegs sind, möchte aber nach einer kurzen Strecke getragen werden. Es will selbständig mit dem Löffel essen, obwohl noch viel danebengeht, doch wenn es müde oder nicht ganz auf der Höhe ist, möchte es im Arm gehalten und gefüttert werden wie früher.

Es gerät immer noch sehr leicht in gefährliche Situationen, sodass Sie sich weiterhin wünschen mögen, Sie hätten auch Augen im Hinterkopf. Das wird noch eine ganze Weile so bleiben. Sie werden merken, dass es jetzt ganz aufgeregt wird, wenn Sie zu einem Spaziergang aufbrechen wollen, und unterwegs völlig hingerissen ist von all den Tieren, Menschen und Dingen, die es erblickt. In dieser Zeit ist es manchmal schön, zu bummeln und sich an seiner brennenden Neugier auf die Welt zu erfreuen.

> Bitte beachten Sie, dass die hier beschriebenen Entwicklungs-
> stadien sich nur auf den Durchschnitt beziehen.
> Alle Babys entwickeln sich in unterschiedlichem Tempo, und
> häufig können Fortschritte in einem Bereich zu Stillstand in einem
> anderen führen. Weder Sorgen noch gar Verzweiflung sind ange-
> bracht, wenn bei Ihrem Kind nicht alles in genau dem hier bespro-

chenen Zeitabschnitt einzutreten scheint. Weitere Informationen finden Sie im Abschnitt *Grund zur Sorge* auf Seite 177.

Ihr Kind möchte meistens immer noch, dass Sie bei ihm sind, und es hat ein riesiges Bedürfnis nach Ihrer Unterstützung, Ihrer Bestätigung und Ihrem Schutz. In diesem Stadium beginnt die Persönlichkeit des Kindes zu keimen, und vielleicht entdecken Sie in Zügen wie Erregbarkeit oder Hartnäckigkeit erheiternde Ähnlichkeiten zu anderen Familienangehörigen.

Ihr Kind ist jetzt kein Baby mehr, machen Sie das Beste daraus!

Zu dieser Zeit erfährt das Gehirn einen weiteren Entwicklungsschub, da viele neue Nervenverbindungen hinzukommen, und wie die Forschung nachgewiesen hat, wird dieser Prozess von dem Ausmaß an Anregung, die das Baby erhält, nachhaltig beeinflusst. Babys, mit denen in dieser Zeit nicht gesprochen und gespielt wird, können ihre Anlagen später nicht völlig entfalten.[1]

▲ Zwölf bis vierzehn Monate

■ Sprachentwicklung

Was das *Sprachverständnis* angeht, so schickt sich Ihr Kind in dieser Phase gerade erst an, den verbalen Code zu knacken. Das Sprachverständnis zeichnet sich auf dieser Stufe durch zwei sehr interessante Elemente aus.

Zunächst einmal bestehen zwischen den Kindern sehr große Unterschiede, wie viel sie verstehen, was darauf hindeutet, dass dies, anders als das aktive Sprechen, in hohem Maße von ihren bisherigen Erfahrungen abhängt.

Zum Zweiten klafft zwischen der Geschwindigkeit, mit der das Sprachverständnis wächst, und der relativ langsamen Zunahme des aktiven Wortschatzes offensichtlich eine große Lücke. Darin spiegelt sich wiederum, dass wir ein Wort sehr viel weniger oft hören müssen, um es bei erneutem Hören *wieder zu erkennen* (was sowohl bei Erwachsenen als auch bei Babys schon nach einer einzigen Erwähnung der Fall sein kann), als es korrekt *aussprechen* zu können. An Babys zeigt sich dies ganz deutlich. Zu einem Zeitpunkt, zu dem sie manche Wörter für ein breites Spektrum von Objekten mit ähnlichen Eigenschaften benutzen, beispielsweise »Katze« für alle vierbeinigen Tiere, können sie häufig richtig auf Bilder einer Katze, eines Pferdes und eines Schafes zeigen.

Im Alter von einem Jahr können Babys, bei denen alles gut verlaufen ist, eine Reihe von Wörtern verstehen, und sie sprechen vielleicht auch schon zwei oder drei. Die Eltern merken häufig, dass das Kind jede Woche ein paar neue Wörter verstehen kann, weil es sich nach den erwähnten Menschen oder Dingen umblickt. Es ist jetzt auch geübter im Erkennen des emotionalen Gehalts dessen, was der Sprecher sagt; es weiß zum Beispiel, ob etwas, das es getan hat, Mutter oder Vater gefällt oder nicht.

Eine wichtige neue Errungenschaft besteht darin, dass es jetzt gerne Bücher mit Bildern vertrauter Objekte anschaut, während man ihm die Bezeichnungen zu den Bildern nennt. Es lernt diese rasch zu verstehen – ein wichtiger Vorläufer des Lesens.

Das Kind versteht nun Anweisungen, insbesondere wenn sie Teil eines Spiels sind: beispielsweise »Gib es Mami« oder »Alle fallen um«.

In der sozialen Wechselbeziehung ereignen sich in dieser Zeit viele wichtige Entwicklungen. Zu Beginn dieses Abschnitts wird dem Baby allmählich bewusst, dass es eine von anderen getrennte Person ist, und es ist bereits zu einem gleichwertigen Partner im Interaktionsprozess geworden. Es ergreift häufig die Initiative zu geplapperten »Gesprächen« und zu Sprech- und Gestenspielen wie »Backe, backe Kuchen«. Es ist sich der wahrscheinlichen Wirkungen seiner verschiedenen Mitteilungen deutlicher bewusst; es weiß zum Beispiel, dass es andere zum Lachen bringt, wenn es den Clown spielt, oder es erwartet, einen Gegenstand zu bekommen, auf den es zeigt, nachdem es einen Erwachsenen angeschaut hat.

Mit vierzehn Monaten hat es so weit *sprechen* gelernt, dass es vier oder fünf Wörter durchgängig benutzt, und oft hat es ein Lieblingswort, das es sehr häufig verwendet. (Eines meiner Kinder sagte »hoch«, was nicht nur bedeutete, dass es hochgehoben werden wollte, sondern ganz allgemein Aufmerksamkeit haben wollte.) Auffällig ist, dass sich Babys aus sehr verschiedenen familialen Verhältnissen kaum darin unterscheiden, wann und auf welchem Niveau sie diese Wörter gebrauchen (allerdings treten später erhebliche Unterschiede auf). Dies deutet darauf hin, dass diese Entwicklung auf dieser Stufe weitgehend auf einem biologisch festgelegten Meilenstein beruht.

Die ersten Wörter sind gewöhnlich Namen vertrauter Dinge wie Nahrungsmittel, Kleidungsstücke, Körperteile oder Spielsachen, gefolgt von Wörtern, die mit Handlungen wie Hochheben verknüpft sind. Auf dieser Stufe spricht das Baby sie nur in dem Kontext aus, in dem es sie gehört hat. Beispielsweise sagt es wahrscheinlich nur im eigenen Zuhause bei einer Mahlzeit »Löffel«.[2]

Die Art und Weise, wie diese ersten Wörter gebraucht werden, ist ebenfalls aufschlussreich: Sie werden nicht so benutzt, wie wir sie benutzen. Oft stellen sie nicht nur Bezeichnungen dar, sondern sie stehen häufig für ganze Sätze, Fragen, Bitten um einen Gegenstand oder Aufmerksamkeit, Begrüßungen, Mitteilungen, Proteste oder Befehle. Das Wort »Tasse« etwa könnte bedeuten: »Ich möchte etwas trinken«, »Das ist meine Tasse« oder »Wo ist meine Tasse?« Das Baby weiß die jeweilige Bedeutung geschickt deutlich zu machen, indem es verschiedene Intonationsmuster, ergänzt durch Gesten, verwendet. Ein aufsteigender Tonfall beispielsweise kennzeichnet ein Wort eindeutig als Frage. Selbst auf dieser Ein-Wort-Stufe spricht das Baby meist über Aspekte seiner Umwelt, die im Mittelpunkt seiner Mitteilungen und seiner Kommunikation stehen, also meist über seine Spielsachen und die Menschen, die für es am wichtigsten sind. In dem Maße, wie sich seine Welt erweitert, erwirbt es neue Wörter.

Wenn das Baby ein Wort nicht kennt, benutzt es eines, das ihm etwas Ähnliches zu bezeichnen scheint. So weiß es vielleicht, dass das nette, schnurrende Pelztier, das in seinem Haus lebt, »Katze« heißt, und wendet diese Bezeichnung nun auf alles an, was ein Fell und vier

Beine hat. Auch können ganze Sätze zu einem einzigen Wort zusammengezogen werden, etwa: »Allesrunterfallt.«

Diese ersten Wörter werden eine gewisse Zeit lang sporadisch benutzt: etwa einige Tage oder Wochen und dann eine Zeit lang gar nicht. Aus diesem Grund fällt es Eltern manchmal schwer, die Frage zu beantworten: »Wie viele Wörter spricht Ihr Kind?« Interessanterweise verschwinden gerade die ersten Wörter häufig für einen längeren Zeitraum. Niemand weiß, warum das so ist, aber es besteht kein Grund zur Sorge: Sie tauchen schließlich immer wieder auf.

Dessen ungeachtet teilt das Kind seine Bedürfnisse meistens durch Zeigen, begleitet von »uh uh«, mit. Es plappert in langen, deutlich modulierten Lautketten und streut jetzt richtige Wörter ein. Es wird zu einem richtigen kleinen Imitator und versucht sowohl die Wörter, die es von Erwachsenen aufschnappt, als auch Tierlaute und Fahrzeuggeräusche nachzuahmen. Es macht auch die Laute nach, die andere Babys von sich geben.[3] Bereitwillig geht es auf die Lautäußerungen von Kindern und anderen Babys ein und versucht häufig, sie zu Sprechspielen wie »Ringel, ringel Reihe« zu animieren, bei denen jeder abwechselnd drankommt.

■ Allgemeine Entwicklung

Mit der Entwicklung der Kommunikation gehen Fortschritte in anderen Bereichen Hand in Hand. Zu Beginn dieser Phase erkundet das Baby krabbelnd seine Welt; es kann jetzt ohne Hilfe vom Boden aufstehen und eine niedrige Stufe erklettern. In dieser Zeit macht es vielleicht auch seine ersten Schritte.

Sein Wissen über sich selbst und seine Umwelt wächst. Dies zeigt sich beispielsweise daran, dass es jetzt an der richtigen Stelle nach einem Ball sucht, der weggerollt ist, ihn also eindeutig im Gedächtnis behält. Auch wiederholt es eine Darbietung, die Menschen zum Lachen gebracht hat; es hat sich demnach gemerkt, dass es früher damit Erfolg gehabt hat. Es verhält sich auf dieser Stufe im Allgemeinen hilfsbereit und kooperativ, hilft zum Beispiel aktiv beim Anziehen mit, indem es einen Arm oder ein Bein ausstreckt. Es ist jetzt zu vielen Emotionen einschließlich Humor fähig; so lacht es bei überraschenden Geräuschen unbändig.

Die motorischen Fertigkeiten des Babys entwickeln sich rasch, und es verfügt über viele neue Fähigkeiten, die ihm nun bei der enormen Aufgabe, die Welt zu erkunden, zu Gebote stehen. Es kann schon bald, nachdem es zwölf Monate alt geworden ist, einen Würfel auf einen anderen setzen, braucht jedoch noch einen weiteren Monat, bis es ihn auch loslassen kann. In diesem Stadium zeichnet sich vielleicht schon die Bevorzugung einer Hand ab, auch wenn dies bei vielen Babys erst später der Fall ist. Das Kind vermag Gegenstände jetzt schon fast so gut zu greifen wie Erwachsene, und es kann zwei Würfel in einer Hand halten. Es beschäftigt sich immer noch gerne damit, Dinge in Kisten und Kasten zu legen und wieder herauszunehmen, und es kritzelt gerne. Es schaut mit Begeisterung aus dem Fenster und zeigt auf das, was es sieht.

■ Aufmerksamkeit

Ihr Baby zeigt nun zuweilen Phasen intensiver Konzentration auf Gegenstände oder Aktivitäten seiner Wahl, obwohl seine Aufmerksamkeitsspanne in aller Regel immer noch sehr kurz ist.

Der Ausdruck »seiner Wahl« ist äußerst wichtig. Das Baby kann zu Beginn dieses Zeitraums zuverlässig in die Richtung schauen, in die ein Erwachsener blickt, ist jedoch noch weit davon entfernt, seine Aufmerksamkeit für längere Zeit auf das lenken zu können, was im Mittelpunkt des Interesses eines Erwachsenen steht. Es ist ihm praktisch unmöglich, seine Aufmerksamkeit jeweils nach dem auszurichten, auf was sich der Erwachsene konzentriert. Das Kind ist nicht unkooperativ – es ist schlichtweg nicht dazu fähig.[4]

Wie wir gesehen haben, vermag das Baby nun immer mehr Verbindungen zwischen Wörtern und dem, was sie bezeichnen, herzustellen. Als weiteren wichtigen Entwicklungsschritt kann es jetzt seine Aufmerksamkeit für eine kurze Zeitspanne einem Bild zuwenden und das Bild mit seiner Bezeichnung verknüpfen. Eine wesentliche Voraussetzung für diese beiden Leistungen besteht darin, dass Kind und Erwachsener ihre Aufmerksamkeit auf dasselbe Objekt richten, damit der Erwachsene dem Kind klarmachen kann, worauf genau sich die Wörter beziehen.

Diese Koordination der Aufmerksamkeit gelingt auf dieser Stufe hauptsächlich dann, wenn der Erwachsene der Blickrichtung des Babys folgt und über das spricht, was im Mittelpunkt seines Interesses steht. Je öfter dies praktiziert wird, desto eher wird sich das Baby dahingehend weiterentwickeln, dass ein Erwachsener seine Aufmerksamkeit lenken kann, was für das spätere schulische Lernen unabdingbar ist. Wie die Forschung festgestellt hat, zeigen Säuglinge in diesem Stadium konzentriertere Aufmerksamkeit während des gemeinsamen Spiels mit einem Erwachsenen, als wenn sie alleine spielen.[5]

In dieser Phase beginnt das Baby die Aufmerksamkeit des Erwachsenen zu lenken, und diese Lenkungsversuche entwickeln sich im Verlauf dieser Phase in beträchtlichem Maße weiter. Zu Beginn zeigt das Kind auf einen Gegenstand und schaut dann den Erwachsenen an, womit es diesem sein Interesse zu verstehen gibt. Mit vierzehn Monaten zeigt es auf das Objekt und blickt dabei gleichzeitig den Erwachsenen an.

■ Hören

Wenn alles gut gegangen ist, kann Ihr Baby sich jetzt in gewissem Ausmaß auf Vordergrundgeräusche konzentrieren und Hintergrundgeräusche ausblenden. Dies gelingt ihm immer noch nur dann, wenn es sehr wenig Hintergrundgeräusche und wenig Ablenkung gibt. Diese wichtige neu erworbene Fähigkeit kann leicht wieder verloren gehen, wenn die Umgebung ihr abträglich ist: Sie braucht sorgfältige Pflege.

Mary kam zu mir, als sie vierzehn Monate alt war. Infolge eines genetischen Defekts hörte sie auf einem Ohr normal und auf dem anderen überhaupt nichts, und man hatte ihren Eltern erklärt, dies würde keinerlei Probleme für sie mit sich bringen. Das war aber nicht der Fall. Wir können Schallquellen nur dadurch lokalisieren, dass wir die Schallwellen, die in den beiden Ohren ankommen, miteinander vergleichen. Mary war dazu natürlich nicht in der Lage gewesen und hatte daher auch keine Bedeutung mit den Lauten, die sie hörte, verknüpfen können. Laute und Geräusche wurden daher immer bedeutungsloser für sie, weshalb sie sich vollständig auf das Schauen und Betasten verlegt hatte und fast nicht mehr hinhörte. Insbesondere zeigte sie praktisch keinerlei Interesse an gesprochener Sprache. Sie wuchs in einer Familie mit drei älteren Geschwistern und hohem Lärmpegel auf, was die Sache für sie noch schwieriger machte.

Wir verordneten ihr das Sprechlern-Spaß-und-Spiel-Programm, wobei das Schwergewicht auf Hörübungen und den Spielen, die die Verknüpfung von Bedeutung mit Wörtern fördern, liegen sollte. Die ruhige Umgebung ohne konkurrierende Hintergrundgeräusche war für Mary absolut unabdingbar, da es mit nur einem funktionstüchtigen Ohr extrem schwierig ist, sich auf Töne zu konzentrieren, wenn im Hintergrund Lärm herrscht. Mary bekam viele Spielsachen, die Töne von sich gaben, und das Zuhören wurde attraktiver und einfacher für sie, weil nun langsamer, lauter und modulierter mit ihr gesprochen wurde. So machte sie die Erfahrung, dass Zuhören etwas war, was sie gerne tat. Weil nun über das gesprochen wurde, was sie interessierte, begann sie bald, Wörter mit Bedeutungen zu verknüpfen. Es traten praktisch sofort Fortschritte sowohl im Hören als auch im Wortverständnis ein, und in nur vier Monaten hatte sie bei beidem den altersgemäßen Entwicklungsstand erreicht.

Dies kann besonders dann unabdingbar sein, wenn das Hören bei einem Kind beeinträchtigt ist, sei es auf Dauer oder verursacht durch eine Infektionskrankheit, wie sie bei Säuglingen und Kleinkindern sehr häufig vorkommt.

Das Wissen des Babys über die Bedeutung von Lauten erweitert sich stetig, und dies hilft ihm nachhaltig, die Welt zu verstehen. Es unterstützt es dabei, Rhythmus und Abfolge seines Alltags kennen zu lernen: So erkennt es nach und nach alle Laute und Geräusche wieder, die beispielsweise mit den Mahlzeiten, dem Baden, Besuchern und Spaziergängen verbunden sind.

Vielleicht fällt Ihnen auf, dass es in geräuschvollen Situationen verstummt, vielleicht gerade dann, wenn Sie hoffen, dass es Kontakt aufnimmt. Das liegt nicht daran, dass es kontaktscheu wäre, sondern dass es zu sehr damit beschäftigt ist, zu lauschen und aus all den verschiedenen Tönen um sich herum klug zu werden, als dass es selber noch Laute von sich geben könnte.

▲ Vierzehn bis sechzehn Monate

■ Sprachentwicklung

Das *Sprachverständnis* des Babys nimmt weiter rasch zu. Es versteht jetzt die Namen von vielen alltäglichen Gegenständen wie Kleidung und Möbel und kann einige Körperteile wie Ohren oder Haare identifizieren – nicht nur an sich selbst, sondern auch an einer Puppe. Es beginnt auch einige Wörter zu verstehen, die keine Bezeichnung von Gegenständen oder Handlungen sind, beispielsweise Wörter wie »in« und »auf«. Zudem versteht es allmählich Zeigegesten von Erwachsenen, zu Anfang dieser Phase nur dann, wenn diese sich in seiner Nähe befinden, später auch, wenn sie weiter weg sind. Es zeigt, dass es eine Frage verstanden hat, indem es mit einer Lautäußerung, begleitet von einer Geste, antwortet. Wenn man es etwa fragt: »Wo ist dein Essen?«, zeigt es darauf und sagt dabei »uh uh«.

Das Verständnis entwickelt sich sowohl qualitativ als auch quantitativ. Gegen Ende dieser Phase lernen die Kinder die Namen von Teilen eines Ganzen zu verstehen, beispielsweise »Tür« und »Fenster« als Teile eines Hauses oder »Ärmel« und »Knopf« als Teile eines

Kleidungsstücks. Sie beginnen einige oft gehörte Sätze wie »Papi kommt« nun auch außerhalb des gewohnten Kontexts und ohne oder mit eingeschränkten visuellen Hinweisen zu verstehen.

Ein bedeutsamer Schritt erfolgt oft in dieser Zeit: Die Kinder zeigen die ersten Anzeichen, dass sie allmählich Sätze anstelle nur einzelner Wörter verstehen können. Sie vermögen jetzt Anweisungen zu befolgen, die zwei bedeutsame Wörter enthalten, beispielsweise: »Geh in die *Küche* und hole deine *Schuhe*.«[6]

Die frühen *gesprochenen Wörter* des Kindes verstehen oft nur Menschen, die engen Umgang mit ihm haben, obwohl seine Plapperlaute im Alter von sechzehn Monaten praktisch alle Sprachlaute seiner Muttersprache enthalten. Der Prozess, in dessen Verlauf sich die Plapperlaute des Babys auf diejenigen eingrenzen, die in der ringsum gesprochenen Sprache vorhanden sind, nähert sich seinem Abschluss. Diese Wörter stellen gewöhnlich eine vereinfachte Version der erwachsenen Aussprache des Wortes dar. (Meine Tochter beispielsweise bezeichnete ihre Schmusedecke [blanket] als »banna«.) Die meisten Familien finden einige dieser Wortannäherungen lustig und behalten sie bei. In meiner Familie hieß eine Lokomotive lange »Mokomotive«, und Banane war als »Bannesahne« bekannt.

Ein breites Spektrum von Sprachlauten kommt jetzt zum »Wortschatz« hinzu, Laute, die vorne im Mund erzeugt werden, wie »p« und »b«, solche, die in der Mitte erzeugt werden, wie »t« und »d«, und Laute, die hinten im Mund erzeugt werden, wie »g« und »k«. Das Kind kann seine Lippen runden und weich machen, wie für den Laut »p« nötig, es kann sie aber auch fest machen, wie für das »b« nötig.

Mit sechzehn Monaten sprechen die meisten Kinder etwa sechs oder sieben Wörter, und diese mischen sich jetzt in sein Plappern. Es ist, als ob es sehr gut wüsste, dass wir nicht in einzelnen Wörtern sprechen, sondern in langen Wortketten, und dass es sein Bestes gibt, um es genauso zu machen. Seine Wörter müssen sich nun mächtig ins Zeug legen: Sogar auf dieser Stufe bewerkstelligt das Baby einen Großteil seiner Kommunikation durch Wörter, auch wenn es sie häufig durch Gesten ergänzen muss. Seine Mitteilungen werden nun insgesamt viel verständlicher.

Gegen Ende dieses Altersabschnitts beschleunigt sich bei manchen Kindern der Erwerb von einzelnen Wörtern, bei anderen kann es noch ein wenig dauern. Viele probieren in dieser Phase auch gerne Ausrufe von Erwachsenen aus, etwa »oh oh!«, wenn etwas zu Boden fällt.

Das Baby führt gerne »Zwiegespräche« mit Erwachsenen und Kindern, doch die meisten Hinwendungen zu anderen sind immer noch recht kurz und auf eine oder zwei »Durchgänge« pro Partner begrenzt. Das Kind beginnt symbolische Gesten zu entwickeln, schüttelt beispielsweise den Kopf für »nein«, und es singt jetzt gerne spontan.

■ Allgemeine Entwicklung

Die meisten Babys erwerben während dieser Phase die Fähigkeit, sich frei aufrecht halten zu können, sodass sie die Hände für ausgedehntere Erforschungen frei bekommen. Das Kind macht jetzt vielleicht einige Schritte, wenn es noch nicht gelaufen ist, kann aber nicht plötzlich anhalten oder um Ecken gehen. Es läuft breitbeinig – die Füße aus Stabilitätsgründen weit auseinander – und kann auf Händen und Knien Treppen hochkrabbeln. Es versucht jetzt, einen Ball zu werfen, kann das aber nicht, ohne umzufallen.

Es macht jetzt mehr selbständig, isst beispielsweise mit einem Löffel, auch wenn das noch eine ziemlich schmierige Angelegenheit ist. Es gewinnt allmählich Kontrolle über sein eigenes Verhalten: So sagt es beispielsweise »Nein« und zieht seine Hand zurück, wenn es auf einen Gegenstand stößt, den es nicht anfassen darf.

Die manuelle Geschicklichkeit entwickelt sich weiter. Das Kind kann ein Türmchen aus zwei Bauklötzen bauen, den zweiten also loslassen. Jetzt, da ihm dies leichter gelingt, wirft es seine Konstruktionen weniger oft um, hat aber immer noch Spaß am Umwerfen und anschließenden Neustapeln. Es bietet einem Erwachsenen ein Spielzeug an und lässt es auf Aufforderung los. Es fällt ihm leicht, einen Ball zu rollen, und es kann mehrere Würfel in einen Behälter legen.

Es spielt immer noch genauso gern zeitweilig alleine wie mit einem Erwachsenen.

Das Interesse des Babys an Büchern wächst: Es hilft jetzt beim Seitenumblättern mit und betrachtet die Bilder gespannt, patscht manchmal mit dem Händchen darauf.

Zwischen der Entwicklung des Wahrnehmungsvermögens und der sprachlichen Entwicklung besteht ein ständiges Wechselspiel; jeder Fortschritt in einem Bereich erlaubt Fortschritte im anderen. Ein bestimmter Entwicklungsstand der Wahrnehmung ist Voraussetzung der Sprachentwicklung, und die Sprachentwicklung kann die Entwicklung der Wahrnehmung anregen.

Auf dieser Stufe erwirbt das Kind ständig neue Begriffe. Es erfährt beispielsweise, dass es nicht nur eine Tasse und einen Mantel gibt, die in bestimmter Weise mit ihm selbst zu tun haben, sondern dass es auch eine Kategorie »Tassen« beziehungsweise »Mäntel« gibt, die jeweils viele verschiedene Exemplare enthalten. Solche Begriffe sind anfangs sehr breit und global, beispielsweise »Dinge, mit denen man isst«, und differenzieren sich dann in immer feinere Untergruppen wie »Besteck« und »Geschirr« und schließlich »Messer«, »Gabel« und »Löffel«.[7] Diese Bezeichnungen bilden eine entscheidende Voraussetzung für den Spracherwerb. Benennungen, die sich auf Größe und Zahl beziehen, wie »ein« und »viele«, »größer« und »kleiner«, werden in dieser Zeit ebenfalls erworben. Ohne solche Begriffe wären die Wörter, die sich darauf beziehen, bedeutungslos.

■ Aufmerksamkeit

Das Baby zeigt jetzt häufiger Phasen intensiver Konzentration auf selbst gewählte Objekte oder Aktivitäten. Es ist von allergrößter Wichtigkeit, dass es Gelegenheit erhält, ganz in dieser Konzentration aufzugehen, wenn es das möchte. Meist jedoch ist seine Aufmerksamkeitsspanne immer noch sehr kurz, und es ist immer noch völlig außerstande, dem Interesse eines Erwachsenen über längere Zeit zu folgen. Es ist immer noch enorm wichtig, dass der Erwachsene die

Blickrichtung des Babys beachtet und so oft wie möglich über das spricht, was das Kind anschaut.

Die Fähigkeit des Kindes, die Aufmerksamkeit eines Erwachsenen zu lenken, entwickelt sich weiter. Wir haben gesehen, dass das Baby mit zwölf Monaten auf einen Gegenstand deutet und dann den Erwachsenen anblickt und mit vierzehn Monaten den Fortschritt zu gleichzeitigem Deuten und Anblicken macht. Mit sechzehn Monaten schaut es wahrscheinlich den Erwachsenen an, bevor es auf den Gegenstand zeigt, um sicherzustellen, dass es zuerst dessen Aufmerksamkeit hat.

■ Hören

Das Wissen des Babys über die Bedeutung dessen, was es ringsum hört, entwickelt sich weiterhin rasch. Das Drehen von Vaters Schlüssel im Schloss oder die Stimmen von Nachbarskindern können jetzt große Aufregung hervorrufen.

Sein Interesse an Sprache entwickelt sich in dieser Zeit ebenfalls deutlich, und es hört jetzt sprechenden Menschen über längere Phasen gespannt zu. Es zeigt durch Gesichtsausdruck und Körpersprache, dass neue Wörter großen Reiz ausüben, und es lässt sich nicht mehr ganz so leicht ablenken, wenn jemand mit ihm spricht.

Es lauscht auch sehr interessiert den Lauten, die es selbst erzeugt. Das ist gerade in dieser Phase wichtig, weil sein Sprachlautsystem sich jetzt rasch der ringsum gesprochenen Sprache annähert, was wiederum auf eben die Fähigkeit zurückgeht, die eigenen Laute mit den von anderen gehörten zu vergleichen.

▲ Das Spielen

Kinder dieses Alters sind weiterhin eifrig damit beschäftigt herauszufinden, »wie die Welt funktioniert«. Sie gehen dieser Frage auf verschiedenen Wegen nach, im Erforschungsspiel, gemeinsamen Spiel und nun auch fiktionalen und symbolischen Spiel, was sich häufig auch auf andere bezieht. Die Entwicklung des letzteren in dieser Phase ist von großer Bedeutung, da es einen überaus wichtigen Vorläufer der kreativen Phantasie und all dessen, was daraus hervorgeht, darstellt.

Die neuen motorischen Fertigkeiten der Kinder und die zunehmende Kontrolle über den eigenen Körper helfen ihnen bei ihren Erkundungen, und sie vermögen jetzt buchstäblich aus jeder Situation und jedem Material zu lernen. Die gesammelten Erfahrungen tragen dazu bei, dass sie ihre Umwelt immer besser verstehen und immer mehr Begriffe bilden, beispielsweise von Rauem und Glattem oder Großem und Kleinem. Sie alle sind Voraussetzung für sinnvolles Sprachverhalten. Auch auf dieser Stufe ist es wichtig, dass die Kinder Zeit bekommen, allein zu spielen, sowie Gelegenheiten, selbständig etwas herauszufinden. Dennoch ist es enorm wichtig, dass ein Erwachsener zur Verfügung steht. Am meisten nützt dem Kind ein einfühlsamer Partner, der spürt, wann er helfend eingreifen und wann er das Kind nicht bei seiner Beschäftigung stören sollte. Ein Erwachsener kann die Entwicklung des fiktionalen Spiels sehr fördern, wenn er dem Kind zeigt, was es spielen kann, und natürlich profitieren alle Arten des Spiels davon, wenn ein Erwachsener angemessene sprachliche Anregungen einbringt.

■ Entdeckungsspiele

Aufgrund ihrer gewachsenen Fingerfertigkeit können die Kinder auf dieser Stufe Spielsachen gründlicher und geschickter untersuchen. In früheren Phasen erfolgte die Erforschung durch Schütteln, Aufschlagen und Lutschen, um die grundlegenden Eigenschaften des Gegenstandes wie Größe, Form und Beschaffenheit herauszufinden. Nun erkunden die Kinder zwar immer noch viel durch Anschauen und Berühren, doch ihre gewachsenen Fähigkeiten zur Wahrnehmung und ihre bessere Kontrolle über Hände und Körper erlauben ihnen jetzt komplexere und umfassendere Untersuchungen. Sie fangen an, Dinge zusammenzulegen und -zustecken und stapeln sie aufeinander und mühen sich geduldig mit einem ganz einfachen Steckbrett ab. Sie kommen allmählich dahinter, wie Dinge zueinander gehören, haben aber immer noch Spaß daran, Gegenstände in Kisten zu legen und wieder herauszuholen und Spielsachen auf- und wieder zuzumachen. All diese Beschäftigungen fördern enorm die Bildung von Größen- und Positionsbegriffen wie »größer« und »kleiner«, »in« und »unter«.

Zum allerersten Mal werden jetzt Werkzeuge eingesetzt, beispielsweise werden Holzstifte und Hammer richtig benutzt. Dies trägt dazu bei, die immer noch nicht gänzlich ausgebildeten Vorstellungen von Ursache und Wirkung zu entfalten. So lernt das Kind in unserem Beispiel, dass ein Schlag mit dem Hammer bewirkt, dass die Stifte nach unten gehen.

Das Kind kann nun Spielzeug hinter sich herziehen und hat sehr viel Spaß daran. Das Spiel mit Wasser wird zu einer Quelle großen Vergnügens. Dieses Spiel bietet gute Gelegenheiten für sprachliche Anregung, weil sich so viele wunderbare Wörter wie »spritz spritz«, »tropf tropf« und »pitsche patsche« einführen lassen. Auch viele Begriffe lassen sich im Zusammenhang mit dem spielerischen Umgang mit Wasser erwerben, etwa »leicht« und »schwer«, »schwimmen« und »sinken«, »voll« und »leer«.

Das Baby geht jetzt sehr viel angemessener mit Büchern um, schlägt sie auf und betrachtet tatsächlich die Bilder, statt das Buch in den Mund zu nehmen und daran zu reißen wie früher.

Die Erforschung von Geräuschen ist immer noch sehr wichtig. Das Baby spielt immer noch gerne mit Dingen wie Spieluhren, Topfdeckeln und Quietschtieren. Ich kann allerdings nicht nachdrücklich genug vor manchen Spielsachen warnen, insbesondere solchen mit Computerchips, die so schrille Töne erzeugen, dass sie das Gehör des

Babys schädigen können. Bitte überprüfen Sie das, bevor Sie Ihrem Kind so ein Spielzeug in die Hand geben.

Der Entdeckungsdrang der Kinder schließt nun auch die rätselhaften Dinge ein, die die Erwachsenen machen. In diesem Alter möchten sie unbedingt bei Haushaltsarbeiten wie Fegen und Staubwischen »helfen«, um herauszufinden, wozu das eigentlich gut ist. Ich weiß noch, dass es mich ein wenig traurig stimmte, als die Mutter eines kleinen Mädchens in diesem Alter auf meine Frage, ob das Kind gerne bei solchen Tätigkeiten helfe, antwortete: »Ich spanne sie doch nicht zur Hausarbeit ein!«

Babys in diesem Alter lieben Spielsachen wie Telefone, welche von Erwachsenen benutzte Dinge darstellen und ihnen eine Vorstellung davon vermitteln, was es mit diesen Dingen auf sich hat. Überdies kann das Baby damit seine schauspielerischen Fähigkeiten beweisen.

▪ Gemeinsames Spielen

Kinderverse, Fingerabzählreime und Lieder stehen immer noch auf der Hitliste, ganz oben diejenigen mit einfachen, vertrauten Melodien und Texten, die sich um Menschen, Gegenstände und Handlungen drehen, welche das Baby gut kennt. Diejenigen, die mit dem Körper zu tun haben, etwa »Das ist der Daumen«, machen ihm auch noch viel Spaß, und es liebt häufige Wiederholungen. Es ist ziemlich egal, welche Lieder Sie singen, doch die traditionellen Kinderlieder wurden in den meisten Sprachen zum Kulturgut, weil sie eben die Merkmale wie Rhythmisierung und Wiederholungen besitzen, die so großen Reiz auf diese Altersgruppe ausüben.

Gemeinsame Spiele, bei denen sich die Partner abwechseln, nehmen während dieser Phase weiterhin großen Raum ein, und das Kind ergreift jetzt häufiger die Initiative. Überdies macht es mittels Körpersprache deutlich, dass es in dieser Beschäftigung fortfahren möchte. Diese Spiele beziehen jetzt oftmals Spielzeug und andere Dinge ein. Tätigkeiten wie abwechselnd ein Klötzchen in einen Eimer legen oder herausholen sowie Werfen, Kartons zurechtrücken und Ringe über einen Stab legen bieten sich zum Abwechseln an. Diese einfachen Abwechselspiele erweitern sich sehr bald zu Spielen mit symbolischen Elementen, beispielsweise sich gegenseitig »zum Abschied« zuwinken. Solche Spiele beginnen oft damit, dass ein Elternteil das Baby nachahmt. Dem Baby ist nun eindeutig bewusst, dass es sich mit einem Partner abwechselt; es macht seinen Spielzug und wartet dann, dass der Erwachsene den seinen ausführt. Wenn der Erwachsene das Spiel abwandelt, etwa der Puppe den Rücken tätschelt, kann das Kind solche neuen Handlungen nun erfolgreich nachmachen.

All diese von Sprache begleiteten Spiele ermutigen das Kind herauszufinden, wie sich durch Sprache etwas erreichen lässt, zu erkunden, was Handlungen und Ereignisse bedeuten, und seine Interaktionsfertigkeiten zu üben.

▪ Symbolisches Spiel

Nun beginnt die Phase, in der das symbolische Spiel als einfaches Fiktionsspiel einsetzt. In diesem Spiel stehen »Als-ob«-Objekte für andere Gegenstände, werden also als Symbole benutzt. Das symbolische Spiel ist entscheidend für die kognitive Entwicklung von Kindern. Es ist der Vorläufer der Fähigkeit, Probleme auf abstrakter Ebene zu durchdenken und kreative Lösungen dafür zu finden. Die Fähigkeit, die Phantasie frei und kreativ einzusetzen, ist in jedem Lebensbereich von Nutzen. Wie mir kürzlich jemand erzählte, soll Einstein gesagt haben: »Phantasie ist wichtiger als Wissen.« Das symbolische Spiel und die Sprache spiegeln dieselbe zugrunde liegende kognitive Fähigkeit wider: Die Fähigkeit, Dinge symbolisch, in der Vorstellung, zu tun.

Das Kind beginnt einfache, vertraute Alltagsroutinen in der Familie nachzuspielen und bezieht bald Spielsachen in sein Spiel ein; es tut beispielsweise so, als tränke es aus einer Puppentasse, und gibt danach einer Puppe oder einem Teddybär aus derselben Tasse zu trinken. Auf dieser sehr frühen Stufe des symbolischen Spiels ist das Baby aktiv, und der Teddy oder die Puppe sind passive Teilnehmer an seinen

Handlungen – die Puppe wird etwa umarmt –, doch sie beginnen allmählich auch selbständig zu »handeln«. Zum Beispiel wird Teddy später die Tasse zurückgeben. Das Kind bezieht gerne einen Erwachsenen in sein fiktionales Spiel ein, fordert beispielsweise die Mutter auf, ein Stofftier zu umarmen, oder inszeniert ein »Kaffeeklatsch«-Spiel und tut so, als gäbe es ihr zu essen.

Mit fünfzehn Monaten benutzt es Gegenstände, die den eigentlich gemeinten nicht sehr ähnlich sind, vielleicht einen Pappkarton als Puppenbett oder Bauklötzchen als Kekse. In diesem Alter fängt es auch an, mehr als einen Gegenstand zum Spielen zu benutzen; es legt zum Beispiel eine Puppe oder eine Decke aufs Bett.

Kleinkinder profitieren sehr davon, wenn sich ein Erwachsener an ihrem symbolischen Spiel beteiligt. Sie probieren mehr unterschiedliche Handlungen aus und nehmen Erweiterungen, die ihnen der Erwachsene vorgeführt hat, in ihr Spiel auf.[8]

■ Computer

Bitte versuchen Sie nicht, Ihr Kind jetzt schon mit Computerspielen bekannt zu machen. Die Softwarehersteller sehen in den unter Fünfjährigen ein Marktpotenzial und bieten Programme an, die schon auf neun Monate alte Babys zielen. Äußerst problematisch an der Vorstellung von Kleinstkindern vor dem Computer ist, dass diese dieselben attraktiven Eigenschaften wie Fernsehen und Videos haben und wahrhaftig die Gefahr besteht, dass kleine Kinder stundenlang alleine davor sitzen und spielen. Was Kinder in diesem Alter brauchen, ist der Austausch mit anderen und das Erforschen ihrer Umwelt. Später ist immer noch genug Zeit für Computer. Wenn Ihr Kind jetzt noch keine Bekanntschaft damit macht, wird es keinen Nachteil gegenüber denen haben, die schon als Babys davor gesessen haben; Letzteren dagegen ist ohne guten Grund wertvolle Spiel- und gemeinsame Beschäftigungszeit vorenthalten geblieben.

Die Spielzeugkiste

Die folgenden Spielsachen und Spielmaterialien erfüllen die Bedürfnisse des Babys nach altersgemäßen erforschenden, gemeinsamen und symbolischen Spielen. Viele davon lassen sich in dieser Phase vielfältig verwenden, weil das Baby seine eigenen Spiele erfindet.

Wenn Sie Spielsachen für das symbolische Spiel suchen – etwa Puppen und Dinge, die dem Baby helfen, Ihre Tätigkeiten nachzuahmen –, dann achten Sie darauf, dass sie der Realität entsprechen. Sprechende Eisenbahnen und fliegende Autos sind später eine tolle Sache, doch auf dieser Stufe, wenn das Baby gerade erst seine ersten Erfahrungen mit der Welt und wie es darin zugeht macht, kann so etwas sehr verwirrend wirken. Ich erinnere mich noch, dass ich einmal einen Fetzen aus einem Hörspiel über Marsmenschen aufschnappte, als ich noch sehr klein war, und erst Jahre später entdeckte, dass auf dem Mars keine Menschen leben.

Die hier empfohlenen Spielsachen sind der Einfachheit halber in Spielzeug für das erkundende und das symbolische Spielen unterteilt. Dies ist jedoch eine sehr künstliche Unterteilung; jeder Gegenstand kann genauso gut zum Mittelpunkt eines gemeinsamen Spiels werden. Wahrscheinlich werden Sie sehen, dass Ihr kleines Kind in einer Weise damit spielt, auf die Sie nie gekommen wären.

Vieles für diese Altersgruppe hervorragend geeignete Spielzeug lässt sich mit sehr geringen Kosten zu Hause selbst herstellen. Beispiele sind Kartons und Geschirrtücher, die sich als Puppenbett und -decke verwenden lassen, Kartons mit Löchern im Deckel oder Pappröhren, in die man Spielsachen hineinstecken kann, Behälter wie Dosen nebst Gegenständen wie Garnrollen, die man hineinlegen und herausholen kann. Papier und Kartons geben immer noch ein großes Vergnügen bereitendes

Spielmaterial ab. Stellen Sie weiterhin Rassel- und Klapper-
spielzeuge her, indem Sie verschiedene Behälter mit Reis oder
Bohnen füllen.

Entdeckungsspiele
- Spielsachen zum Schieben wie einen Puppenwagen
  oder ein Lastauto
- Ziehspielzeug, beispielsweise eine Ente an einer Schnur
- Dicke Wachsmalstifte
- Einfaches Formensteckbrett
- Playmobil- oder Lego-primo-Männchen in einem Boot
- Neue Geräuschspielzeuge, zum Beispiel Trommel, Xylophon,
  Rumbarasseln oder Quietschtiere, wenn das Kind diese nicht
  schon hat
- Einfacher Karton
- Spielzeughammer und -stifte

Symbolisches Spiel
- Spielzeugtelefon
- Einfache große Puppe und Teddybär mit Bettzeug
  und Puppenkleidern
- Eine einfache Eisenbahn
- Flugzeuge
- Kochgeräte
- Spielzeughaushaltsgeräte wie Besen und Schaufel

▪ Fernsehen und Videos

Für Kleinkinder gibt es viele Fernsehsendungen und Videos, und Ihr
Baby hat ab diesem Alter vielleicht viel Spaß daran, doch es ist überaus wichtig, dass man sie richtig einsetzt.

Beschränken Sie die Fernseh- und Videozeit auf höchstens eine halbe Stunde täglich. Ihr Baby braucht viel Zeit für den Kontakt mit Menschen und das spielerische Lernen. In dieser Phase kann es nämlich erstaunlich rasch sehr viel lernen. Gelegenheiten, die jetzt versäumt werden, sind für immer dahin. Das Medium Fernsehen ist aufgrund seiner intensiven Farben und schnellen Bewegungen so attraktiv, dass Babys und Kleinkinder über sehr lange Zeitspannen vor dem Fernseher sitzen bleiben, wenn man sie lässt. Ich habe Kinder gesehen, die mehr als sechs Stunden täglich fernsahen. Sie zeigten nicht nur eine erheblich verzögerte Sprachentwicklung, sondern, was noch gravierender war, ihre Interaktionsfertigkeiten, ihr Spiel und ihr Verständnis der Umwelt hinkten ebenfalls weit hinterher. Das waren sehr traurige und verwirrte kleine Kinder.

Das Bücherregal

Das Wichtigste an Büchern ist für Ihr Kind in dieser Phase das Erlebnis der gemütlichen gemeinsamen Beschäftigung mit ihnen. Jetzt können Sie die Grundlage für eine Freude an Büchern schaffen, die Ihrem Kind ein Leben lang von Nutzen sein wird. Nehmen Sie es auf den Schoß, sodass Sie beide sich sehr nahe sind, während Sie gemeinsam die Bilder betrachten. Es wird Ihnen nicht schwer fallen, mehr Interesse an Ihrem Baby als an dem Buch aufzubringen, aber sorgen Sie dafür, dass es das weiß.

Am geeignetsten sind immer noch farbenfrohe Bilder von Dingen, die dem Kind vertraut sind; Fotos von realen Menschen und Gegenständen aus seinem Umfeld sind jetzt wunderbar. (Es macht auch Spaß, Bücher selber herzustellen, indem Sie Bilder aus Illustrierten ausschneiden.) Das Kind betrachtet jetzt gerne kleine Details auf den Bildern, sodass diese ruhig komplizierter sein oder einen differenzierteren Hintergrund haben dürfen als in seinen ersten Büchern. Sehr viel Freude wird es auch an den neuerdings erhältlichen Büchern für Kleinkinder haben, die unterschiedliche Oberflächenbeschaffenheiten oder Stellen bieten, auf die man drücken kann; es tastet sie mit den Fingern ab und freut sich an den Quietschtönen. Es wird entzückt feststellen, dass die Ente tatsächlich quakt.

Folgen Sie seinen Vorgaben. In der Mitte dieser Phase wird es Ihnen beim Umblättern helfen und deutlich zu erkennen geben, welche Bilder ihm gefallen; es patscht darauf und spricht sie an. Versuchen Sie niemals, sein Interesse an einem Bild oder Buch länger wach zu halten, als es selbst möchte. Die folgende Liste enthält einige wunderbare Bücher für dieses Alter:

- *Baby entdeckt die Tiere, Wer frisst was?* von Rod Campbell
- *Wohin fliegst du, Peter Bär?* von Benedict Blathwayt
- *Wenn Änne, die Henne, spazieren geht* von Pat Hutchins
- *Kuckuck* von Janet und Allan Ahlberg
- *Ja, wo is' er denn?* von Eric Hill
- *Raupe Nimmersatt und Co* von Eric Carle
- *Willibald*-Bücher von Mick Inkpen

Schauen Sie gemeinsam mit Ihrem Kind fern, um dies zu einem gemeinsamen Erlebnis zu machen und ihm die Bedeutung dessen, was es sieht, zu erklären. Ein Video mit Kinderversen beispielsweise kann sehr lustig sein, wenn Sie beide mitmachen.

Die Inhalte sollten seinem Weltverständnis angepasst sein. Viele für ältere Kinder gedachte Sendungen wie »Käpt'n Blaubär« oder »Muppet Show« sind Phantasien, in denen Tiere und Fahrzeuge Dinge tun, zu denen sie im wirklichen Leben nicht fähig sind, zum Beispiel Sprechen und Schiffe steuern. Kinder, die genügend Erfahrungen gemacht haben, um zu wissen, dass dies nicht real ist, können viel Spaß daran haben, doch für Babys dieses Alters können solche Sendungen sehr verwirrend sein. Schließlich kommen die Kinder gerade erst dahinter, was Menschen, Tiere und Dinge in Wirklichkeit sind und tun.

Tappen Sie nicht in die Falle zu glauben, dass das Fernsehen jetzt, wo sich das Wortverständnis Ihres Kindes anbahnt, dieses voranbringen würde. Das ist nicht der Fall. Babys und Kleinkinder sind völlig fasziniert von den bunten, bewegten Lichtern und Farben des Fernsehens, lernen aber nichts durch den Ton. In einem Experiment ließ man niederländische Kinder über lange Zeitspannen deutsches Fernsehen sehen; wie sich zeigte, hatten die Kinder jedoch kein Wort Deutsch gelernt.[9] Ebenso lernen hörende Kinder gehörloser Eltern durch das Fernsehen nicht sprechen, sondern übernehmen die Gebärdensprache von ihren Eltern.[10]

Es kann sein, dass Sie unbedingt eine Verschnaufpause brauchen – das Fernsehen kann Ihnen die verschaffen, doch halten Sie sich immer vor Augen: Einen Nutzen haben nur Sie davon.

▲ Zusammenfassung

Mit sechzehn Monaten wird Ihr Kind wahrscheinlich:
- sechs bis acht verständliche Wörter sprechen
- mit Interesse Bücher betrachten
- seinen Bedürfnissen mit Gesten Ausdruck geben
- sich nach vertrauten Menschen oder Gegenständen umblicken, wenn es deren Namen hört.

▲ Grund zur Sorge

Unten sind Sachverhalte aufgeführt, bei denen es ratsam wäre, mit einem Spezialisten über die Entwicklung Ihres Babys zu sprechen. (Bitte denken Sie aber daran, dass nicht alle Kinder sich gleich schnell entwickeln.)

Wenn Sie irgendwelche Zweifel hegen, auch wenn der Grund Ihrer Sorge hier nicht aufgeführt ist, dann suchen Sie mit Ihrem Baby so bald wie möglich einen Kinderarzt oder Kinderpsychologen auf.

Es wäre ratsam, die Meinung eines Experten einzuholen, wenn Ihr Baby mit sechzehn Monaten:

- sich niemals beim Sprechen beziehungsweise Plappern mit Ihnen abwechselt
- auf Fragen wie »Wo ist deine Mütze?« niemals durch Schauen in die richtige Richtung reagiert
- nicht mit zahlreichen verschiedenen Lauten plappert, was fast so klingt, als spreche es
- kein Interesse zeigt, die Initiative zu gemeinsamen Spielen wie »Backe, backe Kuchen« mit Ihnen zu ergreifen
- sich niemals länger als wenige Sekunden auf etwas konzentriert.

Das Sprechlern-Spaß-und-Spiel-Programm

■ Eine halbe Stunde täglich

Ihre tägliche Spielzeit zu zweit stellt immer noch die bestmögliche Situation für den Spracherwerb dar. Sie bleibt überdies weiterhin immens wichtig für die emotionale Entwicklung Ihres Kindes. Nichts flößt einem Kleinkind mehr Selbstvertrauen ein als die Gewissheit, tagtäglich die ungeteilte Aufmerksamkeit eines geliebten Erwachsenen zu erhalten. Insbesondere wenn Sie mehr als ein Kind haben, wird Ihnen auffallen, wie stark sein Bedürfnis nach dieser Aufmerksamkeit ist.

Natasha wurde mit zweieinhalb Jahren zu mir gebracht, weil sie bislang nur drei Wörter sprach. Sie war offensichtlich intelligent und begann sofort sehr konstruktiv mit den Spielsachen in meinem Zimmer zu spielen; sie bereitete eifrig Mittagessen für Teddy zu. Als ich mich ihr jedoch näherte, ignorierte sie mich völlig und vermittelte mir deutlich das Gefühl, für sie ein Störfaktor zu sein. Ihre Mutter berichtete, dass sie immer am liebsten alleine gespielt hatte.

Wir verordneten Natasha und ihrer Mutter tägliche Spielzeiten, in denen die Mutter die Prinzipien des Sprechlern-Spaß-und-Spiel-Programms anwandte, insbesondere dem zentralen Punkt von Natashas Aufmerksamkeit folgte und in keiner Weise lenkend in ihr Spiel eingriff. Bald merkte Natasha, dass die Anwesenheit ihrer Mutter ihr Spiel bereicherte, und es war eine Freude mitzuerleben, wie viel mehr Vergnügen Natasha und ihrer Mutter der Umgang miteinander bereitete. Natashas sprachliche Fertigkeiten holten bald auf und übertrafen sogar das altersgemäße Niveau.

Kürzlich brachten Natasha und ihre Mutter Natashas kleinen Bruder mit, als sie in der Stadt waren. Er war sechs Monate alt, und wir hatten uns kaum erblickt, als er schon durch Gesichtsausdruck und Körpersprache zu verstehen gab, dass er wild entschlossen war, Kontakt zu mir aufzunehmen. Ich konnte nicht widerstehen und musste die Unterhaltung mit Natasha und ihrer Mutter ein Weilchen aufschieben. Die Mutter war – wie wir alle –, erstaunt darüber, wie sehr sich die Persönlichkeiten dieser beiden Geschwister unterschieden.

Babys und Kleinkinder sind in ihrer Persönlichkeit so vielfältig wie Erwachsene, und das gilt auch für ihr Kontaktbedürfnis. Nur zu leicht sind viel beschäftigte Eltern sehr froh, dass ihr Kind sich über lange Phasen gerne mit sich selbst beschäftigt und selten ihre Aufmerksamkeit beansprucht. Leider zeigen sich die Auswirkungen erst, wenn das Kind etwa zwei Jahre alt wird und nicht spricht.

■ Die Umgebung für Ihre Spielzeit zu zweit

Wie wir erfahren haben, verfügen Babys dieser Altersstufe über die äußerst wichtige Fertigkeit, sich auf Vordergrundgeräusche zu konzentrieren und Hintergrundgeräusche auszublenden. Diese Fertigkeit ist jedoch noch neu und nicht sehr fest verwurzelt, sodass sie sorgfältig gepflegt werden muss, um nicht wieder verloren zu gehen. Auf dieser Stufe kann sie nur in einer ruhigen Umgebung genutzt werden, weshalb diese für Ihre Spielzeit immer noch von allergrößter Bedeutung ist.

> Eine ruhige Umgebung ist immer noch äußerst wichtig

Das Spiel des Babys bezieht in dieser Phase im Idealfall viel mehr Spielmaterialien ein als in den früheren Phasen. Wenn ihm genügend davon zur Verfügung stehen, bekommt es Gelegenheit, das erforschende, gemeinsame und symbolische Spiel parallel zu entwickeln. Im Spielzimmer sollte daher eine gewisse Anzahl verschiedener Objekte vorhanden sein, da die Aufmerksamkeitsspanne des Kindes meistens noch sehr kurz ist. Sorgen Sie dafür, dass Gegenstände zur Hand sind, die zu den verschiedenen Arten des Spiels einladen.

Setzen Sie sich wie zuvor zu Ihrem Kind auf den Boden, damit Ihre Gesichter etwa auf gleicher Höhe sind und Sie beide die Spielsachen leicht erreichen können; dann können Sie beide Ihre Aufmerksamkeit besser koordinieren.

Ihr Kind bewegt sich jetzt viel im Raum umher. Folgen Sie ihm, wohin es sich auch bewegt. Sie müssen in seiner unmittelbaren Nähe bleiben, damit es alle Laute und Wörter, die Sie äußern, klar und deutlich hört.

■ Wie Sie sprechen sollten

Wir haben gesehen, dass Babys ihr Wortverständnis in dieser Phase sehr stark erweitern und wir ein Gut Teil dazu beitragen können. Wir entscheiden jetzt sogar über den Verlauf des Prozesses. So können Sie Ihrem Kind helfen:

Folgen Sie dem Kind zum Zentrum seiner Aufmerksamkeit

Die Bedeutung dieses Prinzips kann auf dieser Stufe gar nicht überschätzt werden. Zahlreiche Forschungsarbeiten belegen, dass das Ausmaß, in dem Erwachsener und Baby ihre Aufmerksamkeit auf dasselbe Objekt richten, über den späteren Umfang des Wortschatzes des Kindes und die Komplexität seines Satzbaus mitbestimmt.[11] Überdies hat man in diesem Zusammenhang Vergleiche zwischen zwei verschiedenen Situationen angestellt:

- Der Erwachsene versucht, die Aufmerksamkeit des Kindes auf dieser Stufe auf die Objekte und Aktivitäten seiner Wahl zu lenken.
- Der Erwachsene folgt der Blickrichtung des Kindes und spricht über das, was es anschaut.

Wie sich herausstellte, werden die in letzterer Situation benutzten Wörter mit höherer Wahrscheinlichkeit verstanden als in der ersten.[12] Die Verknüpfungen zwischen Wörtern und ihren Bedeutungen entstehen in verblüffendem Tempo, wenn man in dieser Phase für die richtigen Bedingungen sorgt.[13, 14]

Ein weiterer guter Grund, sich der Aufmerksamkeit des Kindes anzupassen, liegt darin, dass sogar so kleine Kinder schon einfach davon hingerissen sind. Genießen wir als Erwachsene es nicht auch, wenn Menschen, die wir mögen, echte Anteilnahme an dem zeigen, was uns interessiert?

Wenn Sie sich an unserem Spielprogramm orientieren, dann haben Sie darin bereits Übung, und es wird Ihnen jetzt ganz leicht fallen, weil Sie und Ihr Kind schon länger über gemeinsame Spielerfahrungen verfügen und wissen, was für Sie beide wichtig und interessant ist.

Sprechen Sie wie früher über das, was das Kind interessiert, und vermeiden Sie jegliche Fragen und Anweisungen. Das ist immer noch von allergrößter Bedeutung und stellt eines der wichtigsten Prinzipien des Sprechlern-Spaß-und-Spiel-Programms dar. Fragen stellen das Baby vor das Problem, sich eine Antwort auszudenken, und Anweisungen stellen es vor die Entscheidung, ob es sie befolgen will oder nicht. Beides stört es beim Zuhören, wohingegen Kommentare nur die Freude an seiner Beschäftigung vermehren und es nicht unter kommunikativen Stress setzen.

> Fragen und Anweisungen stören das Kind beim Zuhören

Es gilt immer noch, dass Sie umso hilfreicher sind, je genauer Sie herausknobeln können, was das Baby gerade im Sinn hat. Das kann ein Objekt sein, für das es sich interessiert und dessen Namen es gerne hören würde; in diesem Fall können Sie beispielsweise »Das ist ein Küken« sagen, wenn es ein entsprechendes Bild anschaut, oder ein dazu passendes Geräusch machen, das das Baby lustig findet, vielleicht »piep piep«. Wenn Ihr Kind gerade mit Gegenständen beschäftigt ist, können Sie etwa äußern »Alles fällt um«, wenn die Bauklötzchen umstürzen, oder »krrrach«, wenn zwei Spielzeugautos zusammenstoßen. Gewöhnlich ist es nicht schwer, auf das zu kommen, was es meint. Sie haben es nun mit einem recht geübten Kommunikationsteilnehmer zu tun.

Ich habe viele kleine Kinder gesehen, die mit verbalen Anweisungen überschüttet worden waren und mir buchstäblich den Rücken kehrten, wenn ich Anstalten zum gemeinsamen Spielen machte. Sie wichen mir sehr geschickt aus, wie raffiniert ich es auch anstellen mochte, um mich ihnen gegenüber niederzulassen. In dem Augenblick jedoch, in dem sie erkannten, dass ich ihrer Aufmerksamkeit folgte und sie durch Benennen oder ein passendes Geräusch in diesem Interesse bestärkte, schwenkten sie fast unweigerlich um. Das amüsiert und freut mich immer sehr.

Vermitteln Sie Ihrem Kind Freude am Zuhören

Achten Sie darauf, dass sich unter seinen Spielsachen Geräusch erzeugendes Spielzeug befindet, damit es sich in dieser ruhigen Umgebung daran freuen kann.

Nutzen Sie jede Gelegenheit, ihm zu zeigen, woher die Töne und Geräusche kommen, beispielsweise in einem »Quietschbuch«. Gelegenheiten, ihm Geräusche vorzuführen, bieten sich auch, wenn das Baby sich im Raum umherbewegt. Es könnte ihm vielleicht Spaß machen, wenn Sie mit dem Fingernagel ans Fenster klopfen oder über die Lamellen von Jalousien fahren, wenn das Baby Interesse an diesen Dingen zeigt.

Kinderverse, Abzähl- und Bewegungsreime bieten nach wie vor eine wunderbare Gelegenheit, dem Kind in dieser ruhigen Umgebung zu vermitteln, dass es Spaß macht, einer Stimme zu lauschen. Der richtige Zeitpunkt dafür ist gekommen, wenn Ihr Kind Sie erwartungsvoll anschaut und damit andeutet, dass jetzt Sie an der Reihe sind, mit einer Spielaktivität zu beginnen.

> Sorgen Sie dafür, dass Zuhören vergnüglich bleibt

Führen Sie Ihre Abwechselspiele wie Verstecken und »Backe, backe Kuchen« fort. Das Kind findet sie immer noch toll, und sie sind wichtige Vorläufer für spätere echte Dialogfertigkeiten.

Helfen Sie ihm, den Sprachcode zu knacken

Damit Ihr Baby sich auf Ihr Sprechen konzentriert und konzentriert bleibt, haben Sie bisher in einer bestimmten Art und Weise gesprochen. Diese angepasste Sprechweise dient immer noch dem gleichen Zweck, fördert jetzt aber zusätzlich sein Wortverständnis enorm. Stellen Sie sich jetzt wieder vor, Sie würden eine Fremdsprache lernen, und prüfen Sie, ob Ihnen diese Regeln nicht auch helfen würden.

Sprechen Sie in kurzen, einfachen Sätzen

Das haben Sie schon zuvor beachtet, um das Wortverständnis Ihres Kindes zu fördern, und es ist wichtig, dass Sie es weiterhin tun. Erst ganz am Ende dieser Phase wird Ihr Kind kurze Redewendungen und Sätze verstehen, die mehr als ein wichtiges Wort enthalten. Aus dem Prinzip, dass Sie stets dem Verständnisniveau des Babys angemessen sprechen sollten, folgt, dass Sie immer noch Redewendungen und Sätze benutzen sollten, die nur ein wichtiges Wort, aber darüber hinaus noch ein wenig mehr enthalten. Beispiele sind: »Das ist Teddy«, »Noch ein Auto« oder »Da ist Püppi«. (Nennen Sie in dieser Phase auf jeden Fall die Bezeichnungen, statt »Da ist es« zu sagen, weil das Kind gerade jetzt darauf aus ist, Bezeichnungen zu lernen.) Wenn das Kind gerade einen Vorgang beobachtet, können wir sagen: »Es ist umgefallen«. Legen Sie eine ganz leichte Betonung auf das wichtige Wort, um es für das Kind herauszuheben, doch achten Sie wie bisher sorgfältig darauf, Ihre Sprechweise nicht zu entstellen; es muss immer natürlich klingen.

> Sätze müssen immer den Regeln der Grammatik folgen

Ihre kurzen Sätze müssen zudem immer grammatisch richtig sein. Wir würden beispielsweise nicht sagen »Da Auto«, sondern »Da ist ein Auto«. Machen Sie eine Pause zwischen den Sätzen, damit Ihr Kind Zeit hat, sie zu erfassen.

Studien zufolge wächst die Satzlänge des Kleinkindes später umso schneller, je einfacher die Sprechweise der Mütter in dieser Phase war. Ich habe oft erlebt, dass Mütter eine sehr enge und liebevolle Beziehung zu ihrem Baby hatten und viel mit ihrem Baby sprachen, aber in enorm langen Sätzen.

Islas Mutter sprach ständig zu ihr in Sätzen wie »Es ist Zeit zum Einkaufen. Ich überlege, ob wir jetzt Brot kaufen sollen oder erst später.« So überraschte es wenig, dass es Isla bisher nur gelungen war, ihren eigenen Namen und die Wörter »Papi« und »nein« aufzuschnappen. Als ihre Mutter die Bedeutung kurzer Sätze erkannte und so zu sprechen begann, erweiterte sich Islas Wortverständnis in unglaublichem Tempo.

Sprechen Sie ein wenig langsamer und lauter und mit ausgeprägter Intonation

Diese Sprechweise ist immer noch sehr wichtig, um Ihrem Baby die Konzentration auf das, was Sie sagen, zu erleichtern. Überdies bevorzugen Kinder dieser Altersstufe immer noch deutlich diese Sprechweise. Sie werden merken, dass Ihr Baby Ihnen gespannt lauscht, wenn Sie so mit ihm sprechen. Zudem bekommt es so die besten Chancen, herauszufinden, welche der vielen Sprachlaute in welche Wörter eingehen.

Wiederholen Sie das Gesagte oft

Stellen Sie sich vor, Sie erlernten eine Fremdsprache. Wäre es Ihnen nicht auch recht, wenn Sie immer wieder dieselben Wörter hören könnten, damit Sie sie sich einprägen können? Genauso geht es Ihrem Baby. Da wir wissen, dass es jetzt die meisten Sprachlaute seinem Repertoire einverleibt hat, liegt der Grund dafür, dass sie noch nicht an der richtigen Stelle in den richtigen Wörtern auftauchen, vorwiegend darin, dass es sich die richtige Lautfolge noch nicht merken kann. Lernen kann es diese nur, wenn es dieselben Wörter viele Male hört.

> Das Kind muss Wörter viele Male hören, um sie zu lernen

Auch für die Begriffsbildung ist es sehr wichtig, dass das Baby Wörter in vielen unterschiedlichen Kontexten hört und so entdecken kann, dass seine Mütze immer »Mütze« heißt, ob sie sich nun auf seinem Kopf, auf dem Boden oder zusammengeknüllt in der Handtasche seiner Mutter befindet.

Die auf dieser Stufe beste Möglichkeit, dieses Element der Wiederholung einzubringen, nutzen Sie, wenn Sie den Namen eines Objekts in einer Folge kurzer Sätze verwenden, solange das Interesse Ihres Kindes darauf gerichtet ist. Wenn es beispielsweise einen Ball aufnimmt und damit spielt, können Sie sagen: »Das ist der Ball. Dein Ball. Der Ball rollt.« Kleine Benennungsrituale wie »Schuh aus, Strumpf aus, Handschuhe aus« beim Ausziehen machen ihm Freude, ebenso wie Spiele wie »Jonas hüpf, Mami hüpf, Papi hüpf«. Betonen

Sie beim ersten Mal ganz leicht den entscheidenden Namen, damit das Kind ihn klar erkennt.

Wiederholen Sie die Töne des Babys

Dies ist nach wie vor äußerst hilfreich. Wir wissen, dass in dieser Phase alle Sprachlaute seiner Muttersprache in der Lautproduktion des Babys vorkommen, und dies erlaubt ihm, seine eigenen Töne mit den Ihren zu vergleichen. Wie wir ebenfalls wissen, gibt es immer noch nichts Besseres, um Kleinstkinder, die praktisch »sprachlos« sind, zu »Gesprächen« in Lauten zu ermuntern. Sie können Ihrem Baby jetzt ein etwas komplexeres Echo zurückgeben, da seine Lautproduktion nun ja eine viel gewichtigere Rolle spielt. Wenn es eine lange Kette von Lauten produziert, dann versuchen Sie die letzten paar Silben zu imitieren. Das wird ihm sehr gefallen, und es wird Ihnen wahrscheinlich mit noch mehr Lauten »antworten«.

Machen Sie weiterhin Spielgeräusche zu dem, was vorgeht

Das lege ich Ihnen sehr ans Herz. Geräusche wie »brmm brmm«, »tatü tata« und »iiiuh«, die zu Autos, Feuerwehr und Flugzeugen passen, »wusch wusch wusch«, wenn Sie den Boden fegen und so weiter, eignen sich auf dieser Stufe immer noch wunderbar, seine Aufmerksamkeit zu erlangen und zu fesseln. Sie vermitteln dem Baby die Botschaft, dass es Spaß macht, Stimmen zu lauschen, und geben ihm eine Gelegenheit, einzelne Sprachlaute zu hören. Kleine Wendungen wie »Hoch mit dir«, wenn Sie es hochheben, »hopp, hopp, hopp«, wenn Sie die Treppe hinuntergehen, findet es in diesem Alter immer noch großartig, und Sie können an seinem Gesichtsausdruck ablesen, wie sehr Sie es erheitern und wie gespannt es zuhört, wenn Sie so etwas äußern, selbst wenn es müde oder unruhig ist.

> Spielgeräusche vermitteln, dass es Spaß macht, Stimmen zu lauschen

Reagieren Sie immer auf das, was das Baby meint

Jetzt, wo das Baby einige Wörter benutzen kann, sollten Sie es keinesfalls dazu auffordern, sie zu wiederholen. Es wird sie sprechen, wenn es dazu bereit ist, und es wird viel früher dazu bereit sein, wenn es sich nie unter Druck gesetzt fühlt zu sprechen. Entscheidend ist, dass Sie stets auf das eingehen, was das Baby meint, in welcher Weise auch immer es sich ausdrückt. Es teilt sich jetzt sehr geschickt durch Körpersprache, Gesichtsausdruck, Gestik und sogar ausgefeilte Pantomime mit, sodass nur selten schwer zu ergründen ist, was es im Sinn hat. Es ist erwiesen, dass das Ausmaß, in dem Eltern auf die Absicht des Babys eingehen, wie auch immer es sie ausdrückt, für ein gut Teil der Unterschiede in der Sprachentwicklung von Kindern verantwortlich ist.

Zeigen Sie ihm, was Sie meinen

Eine nach wie vor sehr wichtige Möglichkeit, Ihrem Kind auf dieser Stufe beim Knacken des Sprachcodes zu helfen, ist der Einsatz von Gesten. Greifen Sie wieder zu der Hilfsvorstellung, Sie wollten Vokabeln lernen. Ihr Baby muss das Rätsel lösen, welches Wort von mehreren für ein bestimmtes Objekt oder Ereignis steht, und da ist es ihm eine ganz große Hilfe,

> Zeigen Sie auf die Objekte, deren Namen Sie nennen

wenn wir auf den Gegenstand zeigen, dessen Namen wir gerade nennen. Wenn es beispielsweise Enten betrachtet und wir sagen: »Das ist eine Ente« und zeigen gleichzeitig darauf, besteht kaum die Gefahr, dass das Kind missversteht, wofür das Wort »Ente« steht. Es dürfte kaum überraschen, dass Kinder Wörtern sehr leicht eine falsche Bedeutung zuschreiben, wenn sie diese Hilfestellung nicht erhalten. Alle Sprachtherapeuten und Logopäden kennen Kinder, die falsche Bezeichnungen mit Objekten verknüpft haben.

In Jerrys Vokabular herrschte ein Riesendurcheinander. Er hatte viele Wörter mit der falschen Bedeutung verknüpft. Er bezeichnete beispielsweise einen Knopf als Mantel und eine Gabel als Teller. Seine

Familie war groß, und seine Mutter litt an einer chronischen Depression. Infolgedessen war nie viel mit ihm gesprochen worden und schon gar nicht in trauter Zweisamkeit. Dagegen war Folgendes passiert: Er hatte ein Wort gehört, während er einen anderen Gegenstand anblickte als den, auf den sich das Wort bezog, und deshalb zwischen beidem einen falschen Zusammenhang hergestellt. Können Sie sich vorstellen, in was für einer verwirrenden Welt er lebte? Ein paar grundlegende Missverständnisse genügen und bei allen folgenden Lernprozessen bricht das Chaos aus. Es dauerte sehr lange, bis Jerry dieses ganze Kuddelmuddel mit unserer Hilfe wieder in Ordnung bringen konnte. Es gelang ihm schließlich, weil sich die Erwachsenen viel Mühe gaben, dem zu folgen, worauf er seine Aufmerksamkeit richtete, wenn sie mit ihm sprachen, nicht nur in Spielzeiten zu zweit, sondern auch so weit als möglich während der übrigen Zeit.

Durch Ihren Gesichtsausdruck und Ihre Körpersprache können Sie das Wortverständnis Ihres Babys ebenfalls fördern und ihm viele Informationen über Gefühle und Einstellungen vermitteln.

■ Was Sie auf dieser Altersstufe nicht tun sollten

Es gibt in dieser Phase einiges, das Sie vermeiden sollten. Jetzt kommt die Zeit, in der Ihr Baby sehr wahrscheinlich mobil wird und alles und jedes erkunden und untersuchen will, einschließlich Steckdosen, Lampen und Ihrer wertvollen Wohnungsdekoration. Nur allzu leicht ertappen Sie sich dabei, dass Sie ständig sagen: »Nein«, »Nicht anfassen«, »Hör auf« und »Leg das hin«. Es ist viel besser, das zu lassen. Vermeiden Sie nach wie vor so weit wie möglich »negative« Worte. Sie haben viel Zeit und Mühe darauf verwendet – und tun es noch –, dem Kind zu vermitteln, dass es Spaß macht, einer Stimme zuzuhören, und niemand ist sonderlich erpicht darauf, diese Art von Bemerkungen zu hören. Außerdem ist es in diesem Alter immer nötig, physisch einzugreifen und das Baby abzulenken, und es ist viel besser, sich auf diese Methode zu verlassen. (Bitte denken Sie nicht, ich träte dafür ein, das Kind alles machen zu lassen, was es will: Das tue ich nicht. Mir geht es darum, *wie* Sie es hindern.)

Ihr Baby wird wahrscheinlich jetzt die magischen ersten Worte sprechen. Bitte widerstehen Sie der Versuchung, es dazu aufzufordern: »Sag es für Papi«, »für Oma«, »für die Tante« oder für sonst jemanden. Wie wir oben betont haben, wissen Babys viel über Kommunikation,

> **Halten Sie die Sprachinhalte positiv und nicht negativ**

und sie wissen nur allzu gut, dass dies keine normale Kommunikation ist. Es baut nur Hemmungen auf und behindert sie. Teilen Sie Ihren Jubel anderen telefonisch mit, wenn Ihr Baby Sie nicht hören kann, aber in seiner Anwesenheit sollten Sie das, was es gesagt hat oder wie es etwas gesagt hat, niemals kommentieren. Gehen Sie besser immer auf den Gehalt dessen ein, was es Ihnen mitteilt. Es wird entzückt darüber sein, insbesondere wenn Sie auf seine allerersten Worte reagieren, die vielleicht nur Sie verstehen.

Viele meiner Kollegen und ich kennen Kinder, die die ersten Worte sprachen und dann für sechs Monate oder länger damit aufhörten, und zwar gerade wegen der überschwänglichen Begeisterung ihrer Familie.

Dies ist ein weiteres wichtiges Prinzip, das sich durch das gesamte Programm zieht. Wir werden das Baby niemals dazu auf-

> **Machen Sie nie Bemerkungen über das, was Ihr Baby gesagt hat oder wie es etwas gesagt hat**

fordern, Wörter oder Laute zu sagen oder nachzuahmen. Dafür besteht absolut keine Notwendigkeit. Wir haben die Aufgabe, mit ihm in der angemessensten Weise zu sprechen. Wenn wir das tun, erledigt es den Rest schon von selbst.

Fragen

Fragen werden Kindern von diesem Alter an von Erwachsenen sehr häufig gestellt. Sie sollen Folgendes bezwecken: Erstens dienen sie dazu, Informationen zu erhalten – beispielsweise »Willst du einen Apfel?« –, und zweitens sollen sie das Kind zum Antworten bewegen – etwa »Was ist das?«

Die erste Frage ist in Ordnung, die zweite nicht. Der Grund dafür liegt darin, dass die erste Frage echte Kommunikation ist, insofern der Erwachsene die Antwort nicht kennt, und das merken sogar schon sehr kleine Kinder. Die zweite hat nichts mit Kommunikation zu tun, sondern ist im Grunde ein Test. Das Kind weiß das auch. Wenn es die Antwort schon kennt, erweitert die Frage sein Wissen um keinen Deut, und wenn es sie nicht kennt, hat es nur ein Misserfolgserlebnis, was die Kommunikationsfreudigkeit eines Kindes ernsthaft beeinträchtigen kann.

> Stellen Sie keine
> »Testfragen«

Ich habe einmal einen kleinen Jungen behandelt, der praktisch nichts anderes sagte als: »Was ist das?« Es war nicht schwer zu erraten, was er ein ums andere Mal zu hören bekommen hatte.

Ich würde sogar so weit gehen und das »Was ist das?« in diesem Alter und noch etwas länger ganz verbieten, außer für die seltene Gelegenheit, in der Sie vielleicht wirklich einmal nicht wissen, was etwas ist, Ihr Kind aber schon.

(Wenn es um etliches älter ist, kann geschicktes Fragen ein Kind zum Nachdenken anregen, und es kann eine Möglichkeit sein, einem Kind im Gespräch das Wort zu geben. Jetzt jedoch ist es noch weit von dieser Stufe entfernt.)

Außerhalb Ihrer halben Stunde

Wahrscheinlich möchten Sie jetzt wissen, wie Sie außerhalb Ihrer besonderen Spielzeit mit Ihrem Kind reden sollen, da es bisher einschlägige Unterschiede gab. Fahren Sie mit Ihrem »laufenden Kommentar der Ereignisse« fort und zeigen Sie ihm interessante Gegenstände und Vorgänge, wenn Sie zu tun haben und Kontakt zu Ihrem Kind halten wollen. Doch denken Sie daran, meistens kurze Sätze zu machen, wenn Sie mit ihm reden. Je sensibler Sie jetzt Ihre Sprache anpassen können, desto besser für seinen Spracherwerb. Überdies kann es auf dieser Stufe von Nutzen sein, sich der Hilfe der gesamten Familie zu versichern.

Sechzehn bis zwanzig Monate

▲ Überblick

Dies ist eine sehr aufregende Phase, und Sie werden dramatische Veränderungen bei Ihrem Kind bemerken, wenn es sich vom Säugling zum selbstbewussten Kleinkind entwickelt.

Mit sechzehn Monaten wird Ihr Kind eine richtige kleine Person, mit der Sie Ihren Alltag teilen können. Es wird nachts wahrscheinlich meist durchschlafen – was Ihnen und der übrigen Familie unendliche Erleichterung bringt – und tagsüber nur noch ein- oder zweimal ein Schläfchen halten. Seine Mahlzeiten werden regelmäßiger, und obwohl es wahrscheinlich immer noch abends als Letztes und morgens als Erstes die Flasche haben will, kann es jetzt immer besser aus einem Becher trinken. Es ist möglich, dass es nervös in seinem Hochstuhl herumzuzappeln beginnt – weil es merkt, dass es als Einziger so einen Stuhl hat – und lieber auf einem »Erwachsenenstuhl« sitzen will.

Noch mehr ändert sich. Das Kind möchte jetzt mehr selber bestimmen und nimmt beim Spielen das Heft in die Hand, wenn es kann. Wenn Sie spazieren gehen, übernehmen zwar immer noch Sie den Kinderwagen (und Ihr Kind wird bestimmt manchmal müde werden), doch es will unbedingt den Buggy abwechselnd mit Ihnen schieben: Es wird unbestreitbar größer! Es klettert mit Begeisterung auf alles Mögliche hinauf – Sofas, Betten, eigentlich alles, was es erreichen kann –, und das kann jetzt wirklich gefährlich werden.

Es geht allgemein mehr auf Sie und andere Menschen in seinem Umfeld zu, und dieses Bedürfnis dabei zu sein und mitzumachen schlägt sich jetzt in der Geschwindigkeit nieder, mit der sich seine sprachlichen Fertigkeiten entwickeln.

Dies ist ein ereignisreiches und sehr zentrales Stadium in der Entwicklung Ihres Kindes. Genießen Sie jede Minute davon!

▲ Der siebzehnte und achtzehnte Monat

▪ Sprachentwicklung

Das *Verständnis* Ihres Kindes für die Welt ringsum und die Menschen darin – wofür die Dinge da sind und wie die Menschen sie benutzen – entwickelt sich rapide, und diese Entwicklung ist von einer dramatischen Erweiterung seines Wortverständnisses begleitet, insbesondere wenn es viel Hilfestellung von Ihnen erhält. Zu Beginn dieser Phase kennt es wahrscheinlich die Namen vieler Alltagsgegenstände wie Möbel- und Kleidungsstücke und hat vielleicht schon den bedeutsamen Schritt getan, kurzen Sätzen mit zwei wichtigen Wörtern folgen zu können, zum Beispiel »Dein *Becher* ist in der *Küche*« oder »Suchen wir den *Teddy* und bringen ihn *Papi*«. Sie werden merken, dass Sie die wichtigen Wörter spontan ein wenig betonen und Ihrem Kind das Erkennen auf diese Weise erleichtern. Betonen Sie jedoch nicht übertrieben, weil dies den Rhythmus des Satzes stören würde.

Ihnen wird auffallen, dass Ihr Kind angemessen auf das reagiert, was um es herum vorgeht: Es holt seine Schuhe, wenn Sie Anstalten zum Weggehen machen, oder bleibt in seinem Stuhl sitzen, wenn Sie kochen. Überdies kann es jetzt Wörter den entsprechenden Kategorien zuordnen; es erkennt beispielsweise, dass eine Weste ein Kleidungsstück ist und in dieselbe Kategorie wie Hemden und Strümpfe gehört.

Es kann jetzt auf einfache Fragen wie »Wo ist der Teddy?« durch Schauen in die entsprechende Richtung reagieren. Sie müssen sich jedoch weiterhin vor Augen halten, dass manche Wörter nur in vertrautem Kontext verstanden werden; es schaut sich wahrscheinlich nur dann nach »Teller« um, wenn *sein* Teller in Sichtweite ist.

> Bitte beachten Sie, dass die hier beschriebenen Entwicklungsstadien sich nur auf den Durchschnitt beziehen.
> Alle Babys entwickeln sich in unterschiedlichem Tempo, und häufig können Fortschritte in einem Bereich zu Stillstand in einem

anderen führen. Weder Sorgen noch gar Verzweiflung sind angebracht, wenn bei Ihrem Kind nicht alles in genau dem hier besprochenen Zeitabschnitt einzutreten scheint. Weitere Information
finden Sie im Abschnitt *Grund zur Sorge* auf Seite 211.

Wenn das Kind etwa siebzehn Monate alt ist, werden Sie eine rasche
Zunahme der Wörter bemerken, die es versteht. Oft scheint es jeden
Tag neue zu lernen, insbesondere die Bezeichnungen von Körperteilen, Kleidungsstücken oder Tieren. Es entwickelt zudem ein scharfes
Gespür für Ihren Sprachgebrauch und reagiert angemessen auf eine
Frage wie »Willste 'n Apfel?«, eine Bemerkung wie »Guck mal, ein
Kätzchen« oder eine Anweisung wie »Hol deine Schuhe«. Es vermag
jetzt auch andere Wörter als Namen zu verstehen und kennt die Bedeutung einiger einfacher Verben wie »hinsetzen« und »herkom-
men«. Sein wachsendes Bewusstsein seiner selbst als einer eigenstän-
digen Person zeigt sich deutlich darin, dass es neuerdings Pronomen
wie »du« und »ich« und »mein« zu verstehen vermag.

Wie sich sein Wortschatz vergrößert, so wächst auch seine Fähigkeit, Sätze und Redewendungen mit zwei wichtigen Wörtern statt nur
Einzelwörter zu verstehen. Darum kann das Kind jetzt vielleicht
kleine Anweisungen befolgen, etwa »Geh in dein *Zimmer* und hol
deinen *Mantel*« oder »Hol deinen Ball und gib ihn Moritz«. Es bringt
Ihnen vielleicht sogar zwei gewünschte Dinge, wenn Sie eine Bitte
aussprechen wie »Gib mir die Bürste und den Löffel« – aber nur,
wenn es in hilfsbereiter Stimmung ist.

In dieser Phase, in der Ihr Kind so wunderbare Fortschritte
macht, ist es nur natürlich, dass Sie das aufregend finden und seine
neu erworbenen sprachlichen Fertigkeiten gerne vorführen würden.
Seien Sie aber nicht allzu enttäuscht, wenn die Sache bei anderen
Menschen nicht so gut klappt wie mit Ihnen. Viele Kinder in diesem
Alter verstehen vertraute Erwachsene viel besser als Menschen, die sie
nicht gut kennen; das kann zwar sehr frustrierend sein, gibt sich aber,
wenn das Kind ein bisschen größer ist.

Auch das *Sprechvermögen* des Kindes entwickelt sich rapide. Mit sechzehn Monaten plappert es zwar noch viel – in einem breiten Spektrum von Lauten, Tonhöhen und Intonationsmustern, wahrscheinlich durchsetzt von nur sechs bis sieben echten Wörtern –, doch sein aktiver Wortschatz erweitert sich langsam, aber stetig. Der Wortschatz wächst bei den meisten Kleinkindern frühestens mit zwanzig Monaten sprunghaft an, und es kann sein, dass der aktive Wortschatz beunruhigend hinter ihrem Sprachverständnis herzuhinken scheint. Keine Panik! Das ist völlig normal, und das aktive Sprechvermögen wird zur richtigen Zeit aufholen.

Kaum überraschen dürfte, dass die ersten Wörter, die Kinder sprechen, meist die Namen von Menschen und Gegenständen sind, die große Bedeutung für sie haben. Sie lieben es, überall dabei zu sein, und lernen daher oft Wörter wie »hallo« und »tschüs« besonders rasch. Andere frühe Favoriten sind Wörter im Zusammenhang mit vertrauten Handlungen wie »hoch«, doch diese verwendet das Kind auf dieser Stufe meist nur in speziellen, ihm gut bekannten Kontexten: »Teddy« beispielsweise bezieht sich vielleicht nur auf seinen eigenen Teddy. Interessanterweise spielt die Länge eines Namens keine entscheidende Rolle, sofern sich das Kind nur dafür interessiert: Meine Tochter besaß ein Stoffflusspferd, das sie als Kind heiß und innig liebte, und mit sechzehn Monaten gehörte das klar gesprochene Wort »hippopotamus« [engl. Flusspferd] zu ihrem begrenzten Wortschatz.

Zwar wächst der Wortschatz Ihres Kindes in diesem Alter schnell, doch die begrenzte Anzahl Wörter, die es zu benutzen weiß, muss für vieles herhalten. Während es manche zu stark eingeschränkt benutzt – sodass beispielsweise »ta« nur seine eigene Tasse meint –, werden andere überstrapaziert. Wenn Ihr Kind das richtige Wort für einen Gegenstand nicht kennt, verwendet es – durchaus vernünftig – eines, das in seinen Augen etwas Ähnliches bezeichnet, etwa »Ball« für alle möglichen runden Objekte einschließlich des Mondes, eines Rades und sogar eines runden Teebeutels.

Diese frühen Wörter müssen zudem ein breites Spektrum von Absichten ausdrücken. »Auto« könnte bedeuten: »Ich möchte das Auto« oder »Das ist mein Auto« oder sogar »Ich mag das Auto nicht!« Deshalb setzt es Mimik und Körpersprache ein, um zu verdeutlichen, was es meint.

Das Kind wird auch ein immer geübterer Gesprächspartner und kann jetzt einem Austausch folgen, bei dem jeder Partner zweimal dran ist. Es könnte sagen: »Auto«, und Sie könnten erwidern: »Hier ist dein Auto.« Daraufhin könnte es mit einem »brmm brmm« das Auto hin und her schieben und darauf warten, dass Sie »krach« sagen, wenn es das Auto gegen ein Hindernis stoßen lässt.

Mit achtzehn Monaten erwirbt es mehr abstrakte Begriffe im Zusammenhang mit Gegenständen, Ereignissen und Menschen: Es versteht beispielsweise den Begriff »Hund« oder was »Einkaufen« bedeutet. Infolgedessen kann es in seinem Wortgebrauch weg vom Besonderen und hin zum Allgemeinen gehen: »Hund« kann sich jetzt auf alle Hunde statt nur auf das Haustier der Familie beziehen. Dies könnte in gewissem Ausmaß für die rasche Entwicklung des aktiven Wortschatzes auf dieser Stufe verantwortlich sein, da die Wörter jetzt erstmals als Symbole gebraucht werden.[1]

■ Allgemeine Entwicklung

Ein entscheidender Faktor für die Sprachentwicklung Ihres Kindes liegt darin, dass seine kognitiven Fähigkeiten, seine Mobilität und seine manuelle Geschicklichkeit ihm helfen, die Welt um sich herum immer besser zu verstehen. Der vielleicht wichtigste Entwicklungsschritt in der Wahrnehmung ist in diesem Alter die rasche Zunahme der Anzahl der Begriffe, die es versteht. Begriffe, die anfangs sehr breit und unscharf waren – beispielsweise vierbeinige Tiere –, differenzieren sich allmählich, sodass das Kind nun verschiedene Kategorien von Vögeln, Fischen, Hunden und Katzen und schließlich einzelne Tiere zu unterscheiden versteht.

Sie werden sehr bald merken, dass Ihr Kind motorisch viel geschickter wird und überall im Raum herumkommt, sich Dinge, die sein Interesse wecken, greift und mit ihnen hantiert. Dieses Erforschen hilft ihm bei der Begriffsbildung, im wahrsten Sinn des Wortes beim Begreifen seiner Welt. Ein Beispiel: Bevor es nicht versucht hat, etwas aufzuheben, dessen Gewicht über seine Kräfte geht, kann es sich kaum eine Vorstellung von »schwer« machen.

Da seine Hand-Auge-Koordination sich verbessert, kann es jetzt mit verschiedenen Materialien in einer Weise umgehen, die die Begriffsbildung sehr fördert: Es kann beispielsweise eine Kiste bis zum Rand mit Bauklötzchen füllen und sie dann wieder ausleeren. Es macht nun gezielt Kritzelein und Punkte mit Buntstiften oder Wachsmalkreide auf Papier und unterzieht die Ergebnisse einer eingehenden Prüfung. Es schiebt und zieht gerne größere Spielsachen und Fahrzeuge umher und lernt auf diese Weise, die Größe und Position von Gegenständen besser zu beurteilen. Es zeigt auch ein größeres Bestreben, das zu beenden, was es anfängt: zum Beispiel alle seine Spielzeugautos an einer Stelle zu parken oder alle seine Bauklötzchen in einen Lastwagen zu laden.

Seine größere Mobilität hilft ihm ebenfalls, seine Welt zu erkunden. Es kann jetzt ohne Unterstützung aufrecht knien und sich selbst auf einen kleinen Stuhl setzen. Es läuft mit seinem breitbeinigen Gang sicher umher und schiebt mit Begeisterung einen Kinderwagen. Es kann sich einen Stuhl zurechtrücken, um hinaufzuklettern und an ein Spielzeug zu gelangen, und wenn Sie es an der Hand nehmen, kann es Treppen steigen, indem es die Füße nacheinander auf jede Stufe setzt. Es würde gerne einen Ball kicken, läuft aber gegenwärtig nur hinein.

Nicht alles, was es über seine Welt herausfindet, ist rein physischer Natur; es macht auch soziale Entdeckungen. Wundern Sie sich nicht, wenn Sie es viel mit Imitation und Mimikry experimentieren sehen; teilweise versucht es herauszufinden, wie es ist, wenn man das tut, was es Sie tun sieht, und teilweise will es ergründen, inwiefern sich andere Menschen von Ihnen und von ihm selbst unterscheiden. Es bezieht andere gerne in seine Spiele ein und lädt Sie zum Mitmachen ein, indem es Ihnen ein Spielzeug anbietet.

■ Aufmerksamkeit

Es fällt Ihrem Kind immer noch schwer, seine Konzentration gezielt zu steuern, weshalb Sie wie in den sechzehn bisherigen Monaten immer noch den sprunghaften Wechsel seiner Aufmerksamkeit erleben werden. Allerdings gibt es jetzt Phasen intensiver Konzentration, in denen sich das Kind geradezu leidenschaftlich für etwas interessiert und keinesfalls darin unterbrochen werden will.[2]

Wenn das Kind nicht sehr in etwas Bestimmtes vertieft ist, zeigt es zwar mehr Interesse an dem, worauf Sie Ihre Aufmerksamkeit richten, wenn es aber ganz auf etwas konzentriert ist, vermag es nicht einmal zu hören, was Sie zu ihm sagen – sofern dies nicht unmittelbar mit dem Objekt seines Interesses zu tun hat und dadurch dessen Attraktivität noch verstärkt. Das Kind kann beispielsweise die Worte eines Spiels wie »Wo ist deine Hand?« aufnehmen, wenn es gerade herauszufinden versucht, wie es seinen Arm in einen Ärmel stecken muss; es bekäme aber nichts mit, wenn Sie es zu eben diesem Zeitpunkt auf eine Katze im Garten aufmerksam machen würden.

■ Hören

Ihr Kind sollte jetzt in der Lage sein, die Quellen von Geräuschen aus praktisch allen Richtungen ausfindig zu machen, was ihm enorm dabei hilft, Verknüpfungen zwischen Geräuschen und ihren Quellen herzustellen. Wenn alles bislang gut verlaufen ist, vermag es nun die Geräuschkulisse in seiner Umgebung abzutasten, zu entscheiden, welchen Tönen es lauschen möchte, und ein wenig länger dabei zu verweilen, wobei es Hintergrundgeräusche ausblendet. Diese Fähigkeit ist immer noch nicht gänzlich gefestigt und auf günstige Umstände angewiesen, um zum Zuge zu kommen.

Die »sensorische Integration« – die Fähigkeit, zugleich zu schauen und zuzuhören – entwickelt sich ebenfalls weiter, kann jedoch nur unter bestimmten Umständen realisiert werden, nämlich wenn die Umgebung frei von Ablenkungen ist und wenn das, was das Kind betrachtet und anhört, nicht nur ein und derselbe Gegenstand ist, sondern auch das selbst gewählte Zentrum seiner Aufmerksamkeit bildet.

Das Kind interessiert sich jetzt in immer stärkerem Maße für gesprochene Sprache und gibt dies dadurch zu erkennen, dass es manchmal das letzte Wort eines gehörten Satzes wiederholt. Wie fasziniert es ist, zeigt sich auch daran, dass es sich viel weniger leicht ablenken lässt, wenn es einem Sprecher zuhört.

▲ Der neunzehnte und zwanzigste Monat

▪ Sprachentwicklung

In den beiden vorigen Monaten ereigneten sich schon dramatische Fortschritte im *Wortverständnis* Ihres Kindes, im neunzehnten und zwanzigsten Monat legt die Entwicklung jedoch noch an Fahrt zu. Wenn die Bedingungen günstig sind, lernt das Kind jeden Tag nicht weniger als neun neue Wörter zu verstehen!

Ihr Kind macht jedoch nicht nur hinsichtlich der bloßen Anzahl verstandener Wörter Fortschritte. Mit ungefähr zwanzig Monaten fängt es an, Wörter und Sätze auch außerhalb des Kontextes zu verstehen, in denen sie es gewöhnlich hört: So reagiert es auf den Ruf »Abendessen ist fertig« auch im Haus von Nachbarn und nicht nur in seinem eigenen. Ähnlich beginnt es zu begreifen, dass viele Wörter und Redewendungen für einen Gegenstand oder Menschen stehen können, der nicht anwesend ist; es kann daher auf vertraute Sätze wie »Wo ist Oma?« auch dann reagieren, wenn Oma gar nicht zu Besuch ist. Mit anderen Worten, jetzt setzt tatsächlich echtes Sprachverständnis ein, das heißt, das Kind erkennt die Bedeutung eines Wortes ohne die Unterstützung durch einen vertrauten Kontext.[3]

Dass das Kind Wörter jetzt eher als Symbole begreift, zeigt sich auch daran, dass es sowohl die Namen von Nachbildungen wie Spielzeugautos oder Puppenmöbeln als auch die von realen Gegenständen zu erkennen beginnt. Es erkennt überdies die Namen von abgebildeten Objekten. Es betrachtet jetzt Bilder schon bis zu zwei Minuten lang und zeigt auf Körperteile und Kleidungsstücke, wenn deren Namen genannt werden. Sein Wissen über Ereignisfolgen wie Einkaufen oder Baden, das es durch wiederholte Erfahrungen erworben hat, ist ihm jetzt von großem Nutzen. Es ist einfach, beispielsweise die Bedeutung des Wortes »Handtuch« in dem Satz »Hier kommt das Handtuch, mit dem du abgetrocknet wirst« abzuleiten, wenn es dieses Wort in dem Augenblick hört, in dem es aus der Badewanne kommt und weiß, dass als Nächstes das Abtrocknen kommt.

Das Kind nutzt jetzt auch geschickt nonverbale Hinweise wie Gesten und den Zusammenhang sowie die Signale, die Sie mit den Augen geben, um dahinter zu kommen, worauf sich ein Wort bezieht, und es weiß ausgefuchste Schlüsse auf Objekte Ihres Interesses zu ziehen.

Wie schon zuvor entwickelt sich das *aktive Sprechen* gleichzeitig mit dem Sprachverständnis, wenn es auch etwas hinterherhinkt. Die meisten Kinder dieses Alters plappern weiterhin viel, benutzen eine breite Palette von Lauten, Tonhöhen und Intonationsmustern, doch in der Zahl der gesprochenen Wörter können erhebliche Unterschiede bestehen. Manche benutzen neun oder zehn, während andere gegen Ende dieses Altersabschnitts bis zu fünfzig Wörter sinnvoll verwenden.

Mit etwa zwanzig Monaten tritt bei manchen Kindern eine enorme und sprunghafte Erweiterung des Wortschatzes ein. Die Mehrzahl der Wörter stellt immer noch Namen von Familienangehörigen, Haustieren und Lieblingsspielsachen dar sowie einige Handlungswörter wie »winke, winke« und Umweltgeräusche wie Notfallsirenen. Das Kind reagiert jedoch jetzt auch sprechend auf Sprache, sagt beispielsweise »winke, winke« auf Aufforderung, während es zu Beginn dieser Phase noch mit einer einfachen Geste oder einem Laut reagierte. Wie Sie feststellen werden, laufen die Wörter jetzt allmählich den Gesten den Rang als Hauptkommunikationsmittel ab. Diejenigen Kleinkinder, bei denen mit zwanzig Monaten diese rasche Wortschatzerweiterung auftritt, verwenden nun ein breites Spektrum von Wortarten einschließlich Verben wie »trinken« und Adjektiven wie »groß« und »klein«, und sie reagieren auf Sprache mit Sprache, antworten also auf einfache Fragen wie »Willst du einen Apfel?«

Dennoch werden Wörter immer noch für viele unterschiedliche Bedeutungen und Zwecke verwendet; so kann »Babba« bedeuten: »Heb mich hoch, Papi«, »Komm her, Papi«, »Papis Auto« oder »Papi ist dran«. Dessen ungeachtet geht dieses Überstrapazieren, an das Sie jetzt schon gewöhnt sind, in dem Maße zurück, in dem der Wortschatz Ihres Kindes wächst. Ein Wort etwa, das für alle vierbeinigen Tiere herhalten musste, wird allmählich von den Namen der verschiedenen Tierarten abgelöst.

Kinder, die mit zwanzig Monaten über ein aktives Vokabular von fünfzig Wörtern verfügen, verknüpfen jetzt erstmals zwei Wörter, auch wenn sie natürlich weiterhin einige Zeit lang in einzelnen Wörtern sprechen. Sie werden jetzt die ersten Sätze Ihres Kindes hören, und das ist ein sehr aufregendes und bedeutsames Stadium. Die ersten Wörter, die durch eine echte Verknüpfung verbunden werden, sind häufig »weg« und »mehr«, wie in »Mami weg« und »mehr trinken«, doch die frühesten Zwei-Wort-Kombinationen bestehen gewöhnlich aus zwei gänzlich getrennten Wörtern, die zusammengestellt werden, wie »Julia Auto«, was »Ich möchte das Auto« bedeutet. Die Wortstellung mag natürlich nicht immer korrekt sein, und in dieser Phase pflegte meine Tochter bestimmt zu verkünden: »Mami seh«, wenn sie mich sehen wollte. Diese frühen Zwei-Wort-Sätze haben oft mehrere Bedeutungen. »Julia Mütze« könnte bedeuten: »Ich möchte meine Mütze«, »Gib mir meine Mütze« oder sogar »Ich mag meine Mütze nicht.« Obwohl also das Kind in Sätzen spricht, muss man diese immer noch ein wenig enträtseln.

Ich habe erwähnt, dass Kinder in diesem Alter sich sehr gerne im Nachahmen üben, und das erstreckt sich auch auf die Sprache. Die meisten imitieren Zwei-Wort-Sätze und nach wie vor Umweltgeräusche wie »tatü tata«, wenn ein Feuerwehrauto vorüberfährt, oder »wau wau«, wenn sie einen Hund erblicken.

Die Aussprache jedoch ist alles andere als ausgereift, und die stolzen Eltern müssen häufig feststellen, dass sie die Einzigen sind, die den Großteil dessen, was ihr Kind sagt, verstehen. Dies liegt vor allem daran, dass das Kind noch einen langen Weg vor sich hat, bis es sich die korrekte Lautfolge der Wörter merken kann. Dazu kommt noch, dass manche Sprachlaute wie »ch« und manche Lautgruppen wie »str« eine extrem feine Abstimmung des Sprechapparats erfordern. (Versuchen Sie es einmal und achten Sie darauf, wie kompliziert die Bewegungen im Vergleich mit denjenigen für »b« oder »p« sind!) Nur wenn das Kind reichlich Gelegenheit erhält, die selbst erzeugten Laute mit denen zu vergleichen, die es in seinem Umfeld hört, vermag es schließlich sein Sprachlautsystem damit in Übereinstimmung zu bringen.

Am häufigsten kommen in der frühen Kindheit folgende Aussprachefehler vor:

- Schwierige Laute werden durch ähnliche, aber leichter auszusprechende ersetzt, beispielsweise »Dock« für »Stock« oder »nist« für »nicht«.

- In einem Wort, in dem zwei ähnliche Konsonanten vorkommen, wird derselbe Konsonant benutzt: beispielsweise »Mokomotive« für »Lokomotive«.

- Manche Aussprachefehler weisen darauf hin, dass das Kind noch nicht alle Laute in den Wörtern erkannt hat. Die Laute am Wortende beispielsweise sind häufig schwer zu hören und werden daher weggelassen wie bei »Bo« für »Boot«. Ganze Silben, die nicht betont werden, werden ebenfalls oft weggelassen, wie »Bane« für »Banane«.

- Ähnliche Laute werden ersetzt, beispielsweise »s« für »sch«.

- Mehrsilbige Wörter werden so verändert, dass die Silben einander sehr ähnlich werden. Mein kleiner Sohn sprach von »bunny rabbit« [etwa: Häschen Hase] als »bunny bunnit«.

■ Allgemeine Entwicklung

Die feinmotorischen Fertigkeiten Ihres Kindes verfeinern sich nun noch weiter: Es kann jetzt einen Deckel aufschrauben und eine Tür öffnen, mehrere Blätter eines Buches auf einmal umblättern und einen Turm oder Zug aus drei Klötzchen bauen. Es kann sechs Zapfen in ein Steckbrett stecken und ein Quadrat und einen Kreis richtig in die zugehörigen Öffnungen einsetzen. Es zeigt Interesse daran, Paare aus zwei ähnlichen Gegenständen zu bilden, stellt zum Beispiel zwei gleiche Autos nebeneinander, und es kann jetzt einen Ball werfen – auch wenn der Wurf noch oft in die falsche Richtung geht.

Das Kind vermag zudem seinen Körper besser zu steuern. Es rollt beim Laufen mit den Füßen ab und vermag sicher loszulaufen und anzuhalten. Es kann sich hinhocken, um ein Spielzeug aufzuheben, und einen breiten Stuhl erklettern und sich auf der Sitzfläche herumdrehen und setzen. Es hat eine viel klarere Vorstellung von seiner eigenen Größe im Verhältnis zum vorhandenen Raum und vermag herauszufinden, ob es in eine bestimmte Kiste hineinpasst oder nicht.

Auf sozialem Gebiet möchte es alles nachahmen, was es Erwachsene machen sieht, und tut begeistert so, als lese es ein Buch, koche Kaffee, und tut die Unmengen von Dingen, die um es herum passieren. Es zeigt den brennenden Wunsch zu erkunden, was es mit all diesen Dingen auf sich hat, und ist felsenfest entschlossen, so viel wie nur möglich über die Welt herauszufinden.

■ Aufmerksamkeit

Was die Aufmerksamkeitsspanne anlangt, werden Sie keinen großen Unterschied zwischen dem siebzehnten und achtzehnten Monat und dem neunzehnten und zwanzigsten Monat feststellen. Es wechseln sich immer noch kurze Phasen intensiver Konzentration mit der gewohnten Sprunghaftigkeit ab, und es ist immer noch unmöglich, die Aufmerksamkeit des Kindes von etwas, in das es vertieft ist, wegzulenken.

Der einzige mögliche Unterschied ist der, dass das Kind mit achtzehn Monaten ein entfernt liegendes Ziel Ihres Blicks exakt lokalisieren kann und daher ein gesteigertes Interesse zeigt, dem Gegenstand Ihrer Aufmerksamkeit zu folgen.

■ Hören

Gegenüber dem Stadium von siebzehn und achtzehn Monaten ist hier keine bedeutsame Veränderung festzustellen, obwohl sich Ihr Kind wahrscheinlich mehr denn je für Sprache interessiert – teilweise, weil es ihm immer leichter fällt, jenen so wichtigen Zusammenhang zwischen einem Laut und seiner Quelle herzustellen.

▲ Das Spielen

Das erforschende, das gemeinsame und das symbolische Spiel entwickeln sich jetzt rasch und helfen Ihrem Kind bei der Erkundung seiner Welt. Weil es so schnell lernt, sollte ihm unbedingt ein breites Spektrum sowohl von Spielzeug als auch Situationen zur Verfügung stehen – und denken Sie daran, dass es genauso gerne allein wie mit einem Partner spielt. Es ist sehr wichtig, dass Sie erspüren, was es im jeweiligen Augenblick möchte. Gewöhnlich macht Ihnen Ihr Kind klar, wann es will, dass Sie mitspielen!

■ Entdeckungsspiele

Sie werden merken, dass die Körperbeherrschung, manuelle Geschicklichkeit und Hand-Auge-Koordination Ihres Kindes sich entscheidend verbessern, und dies erschließt ihm eine Fülle von aufregenden Entdeckungen. Es weiß jetzt Gegenstände besser miteinander in Beziehung zu bringen und legt die Decke auf dem Puppenbettchen sorgfältig gerade hin. Wahrscheinlich zeigt es auch Interesse, verschiedene Teile komplexerer Objekte zusammenzusetzen wie Bilder in ein ganz einfaches Legepuzzle einzufügen. Es lernt jetzt, Bauklötzchen so zu setzen, dass sie im Gleichgewicht sind, welche Teile eines Puzzles zu groß oder zu klein sind und dass es durch Drehen der Teile der Lösung näher kommt.

Das Kind benutzt jetzt Dinge ihrem Zweck gemäß, schlägt eine Trommel und schiebt Fahrzeuge. Es hält seine Spiele länger durch und spielt gewandter: Es vermag inzwischen einen kleinen Turm aus Bauklötzchen aufzuschichten, der nicht sofort wieder umfällt. Es hat immer noch Freude daran, Dinge einzupassen und anzuordnen, und füllt und leert nach wie vor mit Begeisterung Kisten und Dosen. Mich fasziniert es, dass viele dieser Aktivitäten, bei denen zwei Objekte in Beziehung gesetzt werden, genau zu der Zeit auftauchen, in der das Kind auch zwei Wörter miteinander verbindet.

Jetzt findet es auch Spaß an Knetmasse; allerdings formt es nichts daraus, sondern patscht mit den Händchen darauf und zieht und dreht sie. Ähnlich sitzt es auch gerne im Sandkasten, insbesondere wenn es dort anderen Kindern zusehen kann, spielt oder baut aber noch nicht mit dem Sand.

Das Kritzeln mit Buntstiften oder Malkreide gehört immer noch zu den Lieblingsbeschäftigungen, insbesondere weil das Kind jetzt senkrechte Striche nachahmen kann. Wasser findet es toll zum Spielen, auch wenn das unangenehme Folgen haben kann. Alles, was Töne macht, gefällt ihm, und es wird Ihnen ganz begeistert all die neuen Spiele vorführen, die es entdeckt hat. Diese Phase ist eine großartige Zeit für gemeinsame Spiele.

▪ Gemeinsames Spielen

Die Reime und Sprechspiele, die das Kind in den letzten Monaten gelernt hat, spielen in seinen Spielzeiten weiterhin eine wichtige Rolle, doch während es zuvor die sichere, vorhersagbare Wiederholung schätzte, liebt es jetzt Abwechslung und sogar Chaos. Es findet es erheiternd, wenn Sie so tun, als brächten Sie etwas durcheinander, weil es jetzt ein vollwertigerer Partner ist, der sogar häufig die Führung übernimmt. Zum Beispiel werden Sie feststellen, dass es Spiele liebt, in denen Sie beide immer wieder die Rollen tauschen, etwa Verstecken und Fangen.

All diese Spiele eignen sich hervorragend, um die Aufmerksamkeit auf ein gemeinsames Ziel zu richten, besonders geeignet sind jedoch Dinge wie wechselweises Nachahmen etwa des Gesichtsausdrucks des anderen oder das Kopieren von Aktivitäten mit einem Teddy oder anderen Stofftieren.

■ Symbolisches Spiel

Das symbolische Spiel nimmt jetzt die Hauptrolle im gemeinsamen Spiel ein. Das Kind ahmt begeistert nach, was es Sie und andere Erwachsene tun sieht, auch wenn es sich wahrscheinlich auf kurze, einzelne Aktionen beschränkt wie einen Besen zu schieben oder so zu tun, als benutze es Handfeger und Schaufel. Sowohl Jungen als auch Mädchen spielen jetzt gerne mit kleinen Puppen oder Stofftieren, füttern und baden sie und setzen sie in den Puppenwagen, um spazieren zu gehen, und sie möchten immer häufiger andere Menschen in ihr Spiel einbeziehen.

Während der gesamten Phase spielt das Kind immer noch den Imitator, und es kann äußerst erheiternd sein, wenn Sie sehen, wie es Sie beim Lesen, Schreiben, Kochen und allem möglichen anderen nachahmt. Sie werden Ihre sämtlichen Eigenheiten und Angewohnheiten wieder finden!

Die Spielzeugkiste

Es folgen einige Ideen für Spielmaterial, das Sie auf dieser Stufe der Spielzeugkiste Ihres Kindes hinzufügen können. Denken Sie aber daran, dass Kleinkinder ihre ganz eigene Art entwickeln, mit verschiedenen Materialien zu spielen. Seien Sie nicht enttäuscht, wenn Ihr Kind ein wunderbares Spielzeug, das Sie ihm gekauft haben, ganz anders benutzt, als Sie es sich vorgestellt haben.

Symbolisches Spiel

Obwohl das Kind Objekte symbolisch zu benutzen vermag – beispielsweise einen Karton schiebt und so tut, als handele es sich um ein Auto –, haben realistische Spielsachen einen viel größeren Aufforderungscharakter.

- Geschirr und Spielzeuglebensmittel
- Spielzeugstaubsauger
- Kleine Puppen
- Puppenwagen, -bett, -badewanne und -badetuch
- Spielzeugfahrzeuge

Entdeckungsspiele

- Objekte, die schwimmen und sinken, sowie mehr Behälter für das Spiel im Wasser
- Ganz einfache Puzzles
- Ein Spielzeug zum Schrauben
- Ein Steckbrett mit Steckzapfen verschiedener Höhe
- Knetmasse

Das Bücherregal

Jetzt wird Ihr Kind wahrscheinlich echten Spaß daran haben, Bücher auf- und zuzuschlagen und Ihnen beim Umblättern zu helfen, während es die Bilder anschaut. Wie zuvor sollte das Bücheranschauen eine schöne gemeinsame Zeit sein, in der Sie beide die körperliche Nähe genießen. Überlassen Sie Ihrem Kind die Führung, lassen Sie es umblättern, wann es will, und geben Sie ihm so viel Zeit, wie es will, um alles zu betrachten. (Denken Sie daran, ihm die Bilder zu *erklären*, statt es zu fragen!)

Viele der Bücher, die es schon kennt, bereiten ihm immer noch Vergnügen, insbesondere solche mit interessanten Oberflächen, solche, die Geräusche erzeugen, und solche mit spannenden Besonderheiten wie Türchen, die man öffnen kann.

Wenn Sie ein Buch für Ihr Kind auswählen, dann beachten Sie Folgendes:

- Der Buchinhalt sollte sich auf seine Alltagserfahrungen beziehen.
- Das Kind liebt einfache, bunte, aber schon detailreiche Bilder. Die Bilder können jetzt Kinder darstellen, die vertraute Dinge tun, statt einfache Gegenstände abzubilden. Ihr Kind wird viel von Geschichten haben, die sich um kurze Folgen vertrauter Ereignisse ranken, wie Einkaufen oder Spaziergänge im Park. Darstellungen, die viele kurze Sätze mit zwei wichtigen Wörtern enthalten wie »Der Hund bellt. Er möchte Abendessen. Hier ist sein Abendessen«, eignen sich hervorragend für sein Verständnisniveau.
- Das Kind liebt Wiederholungen.

Es gibt viele wunderbare Bücher, die diese Kriterien erfüllen. Die folgenden stellen nur eine Auswahl dar:

- *Flecki schläft bei seinem Freund* und andere *Flecki*-Bücher von Eric Hill

- *Elsa Entchen ganz allein* von Jane Simmons
- *Schnuffel im Schnee* von Mick Inckpen
- *Miffy* von Dick Bruna
- *Ich wünsche mir mein Lieblingstier* von Rod Campbell

■ Fernsehen und Videos

Es gelten dieselben drei Grundregeln wie für den vorigen Altersabschnitt.

- Lassen Sie Ihr Kind nicht länger fernsehen als eine halbe Stunde am Tag. Es hat in diesem Alter so viel Wichtiges zu tun – spielen, reale Erfahrungen machen und vor allem enge Kontakte mit anderen Menschen zu knüpfen. All dies enthält ihm der Fernseher vor.
- Wenn Sie Wert darauf legen, dass es eine bestimmte Sendung oder ein Video sieht, dann lassen Sie es dabei nie allein. Schauen Sie immer gemeinsam, damit dies zu einer gemeinsamen Erfahrung wird.
- Halten Sie sich vor Augen, dass Ihr Kind erst lernt, wie es in der Welt zugeht, wofür die Dinge da sind und warum Menschen das tun, was sie tun. Es weiß beispielsweise noch nicht, dass Lokomotiven nicht sprechen, und könnte dies sehr wohl glauben, was beträchtliche Verwirrung erzeugen kann!

Kindervideos sind visuell so attraktiv, dass die Kinder stundenlang davor sitzen würden. Ich habe viele Kinder gesehen, die das taten – mit schwer wiegenden Folgen.

Der dreijährige Billy bereitete seinen Eltern und seiner Gruppenleiterin im Kindergarten große Sorgen. Er suchte kaum Kontakt zu anderen, seine Sprachentwicklung war extrem verzögert und sein Spiel bizarr. Er hatte keine Ahnung, was er mit den Spielsachen anfangen sollte, und ordnete sie einfach nur in Reihen an oder warf sie herum. Wie ich feststellte, hatte er bereits im Alter von einem Jahr täglich mehr als sechs Stunden lang Videos gesehen. Natürlich hatte er dadurch all die wunderbaren Entwicklungen im Spiel und in den Beziehungen zu anderen Menschen verpasst, die sich normalerweise bis zu diesem Zeitpunkt ereignen. Wir veränderten sein Leben einschneidend; insbesondere verbannten wir das Fernsehen ganz und gar, verordneten ihm das Sprechlern-Spaß-und-Spiel-Programm und sorgten dafür, dass er möglichst viele reale Erfahrungen machen konnte. Obwohl er stetige Fortschritte zeigte und mit viereinhalb Jahren und altersentsprechenden Fertigkeiten in die Vorschule kam, glaube ich nicht, dass er sich je wirklich entfalten können wird, und fürchte immer noch, dass er auch zukünftig mit sozialen Problemen zu kämpfen haben wird.

▲ Zusammenfassung

Mit zwanzig Monaten wird Ihr Kind wahrscheinlich:
- Geräusche wie die von Feuerwehrsirenen, Flugzeugen oder Tieren nachahmen
- kleine Redewendungen wie »los geht's« imitieren
- nach Aufforderung auf das Haar, die Ohren und die Schuhe einer Puppe zeigen
- über einen aktiven Wortschatz von zehn bis fünfzig Wörtern verfügen
- Zwei- oder Drei-Wort-Sätze und einige der Laute, die es in seiner Umgebung hört, imitieren
- die Bedeutung einiger Wörter verstehen, die keine Bezeichnung von Dingen sind, wie »essen« und »schlafen«
- wissen, worauf sich die Wörter »du« und »ich« beziehen.

▲ Grund zur Sorge

Unten sind Sachverhalte aufgeführt, bei denen es ratsam wäre, mit einem Spezialisten über die Entwicklung Ihres Babys zu sprechen. (Bitte denken Sie aber daran, dass nicht alle Kinder sich gleich schnell entwickeln.)

Wenn Sie irgendwelche Zweifel hegen, auch wenn der Grund Ihrer Besorgnis hier nicht aufgeführt ist, dann suchen Sie mit Ihrem Baby so bald wie möglich einen Kinderarzt oder Kinderpsychologen auf.

Es wäre ratsam, die Meinung eines Experten einzuholen, wenn Ihr Baby mit zwanzig Monaten:

- noch kein Wort spricht
- Schwierigkeiten zu haben scheint, einem kurzen Satz wie »Deine Schuhe sind in der Küche« zu folgen
- kaum Anspruch auf Ihre Aufmerksamkeit erhebt
- nicht möchte, dass Sie mit ihm spielen
- sich kaum umblickt, um die Quelle von Geräuschen ausfindig zu machen.

Das Sprechlern-Spaß-und-Spiel-Programm

◼ Eine halbe Stunde täglich

Wie ich hoffe, genießen Sie und Ihr Kind Ihre tägliche gemeinsame Spielzeit nun schon eine ganze Weile. Machen Sie damit weiter! Sie bieten Ihrem Kind damit nicht nur die allerbeste Gelegenheit zum Spracherwerb, sondern Sie tun auch viel für seine emotionale Entwicklung. Nichts flößt einem Kind mehr Selbstvertrauen ein als das Wissen, dass es regelmäßig die ungeteilte Aufmerksamkeit eines geliebten Erwachsenen besitzt. Kleine Kinder, denen diese nicht zuteil wird, versuchen gewöhnlich unter Aufbietung all ihrer Kräfte, sie sich zu verschaffen, und leider erregen sie oft lieber dadurch Aufmerksamkeit, dass sie etwas Verbotenes tun, als dass sie gar keine bekommen.

> Eine halbe Stunde täglich ist immer noch von zentraler Bedeutung

Charlie war der jüngste von drei Brüdern, die sehr kurz nacheinander geboren worden waren. Ich begegnete ihm zum ersten Mal, als er drei Jahre alt war. Er war zu mir gebracht worden, weil er nur Zwei- und Drei-Wort-Sätze sprach. Seine Mutter war verzweifelt, weil er es fertig brachte, alle Spielaktivitäten der Kinder zu sabotieren. Er verbaute sich sogar das, was er am meisten liebte, etwa im Wasser spielen, was jetzt verboten war, weil er stets eine Überschwemmung angerichtet hatte.

Mir ging sofort unter die Haut, wie unglücklich Charlie wirkte: Er war blass und verkrampft und lächelte selten. Ich erklärte seiner Mutter, wie wichtig es sei, sich Charlie eine Zeit lang ausschließlich zu widmen, obwohl mir völlig klar war, dass ihr dies nicht leicht fallen würde. Mit Hilfe von Freunden und Verwandten gelang es ihr jedoch, sich fast täglich ein wenig Zeit für Charlie zu nehmen, und das hatte eine durchschlagende Wirkung. Als ich ihn zwei Wochen später wieder sah, war er wie ausgewechselt. Er trug den Kopf hoch, seine Wangen hatten Farbe, und er war ein glücklicher und selbstsicherer kleiner Junge. Seine Sprachentwicklung machte stürmische

Fortschritte, und seine Mutter berichtete mir, dass das ungezogene Verhalten fast ganz aufgehört hatte. Nach vier Monaten gab Charlie keinerlei Anlass zur Sorge mehr!

▪ Die Umgebung für Ihre tägliche Spielzeit

Ich kann es gar nicht genug betonen: *Im Zimmer muss Ruhe herrschen!* Die Fähigkeit Ihres Kindes zum selektiven Hören ist immer noch nicht stabil und könnte ohne diese ruhigen Zeiten gänzlich verloren gehen. Überprüfen Sie, dass Fernseher, Stereoanlage, Radio und Telefon ausge-

> Stellen Sie in Ihrem ruhigen Zimmer das Telefon ab

schaltet sind, und erinnern Sie alle in der Wohnung daran, dass Sie nur in einem dringenden Notfall gestört werden dürfen!

Kürzlich stand ich vor einem Rätsel, als mir die Mutter eines kleinen Mädchens namens Zara berichtete, dass der extrem schnelle Fortschritt, den ihre Tochter mit dem Sprechlern-Spaß-und-Spiel-Programm gemacht hatte, sich verlangsamte. Zaras Mutter versicherte mir, dass sie dem Spielprogramm peinlich genau folgte, sodass ich mich zu einem Hausbesuch entschloss. Wie ich feststellte, drehte der Nachbar seine Musik so laut auf, dass sie in dem Zimmer, in dem Zara und ihre Mutter spielten, deutlich zu hören war. Zaras Mutter war das nicht aufgefallen, weil die Musik nicht so laut war, dass sich ein Erwachsener gestört gefühlt hätte. Als jedoch Zara und ihre Mutter ihre Spielzeit in einen anderen Raum verlegten, machte das Mädchen wieder schnellere Fortschritte.

Für die Entwicklung der Aufmerksamkeit Ihres Kindes macht es einen großen Unterschied, ob es sich regelmäßig in einer Umgebung ohne allzu viel Ablenkung aufhält oder nicht. Daher müssen Sie jetzt ein Gleichgewicht finden zwischen einer ausreichenden Anzahl von Spielsachen, damit das Kind rasch von einem zum anderen wechseln kann, wenn es das will, und einer zu großen, die es nur ablenkt. Ich empfehle, dem Kind eine große Auswahl zu bieten, aber dafür zu sorgen, dass es genügend Platz zum Spielen hat und dass die Spielsachen so angeordnet sind, dass das Kind einen schnellen Überblick bekommt, ohne alles auf den Boden auskippen zu müssen. Sorgen Sie für Spielzeug, das ihm die Möglichkeit sowohl zum untersuchenden als auch zum symbolischen Spiel gibt, darunter Dinge wie Formensteckbretter, Bauklötzchen, Puzzles, Puppen, Geräusch erzeugendes Spielzeug und ein paar Bücher.

> Breiten Sie die Spielsachen aus, damit das Kind einen Überblick bekommt

■ Wie Sie sprechen sollten

Während dieser Phase sind einige leichte, aber wichtige Veränderungen Ihrer Sprechweise angebracht, weil sich das Sprachverständnis Ihres Kindes in dieser Zeit unter Umständen unglaublich schnell erweitert. Es benötigt eine Vielzahl von Spielerfahrungen, damit es lernt, was es mit Gegenständen und Ereignissen auf sich hat, und es braucht Ihre Hilfe, um die relevanten Wörter verstehen und sie dann selbst benutzen zu lernen.

In dieser Phase können Sie ungeheuer viel zur Unterstützung tun, und lassen Sie sich versichern, dass diese Unterstützung Ihrem Kind sein ganzes Leben lang von Nutzen sein wird.

Stellen Sie sich auf den Entwicklungsstand seiner Aufmerksamkeit ein

Es ist äußerst wichtig, dass Sie den Entwicklungstand der Aufmerksamkeit Ihres Kindes genau registrieren. Diese schwankt jetzt zwischen Sprunghaftigkeit und lang anhaltender, gespannter Konzentration auf selbst gewählte Objekte oder Aktivitäten. Es ist nicht schwer zu erkennen, was geschieht, wenn Sie sein Verhalten beachten.

Stülpen Sie Ihrem Kind nicht Ihre eigenen Pläne über

Versuchen Sie auf dieser Stufe niemals, die Aufmerksamkeit Ihres Kindes zu lenken. In diesem Fall, insbesondere wenn es sich gerade bewusst konzentriert, handeln Sie sich beide nur große Frustration ein, weil das Kind schlichtweg nicht zu folgen imstande ist. Sie müssen einfach nur abwarten. Ich weiß noch, wie sehr mein älterer Sohn mich frustrierte, weil er eine Ewigkeit lang Bauklötzchen in eine Papprohre steckte, während ich darauf brannte, ihm ein tolles neues Spielzeug zu zeigen. Aber man kann ein Kind in diesem Alter einfach nicht zwingen, seine Aufmerksamkeit einem Spielzeug zuzuwenden, das es nicht selbst ausgewählt hat.

Mit dem laufenden Kommentar fortzufahren ist immer noch gut, aber seien Sie nicht überrascht, wenn Sie das Gefühl haben, dass das Kind Ihnen nicht immer wirklich zuhört. Denken Sie jedoch daran, dass es Ihnen umso besser zuhören kann, je direkter Sie über das sprechen, womit es sich gerade beschäftigt.

Folgen Sie dem Baby zum Zentrum seiner Aufmerksamkeit

Es ist von allergrößter Bedeutung für den Spracherwerb des Kindes, dass Sie beide möglichst lange Ihre Aufmerksamkeit demselben Objekt zuwenden, und es muss überwiegend das Kind sein, das dieses Objekt bestimmt. Natürlich können Sie es jetzt manchmal auf etwas Interessantes aufmerksam machen, insbesondere außerhalb Ihrer Spielzeit zu zweit, doch überlassen Sie während dieser konzentrierten gemeinsamen Zeit ihm die Führung.

> Versuchen Sie niemals, die Aufmerksamkeit des Kindes zu lenken

Die Frage, wie sich diese koordinierte Aufmerksamkeit auf Kinder auswirkt, wurde eingehend erforscht, und die Studien erhärten klar, dass ein Kind am wahrscheinlichsten dann neue Wörter erwirbt, wenn ein Erwachsener der Richtung seiner Aufmerksamkeit folgt. So fand 1983 eine amerikanische Studie einen sehr engen Zusammenhang zwischen der Dauer der Zeitspanne, in der die Mütter von zwölf- bis achtzehn Monate alten Babys das

Interesse ihrer Kinder teilten, und dem Umfang des späteren Wortschatzes der Kinder.[4] Eine andere Untersuchung mit achtzehn Monate alten Kindern in Großbritannien aus dem Jahr 1993 kam zu ähnlichen Ergebnissen: Die Geschwindigkeit des Worterwerbs der Babys steigerte sich signifikant, wenn ein Erwachsener ihrer Aufmerksamkeit folgte.[5]

Versuchen Sie also dahinter zu kommen, was das Kind im Sinn hat, und kommentieren Sie es dann. Möchte es den Namen des Objekts genannt haben – »Das ist ein Elefant« – oder möchte es etwas damit machen – »Lassen wir Teddy hüpfen?« Oder interessiert es sich für einen Vorgang, worauf Sie beispielsweise erklären könnten: »Er ist kaputtgegangen?« Kleinkinder können sehr geschickt per Gestik und Gesichtsausdruck kommunizieren, weshalb es gewöhnlich nicht allzu schwierig ist, ihre Gedanken zu lesen. Gehen Sie mit, sooft es seine Aufmerksamkeit einem anderen Gegenstand zuwendet. Das wird nicht ewig so weitergehen; allerdings erreicht das Kind das Stadium, in dem es bereit und fähig dazu ist, die Lenkung eines Erwachsenen zu akzeptieren, viel schneller, wenn es diese vorhergehenden Stadien in seinem eigenen Tempo durchlaufen darf.

> Beobachten Sie das Gesicht des Kindes, um herauszufinden, was es denkt – und geben Sie dann den entsprechenden Kommentar ab

Naseems Eltern waren außer sich vor Kummer, weil Naseem mit fast zwei Jahren nicht ein einziges Wort sprach. Als ich ihn beim Spielen mit seinem Vater beobachtete, stellte ich fest, dass dieser einen ununterbrochenen Strom von Fragen und Anweisungen von sich gab: »Komm und schau dir das an, Naseem. Welche Farbe hat das? Wie funktioniert es? Gut, schauen wir uns also das da an. Wie viele Klötzchen sind darin? Welche Form hat es? Sag Dreieck.« Naseem ignorierte all das geflissentlich, wandte seinem Vater häufig den Rücken zu, und dessen Frustration wuchs zusehends. Er war überzeugt, dass Naseem nur dann sprechen lernen würde, wenn er dazu aufgefordert wurde, und nur spielen konnte, wenn man ihm sagte, wie. Es war ein hartes Stück Arbeit, ihn davon zu überzeugen, dass der Grund für Naseems Stummheit darin lag, dass er nicht mehr als ein paar Wörter verstand.

Als ich ihm zeigte, wie er Naseem helfen konnte, sein Wortverständnis zu erweitern, bemühte er sich sehr, seinen Stil zu ändern. Er brauchte rund einen Monat, doch als es ihm gelungen war, überzeugten ihn Naseems Fortschritte sehr bald, dass er sich richtig verhielt. Ich freute mich von ihm zu hören, wie viel Spaß Naseem und ihm ihre gemeinsamen Spielzeiten machten. Vier Monate später war Naseems Sprachentwicklung seinem Alter weit voraus.

Denken Sie unbedingt daran, in diesen Spielzeiten Fragen und Anweisungen gänzlich zu vermeiden und stets nur das zu kommentieren, wofür sich Ihr Kind hier und jetzt interessiert. Wenn Sie ihm eine Frage stellen, ist ein Teil seiner intellektuellen Kapazität gebunden, weil es mit einer Antwort oder mit der Entscheidung beschäftigt ist, ob es überhaupt antwortet. Ähnliches geschieht bei einer Anweisung; das Kind muss beschließen, ob es ihr folgt oder nicht. Kommentare verursachen keinen Stress und stellen genau die Art gesprochene Sprache dar, der es am leichtesten und liebsten lauscht. Meiner Erfahrung nach fällt es insbesondere Vätern schwer, so zu sprechen; sie rutschen sehr leicht in Fragen und Anweisungen hinein. Mit mehr Übung jedoch macht es den meisten sehr große Freude, anders zu sprechen, wenn sie sehen, wie viel Spaß ihr Kind daran hat.

> Vermeiden Sie Fragen und Anweisungen

Machen Sie Zuhören für Ihr Kind weiterhin attraktiv

Es ist wichtig, dass Ihr Kind weiterhin gerne zuhört und Sie für eine Umgebung sorgen, die ihm das erleichtert. Fast überall herrscht heute Lärm – in Geschäften, Restaurants und auf der Straße –, und Ihre Spielzeiten sind möglicherweise die einzige Gelegenheit für Ihr Kind, richtig zuzuhören. Fahren Sie daher mit allem fort, was Sie in den vergangenen Monaten gemacht haben.

- Spielen Sie mit Geräusch erzeugenden Spielsachen wie Musikinstrumenten oder Behältnissen, die beim Schütteln Geräusche machen.
- Sprechen oder singen Sie Ihrem Kind Reime vor. Das vermittelt ihm nicht nur die Erkenntnis, dass Stimmen zu lauschen Spaß macht, sondern wie Studien feststellten, zeigen Kinder, die mit Kinderliedern aufgewachsen sind, später bessere Leseleistungen. Der deutliche Rhythmus und das Wiederholungselement erleichtern es den Kindern, den Aufbau von Silben und Wörtern zu erfassen, was sie später leicht auf die schriftliche Form übertragen können.

> **Geräusch erzeugendes Spielzeug und Kinderreime machen das Zuhören zum Vergnügen**

- Zeigen Sie ihm bei jeder sich bietenden Gelegenheit, woher Geräusche kommen. Wenn Sie auf seine Aufforderung hin beispielsweise ein Kästchen öffnen, können Sie ihm zeigen, woher das Klicken kommt – *falls* es sich dafür interessiert.
- Helfen Sie ihm, den Sprachcode zu knacken.

Es ist sehr wichtig, dass Sie weiterhin in kurzen, einfachen Sätzen sprechen, um dem Kind bei der Verknüpfung von Wörtern mit Bedeutungen zu helfen. Es ist viel einfacher, die Schlüsselwörter in einem Satz wie »Das Auto ist auf dem Tisch« zu erkennen als in »Stellen wir alle deine Autos auf den Transporter und tun wir dann so, als wäre der Tisch die Küste, wo wir sie dann hinbringen«. Sicher ist das ein Extrembeispiel, aber es überrascht mich häufig, in welch langen und komplizierten Sätzen manche Eltern mit ihrem sechzehn Monate alten Kleinkind sprechen.

Sie können durchaus jede Menge neuer Wörter benutzen. Das Kind vermag nicht weniger als neun neue Wörter täglich zu lernen, wenn Sie sie in kurze Sätze einbauen, die das Schlüsselwort und seine Bedeutung klar erkennen lassen. Wenn Sie also glauben, ein Wort zu benutzen, das es noch nicht kennt, dann bauen Sie es in einen kleinen Satz mit nur einem wichtigen Wort ein, etwa »Das ist ein Eichhörnchen« oder »Er ist riesig«. Ihr Satz sollte aber unbedingt grammatisch korrekt sein. »Papi ist zur Arbeit gegangen« beispielsweise ist korrekt, »Papi Arbeit« nicht!

Eine große Veränderung an der Art und Weise, wie Sie mit Ihrem Kind sprechen, können Sie jetzt vornehmen, weil es nun wahrscheinlich kurze Sätze mit zwei wichtigen Wörtern versteht. Sprechen Sie also viele Sätze mit zwei Schlüsselwörtern wie »Deine Schuhe sind in der Küche«, »Teddy möchte sein Abendessen«, »Deine Finger sind schmutzig« und »Jonas ist im Park«.

> **Machen Sie kurze Sätze!**

Rachel war ein bezauberndes kleines blondes Mädchen, die mit ihrer Familie in meine Praxis kam, als sie fast zwei Jahre alt war. Sie sah aus wie das blühende Leben, doch ihre Mutter bildete sich felsenfest ein, Rachel müsse an einer schlimmen degenerativen Krankheit leiden, weil sie bis vor zwei Monaten in raschem Tempo neue Wörter gelernt hatte und ihre Entwicklung plötzlich zum Stillstand gekommen war; während der letzten Wochen hatte sie nur zwei neue Wörter dazugelernt. Als ich zuhörte, wie Rachels Mutter mit ihr sprach, war mir klar, was geschehen war. Sie sprach in enorm langen Sätzen wie »Oh schau mal! Da ist ein süßer, kleiner Einkaufskorb, der genau richtig für ein Picknick wäre, wenn wir aus dem Fimo viele kleine belegte Brote und Kuchen und Obst machen würden«. Rachel schwankte zwischen hilfloser Verwirrung und völligem Abschalten. Wie sich herausstellte, hatte sich ihr Sprachverständnis in den vorausgegangenen Wochen sehr rasch entwickelt, und ihre Mutter war überzeugt, dass sie »alles verstand« und dass man jetzt mit ihr wie mit einer Erwachsenen reden konnte. Sobald sie mit Rachel wieder in kurzen Sätzen sprach, die ihrem Verständnisniveau angepasst waren, ging der Spracherwerb wieder im alten Tempo voran. Als ich sie mit zweieinhalb Jahren sah, entsprachen ihr Sprachverständnis und ihr Sprechvermögen dem einer Dreijährigen.

Diese kurzen Sätze beizubehalten ist wirklich sehr wichtig. Lassen Sie sich deshalb nicht dazu verlocken, sich in lange Sätze zu stürzen! In meiner praktischen Arbeit habe ich viele Kinder gesehen, bei denen genau dies passiert war, worauf sich deren Sprachentwicklung, die sich zunächst gut angelassen hatte, prompt verlangsamte.

Machen Sie weiterhin Spielgeräusche

Spielgeräusche helfen Ihrem Kind, seine Aufmerksamkeit zu bündeln und Spaß am Zuhören zu haben, und sie geben ihm die Gelegenheit, Sprachlaute getrennt voneinander statt eingebettet in einen fortlaufenden Strom sich rasch abwechselnder Laute zu hören. Sein Spiel bietet sich jetzt sehr häufig an, um solche Laute einzubringen:

> Man kann viel aus »pitsche patsche«, »tatü tata« und »muh« lernen!

- »Pitsche patsche«, »tropf tropf« und »t t t t« passen sehr gut zum Spiel mit Wasser.
- »Krrrach«, »brmm brmm« und »tatü tata« begleiten ganz selbstverständlich das Spiel mit Autos und Lastern.
- »Mäh mäh«, »muh muh« und »miau« beleben buchstäblich das Spiel mit Stofftieren.

Sprechen Sie langsam, laut und moduliert

Dies ist immer noch die Sprechweise, der Kleinkinder am leichtesten und liebsten lauschen. Sie hilft ihnen, sich auf gesprochene Sprache zu konzentrieren und herauszufinden, welche Lautfolgen welche Wörter ausmachen.

Der fast vierjährige Marcus wurde in meine Praxis gebracht, weil nur seine Mutter verstehen konnte, was er sagte, und die Vorschule näher rückte. Er war eindeutig sehr intelligent und ganz erpicht auf Kommunikation. Es zeigte sich, dass sein Sprachverständnis gut war, ebenso sein aktiver Wortschatz und sein Satzbau. Problematisch waren seine Sprachlaute; da regierte das reine Chaos. Marcus beherrschte sie zwar praktisch alle, doch er war völlig unsicher, welcher Laut an welche Stelle welchen Wortes gehörte. Seine Mutter war wahrscheinlich die schnellste Sprecherin, die ich je gehört habe. Ich musste zuweilen mehr als scharf hinhören, um herauszufinden, was sie gesagt hatte, wenn es aus dem Zusammenhang gerissen war. Ihre Sprechgeschwindigkeit zu bremsen, damit Marcus die korrekte Lautfolge erkennen konnte, war der wichtigste Teil des Sprechlern-Spaß-und-Spiel-Programms für ihn. Als ich seiner Mutter die für ihn angemessene Sprechgeschwindigkeit beibrachte, begann er innerhalb einer Stunde einige Lautfolgen richtig auszusprechen.

Wiederholen Sie ausgiebig

Häufiges Wiederholen ist immer noch sehr wichtig. Benutzen Sie also dieselben Wörter sowohl in verschiedenen Sätzen als auch Situationen. Dies hilft Ihrem Kind wesentlich dabei, sowohl die Bedeutung einzelner Wörter umfassender zu verstehen als auch die Laute so oft zu hören, dass es sie sich einprägen kann.

> Wiederholungen verdeutlichen dem Kind die Wörter

- Benutzen Sie dasselbe Wort in vielen verschiedenen kurzen Redewendungen und Sätzen wie »Das ist ein Elefant. Der Elefant ist riesig. Ein riesiger Elefant«.
- Benennungsspiele sind immer noch nützlich und lustig. Kleinkinder dieses Alters lieben Wiederholungsspiele wie »Teddys Nase, Teddys Ohren, Teddys Augen. Saras Nase, Saras Ohren, Saras Augen« und so weiter.
- Einige alltägliche Verrichtungen bieten sich ebenfalls für Wiederholungen an, beispielsweise »Schuhe aus, Hosen aus, Strümpfe aus« beim Zubettgehen und »Wasch deine Hände, wasch dein Gesicht, wasch deine Füße« beim Baden.

Gebrauchen Sie häufig Bezeichnungen

Ihr Kind baut seinen Wortschatz noch auf und ist darauf angewiesen, dass es die Namen von Objekten viele, viele Male hört. Achten Sie deshalb darauf, eher Namen als Pronomen zu benutzen. Sagen Sie beispielsweise besser: »Legen wir das Buch auf den Tisch« als »Legen wir es da drauf.«

Ich werde häufig gefragt, ob es gut sei, auf dieser Stufe Wörter aus der Babysprache wie »Wehweh« und »Wauwau« zu benutzen. Die Antwort ist ein schallendes Ja. Solche Wörter sind zu durchgängig benutzten Varianten in der Babysprache

> Sprechen Sie Ihrem Kind
> die Bezeichnungen von Dingen vor

und auch in Kinderliedern geworden, weil das Kind diese Laute viel leichter erkennen und auch aussprechen kann. Sagen Sie einmal »Wehweh« und dann zum Vergleich »Bauchschmerzen«. Und geht »Wauwau« nicht leichter ins Ohr als »Hund«? Keine Sorge, diese Namen werden nicht für immer hängen bleiben. Ihr Kind wird bald die »erwachsenen« Formen benutzen.

Wiederholen Sie Ihrem Kind das, was es gesagt hat

Wie wir schon wissen, sprechen Kleinkinder Wörter oft nicht wie Erwachsene aus, in erster Linie weil sie sich die richtige Lautfolge noch nicht merken können. Sie müssen sie immer wieder hören, bis sie sie schließlich richtig erinnern können. Wenn Sie richtig wiederholen, was das Kind gesagt hat, helfen Sie ihm damit in dieser Phase enorm.

Ich möchte allerdings eine Warnung aussprechen. Es ist ganz wichtig, dass Sie peinlich genau darauf achten, dass sich Ihre Wiederholung nicht wie eine Verbesserung anhört. Die goldene Regel besteht also darin, stets mit einem »ja« zu beginnen. Wenn Ihr Kind »Bane« sagt, erwidern Sie: »Ja, das ist eine Banane. Möchtest du die Banane?« Seine Zwei-Wort-

> Wiederholen Sie Ihrem Kind,
> was es gesagt hat – aber *nicht* so,
> dass es wie eine Verbesserung klingt

Sätze geraten ihm möglicherweise ebenfalls ein wenig daneben, und wiederum verhalten Sie sich am hilfreichsten, wenn Sie sie im Verlauf des normalen Gesprächs korrekt wiederholen. Wenn Ihr Kind sagt: »Auto Papi«, sagen Sie: »Ja, das ist Papis Auto.« Auf diese Weise klingt Ihre Antwort nicht so, als hätte es etwas falsch gemacht. Meine Kollegen und ich haben viele Kinder gesehen, deren Kommunikationsversuche korrigiert wurden und die infolgedessen immer seltener solche Versuche machten.

> Der Mutter der dreijährigen Anna lag sehr viel daran, dass ihre Tochter »schön sprach«. Sie reagierte auf die meisten von Annas ersten Worten, indem sie ihr fest in die Augen schaute und langsam und betont jede Silbe wiederholte, die Anna geäußert hatte. Ich erinnere mich noch an Annas Entzücken, als sie in der Spielzeugkiste auf einen kleinen Elefanten stieß. In dem Wunsch, die Entdeckung mit ihrer Mutter zu teilen, hielt sie ihn hoch und sagte: »Efant!« Statt Annas Mitteilung zu bestätigen, blickte ihre Mutter sie ausdruckslos an und sagte sehr langsam: »E-le-fant.« Annas Enttäuschung war mit Händen zu greifen. Sie ließ das Stofftier fallen und machte keine weiteren Anstalten, ihre Entdeckungen mit ihrer Mutter zu teilen. Als die Mutter ihre Reaktion auf Annas Mitteilungen änderte, war es eine Freude mit anzusehen, wie sich die ganze Beziehung zwischen Anna und ihrer Mutter veränderte.

Wiederholen Sie Ihrem Kind, was es meint

Es ist immer noch sehr wichtig, dem Kind die Bedeutung seiner Mitteilungen zurückzuspiegeln, wenn es nur teilweise verbal kommuniziert, was immer noch sehr oft der Fall ist. Es ist darauf angewiesen, dass Sie ihm zeigen, dass Sie verstehen, was es Ihnen sagen will. Es zeigt zum Beispiel zum Himmel und sagt: »Iiiuh« und zeigt durch Gesichtsausdruck und Körpersprache, dass es

> Gehen Sie auf die Botschaft des Kindes ein

das Flugzeug, das es sieht, furchtbar aufregend findet. Es möchte, dass Sie diese aufgeregte Freude teilen, was Sie durch Ihren Gesichtsausdruck und die Begeisterung in Ihrer Stimme zum Ausdruck bringen, wenn Sie sagen: »Ja, was für ein großes Flugzeug!« Je bereitwilliger Sie auf seine Kommunikationsangebote eingehen – in welcher Form auch immer es sie macht –, desto besser wird seine weitere Sprachentwicklung verlaufen.

Zeigen Sie Ihrem Kind, was Sie meinen

Es ist immer noch äußerst wichtig, dass Sie Ihrem Kind ganz deutlich machen, was Sie meinen. Verwenden Sie Gesten und setzen Sie in genau dem Augenblick, in dem Sie etwas tun, Sprache ein, zum Beispiel: »Ich gieße den Kaffee ein. Jetzt kommt die Milch dazu.«

> Stimmen Sie Worte und Taten aufeinander ab

▪ Was Sie auf dieser Altersstufe nicht tun sollten

Kommentieren Sie niemals die Art und Weise, wie Ihr Kind etwas gesagt hat oder dass es etwas gesagt hat!

Ich weiß nicht, wer frustrierter war, Umar oder seine Eltern. Er war ein sehnlichst erwarteter Erstgeborener, lebte in einer Großfamilie und war aller Augapfel. Fast jedes Mal, wenn er sprach, gab ein Erwachsener die freudige Nachricht an andere weiter, vor seinen Augen und Ohren. Das hatte in ihm starke Hemmungen aufgebaut, sodass er zu sprechen aufgehört hatte. Sein brennender Wunsch zu kommunizieren stand in klarem Widerspruch zu seinen starken Hemmungen. Sobald die Familienangehörigen erkannten, wo das Problem lag, und ihre Begeisterung über seine Leistungen nur noch dann äußerten, wenn er es nicht hörte, begann Umar fröhlich und wie ein Wasserfall zu reden.

Vermeiden Sie weiterhin »negative« Sprache

Die Erkundungsexpeditionen Ihres Kindes führen sehr wahrscheinlich immer noch zu gefährlichen Aktivitäten wie dem Versuch, auf den Stereoanlagenturm zu klettern oder Ihre wertvolle Vasensammlung zu inspizieren. Sie werden es wegholen müssen, und es ist immer noch wichtig, dass Sie solche Aktionen nicht mit sprachlichen Äußerungen begleiten, wie sie niemand gerne hört, etwa »Lass das!«, »Fass das nicht an!« oder »Leg das sofort wieder hin!« Sie möchten ihm doch das Gefühl vermitteln, dass Ihre Stimme jederzeit etwas sehr Hörenswertes ist.

■ Fragen

Die goldene Regel lautet: Stellen Sie Ihrem Kind niemals eine Frage, es sei denn, Sie benötigen tatsächlich eine Antwort. Es hat keinen Sinn zu fragen: »Was ist das?« oder »Wie macht die Kuh?« Wenn das Kind die Antwort schon kennt, haben Sie sein Wissen nicht erweitert, und wenn es sie nicht weiß, flößt ihm das nur Unbehagen ein.

Wenn Sie als Vater das Spielprogramm anwenden, fällt Ihnen das wahrscheinlich schwer. Meiner Erfahrung nach ist dieses Prinzip für Väter immer am schwierigsten umzusetzen. Ich habe viele Väter kennen gelernt, die mit allen anderen Punkten des Spielprogramms bestens zurechtkamen, jedoch nicht der Versuchung widerstehen konnten, ihre kleinen Kinder zum Sprechen bestimmter Wörter zu drängen. Glauben Sie mir, Ihr Kind wird schneller vorankommen, wenn Sie es schaffen, dieser Versuchung zu widerstehen!

> **Stellen Sie keine Fragen!**

Ich weiß, dass es sehr schwierig ist, aber bitte versuchen Sie dafür zu sorgen, dass auch sonst niemand Ihrem Kind derartige Fragen stellt. Das ist sehr wichtig. Einer der Grundsätze des Sprechlern-Spaß-und-Spiel-Programms besteht darin, dass es ganz und gar auf sprachlicher Anregung beruht, ohne jemals eine Forderung nach Ergebnissen zu stellen. Wenn wir in der richtigen Weise mit Kindern sprechen, besorgen sie das Sprechen schon selbst.

Christophers Eltern brachten ihn völlig verzweifelt zu mir, als er zweieinhalb Jahre alt war. Wie sich herausstellte, hatte er zur Freude der ganzen Familie früh zu sprechen begonnen. In seinem zweiten Lebensjahr machte er mehrere Ohrinfektionen durch, die sein Hören sehr wahrscheinlich beeinträchtigten. Er tat, was viele betroffene Kinder tun: Er verlegte sich aufs Schauen und Hantieren, statt zu sprechen, weil es ihm in dem Lärm, den sein älterer Bruder und seine ältere Schwester veranstalteten, Mühe bereitete. Sobald seine Eltern merkten, dass er weniger sprach, reagierten sie wie die meisten besorgten Eltern und versuchten, Christopher zum Sprechen zu bewegen, indem sie ihm endlos Fragen stellten wie »Welche Farbe ist das?«, »Wie macht die Kuh?« und »Was ist das?« Christopher wusste sehr gut, dass sie die Antwort kannten, und fühlte sich immer stärker unter Druck gesetzt. Infolgedessen sprach er noch weniger, und die Situation artete in einen Teufelskreis aus. Als dieser durchbrochen war, blühte Christophers Sprachentwicklung erstaunlich rasch auf. Ich sah ihn kürzlich im Alter von fünf Jahren und war sehr erfreut zu hören, dass er sich in der Vorschule ausgezeichnet macht.

■ Außerhalb Ihrer täglichen halben Stunde

- Sprechen Sie viel mit Ihrem Kind! Erzählen Sie ihm von allem, was geschieht.
- Beziehen Sie es in viele verschiedene Aktivitäten ein, etwa Besuche bei Freundinnen, Spaziergänge im Park und Einkaufen.
- Machen Sie ein Spiel daraus, beim Waschen seine Körperteile und beim Anziehen seine Kleidungsstücke zu benennen.
- Sprechen Sie auch sonst so viel wie möglich in derselben Art und Weise mit ihm wie in Ihrer halbstündigen Spielzeit.

7

Zwanzig bis
vierundzwanzig Monate

▲ Überblick

Ihr Kleinkind wird sich meistens bereitwillig zeigen, sich einiger neu erworbener Fertigkeiten erfreuen und Ihnen das Leben erleichtern. Es wird aktiv beim Anziehen und Ausziehen mithelfen und sich selbständig die Hände waschen. Es kann nun ohne allzu viel Kleckern mit dem Löffel essen. Es kann sich bis zu einer halben Stunde alleine beschäftigen, wenn Sie etwas zu tun haben, was ein echter Segen ist, und es erledigt liebend gerne kleine Tätigkeiten für Sie, wie etwas zu holen oder wegzuräumen. Bis zu wirklicher Selbständigkeit ist es jedoch immer noch ein weiter Weg. Das Kind kann in diesem Alter sehr ängstlich werden, wenn Sie es allein lassen, und Ihre Aufmerksamkeit sehr strapazieren. Es behauptet vorzugsweise zur Schlafengehenszeit, plötzlich Hunger oder Durst zu haben, um die Trennung von Ihnen hinauszuzögern. Seine neu erworbene Unabhängigkeit ist gänzlich dahin, wenn es müde ist oder sich nicht wohl fühlt.

Sein wachsendes Selbstbewusstsein treibt es manchmal dazu, seine Willenskräfte mit Ihnen zu messen. Es weigert sich zu essen oder sträubt sich gegen ein bestimmtes Kleidungsstück. Es kann sich jetzt auch eine Weile stur zeigen, was unter Umständen heldenhafte Diplomatie von Ihnen verlangt.

Es liebt immer noch Spaziergänge, insbesondere wenn Sie ihm viel Zeit lassen, anzuhalten und zu plappern und sich alles anzuschauen. Wahrscheinlich geht es dabei sehr gerne an der Hand, seien Sie jedoch immer darauf gefasst, dass es plötzlich irgendwohin lossaust.

Bitte beachten Sie, dass die hier beschriebenen Entwicklungsstadien sich nur auf den Durchschnitt beziehen.
Alle Babys entwickeln sich in unterschiedlichem Tempo, und
häufig können Fortschritte in einem Bereich zu Stillstand in einem
anderen führen. Weder Sorgen noch gar Verzweiflung sind angebracht, wenn bei Ihrem Kind nicht alles in genau dem hier
besprochenen Zeitabschnitt einzutreten scheint. Weitere Informationen finden Sie im Abschnitt *Grund zur Sorge* auf Seite 247.

▲ Zwanzig bis zweiundzwanzig Monate

■ Sprachentwicklung

Bei vielen kleinen Kindern setzt jetzt ein wahrer Höhenflug sowohl
des Sprachverständnisses als auch des aktiven Sprechens ein. Allerdings zeigen die sprachlichen Fähigkeiten in dieser Altersgruppe eine
große Bandbreite. Es sind gut gefestigte Dialogfertigkeiten vorhanden, und die Gespräche mit Kindern dieses Alters werden zum reinen
Vergnügen. Erwachsene empfinden das Kind oft eindeutig als gleichwertigen Partner, da seine Rolle beim Fortgang des Gesprächs und
den abwechselnden Gesprächsbeiträgen der des Erwachsenen eben-
bürtig ist. Das Kind unternimmt jetzt auch gleichwertige Anstren-
gungen, Pausen zu überwinden und weitere Informationen zu erfra-
gen oder zu geben, um einen offenen Punkt zu klären. Wenn seine
Mutter sagt: »Wir werden Marie später besuchen«, erwidert es: »Marie Haus?« Es verfolgt äußerst hartnäckig sein Bestreben, andere in
ein Gespräch zu verwickeln, und ist dabei praktisch unwiderstehlich.

Das *Sprachverständnis* entwickelt sich weiterhin rasant. Gefördert wird dies, wie wir gesehen haben, durch das wachsende Wissen
über und das Verständnis für die Ereignisfolgen in seinem Alltag. Das
Kind versteht diese jetzt viel genauer als früher, als es sie nur in gro-
ben Umrissen kannte. Es kennt jetzt beispielsweise nicht nur den

Zeitpunkt des Tages, an dem es angezogen wird, und stellt sich darauf ein, sondern es weiß auch, in welcher Reihenfolge ihm die Kleidungsstücke angezogen werden. Ähnlich weiß es, dass man nach der Runde durch den Supermarkt Geld hergeben muss, und es kennt die Vorgänge im Zusammenhang mit dem Ein- und Auspacken der Einkäufe. Aufgrund dieses Wissens kann es jedes neue Wort sehr leicht mit seiner Bedeutung verknüpfen. Die Bezeichnung eines neuen Kleidungsstücks beispielsweise oder das Wort »Geld« kann im Kontext derer, die es schon kennt, leicht verstanden werden. Ähnlich versteht es das Wort »Seifenschale« ohne Schwierigkeiten, wenn es den Zweck von Seife kennt sowie ihre Glitschigkeit und ihre Neigung, im Badewasser zu verschwinden.

Ein äußerst wichtiger Entwicklungsschritt besteht darin, dass das Kind jetzt immer besser versteht, wie Sprache benutzt wird. So kennt es zum Beispiel die Situationen, in denen Grüße angemessen sind und in denen es etwas deutlich machen soll.

Es hat jetzt auch eine Ahnung davon, was andere Menschen wissen – eine ganz entscheidende Information für das Anknüpfen und Weiterführen von Gesprächen. Dem Kind ist beispielsweise klar, dass, wenn es seinen Bruder mit Namen anspricht, die ganze Familie genau weiß, von wem es spricht, der Arzt jedoch oder sonst jemand, den es gerade erst kennen gelernt hat, nicht Bescheid weiß und daher aufgeklärt werden muss. Sogar Erwachsene haben damit zuweilen Probleme. Kürzlich telefonierte ich, um mich über den genauen Standort einer stattlichen Villa, die ich aufsuchen wollte, zu informieren. Als der Hörer abgenommen wurde, fragte ich: »Könnten Sie mir sagen, wo genau Sie sind, bitte?« Die Antwort kam postwendend: »Ich stehe neben dem Telefon.«

Die Anzahl der Wörter, die das Kleinkind erkennt, wächst nun immer schneller, und jeden Tag kommen mehrere dazu. Wenn das Kind zweiundzwanzig Monate alt ist, erkennt es wahrscheinlich die Namen aller Gegenstände in seinem Zuhause, die für es persönlich bedeutsam sind.[1] Es lässt auch ein immer besseres Verständnis von Sätzen mit zwei wichtigen Wörtern erkennen. Ihnen wird auffallen, dass es bereitwillig auf Anweisungen wie »Hol deine Mütze aus dem

Schrank« reagiert. Es vermag vielleicht sogar drei einfache Anweisungen in Folge auszuführen, z. B.: »Mach den Schrank auf, nimm den Ball heraus und gib ihn Papi.« Das Kleinkind verfügt auch über die neue Fähigkeit, Objekte anhand ihres Ortes wie in »Das neben dem Herd« oder anhand eines Pronomens wie in »Gib es ihm« zu identifizieren.

Auch der *aktive Wortschatz* erweitert sich in dieser Zeit rapide, obwohl nach wie vor eine riesige Lücke zwischen dem Verständnis und dem Gebrauch von Wörtern klafft. Wie wir wissen, kann sich das Sprachverständnis jeden Tag um mehrere Wörter erweitern, doch das aktive Sprechen vermag damit einfach nicht Schritt zu halten. Zu Beginn dieses Zeitabschnitts versteht das Kind wahrscheinlich nicht weniger als zweihundert Wörter oder sogar mehr, benutzt aktiv aber nur etwa zehn bis fünfzig davon. Kinder mit einem Wortschatz am oberen Ende dieser Skala beginnen vielleicht schon, Wörter zu verknüpfen und erste Zwei-Wort-Sätze zu sprechen.

Die meisten anderen Kinder stehen jetzt am Anfang der raschen Ausweitung des aktiven Wortschatzes und bringen jede Woche neue Wörter über die Lippen. Diejenigen, die das bislang noch nicht getan haben, fangen damit an und holen sehr rasch auf. Diese rapide Erweiterung hält meist während der gesamten Phase an. Die neu erworbenen Wörter gehören jetzt zu verschiedenen Kategorien und umfassen mehr Verben und einige Adjektive wie »dick« und »dünn«. Dadurch kann das Kind jetzt viel mehr und unterschiedlichere Zwei-Wort-Sätze bilden. Interessanterweise zeigt sich bei Kleinkindern große Übereinstimmung in diesen frühen Sätzen, in denen meist Wörter für Schlüsselhandlungen mit Namen verknüpft werden wie »Mami kommen«, »Heia machen« oder »Dada Papi«. Manchmal betont das Kind das wichtige Wort, um sicherzustellen, dass es richtig verstanden wird, wie in »Papi *weg*«.

Der erweiterte aktive Wortschatz und die größere Bandbreite der Wortarten erlauben dem Kind nun, die Art und Weise seines Sprachgebrauchs beträchtlich auszudehnen, auch wenn hierbei große Unterschiede zwischen einzelnen Kindern auftreten. Das Kind versucht zum ersten Mal, anderen Menschen von interessanten Ereignissen, die es beobachtet oder erlebt hat, zu erzählen. Es kann noch nicht in ausreichendem Maße über die Sprache verfügen, um dies gänzlich verbal zu tun, und muss Wörter häufig durch Gestik und Pantomime ergänzen und die Lücken durch Plappern füllen. Es kann manchmal ziemlich schwierig sein, dahinter zu kommen, was es meint, insbesondere wenn es aufgeregt ist. In dieser neuen Situation, nämlich über Ereignisse zu sprechen, die nicht gegenwärtig sind, beginnt es vielleicht, eine Vergangenheitsform zu benutzen, wenn auch oft nicht korrekt. Sie hören beispielsweise etwas wie »Er ist gegeht«.

Auch Fragen beginnen jetzt aufzutauchen, etwa: »Wo das?« Wie eine meiner Freundinnen erzählte, lautete die erste Frage, die ihre Enkelin stellte: »Wo Spüle?«

Das Kind fängt jetzt auch an, Verneinungen wie »nicht« und »nein« zu benutzen, sowohl zu Beginn als auch am Ende des Satzes. So bedeutet »Nein Trinken« oder auch »Trinken nicht«: »Ich möchte nichts zu trinken.«

Als weiteren großen Schritt nach vorn begreift das Kind jetzt, dass Wörter für ganze Objektkategorien wie Tiere oder Kleidungsstücke stehen können, und beginnt sie so zu benutzen.

Obwohl das Kind jetzt über sehr viel mehr Wörter verfügt, ist das Plappern noch nicht völlig verschwunden und wird zuweilen als »Füllmaterial« zwischen echten Wörtern benutzt, wenn es dem Kind nicht gelingt, die ganze, eigentlich beabsichtigte Wortkette hervorzubringen.

■ Allgemeine Entwicklung

Die Mobilität und Erforschungsfertigkeiten Ihres Kindes entwickeln sich überaus schnell, sodass es die Erfahrungen machen kann, die die Sprachentwicklung weiter fördern. Aufgrund seiner zunehmenden Körperbeherrschung kann es sich jetzt ganz auf das konzentrieren, was es tut und lernt, und muss sich nicht mehr so sehr damit befassen, wie es an einen bestimmten Gegenstand herankommt und was es damit macht, wenn es ihn dann hat.

Was die Mobilität angeht, so vermag es jetzt problemlos zu laufen und sogar rückwärts zu gehen. Es kann sich auf die Fersen hocken und vorbeugen, um ein Spielzeug aufzuheben, ohne aus dem Gleichgewicht zu kommen. Es kann jetzt auch einen Ball werfen, ohne umzufallen, und ihn auf Aufforderung kicken. Es steigt Treppen hinauf, indem es sich am Geländer festhält, und kann ein Bobbycar oder Ähnliches bewegen, indem es sich mit den Füßen vom Boden abstößt.

Die manuelle Geschicklichkeit und die Hand-Auge-Koordination entwickeln sich ebenfalls sehr schnell, sodass das Kind nun Gegenstände auf Herz und Nieren zu prüfen vermag. Es freut sich dieser neu erworbenen Fähigkeiten sichtlich. Es kann einen Stift beim Kritzeln nun mit Daumen und zwei Fingern halten und zum ersten Mal die Seiten eines Buches einzeln und geschickt umblättern. Es sieht nun genauso gut wie ein Erwachsener, und es kann einen Schnürsenkel durch ein großes Loch fädeln. Es kann Steckstifte in ein Steckbrett mit drei verschiedenen Löchern stecken, wenn man ihm das vorgemacht hat, und es kann einen Turm aus sieben Bauklötzen bauen.[2] Eine Frühform des Zahlbegriffs taucht jetzt auf, insofern es eine vage Vorstellung von dem Unterschied zwischen »ein« und »viele« erwirbt.

Ihr Kind freut sich jetzt sehr darüber, wenn man ihm zeigt, was sich mit Spielsachen anfangen lässt, und zieht einen Erwachsenen mit sich, damit er ihm ein Spielzeug zeigt. Es ahmt nach, was der Erwachsene mit dem Spielzeug macht: Es zieht beispielsweise einen Zug hinter sich her, wenn es das zuvor beobachtet hat.

Es hat noch keine Vorstellung vom gemeinsamen Spiel mit anderen Kindern, spielt aber gerne Seite an Seite mit anderen. Jede Vorstellung vom Teilen ist ihm noch völlig fremd, und es protestiert aus Leibeskräften, wenn ein anderes Kind sich sein Spielzeug schnappt.

Erste Ansätze von Rollenspiel beginnen zu dieser Zeit; es tut beispielsweise so, als sei es seine Mutter, die einen Brief schreibt, oder sein Vater, der einkauft.

■ Aufmerksamkeit

Sie werden jetzt häufig sehen, dass Ihr Kind etwas mit gebannter Aufmerksamkeit tut oder beobachtet. Diese Aufmerksamkeit ist immer noch völlig an einen einzigen Wahrnehmungskanal gebunden, und das Objekt in ihrem Mittelpunkt fesselt es ganz und gar. Sie werden jedoch auch feststellen, dass es jetzt fast immer gesprochener Sprache, die sich spielerisch auf die Geschehnisse bezieht und so sein Spielvergnügen steigert, zu lauschen vermag. Wenn Sie beispielsweise spielen »Wo ist der Michael?«, während Sie ihm den Pulli über den Kopf ziehen, dann erregt das Freude und Aufmerksamkeit, der Satz »Komm, ziehen wir dich an, damit wir nach draußen gehen können« dagegen nicht. Das mag Eltern wundern, doch der springende Punkt ist, dass im ersten Fall das, was das Kind im Sinn hat, tut und mit Interesse betrachtet, ein und dasselbe ist, im zweiten dagegen nicht.

■ Hören

Wenn Sie sich an unser Spielprogramm gehalten haben, dann kann Ihr Kind jetzt wahrscheinlich selektiv hören, was es möchte und so lange es möchte. Es ist jedoch immer noch auf einen viel größeren Kontrast zwischen Hintergrundgeräuschen und dem gewünschten Reiz angewiesen als ein Erwachsener, und es lässt sich immer noch relativ leicht ablenken. Der Nebensatz »was es hören möchte« ist und bleibt sehr wichtig: Die Fähigkeit, selektiv zu hören, ist immer noch an das selbst gewählte Zentrum seiner Aufmerksamkeit gebunden, nicht an ein fremdes.

Das Kind kennt jetzt die Bedeutung der meisten Alltagsgeräusche, etwa die im Zusammenhang mit Haushaltsarbeiten wie Staubsaugen, sowie die Stimmen vieler Menschen in seinem Umfeld.

▲ Zweiundzwanzig bis vierundzwanzig Monate

■ Sprachentwicklung

Ab einem Alter von etwa zwanzig Monaten teilt sich Ihr Kind häufiger und differenzierter mit, und wir stellen einige interessante und wichtige Entwicklungen fest. Ihr Kind beginnt, seine Gefühle mittels Sprache auszudrücken, statt nur zu weinen oder zu schreien. Es äußert beispielsweise mit Nachdruck: »Jonas böse.« Es beginnt ein Gespräch mit einem Namen, weckt beispielsweise die Aufmerksamkeit seiner Mutter mit dem Ausruf: »Mami!« Was noch wichtiger ist, es versucht anderen in einer beredten Mischung aus Plappern, Wörtern, Gesten und Pantomime von seinen Erfahrungen zu erzählen. Zum ersten Mal tauchen Fragen in seinem Gespräch auf, etwa: »Wo Papi?«

Ihr Kind verknüpft nun Wörter und Bedeutungen immer rascher, und dafür gibt es mehrere Gründe:

Wie im vorangegangenen Zeitabschnitt *versteht* es immer besser, »wie die Welt funktioniert«, weil es die Bedeutung und Abfolge seiner alltäglichen Aktivitäten immer besser kennt. Dies hilft ihm, immer mehr von dem zu verstehen, was ringsum gesprochen wird. Wenn es beispielsweise mit seiner Mutter einkaufen geht, kennt es nun die gesamte Ereigniskette vom Hineinlegen der Lebensmittel in den Einkaufswagen bis hin zu ihrem Erscheinen auf dem Küchentisch. Infolgedessen fällt es ihm nicht schwer, die Bedeutung des Wortes »Tomate« in dem Satz »Diese Tomaten bekommst du heute zu dem Ei zum Mittagessen dazu« zu erfassen.

Ein weiterer Faktor, der dem Kind hilft, Wörter mit ihren Bedeutungen zu verknüpfen, besteht darin, dass es sie jetzt allmählich in Kategorien einordnen kann. Auf dieser Stufe versteht es weit gefasste Kategorien wie Körperteile oder Kleidung und kann ihnen neue Wörter hinzufügen.

Ein weiterer interessanter kleiner Schritt ist, dass das Kind nun viel mehr Spielsachen, Menschen und Tiere am Namen erkennt, was zeigt, dass es jetzt versteht, dass Bezeichnungen nicht nur für Objekte stehen können, sondern auch für Darstellungen von Objekten.

Sein wachsendes Verständnis für die Benutzung von Sprache – wann es beispielsweise angemessen ist, einen Gruß auszusprechen oder Informationen zu geben – in Verbindung mit seiner nun guten Kenntnis der »Konversationsregeln« helfen ihm ebenfalls dabei, sich die Bedeutung neuer Wörter zu erschließen. Wenn es beispielsweise das Wort »tschüssing« in einem Zusammenhang hört, in dem es »tschüs« zu hören gewohnt ist, erkennt es leicht, dass das neue Wort eine Variante von »tschüs« ist.

Dieses reiche Wissen über das Funktionieren der Welt und die Verwendung von Sprache sorgt dafür, dass das Kind die Bedeutung von Wörtern immer leichter und schneller erkennt. Dies stellt angesichts der Tatsache, dass es erst seit zwei Jahren »mitmischt«, eine bemerkenswerte Leistung dar.

Wenn das Kind das Alter von zwei Jahren erreicht, kann es gewöhnlich recht lange und komplizierte Sätze sowie deren Bedeutung und Begründung begreifen. Es versteht beispielsweise Sätze wie: »Wenn Mami nach Hause kommt, spielen wir Verstecken« (und sich daran erinnern, wenn der Zeitpunkt gekommen ist), und es erfasst, warum sein Vater sagt: »Ich schließe das Fenster, damit es nicht hereinregnet.«

Dieser erstaunlich schnelle Zuwachs beim Sprachverständnis eilt seinem Vermögen, die Sprache zu benutzen, weit voraus, auch wenn dieses ebenfalls große Fortschritte macht. Die rasche Erweiterung des *aktiven Wortschatzes* setzt sich fort, und wenn Ihr Kind seinen zweiten Geburtstag feiert, benutzt es vielleicht nicht weniger als zweihundert Wörter oder sogar mehr. Zu dieser Zeit stehen ihm schon viele verschiedene Wortarten zu Gebote: Mehr Verben (wie »schwimmen« oder »spielen«), Adjektive (wie »groß« und »klein«), Adverbien (wie »schnell« und »langsam«) und einige Pronomen, obwohl es Letztere auf dieser Stufe noch oft verwechselt; zum Beispiel sagt es »ihr weg« statt »sie weg«. Diese Wortvielfalt erlaubt ihm, immer mehr Zwei-Wort-Redewendungen und -Sätze zusammenzusetzen, etwa »Max Rutsche«, »laufe schnell« oder »Mami springt«. Frühe Formen von

Grammatik setzen ein. Das Kind spricht von sich selbst gewöhnlich mit seinem Namen, um Verwirrung zu vermeiden; es sagt etwa »Robert Keks«. Allerdings sind immer noch Namen diejenigen Wörter, die Kinder dieses Alters am häufigsten benutzen.

Das Kind gebraucht nun allmählich auch Verneinungen wie »nein« oder »will nicht« und benutzt sie zum ersten Mal, um etwas abzustreiten. Es erklärt Ihnen beispielsweise: »Nicht macht«, was heißen soll: »Ich habe den Teller nicht fallen lassen.« Zudem stellt es jetzt öfter Fragen wie: »Wo Papi geht?«

Es spricht manchmal Drei-Wort-Sätze nach, und mit zwei Jahren bildet es zuweilen sogar selbst welche, beispielsweise: »Jonas will trinken.« Es hat jetzt begonnen, nicht nur Wörter, sondern auch die Grammatik zu benutzen.

In diesen kurzen Wendungen und Sätzen fehlen in diesem Alter immer noch oft einige Wörter, doch ihre Bedeutung ist klar erkennbar.

Ein weiterer kleiner Meilenstein ist erreicht, wenn das Kind sowohl seinen Vor- als auch Nachnamen nennen kann, wenn man ihm das beigebracht hat.

Das »Verlernen« der in der Muttersprache nicht vorkommenden Sprachlaute ist nun abgeschlossen, doch die Aussprache des Kindes unterscheidet sich immer noch stark von der der Erwachsenen. Das Kind ersetzt immer noch schwer auszusprechende Wörter durch einfachere, beispielsweise »Kaba« durch »Taba« und »Schuh« durch »Suh«. Lautgruppen werden immer noch verkürzt wie in »Bot« statt »Brot« und unbetonte Laute und Silben weggelassen wie in »Aff« statt »Affe«. Interessant ist, dass dem Kind diese Ersetzungen aus dem Mund von anderen sofort auffallen. Sie werden merken, dass Sie, wenn Sie ein Wort falsch aussprechen, wie es Ihr Kind tut, einen befremdeten Blick ernten, und vielleicht versucht es sogar, Sie zu verbessern, obwohl es natürlich trotzdem noch seine Version des Wortes benutzt.

Dieser beträchtliche Fortschritt im aktiven Sprachgebrauch mündet in unbändige Begeisterung für Gespräche. Ihr Kind erwartet jetzt, dass Erwachsene auf seine Versuche zur Anknüpfung einer Unterhaltung eingehen, und setzt sie hartnäckig fort, wenn sie nicht reagieren. Ein anderweitig beschäftigter Erwachsener sieht sich Zerren, Schubsen und sehr ausdauernden und wiederholten verbalen Aufforderungen ausgesetzt. Das Kleinkind zeigt sich zudem eifrig bemüht, Kommunikationsstörungen zu überwinden, und tut alles, um sich verständlich zu machen; es benutzt alternative Wörter und ergänzt sie, falls nötig, durch Gesten und Pantomime.

Wiederum geht die Entwicklung von kognitiven und sprachlichen Prozessen Hand in Hand. Von besonderer Bedeutung ist auf dieser Stufe die anhaltende Begriffs- und Kategorienentwicklung. Sie führt dazu, dass das Kind die auf diese Begriffe bezogenen Wörter wie »rau« und »glatt« oder »weit« und »eng« sinnvoll benutzen und verstehen kann, dass Wörter sich auch auf ganze Kategorien wie Kleidung oder Tiere beziehen können.

■ Allgemeine Entwicklung

Im Hinblick auf die Motorik ereignen sich zu dieser Zeit viele Veränderungen, die Ihrem Kind bei der Erkundung seiner Welt helfen. Es kann jetzt auf einen Stuhl klettern, um aus dem Fenster zu schauen, und Treppen steigen, indem es immer erst beide Füße nacheinander auf die Stufe stellt. Weitere motorische Fertigkeiten, die in dieser Phase auftauchen, umfassen rückwärts gehen, während es ein Spielzeug nachzieht, und ein Spielzeug vom Boden aufheben, ohne umzufallen. Das Kind schafft es jetzt, einen Ball mit über den Kopf erhobenen Händen zu werfen und sich auf ein kleines Dreirad zu setzen und es durch Abstoßen mit den Füßen in Bewegung zu setzen. Der große Kinderarzt Arnold Gesell prägte einen wunderbaren Satz über den Zweijährigen: »Er denkt mit seinen Muskeln.« Er hebt die völlige Unabhängigkeit von motorischer und mentaler Aktivität auf dieser Stufe hervor, indem er erklärt, dass der Zweijährige »spricht, während er handelt, und handelt, während er spricht«.[3]

Auch die manuellen Fertigkeiten entwickeln sich schnell. Das Kleinkind vermag winzige Gegenstände wie Nadel und Faden mit genau gezieltem Griff aufzunehmen, einen Zug aus drei Bauklötzchen zu machen und die Seiten eines Buches einzeln umzublättern. Seine Hand-Auge-Koordination erlaubt ihm jetzt, Formen in ein einfaches Steckbrett einzufügen, und zwar nicht nur, wenn dieses ihm direkt gegenüberliegt, sondern auch, wenn es gedreht wird.

Das Kind wird ein wenig selbständiger in seinen alltäglichen Verrichtungen; mit zwei Jahren kann es die meisten Kleidungsstücke allein auszuziehen, sich mit ein wenig Hilfe die Hände waschen und mit einem Löffel essen, ohne diesen falsch herum zu drehen.

Wie Gesell des Weiteren bemerkt, verfügt das zweijährige Kind über ein Gefühlsleben von beachtlicher Tiefe und Komplexität, und es kann bemerkenswertes Einfühlungsvermögen gegenüber anderen an den Tag legen. Wenn es nach ihm geht, sollte möglichst alles immer gleich bleiben; schließlich ist es noch nicht lange her, dass es seinen Tagesablauf verinnerlicht hat. Veränderungen müssen schrittweise und behutsam vonstatten gehen.

■ Aufmerksamkeit

In der Aufmerksamkeitsentwicklung sind gegenüber den letzten beiden Monaten wenig Änderungen festzustellen. Sie wundern sich vielleicht, warum Ihr Kind immer noch so schwer zu lenken ist, obwohl es sich jetzt doch so schön auf seine Beschäftigung konzentrieren kann, wenn es will. Keine Sorge – es dauert nicht mehr lange bis zur nächsten Stufe, auf der es dann mit Ihrer Hilfe gezielt seine Aufmerksamkeit neu ausrichten und Ihren Anweisungen folgen kann. Bitte widerstehen Sie der Versuchung, es dazu zu bringen, bevor es bereit ist. Obwohl das wahrscheinlich jetzt gerade eben möglich wäre, geht es weitaus besser und früher, wenn Sie Ihrem Kind erlauben, die Stufen in seinem eigenen Tempo zu durchlaufen.

■ Hören

Das Kleinkind lebt jetzt in einer Welt, in der die meisten Laute und Geräusche, die es hört, eine Bedeutung haben und leicht zu lokalisieren sind. Zuhören ist nun eine wichtige Quelle des Vergnügens für das Kind, denn es ist nicht nur begeistert, wenn man mit ihm spricht oder ihm vorsingt, sondern hat auch immer mehr Spaß an geräuscherzeugenden Spielsachen.

Halten Sie sich jedoch vor Augen, dass ihm das Zuhören immer noch schwer fällt, wenn im Hintergrund ein hoher Geräuschpegel herrscht. Das kann der Grund sein, weshalb Ihr Kind in geräuschvollen Umgebungen, beispielsweise im Supermarkt, nicht auf Sie hört!

▲ Das Spielen

■ Entdeckungsspiele

Ihr Kind steht jetzt voll auf Erforschen; seine Entdeckerleidenschaft ist grenzenlos. Es ist wild darauf, verschiedene Materialien zu erkunden, und lernt dabei eine ganze Menge über ihre Eigenschaften. Das Spiel mit Wasser findet es immer noch toll, und das bleibt auch noch für eine erkleckliche Zeit so. Es gießt unermüdlich Wasser aus einem Gefäß in ein anderes und untersucht, was schwimmt, was langsam versinkt und was schneller untergeht. Wie schon erwähnt, fördert diese Art Spiel hervorragend die Bildung von Begriffen wie »schnell«, »langsam«, »näher« und »weiter«, »erstes« und »letztes«, die sich so leicht in die sprachliche Anregung einbauen lassen. Kinder, die solche Erfahrungen nicht oder nur in sehr begrenztem Umfang machen, sind hier sehr im Nachteil.

Ein kleines vierjähriges Mädchen namens Melissa wurde kürzlich in meine Praxis gebracht, weil sie von der Vorschule, die ihre Eltern ausgewählt hatten und die schon in diesem frühen Alter einen

Eingangstest durchführte, nicht angenommen worden war. Wie ich herausfand, hatte ihre Mutter einen ausgesprochenen Putzfimmel und schränkte Melissa in ihrem Spiel sehr stark ein. Sie hatte niemals mit Wasser, Sand, Ton oder Knete und schon gar nicht mit Wachsmalstiften oder Farben spielen dürfen. Scheren waren ebenfalls verboten, und Melissa hatte Spielzeug wie Bauklötzchen nicht auf dem Fußboden ausbreiten oder Möbel hin und her schieben dürfen. Infolge all dieser Einschränkungen mangelte es Melissa, die innig geliebt und gut versorgt wurde, so sehr an den notwendigen Erfahrungen, dass ihre Begriffsbildung und demzufolge auch ihr Sprachverständnis und ihr aktiver Wortschatz weit unter ihrem altersgemäßen Niveau lagen. Melissa holte mit Hilfe des Sprechlern-Spaß-und-Spiel-Programms ihren Rückstand innerhalb von sechs Monaten auf. Dennoch betrübte mich ihr Fall sehr, denn ich war sicher, dass ihr Leistungsstand sehr viel höher ausgefallen wäre, wenn sie früher vielfältigere Erfahrungen hätte machen dürfen.

Ton und Knete sind in diesem Stadium immer noch sehr beliebt, und das Kind zeigt mit etwa zwei Jahren erste Versuche einer Bearbeitung, indem es mit einem Teigrädchen oder einem Nudelholz darauf herumhaut. Überdies kritzelt es jetzt mehr und ausdauernder mit einem dicken Wachsmal- oder Farbstift; es drückt auch fester auf.

Auch der Sandkasten ist jetzt beliebt, und statt wie früher nur darin zu sitzen, schüttet das Kind jetzt gerne Sand in einen Laster oder Schubkarren.

Werfspiele machen ihm Freude und eignen sich überdies zum Abwechseln, jetzt häufig mit mehreren Mitspielern.

Da das Kind nun über bessere Feinmotorik und eine längere Aufmerksamkeitsspanne verfügt, kann es jetzt etwas mit Spielzeug anfangen, das mehr Konzentration und eine feinere Steuerung der Hände erfordert. Es fädelt jetzt große Perlen lieber auf eine Schnur auf, als sie auf ein Holzstäbchen zu stecken, und bevorzugt sehr einfache Puzzles statt einfacher Formensteckbretter. Es liebt Spielzeuge, die zueinander passen, insbesondere solche, die immer kleiner werden, wie russische Matroschka-Puppen.

Ordnen und Sortieren findet das Kind nach wie vor spannend, und es liebt Spiele wie große Bilderdominos, Farbordnungsspiele und große Perlen.

Allmählich zeigt es jetzt auch Interesse an Konstruktionsspielzeug, sofern die Teile groß genug sind und sich sehr leicht miteinander verbinden lassen, beispielsweise Bauklötze mit Schnurverbindungen oder einfache Lego-duplo-Steine. Es versucht noch nicht, irgendetwas zu bauen, doch die Freude am Hantieren mit diesem Spielmaterial und am Herausknobeln, wie die Teile zusammengehören, leistet ihm später, wenn es dann baut, gute Dienste.

Das Kind besitzt jetzt eine viel genauere Vorstellung von Ursache und Wirkung und hat viel Spaß an Spielsachen wie Springteufelchen und Ähnlichem, die einen solch spektakulären Effekt hervorrufen können.

■ Gemeinsames und symbolisches Spielen

Das absolute Lieblingsspiel von Kindern dieses Alters ist, Erwachsenen bei ihren alltäglichen Verrichtungen zu »helfen« und diese im Spiel erneut zu inszenieren, um die Bedeutung all dessen, was die Erwachsenen tun, zu entschlüsseln. Sie werden merken, dass Ihr Kind Sie aufmerksam beobachtet und später in seinem Spiel zeigt, dass es sich an das erinnert, was Sie gemacht haben, indem es die Aktivität nachahmt. Dabei handelt es sich immer noch um einzelne Aktionen wie Kartoffeln in einen Topf zu geben. Das Kleinkind spielt viele dieser Aktivitäten auch mit seinen Stofftieren oder Puppen nach und findet es großartig, wenn Erwachsene sich an seinem Spiel beteiligen.

Sein wachsender Wissensschatz über die Welt schlägt sich überdies in bestimmungsgemäßem Gebrauch von Objekten und Materialien nieder. Das Kind platziert jetzt Decke und Kissen seiner Puppe richtig und legt Messer, Gabel und Löffel auf den Tisch. Es liebt Spielzeug, das Geräte der Erwachsenen darstellt, beispielsweise Minibügeleisen und -bügelbrett.

Es beschäftigt sich auch gerne mit Figuren von Menschen und Tieren und deren Zubehör wie einem Bauernhof oder einem Zoo mit Tieren oder einer Autowerkstatt mit Fahrzeugen. Ein einfaches Puppenhaus wird in dieser Zeit vielleicht heiß geliebt. Solches Spielzeug ist für das Kind noch sehr lange wichtig, weil es immer differenzierter damit spielen kann.

Erwachsene spielen jetzt in seinen gesamten Spielaktivitäten eine sehr wichtige Rolle. Beim Entdeckungsspiel freut es das Kind, wenn ihm ein Erwachsener zeigt, was man mit seinen Spielsachen alles anfangen kann, möchte aber, dass er sich zurückzieht, wenn es dann ausprobiert, was es beobachtet hat. Kleinkinder dieses Alters profitieren am meisten von diesen Demonstrationen durch Erwachsene, wenn sie sich die grundlegenden Fertigkeiten angeeignet haben und der Erwachsene ihnen eine Abwandlung vorführt. Wenn das Kind beispielsweise gelernt hat, Perlen aufzufädeln, könnte es eine interessante Abwechslung sein, ihm zu zeigen, wie man Muster mit verschiedenfarbigen Perlen macht.

Die Beteiligung Erwachsener am symbolischen Spiel wird ebenfalls freudig begrüßt. Sich bei einer Aktivität abzuwechseln erweist sich immer noch als großes Vergnügen und kann zu einem festen Bestandteil des Spiels werden; Beispiele sind das Füttern von Teddybären und Puppen oder der Rollentausch von Käufer und Verkäufer. Sowohl beim Rollenspiel als auch beim symbolischen Spiel kann der Erwachsene nützliche Anregungen einbringen, beispielsweise dem Kind zeigen, wohin die Möbel eines Puppenhauses gehören, oder ihm helfen, die Dinge für ein Einkaufsspiel zurechtzustellen.

Kinderreime und -lieder sind nach wie vor beliebt, und das wird auch noch lange so bleiben. Das Kleinkind liebt besonders solche, die mit Handlungen verbunden sind wie »Alle meine Entchen« oder »Häschen in der Grube«. Hoch geschätzt sind Lieder, deren Text sich auf Menschen oder Gegenstände bezieht, die das Kind kennt, gesungen nach der Melodie eines traditionellen Kinderliedes.

Wie im vorangegangenen Abschnitt spielt Ihr Kind ab und zu gerne für sich, obwohl es gewöhnlich einem Elternteil nahe sein möchte und wahrscheinlich weint, wenn dieser sich entfernt. Wiederum ist beträchtliches Einfühlungsvermögen gefordert, um zu erkennen, wann das Kind möchte, dass der Erwachsene mitmacht und wie lange, und wann es alleine seinen Erkundungen und Aktivitäten nachgehen möchte.

Ein wirkliches Spiel mit anderen Kindern findet immer noch nicht statt. Zwei Kleinkinder mögen sich Seite an Seite mit symbolischem Spiel beschäftigen, doch die einzige gemeinsame Tat besteht wahrscheinlich in einem gelegentlichen Griff nach dem Spielzeug des anderen.

Die Spielzeugkiste

Die folgenden Spielzeuge und -materialien wären in diesem Alter eine gute Ergänzung für die Spielzeugkiste Ihres Kleinkindes. Sie sind wiederum unterteilt in Spielzeug für das Entdeckungs- und das symbolische Spiel, doch genau wie früher kann es sein, dass das Kind ganz anders damit spielt, als Sie sich das vorgestellt haben mögen.

Entdeckungsspiele

- Mehr Behälter und Gefäße für das Spiel mit Wasser, etwa eine Sprühflasche und verschieden geformte Behälter
- Einfaches Nudelholz oder Teigrädchen für Knetmasse
- Laster und Schubkarren für die Sandkiste
- Große Perlen und eine Schnur
- Matroschka-Puppen oder ineinander geschachtelte Becher
- Große Bilder-Dominos
- Farbenordnungsspiel
- Große zusammensteckbare Klötzchen
- Neue Geräusch erzeugende Spielzeuge wie weitere Musikinstrumente oder gefüllte Behälter
- Springteufelchen oder anderes Pop-up-Spielzeug

Gemeinsames und symbolisches Spiel

- Einkaufstasche
- Bügeleisen und -brett
- Spülschüssel und -bürste
- Zoo mit Tieren
- Bauernhof mit Tieren
- Werkstatt und weitere Fahrzeuge
- Puppenhaus und -möbel

Das Bücherregal

Sie sollten es sich nun unbedingt zur Gewohnheit machen, sich regelmäßig jeden Tag mit Ihrem Kind ein Buch anzuschauen. Dies könnte während Ihrer täglichen Spielzeit, vor dem Zubettgehen oder zu einem sonstigen passenden Zeitpunkt geschehen.

Die Bedeutung dieses Rituals lässt sich von jetzt an gar nicht überschätzen. Die Häufigkeit, mit der sich Erwachsene und Kinder in den Vorschuljahren gemeinsam mit Büchern beschäftigen, ist der beste Vorhersagefaktor für die spätere Leseleistung. Nicht etwa ein früher Leseunterricht spielt die entscheidende Rolle – zu früh einsetzender Leseunterricht kann sich sogar äußerst nachteilig auswirken –, sondern die schiere Freude an Büchern, weil sie Teil einer schönen, gemeinsamen Erfahrung sind.

Bei der Analyse der Ergebnisse unserer Langzeitstudie stellten wir fest, dass einige der Kinder mit extrem guten verbalen Fertigkeiten zu unserer Enttäuschung nur eine durchschnittliche Lesefertigkeit erreichten. Wir vermuteten als wahrscheinlichste Ursache, dass sie vor ihrer Einschulung selten Gelegenheit hatten, sich gemeinsam mit einem Erwachsenen mit

Büchern zu beschäftigen. Leider kommen heutzutage sehr viele Kinder mit einem ähnlichen Erfahrungsmangel in die Schule; manche wissen nicht einmal, wie man ein Buch aufschlägt, dass der Text von links nach rechts läuft und dass die Geschichte sich von einer Seite zur nächsten fortsetzt.

Was den Inhalt betrifft, so mag Ihr kleines Kind bestimmt immer noch die Bücher, die in der letzten Altersstufe hinzukamen. Es liebt weiterhin Bücher, zu denen Sie viele »Spielgeräusche« wie die von Tieren und Fahrzeugen machen können: Sie eignen sich wunderbar dazu, dem Kind eine ganz einfache Form von Verständnis dafür zu vermitteln, dass Laute sich in Büchern darstellen lassen. Dies ist eine entscheidende Erkennntis, die es zu der später so wichtigen Fähigkeit hinführt, Laute mit ihrem schriftlichen Abbild zu verknüpfen. »Spielgeräusche« leisten zudem einen sehr nützlichen Beitrag dazu, dem Kind die einzelnen Laute innerhalb von Wörtern bewusst zu machen, was für das spätere Lesen wesentlich ist.

Bücher mit Reimen sind jetzt ganz prima. Die daraus erwachsende Aufmerksamkeit für Laute und die Tatsache, dass sie sich reimen, ist ein sehr bedeutsamer Vorläufer für das Lesen. Die Unfähigkeit zu reimen ist sogar ein Kennzeichen schlechter Leser.

Sein wachsendes Sprachverständnis und seine längere Aufmerksamkeitsspanne erlauben es dem Kind jetzt, Freude an einfachen Geschichten zu haben. Dabei ist Realismus immer noch sehr wichtig. Das Kind ist noch nicht bereit für viel Phantasie, weil es immer noch an seinem Wissen über die Welt baut und feilt und deshalb leicht in Verwirrung geraten könnte. Wie zuvor sind die besten Geschichten solche, die seine eigenen Erfahrungen aufgreifen, da ihm dies wie gesagt hilft, Bedeutungen mit Wörtern zu verknüpfen. Vorhersagbare Muster und Abfolgen von Aktivitäten bestätigen sein Wissen über den »Lauf der Welt«, insbesondere wenn Sie mit ihm darüber sprechen können, was die Ereignisse in den Geschichten mit seinen eigenen Erlebnissen zu tun haben. Wenn das Kind die einfachsten Ereignisfolgen versteht, fällt es ihm leicht, jedes in diesem Zusammenhang neue Wort mit seiner Bedeutung zu verknüpfen. Es ist bemerkenswert, dass Kinder korrektere Sätze bilden, wenn sie über alltägliche Abläufe, die ihnen sehr vertraut sind, sprechen.

Selbst gesponnene Geschichten über das Kind selbst, vielleicht um Fotos herum, sind immer noch sehr beliebt, und es hat sicher enormen Spaß daran, die Fotos mit den realen Gegenständen in seinem Zuhause zu vergleichen.

Es folgt eine Auswahl aus der Fülle wunderbarer Bücher, die diesen Kriterien entsprechen:
- *Ganz toll* von Trish Cooke und Helen Oxenbury
- *Hansi Sandmann und andere Reimereien, Tante Klara und andere Reimereien* von Maureen Roffey
- *1, 2, 3, ich komme* von Mick Inkpen
- *Die Märchenpost* von Janet und Allan Ahlberg

▪ Fernsehen und Videos

Die drei Regeln für die vorigen Abschnitte gelten immer noch.
- Begrenzen Sie die Zeit, die Ihr Kleinkind fernsehen darf, unbedingt auf eine halbe Stunde pro Tag.
- Wichtig ist, dass Sie mit ihm fernsehen, damit diese Erfahrung zu einer gemeinsamen wird und Sie ihm helfen können, das Gesehene mit seinen eigenen Erfahrungen in Zusammenhang zu bringen.
- Achten Sie auch darauf, dass der Inhalt der Sendung mit der Welt zu tun hat, die es gerade kennen lernt, und nicht mit Ereignissen, die es in der Realität nicht gibt, wie wir das im vorigen Kapitel besprochen haben. Aufgrund seines begrenzten Erfahrungshorizontes ist es noch nicht bereit für solche Inhalte.

Nun, wo Ihr Kind einer kleinen Geschichte zu folgen vermag, eignen sich Sendungen, die Kinder und Tiere in Situationen darstellen, die das Kind wieder erkennt. Wie bei Büchern sind Wiederholungen gut, und Serien, in denen immer dieselben Figuren dasselbe oder Ähnliches tun und sagen, können dem Kind viel Vergnügen bereiten.

▲ Zusammenfassung

Mit zwei Jahren wird Ihr Kind wahrscheinlich
- ziemlich lange und komplizierte Sätze verstehen
- etwa fünfzig Wörter sprechen
- zwei, gelegentlich auch drei Wörter miteinander verbinden
- Wörter (Pronomen) wie »er« und »sie«, »ihm« und »ihr« benutzen, allerdings nicht fehlerfrei.

▲ Grund zur Sorge

Unten sind Sachverhalte aufgeführt, bei denen es ratsam wäre, mit einem Spezialisten über die Entwicklung Ihres Kindes zu sprechen. (Bitte denken Sie aber daran, dass nicht alle Kinder sich gleich schnell entwickeln.)

Wenn Sie irgendwelche Zweifel hegen, auch wenn der Grund Ihrer Besorgnis hier nicht aufgeführt ist, dann suchen Sie mit Ihrem Kind so bald wie möglich einen Kinderarzt oder Kinderpsychologen auf.

Wenn Ihr Kind zwei Jahre alt ist, wäre es ratsam, die Meinung eines Experten einzuholen, falls
- Ihnen auffällt, dass es die Bezeichnungen vieler alltäglicher Objekte wie Möbel oder Besteckteile nicht zu kennen scheint
- Ihr Kind niemals zwei Wörter miteinander verbindet
- Ihr Kind sich nicht oft auf ein selbst gewähltes Objekt oder eine Aktivität konzentriert
- Ihr Kind Ihnen nicht bei Ihren Tätigkeiten helfen möchte
- Sie kein symbolisches Spiel bei Ihrem Kind sehen.

Das Sprechlern-Spaß-und-Spiel-Programm

▪ Eine halbe Stunde täglich

Ich hoffe, dass Ihnen und Ihrem Kind Ihre tägliche Spielzeit jetzt so viel Freude macht, dass Sie sie nur im Notfall versäumen würden. Sie tun damit nicht nur weiterhin viel für seine emotionale Geborgenheit und sein lebenslanges Selbstvertrauen, sondern bieten ihm auch die bestmöglichen Bedingungen für den Spracherwerb. Da sich in dieser Phase seine spielerischen Fertigkeiten weiter entfalten, können Sie sein Selbstvertrauen auch dadurch stärken, dass Sie es bestätigen, seine Leistungen bewundern und es behutsam an schwierigere Aufgaben heranführen, ohne es zu frustrieren. Das kann durchaus eine Gratwanderung sein.

> Shaun kam mit zwanzig Monaten in Begleitung seines Vaters in die Praxis, weil er bislang noch kein Wort sprach. Aus irgendeinem Grund war sein Vater der Überzeugung, dass man mit Kindern dieses Alters nicht nur nicht viel zu sprechen brauchte, sondern dass sie auch alles allein herausfinden müssten. Während die beiden miteinander spielten, entdeckte Shaun ein Spielzeug zum Aufschrauben, das für seine kleinen Hände zu fest zugedreht war. Er mühte sich ab, ohne Erfolg, und nach ein paar Minuten weinte er vor Zorn und Enttäuschung. Ich konnte mich nicht zurückhalten und griff ein, kaum hatte ich das Schraubteil ein wenig für ihn gelöst, strahlte Shaun über beide Backen und lernte viel durch das Spielzeug.
>
> Ich erinnere mich aber auch an ein kleines Mädchen mit Namen Antonia, dessen Mutter keinerlei Frustration für ihr Kind ertragen konnte. Sie löste alle Probleme für Antonia noch bevor diese wusste, dass sie welche haben würde, und redete dabei ohne Unterlass und ohne Rücksicht auf das, was Antonia machte. Ich erinnere mich noch lebhaft, dass Antonia sich einmal mit einem Puzzle beschäftigte, und sobald sie ein Teil in der Hand hatte, zeigte ihr ihre Mutter, wo es hingehörte. Das war für Antonia fast genauso frustrierend wie das Nichteingreifen von Shauns Vater für Shaun. Diese Kinder blüh-

ten beide auf, als ihre Eltern den Dreh raushatten und nicht mehr über das sprachen, was sie für richtig hielten, sondern über das, wofür sich die Kinder interessierten, und ihnen in angemessenem Umfang bei ihren Spielaktivitäten halfen.

▪ Die Umgebung für Ihre Spielzeit zu zweit

Bitte stellen Sie sicher, dass sich Lärm und Ablenkungen nicht wieder eingeschlichen haben. Sorgen Sie dafür, dass von außen keine störenden Geräusche eindringen können und Sie möglichst nicht gestört werden. Ihr Kleinkind braucht immer noch Zeiten, in denen es erfahren kann, dass Zuhören ganz leicht ist und viel Spaß macht.

> Sorgen Sie für Ruhe im Zimmer

Halten Sie wie zuvor eine Auswahl von Spielzeug bereit, damit Ihr Kind aus einer breiten Palette von Materialien für das erkundende und symbolische Spiel auswählen kann. Nützlich ist es, das Spielzeug immer am selben Platz aufzubewahren, damit das Kind leicht findet, was es möchte, und dafür zu sorgen, dass alles in Ordnung und vollständig ist. Kleinkinder dieses Alters haben keinerlei Verständnis dafür, wenn das Teufelchen nicht aus seiner Schachtel springt oder wenn ein Stück des Puzzles fehlt.

> Sorgen Sie dafür, dass alle Spielsachen funktionieren und vollständig sind

Stellen Sie das Spielzeug so hin, dass sichtbare freie Flächen auf dem Boden und auf anderen Spielflächen bleiben. Ein Boden und Wände, die mit Bildern und Spielsachen, so hübsch sie auch sein mögen, voll gepflastert sind, können überreizen und es dem Kind schwer machen, sich zu konzentrieren.

Widmen Sie Ihre Aufmerksamkeit demselben Gegenstand wie Ihr Kind

Es ist immer noch unabdingbar, dass Sie und Ihr Kind Ihr Interesse und Ihre Aufmerksamkeit demselben Objekt zuwenden, und wahrscheinlich wird Ihnen das nun in Fleisch und Blut übergegangen sein, weil Sie ja schon aus Gewohnheit darauf achten, was das Kind interessiert.

Ihr Kind wird Ihnen nun viel häufiger klar zu verstehen geben, wofür es sich interessiert, und Ihnen das oftmals sagen, was Ihnen einen Großteil der Raterei von früher erspart. Wenn es beispielsweise zeigt und sagt: »Da Datze«, kann es kaum Zweifel geben, wofür es sich interessiert. Es wird Ihnen auch sofort klarmachen, wenn Sie mit dem, was es meint, nicht richtig liegen. Wenn Sie beispielsweise auf »Teddy trinken« damit reagiert haben, dass Sie Teddy etwas zu trinken anbieten, das Kind aber gemeint hat, Sie sollen ihm Teddys Tasse geben, dann zeigt es Ihnen pantomimisch, was es eigentlich gewollt hat.

Die vielleicht wichtigste Veränderung in dieser Zeit tritt ein, weil sich das Wissen des Kindes über die Welt sowie seine sprachlichen Fertigkeiten so rasch erweitern: Das, was in seinem Kopf vorgeht, bezieht sich nicht mehr nur auf das »Hier und Jetzt«. Es brennt darauf, Ihnen von aufregenden Sachen zu erzählen, die passiert sind, oft viele Male. Das kann ganz plötzlich einsetzen. Meine Tochter, einundzwanzig Monate alt, war über ihren ersten Besuch im Zoo völlig aus dem Häuschen und erzählte jedem, dem sie begegnete: »Mami Giraffe … Baby Giraffe … und Vögelchen sagt hallo.«

Ihr Kind beginnt vielleicht auch, von Ereignissen zu sprechen, die in der Zukunft geschehen werden – auf dieser Stufe gewöhnlich in der ganz nahen Zukunft wie später am selben Tag. Beteiligen Sie sich an diesen Gesprächen und machen Sie sich keine Sorgen, Sie würden seinem Interesse nicht folgen, weil Sie jetzt nicht mehr immer über das reden, was im Augenblick vor sich geht – Sie tun es. Sie können sich über das, was das Kind gesagt hat, jetzt ein wenig ausführlicher äußern und etwas hinzufügen, damit es sich mehr von den Geschehnissen merken kann. Wenn es Ihnen beispielsweise in einem Mix aus kurzen und längeren Sätzen und geplappertem »Füllmaterial« von Kindern erzählt, die es im Park hat spielen sehen, dann können Sie etwas sagen wie: »Ja, Jonas hat den Ball geworfen. Er ist gefallen. Seine Mami hat ihn aufgehoben. Dann sind wir alle nach Hause gegangen.«

Bei anderen Gelegenheiten beschäftigt das Kind etwas, das in naher Zukunft geschehen wird. Es sagt beispielsweise: »Thomas geht Park. Häschen sehen.« Dies könnten Sie erweitern, indem Sie ihn an andere Dinge erinnern, die er im Park sehen kann – Blumen, die Schaukel und die Rutsche. Diese Gespräche bieten dem Kind Gelegenheiten, kompliziertere grammatische Formen wie Vergangenheit und Zukunft zu hören und zu erwerben, die natürlich nicht vorkommen, wenn Sie nur über das »Hier und Jetzt« sprechen. Dadurch können Sie jetzt komplexere Sätze bilden wie »Wenn es regnet, können wir nicht in den Park gehen«, und Ihr Kind kann es Ihnen nachtun.

In dieser Phase können sehr behutsam eingesetzte rhetorische Fragen Ihrem Kind helfen, Ereignisse zu durchdenken und sich einzuprägen. So kann die Frage: »Was wir wohl heute im Park zu sehen bekommen?« eine Vielzahl von Erinnerungen an frühere Parkbesuche heraufbeschwören. Achten Sie darauf, die Frage selbst zu beantworten, wenn Ihr Kind es nicht tut.

Wenn Ihr Kind etwa zwei Jahre alt ist, wird sich nahezu die Hälfte Ihrer Unterhaltungen um vergangene und zukünftige Ereignisse drehen, und in dieser Phase ist das dem Spracherwerb äußerst dienlich.

Ein anderes nicht konkretes Thema, über das Sie beide sprechen werden, sind Gefühle – was etwas ganz Neues ist. So könnte die Bemerkung »Lisa hat Ball. Felix böse« zu einem sehr interessanten Gespräch führen.

In dem Maße, in dem Ihre gemeinsamen Erfahrungen und Ihre Gespräche darüber immer mehr werden, erfährt Ihr Kind – wie wir alle –, welches Wissen man bei seinem Gesprächspartner voraussetzen kann. Wenn das Kind beispielsweise weiß, dass seine Mutter und es selbst an einem bestimmten Springteufelchen Spaß hatten, kann es mit Sicherheit davon ausgehen, dass die Aussage »Sprang raus« sie zum Lachen bringen wird, während ein anderer Erwachsener, der das Spielzeug nicht zu Gesicht bekommen hat, umfassendere Erklärungen brauchte. Je ausgeprägter die Erwachsenen ringsum der Aufmerksamkeit des Kleinkindes folgen, desto schneller kann es zu den richtigen Annahmen über das Wissen anderer Menschen gelangen, und diese Fertigkeit ist ganz wichtig für den Dialog. Sie werden selbst sehen, wie bedeutsam Ihre täglichen Spielzeiten für all das sind. Ich habe viele Kinder behandelt, die dies nicht erfahren haben, was das Gespräch zu einer sehr schwierigen Angelegenheit machte.

Als Sara bei unserem ersten Termin das Zimmer betrat, sagte sie: »Er größer und größer und größer und geplatzt!« Ich brauchte ziemlich lange, um herauszufinden, dass sie und die anderen Kinder in ihrer Spielgruppe Ballons aufgeblasen hatten, bis sie platzten. Sara realisierte nicht, dass ich nicht dabei gewesen war und daher nicht wusste, dass sie von Ballons sprach.

Wichtig ist, dass Sie Acht geben, wann das Kind von solchen Gesprächen wieder zum »Hier und Jetzt« wechselt. Versuchen Sie nie, sie weiterzuführen, so reizvoll Sie sie auch finden mögen. Auf dieser Stufe kann das Kleinkind sehr sprunghaft sein.

Für die Entwicklung der Aufmerksamkeit ist dies eine Zeit des Übergangs. Es gibt immer noch Phasen, in denen die Aufmerksamkeit des Kindes sehr rasch von einem Gegenstand zum nächsten springt. Vermitteln Sie ihm wie zuvor, dass das in Ordnung ist, und sprechen Sie wie früher über alles, was gerade im Mittelpunkt seines Interesses steht, so schnell dieses auch wechseln mag.

Andere Male, und jetzt wahrscheinlich auch öfter, widmet das Kind Objekten oder Aktivitäten, die sein Interesse wecken, über längere Zeitspannen seine konzentrierte Aufmerksamkeit. Geben Sie genau wie früher einen »laufenden Kommentar« ab, der sich so unmittelbar wie möglich auf das bezieht, womit das Kind gedanklich beschäftigt ist, etwa: »Was für ein großes Auto! Es fährt hinauf … hinauf … hinauf … auf den Hügel … Es ist oben … und jetzt saust es hinunter.« Diese Deckungsgleichheit Ihres Kommentars mit dem Gegenstand seiner Aufmerksamkeit ist die einzige Möglichkeit, dass das Kind Ihnen lauscht, und ganz klar der bestmögliche Weg des Spracherwerbs.

Vermeiden Sie es nach wie vor unbedingt, Anweisungen zu geben. Wie wir gesehen haben, erlaubt es jetzt der Entwicklungsstand seiner Aufmerksamkeit, dass das Kind auf Anweisungen hören kann, die in ein Spiel wie »Wo ist deine Hand?« während des Anziehens integriert sind. Das ist nun während der alltäglichen Verrichtungen in Ordnung, doch während Ihrer Spielzeit ist ein »laufender Kommentar« immer noch das, was Ihrem Kind das Zuhören am einfachsten und vergnüglichsten macht. Es erlebt Sie dann so, dass Sie das Vergnügen an seiner Beschäftigung steigern, anstatt es zu stören. (Wenn das Kind beispielsweise Interesse am Kritzeln zu erkennen gibt, dann ist es selbstverständlich nicht falsch, zu ihm zu sagen: »Hole die Malstifte aus dem Regal.« Das entspricht immer noch der Richtlinie, seinem Interesse zu folgen.)

> Vermeiden Sie jegliche Anweisungen

Bitte lassen Sie sich in dieser Phase nicht verlocken, das Kind dazu zu bewegen, seine Aufmerksamkeit gezielt auf etwas anderes zu richten. Es kommt gerade erst in das Stadium, in dem es dies auf Aufforderung eines Erwachsenen schafft, doch es wird ihm später viel leichter fallen, sodass es sich empfiehlt zu warten, bis es diesen Punkt erreicht hat.

Es dauert nicht mehr lange, bis Sie Anweisungen geben können, doch auf dieser Stufe geschieht es sehr leicht, dass Sie damit die Entwicklung der Aufmerksamkeit des Kleinkinds behindern. Wenn es sich für etwas interessiert und Sie versuchen, seine Aufmerksamkeit auf etwas anderes zu lenken, können Sie damit immer noch bewirken, dass es seine Aufmerksamkeit »spaltet« und schnell zwischen dem einen Gegenstand und dem anderen hin und her springt. Wenn dies häufig passiert, kann das Ergebnis ein Kind mit extrem sprunghafter Aufmerksamkeit sein.

Ich habe in meiner Praxis viele Kinder bis zu einem Alter von sieben oder acht Jahren gesehen, deren Aufmerksamkeit wie Quecksilber war und die den Inhalt mehrerer Spielzeugkisten innerhalb einer halben Stunde durchwühlten, ohne von irgendwelchen Materialien darin einen Lerneffekt oder einen Nutzen zu haben. Erst kürzlich behandelte ich ein kleines Mädchen namens Dana in einem Kindergarten. Ihre Erzieherin hatte gemerkt, dass Dana jetzt manchmal in der Lage war, Anweisungen eines Erwachsenen zu folgen, und war tief frustriert, dass das Kind dies nicht immer tat. Als ich den Raum betrat, hielt sie Danas Kopf fest und versuchte das Kind dazu zu bringen, sich auf eine Zählaufgabe zu konzentrieren. Jedes Mal, wenn sie Danas Kopf umfasste, schoss der Blick des Kindes sofort in eine völlig andere Richtung. Ich weiß nicht, welche von den beiden, Dana oder die Erzieherin, frustrierter war.

1986 wurde eine englische Studie über die Wirkungen von koordinierter Aufmerksamkeit von Erwachsenem und Kind durchgeführt. Die Autoren heben hervor, dass es Erwachsenen besser gelingt, den Gegenstand ihrer Aufmerksamkeit zu wechseln, als Kindern.[4]

Aus einer ähnlichen, interessanten Studie in Kanada ging hervor, dass Kinder, deren Mütter sie in ihrem Spiel zu stören pflegten, eine weniger fortgeschrittene Sprachentwicklung aufwiesen als Kinder, deren Mütter sie nach Wunsch spielen ließen.[5]

Bringen Sie jetzt viele neue Wörter ein, während Sie sich seinen Interessen anpassen, die Sie jetzt wahrscheinlich sehr gut wahrnehmen. Das Kind wird sie aufsaugen wie ein Schwamm. Benutzen Sie alle möglichen Wortarten und haben Sie keine Scheu vor langen oder komplizierten Wörtern. Solange Sie sie in der beschriebenen Situation benutzen, findet das Kind das großartig. Ich gebrauchte kürzlich das Wort »Katastrophe« gegenüber einem kleinen Jungen von knapp zwei Jahren, als ihm sein Flugzeug herunterfiel. Er lachte entzückt und versuchte es nachzusprechen.

> **Benutzen Sie viele neue Wörter**

Sorgen Sie weiterhin dafür, dass Ihr Kind gerne zuhört

Ein ruhiger Hintergrund ist dafür immer noch am wichtigsten. Dennoch sollten Sie Ihrem Kind noch Gelegenheit geben, das Zuhören als einfach, angenehm und sehr vergnüglich zu empfinden. Ergänzen Sie seine Spielzeugkiste noch um ein oder zwei neue Klangspielzeuge, etwa Trockenerbsen in einer Dose oder Spielzeugmusikinstrumente, um es zu ermuntern, damit zu spielen.

Kinderlieder und -verse sind immer noch sehr willkommen, nutzen Sie also Gelegenheiten dafür. Auch zu Musik zu tanzen macht dem Kind jetzt viel Spaß.

Für die Spielzeugkiste empfehlen sich in diesem Alter auch Bücher, bei denen Sie unterschiedliche Stimmen für die verschiedenen Figuren, bei-

> **Suchen Sie neue Geräusche, um den Spaß am Zuhören wach zu halten**

spielsweise leise und laute, einsetzen können, und natürlich weiterhin solche, bei denen sich »Spielgeräusche« anbieten.

Wenn Sie die Aufmerksamkeit Ihres Kindes auf die Geräusche im Zusammenhang mit seiner selbst gewählten Beschäftigung lenken, kann das ebenfalls interessant für es sein, etwa das Platzen von Blasen, wenn es im Wasser spielt, oder das Schmatzen von Ton oder Knete beim Walken.

Sprechen Sie während Ihrer Spielzeit weiterhin in kurzen Sätzen

Gegen Ende dieses Altersabschnitts ist Ihnen wahrscheinlich aufgefallen, dass Ihr Kind einen Großteil dessen, was Sie sagen, versteht. Infolgedessen fangen Sie ganz von selbst an, in wesentlich längeren Sätzen mit ihm zu sprechen. Das ist jetzt außerhalb Ihrer Spielzeiten in Ordnung, doch während dieser Zeit empfiehlt es sich, die Länge der Sätze, die Sie benutzen, zu beschränken.[6]

Versuchen Sie in Sätzen zu sprechen, die nicht mehr als drei wichtige Wörter enthalten, beispielsweise: »Sebastian geht später auf den Spielplatz.« Wenn sie Ihre Sätze in dieser Phase sehr viel länger machen als diesen, braucht Ihr Kind länger dafür, die Laute, aus denen sich die einzelnen Wörter zusammensetzen, richtig zu sortieren. Zudem bemerkt es wahrscheinlich all die kleineren Wörter in Ihren Sätzen nicht, weil es vollauf damit zu tun hat, ihren Sinn zu erfassen.

Die zweieinhalbjährige Susie war zu wiederholten Hörtests geschickt worden, weil sie beim Sprechen viele unbetonte Laute und Silben ausließ. Dies kann natürlich passieren, wenn das Gehör eines Kindes beeinträchtigt ist. Wie sich herausstellte, war mit Susies Gehör alles in Ordnung, und es herrschte allgemeine Ratlosigkeit wegen ihres Sprachproblems. Als ich hörte, wie ihre Mutter mit ihr sprach, und insbesondere als ich entdeckte, dass bei ihr zu Hause fast ständig Lärm herrschte, klärte sich alles. Susies Mutter sprach in enorm langen Sätzen und zudem mit extrem leiser Stimme. Die arme Susie hatte einfach keine Chance gehabt, all die kaum gesprochenen Laute und Silben zu registrieren, da sie sich sehr anstrengen musste, die Bedeutung dessen, was ihre Mutter sagte, mitzubekommen. Sobald ihre Mutter begriff, was das Problem verursachte, und ihre Sprechweise änderte, begann sich Susies Sprachverhalten zu bessern und war innerhalb weniger Monate normal für ihr Alter.

> Sprechen Sie während Ihrer Spielzeiten in Sätzen, die nicht mehr als drei wichtige Wörter enthalten

Sprechen Sie weiterhin ein wenig langsamer und lauter, als Sie mit einem Erwachsenen sprechen würden, sowie mit stark modulierter Stimme. Dies ist immer noch die attraktivste Sprechweise für Kleinkinder, und sie erleichtert ihnen das Zuhören und das Erkennen der Sprachlaute in jedem Wort.

Machen Sie zwischen den Sätzen eine Pause, um dem Kind Zeit zu lassen, das Gesagte aufzunehmen.

Patrick wurde kürzlich zu mir gebracht, weil er völlig unverständlich sprach. Er war eines von acht Kindern einer wunderbaren Familie, deren Mutter es schaffte, allen Kindern viel Aufmerksamkeit zu widmen. Es überraschte nicht, dass sie sehr schnell und scheinbar ohne

Atem zu holen sprach. Als wir es eingerichtet hatten, dass sie ein wenig Zeit mit Patrick allein zubringen konnte und währenddessen in kurzen Sätzen mit Pausen dazwischen sprach, besserte sich sein Sprachverhalten rapide.

Fahren Sie damit fort, eher Bezeichnungen als Pronomen zu verwenden. Vielleicht glauben

> **Sprechen Sie ein wenig langsamer und lauter und mit ausgeprägter Modulation**

Sie, dass das Kind diese schon alle kennt, und Sie mögen damit Recht haben, aber mit Sicherheit schadet es nichts. Es kann ihm viel helfen, wenn es sich der Lautfolge in einer bestimmten Bezeichnung noch nicht sicher ist oder sie noch nicht so gut kennt, wie Sie glauben.

Führen Sie das, was das Kind gesagt hat, ein wenig weiter aus

Auf dieser Stufe ist am besten, wenn Sie ihm das, was es gesagt hat, wiederholen, plus einer kleinen Erweiterung. Wenn es beispielsweise gesagt hat: »Mami geht«, dann könnten Sie erwidern: »Ja, Mami geht zur Arbeit.« Oder wenn es gesagt hat: »Will trinken«, könnten Sie sagen: »Du willst etwas trinken? Hier ist etwas zu trinken.« Oder: »Teddy fallt«, dann können Sie sagen: »Ja, der Teddy ist gefallen.« Oder das Kind sagt: »Papi einkaufen geht«, und Sie sagen: »Ja, Papi ist einkaufen gegangen.«

Es ist erwiesen und dürfte kaum verwundern, dass ein derartiges Verhalten mit einer größeren Satzlänge in späteren Zeiten zusammenhängt.[7–9] Dieses Wiederholen ist äußerst hilfreich, da es dem Kind Informationen über grammatische Strukturen vermittelt und zudem den gemeinsamen Interessenmittel-

> **Vermitteln Sie dem Kind nie den Eindruck, Sie würden es korrigieren**

punkt bestätigt. (Achten Sie aber peinlich genau darauf, dem Kind niemals den Eindruck zu vermitteln, Sie würden es korrigieren. Halten Sie sich an die goldene Regel, Ihre Antwort stets mit einem »Ja« einzuleiten.)

Wenn das Kind einige Wörter so ausspricht, dass andere Menschen sie nur schwer verstehen können, ist es sehr sinnvoll, sie in mehrere kleine Sätze einzubauen, um dem Kind Gelegenheit zu geben, wiederholt zu hören, aus welchen Lauten sich diese Wörter tatsächlich zusammensetzen. Eines meiner Kinder sagte in dieser Phase »bit« [Stückchen, Happen] statt »biscuit« [Keks] und wurde sehr ungehalten, wenn nicht jeder verstand, was es meinte. Ich achtete darauf, das Wort in möglichst vielen kurzen Sätzen zu verwenden, und es dauerte nicht lange, bis es alle Laute in dem Wort erfasst hatte. Nochmals: Achten Sie sehr sorgfältig darauf, dem Kind nicht das Gefühl zu vermitteln, es zu korrigieren.

Zeigen Sie Ihrem Kind, was Sie meinen

Gesten können immer noch sehr hilfreich sein, damit Ihr Kind genau weiß, von was Sie sprechen, insbesondere wenn Sie vielleicht ein neues Wort gebrauchen. Überdies helfen sie ihm zu begreifen, was Sie meinen: Zeigen Sie ihm beispielsweise, was es bedeutet, wenn sich ein Spielzeug »immer rundherum« dreht, oder sagen Sie zu ihm: »Wir machen die Schublade auf und legen den Stift hinein«, während Sie dies tun.

> Benutzen Sie Gesten zu den Wörtern

Machen Sie weiterhin Spielgeräusche zu dem, was vorgeht

Spielgeräusche dienen nach wie vor einigen wichtigen Zwecken. Behalten Sie sie daher bei. Sie geben dem Kind Gelegenheit, isolierte Sprachlaute zu hören – beispielsweise »schschsch« beim Fegen oder »gluckgluckgluck«, wenn das Wasser im Waschbecken abläuft –, und vermitteln ihm weiterhin die so wichtige Botschaft, dass Zuhören Spaß macht. Auf dieser Stufe ist es von besonderem Nutzen, die entsprechenden Bilder in Bilderbüchern damit zu begleiten, was dem Kind eine erste Ahnung von den Zusammenhängen zwischen Lauten und Bildern gibt. Das

> Machen Sie Spielgeräusche zu den Bildern in Büchern

wird ihm später nützen, wenn es Verknüpfungen zwischen Lauten in gehörter und geschriebener Form herstellt.

Wiederholen Sie weiterhin viel

Wiederholungen sind aus denselben Gründen wichtig wie in der vorigen Phase. Wie Sie wissen, muss das Kind Wörter immer noch viele, viele Male hören, bis es sich schließlich alle Laute darin so gut eingeprägt hat, dass es das Wort richtig aussprechen kann.

Das Kind hat jetzt eine Phase erreicht, in der sich sein Sprachverständnis sehr schnell erweitert, und je verschiedener die Zusammenhänge sind, in denen es ein Wort hört, desto schneller versteht es dieses Wort. Ein Kleinkind mag das Wort »Hund« bislang nur zu hören bekommen haben, wenn es das Haustier der Familie sah. Es braucht sehr viel länger zu der Erkenntnis, dass das Wort sich auf eine große Anzahl vierbeiniger Tiere mit bestimmten gemeinsamen Merkmalen bezieht, als ein Kind, das dieses Wort im Zusammenhang mit anderen Hunden unter anderen Umständen und in anderen Situationen gehört hat.

Mark war sehr lange und schwer krank gewesen und hatte infolgedessen ein großes Defizit an spielerischen und sprachlichen Erfahrungen. Ich suchte Mark in der Schule auf, und dort berichtete man mir die folgende Unterhaltung zwischen Mark und seiner Lehrerin:

Mark: Ich will Mrs. G. (eine andere Lehrerin) sehen.
Seine Lehrerin: Mrs. G. ist beschäftigt.
Mark: Ich will Mrs. B. (eine andere Lehrerin) sehen.
Seine Lehrerin: Mrs. B. ist beschäftigt.
Mark: Ich will beschäftigt sehen.

Mark gab deutlich zu erkennen, dass er das Wort »beschäftigt« nicht in genügend vielen verschiedenen Zusammenhängen gehört hatte, um zu wissen, was es bedeutet. Er wusste nicht einmal, zu welcher Wortart es gehörte. Er benutzte es wie einen Namen. Die Bedeutung dieses Wortes wird er erst erfassen können, wenn er es in vielen Zusammenhängen gehört hat, beispielsweise »Mark ist mit seinen

Bauklötzen beschäftigt«, »Papi ist mit Essenkochen beschäftigt« oder »Mami ist mit Schreiben beschäftigt«.

Die Anzahl verschiedener Kontexte, in die ein Wort eingebettet wird, fördert auch in hohem Maße die Begriffsbildung des Kindes. Verschiedene Sätze wie »Der Hund isst«, »Er jagt den Hund«, »Dem Hund ist zu warm«, »Der Hund ist ganz lieb« und so weiter vermitteln dem Kind ebenfalls ein klareres Bild vom Wesen dieses Tieres.

Wenn Kinder manche Wörter nur in sehr eng begrenztem Kontext hören, kann es geschehen, dass sie deren Bedeutung nicht richtig erfassen.

Wiederholung ist auf dieser Stufe besonders nützlich, wenn Sie ein Ihrer Einschätzung nach neues Wort benutzen. Dieses Verfahren macht jetzt auch viel Spaß, und Sie können den Wortschatz Ihres Kindes dadurch rasch bereichern. Je mehr verschiedene kurze Sätze Sie um dieses Wort herum bilden, desto schneller wird es seine Bedeutung ganz erfassen. Sie können beispielsweise etwas sagen wie »Teddy will Kakao. Kakao für Teddy. Hier ist Teddys Kakao«.

> **Wiederholung ist sehr nützlich, wenn Sie neue Wörter benutzen**

Wiederholen Sie dem Kind das, was es meint

Es kommt immer noch sehr, sehr häufig vor, dass Sie genau wissen, was Ihr Kind meint, dass es aber noch nicht über die Sprache verfügt, um es mit Worten auszudrücken, und daher viel mit Gestik, Pantomime und Plappern als Lückenfüller arbeiten muss. Wenn Sie ihm wiederholen, was es sagen möchte, ist ihm das immer noch die allerbeste Hilfe. Wenn es beispielsweise aus dem Fenster schaut, aufgeregt mit den Armen fuchtelt und ausruft: »Vogel, Vogel, Vogel!«, dann könnten Sie sagen: »Ja, da sind viele Vögel. Sie fliegen alle. Sie fliegen zusammen.«

Was Sie auf dieser Altersstufe nicht tun sollten

Wie sehr es Sie auch reizen mag, fordern Sie Ihr Kind nie dazu auf, Wörter oder Laute zu sagen oder nachzusprechen, und sorgen Sie dafür, dass auch niemand sonst dies tut. Eines der wichtigsten Prinzipien des Sprechlern-Spaß-und-Spiel-Programms besteht darin, dass wir für die Anregung sorgen und wir das, was dann herauskommt, getrost unseren Kindern überlassen

> **Flößen Sie Ihrem Kind nie Hemmungen ein**

können. Wenn Ihr Kind ein Wort falsch ausspricht, seine Sätze durcheinander bringt oder Laute beziehungsweise Silben auslässt, braucht es nur das Wort oder den Satz viele Male klar und deutlich zu hören. Es profitiert niemals von der Botschaft, dass es etwas nicht richtig gesagt hat.

Es bleibt nach wie vor sehr wichtig, dass Sie niemals kommentieren, wie das Kind etwas gesagt und dass es etwas gesagt hat. Das Kind weiß sehr wohl, dass dies nicht zur normalen Kommunikation gehört, und es würde es nur unsicher und gehemmt machen. Gehen Sie wie zuvor auf seine Mitteilungen ein, ganz gleich in welcher Art es sie macht.

Fragen

Wie wir oben gesehen haben, können ein paar rhetorische Fragen hilfreich sein, wenn Sie über etwas sprechen, das geschehen ist oder wird, weil sie dem Kind helfen, sich besser an Ereignisse zu erinnern. Wir möchten doch, dass das Kind Ihnen gespannt lauscht, anstatt zu versuchen, Ihnen eine Antwort auf eine Frage zu präsentieren. Bitte begrenzen Sie die Anzahl dieser Fragen auf einige wenige pro Ge-

> **Wenn Sie die Antwort auf eine Frage kennen, dann stellen Sie sie nicht**

spräch und beantworten Sie sie immer selbst, wenn das Kind nicht gleich Anzeichen erkennen lässt, dass es antworten wird.

Stellen Sie Ihrem Kind wie zuvor schon gesagt niemals »Testfragen«, um es zu einer Antwort zu bewegen. Wenn Sie nicht wissen, ob Sie eine Frage stellen sollen oder nicht, dann fragen Sie sich selbst, ob Sie die Antwort kennen. Falls ja, stellen Sie die Frage nicht. Das Kind weiß, dass dies nicht zur natürlichen Kommunikation gehört, und fühlt sich nur unter Druck gesetzt, wenn es die Antwort nicht weiß.

■ Außerhalb Ihrer halben Stunde

- Sorgen Sie dafür, dass sein Tagesablauf gleich bleibt.
- Achten Sie darauf, dass viel mit ihm geredet wird, über alles, was es an diesem Tag getan und erlebt hat.
- Nehmen Sie sich jeden Tag gemeinsam ein Buch vor.
- Beziehen Sie es in die Konversation ein, wann immer Sie ihm erklären können, was vor sich geht.

8

Zwei bis zweieinhalb Jahre

▲ Überblick

Jetzt wird Ihr Kind schon eine richtige kleine Persönlichkeit. Sein Interesse an der Welt und all den Menschen darin ist weiterhin unersättlich, und sein leidenschaftliches Bestreben, es den Erwachsenen nachzutun, kann Ihrer Familie köstliche Augenblicke bescheren. In seinem Wunsch herauszufinden, was es mit dem Pflanzen von Blumenzwiebeln auf sich hat, »pflanzte« einer meiner Söhne seine Bauklötzchen überall in meine Blumenbeete!

Sie werden spüren, dass es emotional immer noch extrem abhängig von Ihnen ist und vielleicht zur Schlafengehenszeit ausgedehnte Rituale entwickelt, um Sie länger bei sich zu behalten. Meine Tochter brachte es in diesem Stadium fertig, mich dazu zu überreden, ihr jeden Abend nicht weniger als drei Bücher vorzulesen und drei Kinderreime aufzusagen.

Das Kind braucht noch ständige Aufsicht. In diesem Alter passieren viele Unfälle, weil dem mächtigen Erkundungsdrang noch kein ausreichendes Wissen über die Welt gegenübersteht. Dieser Drang kann zudem zu nicht gerade erwünschtem Verhalten führen. Wenn es dem Kind beispielsweise Spaß macht, mit Farbe zu malen, kommt es in einem unbeaufsichtigten Moment vielleicht auf die Idee, Wände, Boden und Möbel zu »bemalen«.

Das Kind will jetzt öfter seinen Willen durchsetzen und kann regelrechte Wutanfälle bekommen, wenn man ihm das verwehrt, was zu peinlichen Szenen im Supermarkt führen kann. Die Wucht seiner eigenen Gefühle kann dem Kind Angst einjagen, und es ist darauf angewiesen, dass der Erwachsene die Situation in der Hand behält und ihm freundlich, aber bestimmt erklärt, was es darf und was nicht. Ihre diplomatischen Fähigkeiten mögen ebenfalls gefordert sein, wenn es sich wild entschlossen zeigt, eine Aufgabe wie ein Puzzle ganz allein zu lösen, Ihnen aber klar ist, dass es ein wenig Hilfe braucht, wenn es nicht in einer frustrierenden Sackgasse stecken bleiben soll.

▲ Zwei bis zweieinviertel Jahre

■ Sprachentwicklung

Zu Beginn dieser Altersperiode ist das Kind schon in der Lage, recht lange und komplizierte Sätze zu *verstehen*. Sein immer noch zunehmendes Wissen über die Abfolge von Ereignissen in seinem Alltag und über die Zugehörigkeit von Wörtern zu Kategorien sorgt jetzt dafür, dass sich sein Sprachverständnis immer schneller und wirkungsvoller verbessert. Wenn es zum Beispiel weiß, dass es eine Kategorie von Bezeichnungen für Kleidungsstücke gibt, dann kann es ein neues Wort wie »Weste« im Zusammenhang mit Kleidung sehr leicht verstehen. Seine Erfahrung mit Ballspielen und das Wissen, dass sich verschiedene Dinge verschieden schnell bewegen, lassen es das Wort »langsam« in diesem Kontext mühelos verstehen. All die Ereignisse in seinem Alltag stellen nun wunderbare Lernsituationen dar.

Das Kind interessiert sich jetzt sehr für die kleinen Teile eines Ganzen und versteht immer kleinere Unterkategorien, etwa »Augenbraue« und »Knie« bei Körperteilen oder »Kragen« und »Gürtel« bei Kleidung.

Da das Kleinkind immer mehr Begriffe bildet, kann es auch mühelos Namen mit diesen verknüpfen und versteht jetzt Wörter wie »größer«, »kleiner« und sogar »eines« und »viele«.

Es versteht jetzt bedeutend mehr Verben und zeigt richtig auf Bilder von Kindern bei verschiedenen Tätigkeiten.

Sehr tief greifende Veränderungen zeigen sich auch beim *Sprechen*.
Der aktive Wortschatz umfasst zu Beginn dieses Zeitabschnitts in vielen Fällen etwa zweihundert Wörter und wächst weiterhin in rasen-
dem Tempo. Manche Kleinkinder lernen pro Tag nicht weniger als
zehn neue Wörter. Zu Anfang dieser Phase sprechen die meisten
hauptsächlich Zwei-Wort-Sätze, gelegentlich einen Satz mit drei Wörtern. Die Zwei-Wort-Sätze bestehen meist aus dem Namen eines
Menschen oder Gegenstands plus einem Handlungswort, beispielsweise »Baby schlaft« oder »Ball weg«.

Manche Pronomen wie »ihm« oder »ihr« kommen jetzt hinzu,
werden aber anfangs oft verwechselt. Sätze wie »Ihm schläft« sind
häufig.

Ihr Kind führt in diesem Alter häufig Selbstgespräche, erzählt
beim Spielen vor sich hin, was es gerade tut, und lässt Sätze vom
Stapel, die sich an niemanden Bestimmtes richten. Es ist, als übe es,
Wörter aneinander zu hängen. Gesell formuliert das so, dass das Kind
»handelt, während es spricht, und spricht, während es handelt«.[1]

Zwar versteht, wie wir gesehen haben, das Kind die meisten Regeln, was das Anknüpfen, Weiterführen und wieder in Gang bringen
von Unterhaltungen betrifft, doch wenn es in eine einbezogen wird,
können seine Beiträge recht zusammenhanglos sein, insbesondere
außerhalb der Zweiersituation. Auch bleibt diese Aufgabe immer
noch zum größten Teil den Erwachsenen überlassen. Am flüssigsten
vermag das Kind meist dann zu sprechen, wenn es von interessanten
Dingen erzählt, die ihm widerfahren sind, doch auf dieser Stufe

spricht es darüber gewöhnlich im Präsens. »Park gehen« beispielsweise kann bedeuten, dass es zuvor im Park gewesen ist. Diese kleinen Sätze benutzt es auch, um bei seinen persönlichen Bedürfnissen um Hilfe zu bitten, zum Beispiel »Hände waschen« oder, wie meine Tochter häufig sagte, um eben dies auszudrücken: »Schmutzige Finger«.

Das Kleinkind spricht jetzt immer mehr Drei-Wort-Sätze, die es unterschiedlich konstruiert. Manche sind Erweiterungen der Zwei-Wort-Sätze, die es schon länger benutzt. Aus »Jana Auto« wird jetzt »Jana großes Auto«. Auch kombiniert es Zwei-Wort-Sätze, wiederum oftmals solche, die es schon seit längerem benutzt. »Mami waschen« und »Haare waschen« ergeben »Mami Haare waschen«. Andere werden aus einzelnen Wörtern konstruiert, etwa »Jana will essen« oder »Teddy Ball haut«. Das Kind spricht immer noch im Telegrammstil, im Verlauf der nächsten Monate allerdings immer weniger. Auch die Wortstellung wird häufiger korrekt. Überdies benutzt das Kind Pronomen öfter richtig und beginnt sich selbst mit »ich« zu bezeichnen.

Es stellt jetzt mehr Fragen, und ein neues Kapitel wird aufgeschlagen, wenn es wissen will: »Was ist das?« Immer öfter stellt das Kind jetzt Fragen wie »Wo Mami?«, oder »Was Essen?«, um Informationen und Aufmerksamkeit zu bekommen. Wenn das nicht funktioniert, greift es jedoch zu seinen alten Methoden wie Zerren und Wegziehen, um sich mitzuteilen.

Wie immer gehen all diese Fortschritte mit Entwicklungen in anderen Bereichen Hand in Hand.

■ Allgemeine Entwicklung

Ihr Kind kann nun in jede beliebige Richtung laufen und das sogar auf Zehenspitzen. Es kann sich ohne Hilfe der Hände aus kniender Position erheben, sehr behände auf ein Spielplatzgerät klettern, auf einen Stuhl steigen, um an einen Gegenstand zu kommen, und jetzt sogar auf einem Bein stehen. Diese deutlich gewachsene Körperbeherrschung macht es dem Kind noch einfacher, sich auf die Geschehnisse und Gespräche ringsum zu konzentrieren. Zuvor musste es einen Großteil seiner Aufmerksamkeit darauf verwenden, das Gleichgewicht und seinen Körper unter Kontrolle zu halten.

Es empfindet sich jetzt deutlicher als eigenständige Person und hat mehr Gespür für die Bedürfnisse und Gefühle anderer Menschen. Es pocht gerne auf seine Selbständigkeit, indem es Aufgaben wie Händewaschen mit möglichst wenig Hilfe von Erwachsenen erledigt. (Bei anderen Gelegenheiten, insbesondere wenn es müde oder nicht ganz auf der Höhe ist, kehrt es wieder zu extremer Anhänglichkeit zurück.)

Die sozialen Kontakte zu anderen Kleinkindern sind immer noch selten und kurz. Dennoch zeigen sich die allerersten Anfänge von Kooperation, insofern das Kind ab und zu einmal Spielsachen hergibt.

■ Aufmerksamkeit

Bei einem Kind in diesem Alter kann zu dieser Zeit eine bedeutsame Entwicklung der Aufmerksamkeit stattfinden: Es ist zum ersten Mal imstande, sich von Erwachsenen leiten zu lassen, allerdings nur unter ganz bestimmten Umständen.[2] Die Phasen intensiver Konzentration setzen sich noch eine Zeit lang fort, doch bisweilen, wenn das Kind sich gerade nicht zu sehr auf etwas konzentriert, kann es darauf reagieren, wenn Sie seine Aufmerksamkeit verbal auf etwas anderes lenken, und sich darauf konzentrieren. Seine Aufmerksamkeit ist immer noch ganz an eine Wahrnehmungsart gebunden, und Sie müssen sich stets vor Augen halten, dass es nicht zuhören kann, während es etwas tut: Es muss seine Tätigkeit unterbrechen und kann sie erst dann wieder aufnehmen, wenn es nicht mehr zuhört.

Zudem lässt es sich noch sehr leicht ablenken, und ein Geräusch von außen oder ein anderes Ereignis sorgt sofort dafür, dass es aufhört, Ihnen zuzuhören.

Manche Kinder, deren Umgebung die Entwicklung ihrer Aufmerksamkeit verhindert hat, erreichen diese Stufe auch nach Jahren noch nicht und schwanken weiterhin zwischen Perioden mit extrem kurzer Aufmerksamkeitsspanne und jenen Phasen gebannten Interesses, in denen sie überhaupt keine gesprochene Sprache aufnehmen können. Dieser Zustand kann leicht bis in die Grundschule oder sogar noch länger anhalten, natürlich mit katastrophalen Auswirkungen auf den schulischen Erfolg.

> Maurice war vier Jahre alt, als ich ihn kennen lernte, sehr gut gewachsen und groß für sein Alter, doch sehr zurückgeblieben in seiner Sprachentwicklung.
> Er leerte innerhalb weniger Minuten zwei Spielzeugkisten und überhörte sämtliche Spielvorschläge seiner Mutter. Er konzentrierte sich dann auf eine Eisenbahn, schob sie immerzu im Kreis herum und hörte ihr wiederum kein bisschen zu. Seiner Mutter zufolge war dieses Verhalten typisch; sie drang nicht zu ihm durch und war mit ihrer Weisheit am Ende.
> Glücklicherweise entwickelt sich die Aufmerksamkeit weiter, sobald die Umgebung des Kindes in angemessener Weise verändert wird.
> Sobald Maurices Mutter die Entwicklungsstufe der Aufmerksamkeit, auf der sich ihr Sohn befand, kennen und erkennen lernte und daraufhin für ruhige Zeiten zu zweit sorgte, in denen sie über das sprach, was ihn interessierte, begann er Fortschritte zu machen.
> Als ich ihn mir drei Wochen später wieder ansah, konnte er unterbrechen, was er gerade tat, und seiner Mutter zuhören, und er verstand auch viel mehr von dem, was gesprochen wurde.

■ Hören

Wenn Sie bisher das Sprechlern-Spaß-und-Spiel-Programm konsequent angewandt haben, dürfte sich die Fähigkeit Ihres Kindes, auf die hörbaren Reize, die es interessant findet, zu lauschen und andere auszublenden, nun für alle Umgebungen fest etabliert haben, vorausgesetzt, sie sind ruhig.

Das Kind verfügt jetzt über ein sehr ausgedehntes Wissen über die Quellen und Bedeutungen von Geräuschen, und neu hinzu kommt nun, dass es zu fragen beginnt, was ein bestimmtes Geräusch hervorruft, wenn ihm ein neues begegnet. Es kann Ihnen auch klarmachen, wenn ihm ein Geräusch, das es hört, nicht behagt!

▲ Zweieinviertel bis zweieinhalb Jahre

■ Sprachentwicklung

Was das *Sprachverständnis* angeht, so kennt das Kind jetzt die Bedeutung vieler neuer Verben und vermag auf Bilder von Kindern bei ganz unterschiedlichen Tätigkeiten zu zeigen, wenn man diese benennt.

Es versteht jetzt auch Fragen besser und reagiert angemessen auf Wo-Fragen – es blickt entweder zu dem genannten Objekt oder tappt hin, um es zu holen.

Es kennt jetzt eine wachsende Zahl von Kategorien, in die Namen gehören können, etwa Nahrungsmittel, Bestecke und Familienangehörige. Es weiß beispielsweise, dass letztere Namen wie »Großmutter« und »Schwester« haben, und das macht es ihm leicht, Bedeutung mit einem neuen Namen wie »Tante« zu verknüpfen.

Seine bessere Kenntnis der Welt zeigt sich darin, dass es jetzt Gegenstände nach ihrem Gebrauch identifizieren kann, also »das, was du isst« oder »das, was du anhast« richtig erkennt.[3]

Da das Kleinkind die Begriffsbildung immer sicherer beherrscht, vermag es begriffsbezogene Wörter zu verstehen, etwa einige Farbnamen sowie Wörter, die mit Größe zu tun haben wie »groß« und »klein«. Was den Zahlbegriff angeht, so verfügt es gegen Ende dieses Abschnitts vielleicht über eine Vorstellung von »zwei« oder sogar »drei«.

Seine größte Errungenschaft ist auf dieser Stufe, dass es Sprache ohne zusätzliche Informationen wie Tageszeit oder Tätigkeiten anderer Menschen versteht. Es versteht jetzt im eigentlichen Sinn Wörter. So mag Ihnen auffallen, dass es zu seinen Schuhen läuft, sobald Sie erwähnen, dass Sie einkaufen gehen, während es dies zuvor erst dann tat, wenn Sie Ihren Einkaufskorb hervorholten.

Beim *aktiven Sprechen* zeigen sich gleichermaßen bedeutungsvolle Entwicklungen. Das Kleinkind setzt Sprache nun auf noch unterschiedlichere Weisen ein. Es versteht sich jetzt besser sowohl aufs Fragen als auch aufs Antworten sowie auf den Ausdruck seiner Gefühle. Überdies benutzt es Sprache, um auf seine Unabhängigkeit zu pochen. Während es zuvor vielleicht die Hand eines Erwachsenen wegschubste, der ihm die schmutzigen Finger abwischen wollte, verkündet es jetzt mit Bestimmtheit: »Ich mach es!« Dass sich sein Sprachgebrauch in einer zusätzlichen, ungeheuer wichtigen Weise erweitert hat, zeigt sich in etwas, das für uns Erwachsene selbstverständlich ist: Es benutzt Sprache, um die Bedeutung neuer Wörter zu erfahren. »Was das?« kann sich jetzt auf ein Wort beziehen und nicht mehr nur auf ein reales Objekt.

Das Kind beginnt nun zum ersten Mal die kleinen grammatischen Markierungen zu verwenden, die Bedeutungen verdeutlichen, beispielsweise manchmal die Vorsilbe »ge« beim Partizip Perfekt oder manche Pluralendungen wie »e«, »er«, »s«, »en« und »n«.[4] Die Mitteilungen des Kindes werden zudem klarer, weil es Präpositionen (wie »in« oder »auf«) und Wörter in korrekteren Formen benutzt. Zugleich nähert sich die Wortstellung der von Erwachsenen immer mehr an. Das Kind scheint immer besser zu lernen, wie Erwachsene grammatisch richtige Sätze konstruieren.

Ihr Kind stellt jetzt mehr Fragen und drückt deutlicher aus, was es wissen möchte. Es stellt Wo-Fragen sowie Fragen, die sich mit »ja« oder »nein« beantworten lassen wie »Susi Mütze?«

Das Ausmaß, in dem es über Vergangenheit und Zukunft spricht, nimmt stetig zu.

Obwohl es in der verbalen Kommunikation Riesenschritte macht, ist es doch erst vor kurzem in dieses Geschäft eingestiegen und hat noch einen langen Weg vor sich, bis es wirklich ein geübter Gesprächsteilnehmer ist. Ihr Kind mag in Ihren gemeinsamen Spielzeiten schon so auf Sie wirken, da es in dieser Situation seine Kommunikationsfertigkeiten am besten zur Geltung bringen kann, doch in den meisten anderen Situationen benötigt es noch viel Hilfe. Es wird noch viele Male nicht auf Gesprächseröffnungen eingehen, selbst wenn diese in Form von Kommentaren erfolgen. Der Hauptgrund dafür liegt darin, dass seine Aufmerksamkeit immer noch auf eine einzige Sinnesart bezogen ist und dass das Kind im Allgemeinen nicht immer die ungeteilte Aufmerksamkeit eines Erwachsenen hat. Das macht für das Kind alles viel schwieriger.

Das im vorigen Kapitel angesprochene Ersetzen von Sprachlauten, etwa eines schwereren durch einen leichteren wie »Tuhl« für »Stuhl« kommt im Augenblick noch bei den meisten Kindern vor.

▪ Allgemeine Entwicklung

Wiederum liegen diesen Fortschritten beim Spracherwerb Entwicklungen in anderen Bereichen zugrunde. Die Kontrolle des Kleinkindes über seinen Körper verfeinert sich weiter. Es kann jetzt zweibeinig hüpfen, und es kann aus seinem Kinderstuhl hinaus und auch wieder hinein klettern. Es kann jetzt endlich einen Ball kicken, wenn auch relativ kraftlos und immer nur mit demselben Fuß. Es beginnt allmählich, die Pedale eines Dreirads zu treten, eine weitere große Leistung, die die Grundlage für ein lebenslanges Vergnügen legen kann. Es kann nun ein Spielzeug sehr genau gesteuert vorwärts schieben.

Seine Hand-Auge-Koordination verbessert sich erheblich. Das Kind vermag nun ein einfaches Puzzle richtig und vollständig zu legen und einen Turm aus acht Bauklötzchen zu bauen. Es kann einer Lokomotive aus Bausteinen einen Schornstein aufsetzen und eine Brücke aus drei Bauklötzen nachbauen. Es vermag auch einen Stift besser zu führen und ist jetzt imstande, ein Kreuz nachzuzeichnen. Es findet zudem die Grundfarben und kann Objekte in große und kleine einteilen.

Die Sozialisation schreitet rasch fort. Das Kleinkind spielt jetzt gemeinsam mit einer anderen Person. Es ist häufig kooperativ, und wenn es sich weigert, etwas zu tun, können Sie jetzt mit ihm verhandeln. Wenn Sie beispielsweise sagen: »Kekse nach dem Mittagessen, nicht jetzt«, akzeptiert es das. Dies ist ein weiteres Beispiel dafür, dass es nicht immer nur auf das Hier und Jetzt bezogen denkt. Es zeigt sich wahrscheinlich bereit, beim Aufräumen zu helfen, und versucht recht erfolgreich sich anzuziehen, wenn auch manche Kleidungsstücke meist noch verkehrt herum. Es kann nun mit der Gabel und mit dem Löffel essen, sich die Hände ohne Hilfe waschen und abtrocknen und alleine zur Toilette gehen.

■ Aufmerksamkeit

Wahrscheinlich vermag Ihr Kleinkind Ihren Anweisungen nun ein wenig leichter zu folgen, aber nur, wenn es seine Aufmerksamkeit nicht gerade intensiv einer Tätigkeit oder einem Gegenstand widmet. Diese aufkeimende Fähigkeit, Anleitungen zu folgen, muss mit großer Umsicht und äußerster Behutsamkeit behandelt werden. Wenn Sie, wie ich oben erwähnte, aus lauter Freude darüber, dass Ihr Kind nun auf Anweisungen reagieren kann, es jetzt damit überschütten, laufen Sie beide Gefahr, sich Frust einzuhandeln, weil diese Fähigkeit des Kindes noch äußerst begrenzt ist.

Wenn es unumgänglich ist, Ihrem Kind Anweisungen zu erteilen, sollten Sie einige wichtige Regeln beachten.

• Wenn Sie möchten, dass es mit einer Beschäftigung aufhört und beispielsweise zu Tisch kommt, braucht es mehrere »Vorwarnungen«. Die Erwartung, dass es seine Aktivitäten plötzlich ändert, kann im »Trotzalter« zu einer ergiebigen Quelle von Wutanfällen werden.

• Das Kind vermag eine Anweisung nur dann aufzunehmen, wenn es auf Sie konzentriert und nicht mit etwas beschäftigt ist.

• Am besten ist es, wenn eine Anweisung das Vergnügen an einer Beschäftigung erhöht. Spielen Sie: »Da kommt das Flugzeug«, wenn Sie Ihrem Kind den Löffel in den Mund schieben.

- Es ist nützlich, wenn die Anweisung unmittelbar vor dem Ereignis kommt, beispielsweise beim vertrauten Anziehen: »Und als Nächstes kommt die Hose dran«, kurz bevor dies geschieht.

Erheiternd ist, dass das Kind sich jetzt selbst Anweisungen zu erteilen beginnt. Sie können es beispielsweise sagen hören: »Leg ihn dahin – und jetzt den obendrauf«, wenn es mit seinen Bauklötzchen spielt.

■ Hören

Die Fähigkeit Ihres Kindes, in ruhiger Umgebung mühelos zuzuhören, dürfte sich jetzt schon über eine längere Zeit erstrecken. Wenn es zu irgendeinem Zeitpunkt einmal nicht so gut zu hören scheint wie zuvor, dann sollten Sie einen Hörtest machen lassen.

Ohren- und Atemwegsinfektionen kommen bei Vorschulkindern sehr häufig vor, und wenn sie, was oft geschieht, in der Folge das Gehör auch nur leicht in Mitleidenschaft ziehen, kann dies auch bei Kindern, die früher keine Probleme hatten, zu einer Beeinträchtigung des Hörens führen. Diese Hörbeeinträchtigungen können von Tag zu Tag und sogar von Stunde zu Stunde schwanken, was das Hören schwierig und verwirrend macht. Daher wird sich das Kleinkind in der Folge wahrscheinlich auf das Sehen und Anfassen statt auf das Hören verlassen.

▲ Das Spielen

Sowohl das erkundende als auch das symbolische Spielen kommen in dieser Phase zur Blüte, und Letzteres entwickelt sich jetzt zum regelrechten Rollenspiel. Ihr Kind findet es großartig, wenn Sie sich so viel wie möglich an seinem Spiel beteiligen, und begrüßt begeistert Vorschläge, die beide Arten des Spielens erweitern und bereichern. (Es ist jedoch immer noch sehr wichtig, sich das Gespür dafür zu bewahren, wann es »sein eigenes Ding durchziehen« will.)

■ **Entdeckungsspiele**

Das Untersuchen von und Experimentieren mit Spielmaterialien und -sachen kennt nun keine Grenzen mehr. Die wachsende Körperbeherrschung und die verbesserte Hand-Auge-Koordination befähigen das Kind hierbei zu beeindruckenden Entwicklungssprüngen.

Es setzt wahrscheinlich viele der Aktivitäten aus dem vorigen Altersabschnitt fort, jedoch mit größerer Gewandtheit und Verfeinerung.

Das Kind kann nun einen großen Ball kicken und fangen, allerdings fällt es ihm leichter, einen Karton zu treten. Viele Kinder machen zu Beginn dieses Altersabschnitts die aufregende Erfahrung, dass sie Dreirad fahren können.

Ihr Kleinkind kann jetzt tadellos einen Turm aus acht Klötzen bauen, wobei es jedes Klötzchen sehr sorgfältig auf das Vorige setzt. Es vermag jetzt geschickter mit Wachskreiden und Buntstiften umzugehen, kritzelt bestimmter und kann waagrechte Striche nachmalen. Es findet Spaß an weiteren Malutensilien wie Tafelkreide und Farben. Es kann Perlen mit größerer Fingerfertigkeit auffädeln und wird zum ersten Mal mit einer Schere fertig. Wenn man ihm zeigt, wie man sie halten muss, kann es Papier schneiden, und das tut es dann mit Begeisterung. Seine Handgriffe mit Spielzeugwerkzeugen wie Holzschraubenzieher oder -hammer werden behänder, und es spielt ausdauernder damit als zuvor.

Kleinkinder in diesem Alter sind wild auf das Ordnen und Sortieren. Aus diesen Beschäftigungen gewinnen sie wertvolles Wissen über die materielle Welt, da sie dabei unterschiedliche Größen, Formen und Farben vergleichen sowie viele Begriffe wie »voll« und »leer«, »steif« und »biegsam« bilden können. Sie vergleichen nicht nur mit Vorliebe verschiedene gleichartige Gegenstände, sondern ordnen jetzt auch gerne kleine Objekte Bildern zu.

Die meisten Kinder lieben Puzzles und beschäftigen sich jetzt viel ausdauernder damit.

■ Symbolisches Spiel

Das symbolische Spiel blüht und gedeiht während dieses gesamten Altersabschnitts. Diese Phase zeichnet sich aus durch ein leidenschaftliches Interesse an den Haus- und Gartenarbeiten, die das Kind ringsum miterlebt. Darin spiegelt sich sein mächtiger Drang zu verstehen, was die Erwachsenen tun und was es bedeutet, diese Dinge zu tun. Es schaut über einen ziemlich langen Zeitraum gespannt zu, beginnt sich das Gesehene zu merken und es nachzuahmen und bringt es mit großem Vergnügen in sein Spiel ein. (Ihnen wird zu Beginn dieser Phase manchmal auffallen, dass das Kind nicht immer alles richtig macht. Ich erinnere mich an ein kleines Mädchen in meiner Praxis, das Tischdecken spielte und die Servietten feierlich auf die Stühle legte.)

Dieses Spiel zeigt jetzt große Entwicklungsfortschritte. Auf früheren Stufen benutzte das Kind Objekte zu einzelnen Handlungen, tat beispielsweise so, als bürste es sich das Haar oder tränke aus einer Tasse. Es merkt sich jetzt nicht nur Einzelaktionen, sondern ganze Abfolgen: Es setzt sich beispielsweise hin, tut so, als setze es seine Brille auf, und schlägt die Zeitung auf. Beim Spielen mit Wasser inszeniert es eine ganze Abspülsequenz, holt Teller und Besteck herbei, spült sie, trocknet sie ab und räumt sie weg. Oder es setzt einer Puppe eine Mütze auf, legt sie in den Puppenwagen und fährt mit ihr spazieren. All diese Nachahmungsspiele sind für das Kind extrem wichtig, weil sie ihm dabei helfen, sich selbst von anderen Menschen abzugrenzen: Es macht sich immer deutlicher bewusst, wie sich das, was die anderen tun, von dem unterscheidet, was es selbst tut.

Der Entwicklungsfortschritt zeigt sich auch in den sich verändernden Rollen des Lieblingsteddys und der Lieblingspuppe. Früher brachte das Kind zwar Teddy und Puppe in sein Spiel ein, doch sie waren passive Partner. Jetzt werden sie aktiv.[5] Der Teddy gibt ihm beispielsweise die Tasse zurück, um noch etwas zu trinken zu bekommen, oder die Puppe springt auf, um den Ball zu fangen.

Ihr Kind bezieht gerne Erwachsene in sein Spiel ein und hat großes Vergnügen daran, wenn sie ihm Handlungen vormachen, die es nachahmen und in sein Spiel integrieren kann. Sie können ihm beispielsweise vorschlagen, seiner Puppe nach dem Baden vielleicht etwas zu trinken oder ihr einen Gutenachtkuss zu geben, wenn sie zugedeckt im Bett liegt.

■ Rollenspiel

Das echte Rollenspiel, in dem das Kind nicht nur beobachtete Ereignisse nachspielt, sondern sie neu kombiniert und zu einer Geschichte verbindet, zeichnet sich zu Beginn dieses Zeitraums in Anfängen ab und erlebt dann einen deutlichen Aufschwung, insbesondere wenn das Kind einen einfühlsamen erwachsenen Partner hat, der auf seine Erfindungen mit Interesse eingeht und Beiträge zu den fiktionalen und symbolischen Sequenzen im gemeinsamen Spiel leistet.

Ihr Kind erlebt sich jetzt viel stärker als eigene Person und beginnt die Gefühle und Bedürfnisse anderer Menschen zu verstehen. Infolgedessen malt es sich nun aus, es sei jemand anderes, und inszeniert Phantasieereignisse, die über das hinausgehen, was es beobachtet hat. Es übernimmt am wahrscheinlichsten die Rolle seiner Mutter oder seines Vaters oder anderer Menschen, denen es in seinem Alltag am häufigsten zusieht, und oft ist es seine Puppe oder sein Teddy, die seinen eigenen Part übernehmen. Wenn es seine Mutter spielt, holt es deren Einkaufstasche, setzt seinen Teddy in den Kinderwagen und tut, als ginge es einkaufen. Mit Hilfe solcher imaginierter Abfolgen findet es heraus, wie es ist, diese Person zu sein und das zu tun, was sie tut.

Die Rollenumkehr – beispielsweise abwechselnd Kaufmann und Kunde zu spielen – ist ein großes Vergnügen für das Kind. Es bemüht sich wiederum, die Bedeutung und das konkrete Erleben der verschiedenen Tätigkeiten im wahrsten Sinn des Wortes in Erfahrung zu bringen.

Das Kleinkind zeigt auch viel Freude und Ausdauer beim Rollenspiel mit Figuren, spielt länger und phantasiereicher mit Puppenhaus und -möbeln oder mit Zoo- oder Bauernhoftieren. Möglicherweise tut es auch so, als füttere es eine Puppe auf einer Abbildung. Gegen

Ende dieser Phase erfindet es vielleicht sogar Menschen, zum Beispiel andere Kunden in einem Laden oder imaginäre Zoobesucher.

Seine Bauten und Arrangements können so komplex werden, dass es sie über Nacht stehen lassen will, um am nächsten Tag damit weiterzuspielen.

Die Spielzeugkiste

Die vorgeschlagenen Ergänzungen der Spielzeugkiste des Kleinkindes sind unterteilt in Material für das Entdeckungs- und das symbolische Spiel, doch wie in all den anderen Altersabschnitten kann Ihr Kind Sie damit überraschen, wie es das Spielmaterial verwendet.

Entdeckungsspiele

- Papier in verschiedenen Größen und Farben
- Farben und Pinsel
- Malkreide
- Plastikschere
- Dreirad
- Bilderlotto
- Weitere Puzzles
- Weitere Kartons

Symbolisches Spiel

- Kasse und Geld
- Herd
- Weitere Werkzeuge für Garten- oder Hausarbeit

Das Bücherregal

Bitte schauen Sie weiterhin mit Ihrem Kind täglich ein Buch an. Wie schon erläutert, bereitet nichts anderes es so gut auf das spätere Lesen vor.

Versuchen Sie aber keinesfalls, ihm in dieser Phase das Lesen beizubringen. Wesentlich ist nach wie vor, dass Sie beide eine schöne Zeit miteinander verbringen, wenn Sie es in die geheimnisvolle Welt der Bücher einführen. Das Kind nimmt schon allein dadurch genügend wichtige Informationen auf: dass man zum Beispiel von links nach rechts liest, dass Wörter sich auf Bilder beziehen und vor allem dass man mit Büchern einen Riesenspaß haben kann.

Ihr Kleinkind mag nach wie vor Geschichten über die vertrauten Ereignisse seines Alltags. Aus solchen Geschichten können sich Gespräche über vergangene und zukünftige Erlebnisse ergeben, genau wie aus seinen Spielen, und das eröffnet Ihnen wunderbare Gelegenheiten zu vielfältigen sprachlichen Anregungen.

Die Geschichten können jetzt ein wenig länger sein, vorzugsweise illustriert mit bunten, realistischen Bildern. Viel Freude hat das Kind an sehr detailreichen Bildern. Die besten Bücher verbinden eine interessante Geschichte mit attraktiven Illustrationen.

Ihr Kleinkind wird sich sehr über Figuren freuen, die in mehreren Büchern erscheinen. Sie gewinnen bald die wohltuende Vertrautheit alter Freunde. Das Kind unterhält sich bereitwillig über deren Gefühle, Motive und Aktivitäten.

Besonders liebt es Geschichten über sich selbst, und wenn Sie auf Ihr Fotoalbum und die Geschichten darum herum zurückgreifen, dann findet es das ganz toll.

Reime sind dem Kind immer noch eine Freude und überdies äußerst nützlich: Wie erwähnt, sind sie ein entscheidender Vorläufer für das Lesen. Achten Sie darauf, dass Sie sie in lebhaftem Tonfall und mit deutlicher rhythmischer Betonung sprechen.

Von Vorteil ist es, wenn sich der Inhalt der Geschichten zur Bildung zahlreicher Sätze mit drei wichtigen Wörtern eignet, beispielsweise »Großmutter verlor ihren Hut« oder »Er blies die Kerzen aus«.

Das Kind interessiert sich wahrscheinlich sehr für Begriffe wie »groß« und »klein« und »ein« und »viele« und liebt Bücher, in denen diese Begriffe bildlich und erzählerisch umgesetzt werden.

Es gibt zahlreiche Bücher, die diese Kriterien erfüllen. Eine Auswahl finden Sie unten. (In dieser Phase braucht das Kind keine Unmengen neuer Bücher, da es die häufige Wiederholung vertrauter Geschichten liebt.)

- *Wo bist du, Tommi Bär?* von John Prater
- *Dudus Töpfchen* von Annette Swoboda
- *Zazas kleiner Bruder* von Lucy Cousins
- *Aufessen Baba* von Virginia Miller
- *Was ist wenn ...* von Mary Murphy

▪ Fernsehen und Videos

Halten Sie sich an die Regeln für frühere Phasen.

- Begrenzen Sie die Fernsehzeit Ihres Kindes auf eine halbe Stunde pro Tag.
- Schauen Sie mit ihm gemeinsam, und besprechen Sie mit ihm, was Sie sehen.
- Es ist immer noch wichtig, dass Ihr Kind nicht durch Phantasieprodukte wie fliegende Eisenbahnen oder sprechende Tiere verwirrt wird: Ihr Kind hat immer noch einen langen Weg vor sich, bis es versteht, wie es in der Welt zugeht.
- Für die Auswahl der Fernseh- oder Videofilme gelten dieselben Kriterien wie die für Bücher. Das Kind liebt immer noch vertrau-

te Figuren, die das tun, was es selbst tut, und es ist versessen auf Wiederholungen, um die Figuren wieder zu erkennen und sie bei vertrauten Handlungen zu beobachten.

- Reime und Musik üben großen Reiz auf das Kind aus, ebenso Humor, insbesondere von der klamaukigen Sorte.
- Genau wie bei Büchern hat es am meisten Spaß an Sendungen, die sich um die Art Begriffe drehen, die es interessieren, beispielsweise Größen- und Zahlbegriffe.
- Es mag kleine Geschichten, und genau wie beim Vorlesen hört es gerne eine lebhafte Stimme und eine dramatische Wiedergabe.

▲ Zusammenfassung

Mit zweieinhalb Jahren wird Ihr Kind wahrscheinlich
- nicht weniger als zweihundert Wörter oder sogar mehr benutzen
- Selbstgespräche über die Ereignisse beim Spielen führen
- Was- und Wo-Fragen stellen
- drei Wörter miteinander verknüpfen
- von sich selbst in der Ichform sprechen.

▲ Grund zur Sorge

Unten sind Sachverhalte aufgeführt, bei denen es ratsam wäre, mit einem Spezialisten über die Entwicklung Ihres Kindes zu sprechen. (Bitte denken Sie aber daran, dass nicht alle Kinder sich gleich schnell entwickeln.)

Wenn Sie irgendwelche Zweifel hegen, auch wenn der Grund Ihrer Besorgnis hier nicht aufgeführt ist, dann suchen Sie mit Ihrem Baby so bald wie möglich einen Kinderarzt oder Kinderpsychologen auf.

Wenn Ihr Kind zweieinhalb Jahre alt ist, wäre es ratsam, die Meinung eines Experten einzuholen, falls

- die Anzahl der Wörter, die es benutzt, nicht zunimmt
- es immer noch vorwiegend einzelne Wörter statt Zwei-Wort-Sätze spricht
- Sie oft nicht verstehen können, was es sagt
- es offenbar nicht den Wunsch hegt, dass Sie mit ihm spielen
- es kein symbolisches oder Rollenspiel zeigt
- es offenbar nicht versteht, was Sie zu ihm sagen, es sei denn, Sie drücken sich sehr einfach aus
- seine Aufmerksamkeitsspanne meistens noch sehr kurz ist.

Das Sprechlern-Spaß-und-Spiel-Programm

■ Eine halbe Stunde täglich

Bitte lassen Sie das nicht schleifen. Ich hoffe, dass Ihnen Ihre täglichen Spielzeiten so viel Spaß machen, dass das gar keine Frage ist. Für Ihr Kind wird das noch lange zutreffen, denn es profitiert davon nicht nur für seine Sprachentwicklung, sondern auch für sein Spiel, seine Aufmerksamkeit und seine emotionale Entwicklung.

Dass Sie für die bestmögliche Umgebung zur Förderung des Sprachverständnisses des Kindes sorgen, übt besonders nachhaltigen Einfluss auf seine emotionale Entwicklung aus. Ein sehr hoher Prozentsatz von Kindern mit verzögerter Sprachentwicklung hat emotionale Probleme, wie viele amerikanische und britische Studien, von denen ich unten einige nenne, ergeben haben.[6-8] Das überrascht kaum, denn es ist nicht schwer, sich vorzustellen, wie frustriert ein Kind sein muss, wenn es nicht versteht, was ringsum gesprochen wird, oder wenn es sich selbst nicht verständlich machen kann.

Der Zusammenhang zwischen Sprache und emotionaler Entwicklung ist in diesem Alter, das oft als »Trotzalter« bezeichnet wird, von großer Bedeutung. Das Kleinkind beginnt sich als unabhängige Person wahrzunehmen und schlägt in dem Wunsch, sich zu bestätigen, häufig über die Stränge, indem es sich weigert, Aufforderungen nachzukommen. Einen Großteil der Frustrationserlebnisse können Sie sich sparen, wenn Sie dem Kind Ihre Gründe für ein Verbot erklären und mit ihm verhandeln. (Am besten vermeiden Sie das Neinsagen, wenn es nicht absolut notwendig ist.) Es liegt auf der Hand, dass dies bei einem Kind mit gutem Sprachverständnis viel einfacher ist; umgekehrt haben Kinder mit begrenztem Sprachverständnis oft das Gefühl, in einer Welt zu leben, in der ihnen Erwachsene willkürlich Dinge verbieten, die sie gerne tun möchten, und sie zu Dingen zwingen, die ihnen zuwider sind. Sie können sich ausmalen, wie leicht daraus Verhaltensprobleme erwachsen können.

> Erklären Sie dem Kind, warum es manches machen darf und manches nicht

Die Beziehung von Kindern untereinander wird ebenfalls davon mitbestimmt, wie gut sie Sprache verstehen und gebrauchen können. Interessanterweise fand eine amerikanische Studie, dass sich die Beliebtheit von Kindern aus dem Niveau ihres Sprachverständnisses vorhersagen ließ.[9]

Der vierjährige Dan wurde zu mir gebracht, weil er sprach wie ein Zweijähriger. Seine Mutter berichtete mir, dass sie sich besonders deshalb sorgte, weil Dan keine Freunde fand. Sie hatte versucht, ihm zu helfen, und andere Kinder zu sich nach Hause eingeladen und sie auf interessante Ausflüge mitgenommen, doch der Tag endete unweigerlich in Balgereien und Tränen. Als Dan und seine Mutter mit dem Sprechlern-Spaß-und-Spiel-Programm begannen, holten Dans sprachliche Fertigkeiten rasch auf, und seine Mutter stellte fest, dass er und die anderen Kinder über ihre Pläne diskutierten und verhandelten sowie Regeln aufstellten statt zu raufen. Dans Beliebtheit stieg, sobald dies geschah, und sechs Monate nach unserer ersten Begegnung waren sowohl seine Sprachentwicklung als auch seine soziale Interaktion altersentsprechend.

Wie schon erwähnt, trägt die ungeteilte Aufmerksamkeit eines geliebten Erwachsenen immens dazu bei, dass sich ein Kleinkind bestätigt fühlt und daher selbstsicher wird. Zudem befreit es das Kind von dem enormen Druck, sie sich mit allen Mitteln (leider oft durch Ungezogenheiten) zu verschaffen. Ich habe viele Kinder erlebt, die sich mit Beginn des Sprechlern-Spaß-und-Spiel-Programms in erstaunlichem Maße beruhigten, sogar noch bevor sie so viel sprachliche Anregung erhalten hatten, dass sich ihr Sprachverständnis hätte spürbar verbessern können.

Der dreijährige Teddy war bei unserem ersten Termin so angespannt, dass er den Eindruck eines Pulverfasses kurz vorm Explodieren vermittelte. Seine Bewegungen waren so fahrig, dass seine Koordination beeinträchtigt wirkte. Er und seine Mutter waren in einem Teufelskreis gefangen: Sein Verhalten verschlimmerte sich in seinen immer verzweifelteren Versuchen, ihre Aufmerksamkeit zu gewinnen, und sie wurde dadurch so frustriert, dass sie sich immer mehr von ihm zurückzog. Der Unterschied, der bei Teddy eintrat, als er merkte, dass er täglich eine Spielzeit mit seiner Mutter bekam, egal wie er sich aufführte, war verblüffend. Sein ungezogenes Verhalten begann sich schon nach einigen Tagen zu legen.

Sie können viel dazu beitragen, das Spiel Ihres Kleinkindes zu bereichern und zu fördern. Es ist jetzt in einer Phase, in der mit Umsicht gegebene Anregungen von Erwachsenen dafür sorgen können, dass sich seine Phantasie im Rollenspiel weiter entfaltet und es neue Ideen beim Umgang mit Spielmaterial entwickelt.

Die meisten Kinder, die zur logopädischen Therapie überwiesen werden, gehören zu dieser Altersgruppe, und es macht mich stets traurig, Kinder zu sehen, mit denen niemand gespielt hat. Sie leben bereits jetzt in einer viel eingeschränkteren Erfahrungswelt als Kinder, die von einem Erwachsenen profitierten, der ihrem Spiel Interesse entgegenbrachte und ihnen vieles zeigte.

Mandy war ein bezauberndes Mädchen mit dunklen Haaren. Sie musste zu Hause über viel Spielzeug verfügen, weil sie im Wesentlichen wusste, wofür die einzelnen Spielsachen gedacht waren; sie spielte jedoch mit meinen in extrem begrenzter Weise. Sie ging beispielsweise auf das Puppenhaus zu und stopfte die Puppenmöbel einfach wahllos hinein; die Puppen schubste sie nur herum. Im Grunde war kein wirkliches Spiel erkennbar.

Scott war der Obhut vieler verschiedener Tagesmütter überlassen worden, von denen keine wirklich mit ihm gespielt hatte. Als er zum ersten Mal in meine Praxis kam, hantierte er lustlos und ohne ersichtliches Vergnügen mit den Spielsachen und äußerte kein Zeichen einer Erwartung, dass ein Erwachsener an seinem Spiel teilnahm. Zwei Wochen nachdem seine Mutter eine tägliche Spielzeit mit ihm eingerichtet hatte, sah ich ihn wieder, und der Unterschied erfreute mich ungemein. Scott reichte seiner Mutter mehrmals Spielsachen, blickte sie erwartungsvoll an und griff die Spielideen, die sie ihm vorschlug, begierig auf. Die beiden waren offensichtlich auf dem besten Weg, Spaß miteinander zu haben.

Regelmäßige gemeinsame Spielzeiten schaffen einen Vorrat an Erfahrungen, die wunderbare Gesprächsthemen liefern. Diese Gespräche fördern die Sprachentwicklung des Kleinkindes und sein Weltverständnis enorm.

Wie wir gesehen haben, erreicht die Aufmerksamkeit Ihres Kleinkindes jetzt wahrscheinlich ein interessantes neues Stadium. Wenn ein Erwachsener sich dessen bewusst ist und ihm zu helfen weiß, dann trägt dies sehr zu seiner Entwicklung bei. Diese Hilfestellung ist am effektivsten in einer Zweiersituation. (Umgekehrt kann das Fehlen dieses

> Sorgen Sie dafür, dass es in Ihrer Spielzeit immer noch ruhig ist

Wissens zu einer schier unerschöpflichen Quelle der Frustration für den Erwachsenen wie für das Kind werden und zahlreiche Tobsuchtsanfälle heraufbeschwören. Wenn Sie beispielsweise nicht erkennen, dass die Aufmerksamkeit Ihres Kindes immer noch an einen Wahrnehmungskanal gebunden ist, und erwarten, dass es auf eine Frage antwortet, während es beschäftigt ist, dann deuten Sie das Ausbleiben seiner Reaktion vielleicht als Aufsässigkeit.)

Die Umgebung für Ihre Spielzeit zu zweit

Sorgen Sie dafür, dass die Umgebung immer noch ruhig ist und dass Sie möglichst nicht gestört werden.

Achten Sie darauf, dass die Spielsachen intakt sind und immer am selben Ort aufbewahrt werden, damit Ihr Kind genau weiß, wo sie sind, und nicht durch die Suche danach abgelenkt wird.

Halten Sie eine genügend große freie Spielfläche auf dem Boden oder einem Tisch frei. Sein symbolisches Spiel kann zum Teil beträchtlichen Platz beanspruchen, und möglicherweise möchte das Kind jetzt über Nacht alles so stehen lassen.

■ Wie Sie sprechen sollten

Richten Sie sich weiterhin nach dem, was im Mittelpunkt der Aufmerksamkeit des Kindes steht

Die Bedeutung dieses Prinzips ist nicht zu unterschätzen. Allerdings ändern sich jetzt seine konkrete Umsetzung sowie das, wofür das Kind sich interessiert. Je älter Kinder werden, desto eher sprechen sie nicht mehr über die aktuelle Situation, sondern über Erfahrungen und Zukunftspläne. Dies hilft der Sprachentwicklung sehr, da der Erwachsene nun zahlreiche kompliziertere Sätze benutzen und das Kind sie verstehen kann. Das sind Sätze wie »Wenn wir in den Park kommen ...« oder »Während wir einkaufen waren, haben wir ...«

> Die zweijährige Andrea kam zum ersten Mal in meine Praxis, nachdem sie am Tag zuvor in ein Restaurant hatte mitgehen dürfen. Sie fand das sehr aufregend und wollte diese neue Erfahrung nachspielen, stand jedoch vor dem Problem, dass ihr die richtige Ereignisfolge nicht klar war. Sie spielte, dass sie beim Kellner (mir!) bezahlte, sobald sie eingetroffen war, und reichte mir dann die Brötchen. Der ganze Spielablauf war chaotisch, und es lag auf der Hand, dass ihr niemand weder vorher noch nachher erklärt hatte, worum es sich bei dem Ereignis eigentlich drehte.

Über vergangene Erfahrungen zu sprechen hilft dem Kind auch, sich über Ereignisabläufe in seinem Alltag klar zu werden.

Kinder, die keine derartigen Gesprächsgelegenheiten bekommen haben, zeigen deutlich in ihrem Spiel, dass ihnen Bedeutung und Zweck vieler ihrer Erlebnisse nicht einsichtig sind. Sie leben infolgedessen in einer sehr verwirrenden Welt.

Beachten Sie, dass immer das Kind diese Unterhaltungen über nicht gegenwärtige Ereignisse beginnt, und beenden Sie sie in dem Augenblick, in dem es seine Aufmerksamkeit etwas anderem zuwendet. Lassen Sie ausschließlich das Kind bestimmen, wie viel von Ihren Gesprächen während Ihrer Spielzeit dem Hier und Jetzt gilt.

Diese Unterhaltungen sind wahrscheinlich schon recht ausführlich, und sie schließen genauso Gespräche über Gefühle und Motive wie über Handlungen ein.

Führen Sie jede Menge neuer Wörter ein. Scheuen Sie sich nicht, den Wortschatz des Kindes auf diese Weise zu erweitern. Solange Sie sich nach seiner Aufmerksamkeit richten, nimmt es sie bereitwillig auf. Zeigen Sie ihm wie früher immer genau, was Sie meinen, indem Sie Gesten verwenden und das, was Sie sagen, auf die konkreten Geschehnisse des

> **Folgen Sie ihm stets zum Mittelpunkt seiner Aufmerksamkeit, aber führen Sie viele neue Wörter ein**

Augenblicks beziehen, wie wir es im vorigen Abschnitt besprochen haben. Wenn Sie beispielsweise einen Turm aus Bauklötzen gebaut haben, können Sie sagen: »Er stürzt ein! Ach Schätzchen, er ist eingestürzt!«, wenn das passiert ist.

Diese koordinierte Aufmerksamkeit ist wie schon gesagt der wichtigste Vorläufer aller nachfolgenden Kommunikations- und kulturellen Lernprozesse. Die Verfasser einer aufschlussreichen englischen Studie[10] vermuten, dass die Fähigkeit zu koordinierter Aufmerksamkeit auf dieser Stufe ein Vorläufer der Fähigkeit ist, mit vier oder fünf Jahren die Gedanken und Gefühle anderer zu verstehen; suchen Sie also das »Gespräch zwischen Gleichgesinnten«.

Helfen Sie dem Kind, sein Spiel weiterzuentwickeln

Ihr Kleinkind möchte bestimmt, dass Sie sich an seinem Spiel beteiligen, weil Sie beide schon immer viel Spaß miteinander hatten.

Wenn Sie zusammen spielen, dann geben Sie wie zuvor einen »laufenden Kommentar« ab, der sich auf das Zentrum der Aufmerksamkeit des Kindes bezieht, da dies immer noch eine dem Spracherwerb sehr förderliche Lernsituation darstellt.

Wir haben schon gehört, dass Ihr Kleinkind jetzt wahrscheinlich in eine Phase eintritt, in der ein Erwachsener ihm in manchen Situationen Anweisungen erteilen kann. Es empfiehlt sich jedoch, dies in Ihren Spielzeiten noch gänzlich zu unterlassen, da die beste Lernsituation immer noch dann besteht, wenn Sie sich seiner Beschäftigung anpassen. Ich habe viele Kinder behandelt, deren Eltern sehr bestimmend wurden, sobald sie merkten, dass ihr Kleinkind nun manchmal Anweisungen zu befolgen vermochte.

> Mit vier Jahren wurde Nigel in meine Praxis gebracht, weil er sehr schwer verständlich sprach. Er ging zur Spielzeugkiste, und sobald ich zu sprechen begann, hielt er sich die Ohren zu. Als ich ihn später beim Spielen mit seinen Eltern beobachtete, wurde mir klar, warum. Beide gaben Nigel ununterbrochen – manchmal sogar gleichzeitig – Anweisungen wie »Komm her und schau dir das an«, »Jetzt lege dieses Puzzle«, »Beende es« und »Gut, und jetzt spiel mit den Bauklötzen«. Die ganze Familie wurde zusehends gereizter.

Enorm hilfreich kann es jetzt jedoch sein, Vorschläge zu machen, um seinem symbolischen Spiel Impulse zu geben. Wenn Sie etwas miteinander spielen – beispielsweise einen Arztbesuch –, könnten Sie ihm den Rezeptblock zeigen, oder wenn Sie die Rolle des Kaufmanns spielen, zeigen Sie ihm, wie die Waage funktioniert.

> Machen Sie Vorschläge, um dem Spiel des Kindes Impulse zu geben

Nützlich ist es auch, dem Kind all die verschiedenen Verwendungsmöglichkeiten des Spielmaterials zu zeigen. Es könnte ihm beispielsweise Freude machen, ihm einen Zwillingsturm vorzubauen, wenn es bereits einen einfachen errichten kann.

Wenn Sie dem Kind etwas Neues vormachen wollen, dann fangen am besten Sie damit an und lassen es das Kind dann selbst ausprobieren. Es wird Sie wissen lassen, wenn es möchte, dass Sie wieder mitmachen.

Da Sie ein so lohnender Spielpartner sind, wird Ihr Kind Sie nun sehr wahrscheinlich anschauen, wenn Sie einen Vorschlag machen sollen. Daher dürfte der richtige Moment dafür wohl kein Problem sein. Sie sind sich nun so deutlich im Klaren darüber, was das Kind gerade interessiert, dass Sie keinen Vorschlag machen werden, wenn es in etwas vertieft ist. Achten Sie nur darauf, dass Ihre Vorschläge genau das sind, und machen Sie niemals Anweisungen daraus. Wenn das Kind kein Interesse an Ihrem Vorschlag zeigt, dann beharren Sie nicht darauf.

Dass es von Nutzen ist, Anweisungen im Spiel zu vermeiden, erhärten Forschungsbefunde. So fand eine kanadische Studie heraus, dass eine Gruppe von Kindern, deren Mütter stark in das Spiel ihrer Kinder eingriffen, ein deutlich geringeres sprachliches Leistungsniveau hatte als eine Gruppe, deren Mütter sich nach den Vorgaben ihrer Kinder richteten.[11]

Machen Sie das Zuhören für Ihr Kind weiterhin attraktiv

Es ist immer noch wichtig, dass Ihr Kind häufig die Erfahrung macht, dass Zuhören einfach, reizvoll und erfreulich ist.

Wiederholungs- und Bewegungsreime wie »Häschen in der Grube« eignen sich bestens zu diesem Zweck und vermitteln dem Kind, wie wir schon gehört haben, überdies einen Sinn dafür, dass sich Laute reimen und wie sie sich zu Wörtern zusammensetzen lassen, was ihm später beim Lesenlernen sehr hilft. Es liebt immer noch Reime Marke Eigenbau, die es selbst zum Thema haben und nach einer bekannten Melodie gesungen werden.

Etwas anderes, das dem Kind in diesem Alter höchstes Vergnügen bereitet, ist das scherzhafte Übertreiben von Husten und Niesen. Es wird begeistert davon sein und sich vor Lachen schier ausschütten.

Mit der Art und Weise, wie Sie mit Ihrem Kind sprechen, können Sie immer noch viel dazu tun, dass es Ihnen gerne zuhört.

Ich hoffe, dass es Ihnen nun schon zur zweiten Natur geworden ist, in lebhaftem und stark moduliertem Tonfall mit ihm zu reden, ebenso ein wenig langsamer und lauter als mit einem Erwachsenen. Dies trägt nach wie vor dazu bei, dass dem Kind das Zuhören leicht

> Machen Sie das Zuhören für Ihr Kind weiterhin attraktiv

fällt und dass es das gerne tut; bleiben Sie also dabei. Gleichermaßen hilft ihm eine kurze Pause zwischen den Sätzen, das aufzunehmen, was Sie gesagt haben.

Wie zuvor macht es oft viel Spaß, das Kind auf Geräusche aufmerksam zu machen, die zu einem Gegenstand gehören, für den es sich gerade interessiert, beispielsweise auf das Geräusch beim Öffnen oder Schließen eines Kästchens.

An »Spielgeräuschen« hat es immer noch viel Freude, hören Sie also noch nicht damit auf.

Wiederholen Sie Ihrem Kind das, was es meint

Ihr Kleinkind hat jetzt zwar eine Menge zu sagen, allerdings fehlen ihm oft noch die Wörter dafür. Wenn es ein Wort falsch ausspricht, dann bauen Sie es wie bisher in viele kurze Sätze ein, beispielsweise: »Ja, das ist ein Gorilla. Der Gorilla ist riesig. Ein riesiger Gorilla!«

Wenn ihm sein Satz durcheinander gerät oder unvollständig ist, sprechen Sie anstelle des Kindes aus, was es sagen wollte. Wenn es etwa gesagt hat »Papi Arbeit gegeht«, dann erwidern Sie: »Ja, Papi ist zur Arbeit gegangen.« Dies trägt sehr zur Entwicklung der Dialogfertigkeiten des Kindes bei, nutzen Sie also jede sich bietende Gelegenheit dazu.

Wie zuvor ist es *extrem* wichtig, dass Sie das immer in die natürliche Unterhaltung einbinden. Die goldene Regel lautet immer noch, stets mit einem »Ja« anzufangen.

Es kann jetzt passieren, dass Sie in die manchmal sehr peinliche Situation geraten, dass Sie nicht verstanden haben, was Ihr Kind gesagt hat. Vermitteln Sie ihm auf jeden Fall den Eindruck, dass dies auf Ihr Konto geht. Ich sage gewöhnlich etwas

> Wenn Sie dem Kind antworten, beginnen Sie immer mit einem »Ja«

wie: »Es tut mir Leid, das habe ich nicht richtig gehört.« Falls nötig ermuntere ich das Kind, mir zu zeigen oder mir sonst wie klarzumachen, was es meint.

Sprechen Sie während Ihrer Spielzeit in kurzen Sätzen

Die für Ihr Kind beste Sprechweise unterscheidet sich in Ihren Spielzeiten immer noch von der Art und Weise, wie Sie in der übrigen Zeit mit ihm sprechen. Sein Sprachverständnis ist jetzt schon sehr weit gediehen, und Sie können außerhalb Ihrer halben Stunde frei von der Leber weg schwatzen, wenn bislang alles gut verlaufen ist. Ihr Kind selbst spricht jedoch wahrscheinlich noch überwiegend in Zwei- und Drei-Wort-Sätzen im Telegrammstil, und vermutlich ist auch seine Aussprache noch nicht sehr ausgereift. Aus

> **Lassen Sie Ihre Sätze nicht zu lang werden**

diesen Gründen sind Kleinkinder auf dieser Stufe ziemlich oft schwer zu verstehen, insbesondere für Menschen, die sie nicht gut kennen.

Um dem Kind so schnell wie möglich durch dieses Stadium hindurchzuhelfen, ist es sehr von Nutzen, wenn Sie in Ihren Spielzeiten kurze Sätze sprechen und zugleich jede Menge neue Wörter einführen. Versuchen Sie nach wie vor, die meisten Ihrer Sätze auf nicht mehr als drei wichtige Wörter zu begrenzen, beispielsweise »Teddy ist von seinem Stuhl gefallen«, »Auf deinen Stuhl, Teddy«, »Fall nicht wieder runter«.

Vor kurzem kam ein sehr intelligentes kleines Mädchen namens Mary in meine Praxis. Ihr Wortschatz und ihr Satzbau waren in Ordnung, doch es fiel mir sehr schwer, sie zu verstehen, weil bei ihren Sprachlauten großes Durcheinander herrschte. Ihre Mutter konnte sie problemlos verstehen und merkte nicht, wie schwierig dies für andere Menschen war. Sie sprach in sehr langen Sätzen mit Mary, und es lag auf der Hand, dass Mary ihre ganze Aufmerksamkeit daransetzen musste, deren Bedeutung zu entschlüsseln. Als sie begann, Mary eine eindeutige Version dessen zu wiederholen, was sie sagen wollte, und zeitweise in kurzen Sätzen mit ihr sprach, wurden Marys sprachliche Äußerungen rasch sehr viel klarer.

Wiederholen Sie weiterhin ausgiebig

Wiederholen ist immer noch sehr zweckmäßig, insbesondere wenn Sie glauben, ein Wort zu benutzen, das Ihr Kind nicht kennt. Wenn Sie dieses in mehrere verschiedene kurze Sätze einbauen, wird das Kind es bald in seinen Wortschatz aufgenommen haben. Sie können beispielsweise sagen: »Ich schäle. Schäle die Kartoffeln. Schau: Kartoffelschalen.«

Erweitern Sie das, was das Kind sagt

Wir haben schon darüber gesprochen, dass Sie Ihrem Kleinkind enorm helfen können, wenn Sie ihm dann, sobald seine Worte oder Sätze nicht eindeutig sind, eine genaue Version dessen vorsprechen, was es sagen wollte. Fahren Sie damit fort.

Bei anderen Gelegenheiten ist es jetzt sehr nützlich, das, was das Kind gesagt hat, weiterzuspinnen und ein wenig Neues hinzuzufügen, wie Sie das schon im vorigen Abschnitt getan haben. Auf den Satz »Mami einkaufen gegangen« können Sie beispielsweise erwidern: »Ja, Mami ist einkaufen gegangen. Sie hat neue Schuhe gekauft.«

> Spinnen Sie das, was das Kind gesagt hat, ein wenig weiter

Beide Antworten eignen sich großartig, um das Sprachverständnis Ihres Kindes zu erweitern. Sie vermitteln ihm dadurch viele Informationen sowohl über Grammatik als auch über Wortbedeutungen, und das in einer Form, die es sehr leicht aufnehmen kann.[12–14]

Denken Sie immer an die goldenen Regeln, wenn Sie einer dieser Empfehlungen folgen: Leiten Sie Ihre Antwort immer mit einem »Ja« ein und vermitteln Sie Ihrem Kind nie den Eindruck, dass Sie es in irgendeiner Weise korrigieren.

Was Sie auf dieser Altersstufe nicht tun sollten

Sorgen Sie wie zuvor dafür, dass niemand die Sprache Ihres Kindes korrigiert oder es auffordert, Wörter oder Laute zu sagen oder nachzusprechen. Ich hoffe, ich habe Ihnen vor Augen geführt, dass wir als Erwachsene mit Kleinkindern nur angemessen reden müssen, für den Rest sorgen sie schon selbst. Es besteht nicht nur keine Notwendigkeit, sie zum Sprechen oder Nachsprechen von Wörtern oder Lauten zu animieren, sondern dies kann, wie wir oben besprochen haben, ihre Sprachentwicklung sogar behindern. Wir wollen ihnen doch nicht die Botschaft vermitteln, dass es uns nicht gefällt, wie sie sprechen.

Fragen

Zusätzlich zu den rhetorischen Fragen, über die wir schon gesprochen haben, sind nun einige andere erlaubt, etwa »Das hat Spaß gemacht, nicht wahr?« Damit deuten Sie Ihrem Kind auf nette Weise an, dass Sie ihm die Initiative zum Gespräch überlassen. Sinnvoll ist es jetzt auch, Fragen zu stellen, die dem Kind helfen, sich an Ereignisabfolgen zu erinnern. Wenn Sie sagen: »Da kam doch was nach dem großen Schwan, weißt du noch?«, könnte das die Erinnerung des Kindes anstoßen, dass es auch noch ein paar junge Schwäne gesehen hat. Beschränken Sie sich aber auf eine geringe Anzahl solcher Fragen und beantworten Sie sie immer selbst, wenn es das Kind nicht tut.

Stellen Sie ihm *niemals* Fragen, um es zum Antworten zu bewegen. Das gehört nicht zur normalen Kommunikation, und das Kind weiß das sehr gut.

Setzen Sie auch möglichst keine »negative« Sprache ein. Sie müssen das Kind immer noch physisch von Gegenständen fernhalten oder zu ihnen hinbringen; später ist noch Zeit genug zu erklären, warum manche Dinge verboten sind und warum es andere tun muss, egal ob ihm das gefällt oder nicht.

Versuchen Sie insbesondere die Verwendung des Wortes »nein« so weit wie irgend möglich einzuschränken. Wir als Erwachsene hören es nicht gerne, und unsere kleinen Kinder auch nicht. Schon das allein kann die Anzahl der Trotzanfälle, mit denen Sie es zu tun bekommen, begrenzen.

■ Außerhalb Ihrer halben Stunde

- Sprechen Sie immer den Tagesablauf des Kindes durch.
- *Erklären* Sie ihm, warum es bestimmte Dinge nicht tun darf und andere tun muss.
- Erleichtern Sie ihm die Teilnahme an Ihren Gesprächen, indem Sie ihm deutlich erklären, worüber gesprochen wird.

9

Zweieinhalb bis drei Jahre

▲ Überblick

Ihr Kleinkind hat in diesem Alter einen überwältigenden Charme. Es ist meistens zugänglich, hilfsbereit und liebevoll, einfach rundherum eine große Freude. Manchmal bekommt es aber immer noch heftige Wutanfälle, wenn es nicht nach seinem Kopf geht, und in diesem Alter kann es sehr schwer abzulenken sein.

Sein Drang nach Unabhängigkeit schreitet weiterhin unaufhaltsam fort, und es braucht nicht mehr unablässig Ihre Aufsicht. Es kann jetzt gekonnt essen und spielt länger und differenzierter. Zuweilen ist das Kind jedoch schwer zu unterhalten; es kann Ihnen passieren, dass Sie sich unendliche Mühe geben, es zu einer Beschäftigung anzuregen. Und keine fünf Minuten später müssen Sie alles wieder wegräumen, weil es plötzlich das Interesse verliert.

Das Kind hat immer noch kein Gefühl für Gefahr, und ständige Wachsamkeit ist angebracht, insbesondere wenn sich das Kind in der Nähe von möglichen Gefahren wie Toren und Teichen aufhält.

Spaziergänge sind immer noch ein großes Vergnügen für das Kind und können jetzt länger ausgedehnt werden. Viel Spaß machen dem Kind jetzt auch Eltern-Kind-Gruppen.

Ihr Kleinkind ist emotional noch sehr abhängig von Ihnen und kann in diesem Alter eifersüchtig auf Geschwister werden.

> Bitte beachten Sie, dass die hier beschriebenen Entwicklungsstadien sich nur auf den Durchschnitt beziehen.
>
> Alle Kinder entwickeln sich in unterschiedlichem Tempo, und häufig können Fortschritte in einem Bereich zu Stillstand in einem anderen führen. Sorgen oder gar Verzweiflung sind nicht ange-

bracht, wenn bei Ihrem Kind nicht alles in genau dem hier besprochenen Zeitabschnitt einzutreten scheint. Weitere Informationen
finden Sie im Abschnitt *Grund zur Sorge* auf Seite 313.

▲ Zweieinhalb bis zweidreiviertel Jahre

▪ Sprachentwicklung

Die Anzahl der Wörter, die das Kind *versteht*, steigt während dieser
Zeit weiterhin sehr schnell, und infolgedessen vermag es immer kom-
plexeren Sätzen zu folgen. Es kennt jetzt nicht nur praktisch alle
gebräuchlichen Objektnamen und Tätigkeitswörter, sondern auch
die meisten häufigen Adjektive wie »dick« und »dünn«, »groß« und
»klein«. Es beginnt nun auch Präpositionen zu verstehen und sucht
an den richtigen Stellen nach einem Gegenstand, wenn man ihm gesagt hat, dieser sei »in« oder »auf« einem anderen. Dies befähigt das
Kind, ausschließlich auf der Grundlage der gesprochenen Wörter und
ohne Hilfe situationsgebundener Hinweise langen und komplizierten Sätzen zu folgen. Es muss die ausgeliehenen Bücher seines Vaters
nicht mehr sehen, um zu verstehen, dass es gleich mit seinem Vater in
die Bücherei gehen wird.

Die Informationsmenge in einem Satz, die das Kind aufzunehmen
vermag, ist immer noch auf zwei wichtige Wörter begrenzt. Sie können es beispielsweise bitten, ein Objekt aus einem anderen Zimmer
zu holen, doch wenn Sie es auffordern, etwa eine Tasse und einen Löffel zu holen, bringt es Ihnen sehr wahrscheinlich nur die Tasse oder
nur den Löffel.

Das Wissen des Kindes, über welche Informationen andere Menschen verfügen und was ihnen neu ist, macht beträchtliche Fortschritte. Diese Voraussetzung ist entscheidend für die Entwicklung der
Fähigkeit, sich mit vielen verschiedenen Menschen außerhalb des en-
geren Familienkreises zu unterhalten. Das Kind ist sich zum Beispiel

bewusst, dass der Milchmann weiß, dass es sowohl Milch als auch Orangensaft mag, und der Briefträger, dass es regelmäßig Postkarten von seiner Oma bekommt, dass jedoch keiner der beiden über die Information des jeweils anderen verfügt.

Sein *Sprechvermögen* entwickelt sich ebenfalls sehr schnell. Es beginnt jetzt viele grammatische Formen zu benutzen, wenn auch anfangs mit beträchtlicher Fehlerquote. Es beginnt beispielsweise Verben wie »können« und »wollen« sowie verschiedene Formen des Verbs »sein« wie »ist«, »sind« und »bin« zu benutzen. Fehler wie »ihm geht« sind jedoch auf dieser Stufe noch häufig.

Es fängt an, die bestimmten und unbestimmten Artikel zu verwenden, und zwar fast immer mit der richtigen Bezeichnung für das Geschlecht.

Auch Pluralformen tauchen jetzt öfter auf, und Pronomen wie »er« und »sie« werden häufiger richtig benutzt. Die Verneinung »nicht« wird allmählich richtig gebraucht.

Diese Entwicklungsschritte sorgen nicht nur dafür, dass die Sätze des Kindes sich vom Telegrammstil entfernen, sondern erlauben ihm auch, Sprache auf interessante neue Weise zu nutzen. Die Phantasie des Kindes beginnt sich der Sprache zu bemächtigen, sodass es kleine Geschichten erfindet.

Es schreibt seinen Kritzeleien jetzt Namen zu und spricht darüber, was sie darstellen. Beispielsweise behauptet es, das, was aussieht wie ein Wollknäuel, sei ein Eisenbahngleis. Es kann auch mehr Informationen geben, etwa seinen Vor- und Nachnamen nennen und die Frage richtig beantworten, ob es ein Junge oder ein Mädchen sei.

Wenn sein Gesprächspartner es nicht versteht, wiederholt das Kleinkind nicht nur, was es gesagt hat, sondern verändert es vielleicht auch, um seinem Partner das Verständnis zu erleichtern.

Ein Entwicklungsschritt, der den Eltern das Leben schwer machen kann, ist die Frage »Warum?«, die viele Kleinkinder gegen Ende dieses Altersabschnitts zu stellen beginnen. Sie merken bald, welch große Macht dieses kleine Wort hat, sowohl um Informationen einzuholen als auch um das Gespräch in Gang zu halten. Infolgedessen steigt die Häufigkeit, mit der sie es benutzen, sprunghaft an.

■ Allgemeine Entwicklung

Diese Fortschritte beim Spracherwerb und in der Entwicklung der Kommunikation vollziehen sich parallel zu Fortschritten in anderen Bereichen.

Die Grobmotorik des Kindes verbessert sich weiter. Es kann jetzt nicht nur mit geschlossenen Füßen hüpfen, sondern auch von der letzten Treppenstufe springen. Es kann besser Dreirad fahren, einen Ball kräftiger kicken und im Takt von Musik marschieren, was nach seinem Empfinden ein großes Vergnügen ist.

Seine verbesserte Hand-Auge-Koordination und Handkontrolle sind Grundlage beträchtlicher Fortschritte in seinem erkundenden und feinmotorischen Spiel. Es kann geometrische Formen wie Dreieck und Quadrat auswählen und ein Stück Papier einmal in der Mitte falten. Es erkennt winzige Details auf Bildern und findet es toll, sie einem interessierten Erwachsenen zu zeigen.

Das Kleinkind bringt nun viel mehr alleine fertig. Es kann mit Löffel und Gabel essen und einfache Kleidungsstücke an- und ausziehen. Es braucht dabei generell wenig Hilfe und knöpft sogar Knöpfe selbst auf und zu.

Es ahmt lange Handlungssequenzen nach, die es bei einem Erwachsenen beobachtet hat, und zwar in aller Regel richtig. Es gießt beispielsweise eine imaginäre Tasse Kaffee ein, gibt »Milch« und »Zucker« dazu und rührt schließlich um.

Gegen Ende dieser Phase spielt es gelegentlich mit anderen Kindern zum Beispiel Ballspiele oder Fangen.

■ Aufmerksamkeit

Der Entwicklungsstand der Aufmerksamkeit Ihres Kindes hat sich gegenüber dem vorigen Altersabschnitt nicht tief greifend geändert. Es zeigt noch immer Phasen tiefer Konzentration auf Objekte oder Aktivitäten seiner Wahl, in denen es einem Erwachsenen überhaupt nicht zuzuhören vermag. Wie im vorangegangenen Altersabschnitt kann es seine Aufmerksamkeit in manchen Situationen von seiner Beschäftigung auf das, was ein Erwachsener zu ihm sagt, verschieben und sich dann wieder seinem ursprünglichen Interesse zuwenden, doch niemals, wenn es völlig darin vertieft ist.[1] Es kann sich immer noch nur auf eine Sache auf einmal konzentrieren und ist daher noch weit von der Fähigkeit entfernt, die wir als Erwachsene für selbstverständlich nehmen und automatisch benutzen: mehrere Dinge gleichzeitig zu tun und zu denken.

Das Kind ist immer noch höchst ablenkbar. Selbst wenn es seine Beschäftigung unterbrochen hat, um Ihnen zuzuhören, hört es sofort damit auf, wenn etwas anderes geschieht, wenn etwa plötzlich ein Geräusch seine Aufmerksamkeit auf sich zieht oder jemand den Raum betritt.

Wenn Sie mit dem Kind über etwas sprechen müssen, das nichts mit dem zu tun hat, was gerade im Zentrum seiner Aufmerksamkeit steht, dann wählen Sie wie in der vorigen Phase den Zeitpunkt dafür mit Bedacht.

Kündigen Sie ihm diese Veränderungen vorher an; sagen Sie beispielsweise: »Wir müssen Tim gleich von der Schule abholen.« Warten Sie wenn möglich ab, bis das Kind seine Aufmerksamkeit Ihnen zugewandt hat, bevor Sie sprechen, und wenn Sie ihm eine Anweisung geben müssen, dann unmittelbar vor der Aufgabe; sagen Sie beispielsweise: »Zieh deinen Mantel an«, während Sie ihm seinen Mantel hinhalten.

■ **Hören**

Wahrscheinlich hat Ihr Kind jetzt keinerlei Probleme mehr, in einer ruhigen Umgebung zuzuhören. Bei Lärm jedoch fällt ihm das Zuhören viel schwerer als einem Erwachsenen; seien Sie also nicht überrascht, wenn es in einer lauten Umgebung immer noch deutlich schlechter reagiert.

▲ Zweidreiviertel bis drei Jahre

■ Sprachentwicklung

Weitere bedeutende und wichtige Entwicklungen beim *Sprachverständnis* ereignen sich, wenn das Kind sich seinem dritten Geburtstag nähert. Zu dieser Zeit versteht es eine Fülle von Präpositionen, Verben und Adjektiven und kann sogar Menschen an ihren Handlungen erkennen; so antwortet es richtig auf die Frage: »Wer von ihnen schläft?«[2] Wenn das Kind drei Jahre alt wird, weiß es über die Bedeutung verschiedener Frageformen Bescheid und antwortet angemessen auf »Warum?« und »Wie?«

Die Anzahl der Wörter, die es in einen Satz aufnehmen kann, wächst ebenfalls, was einen sehr bedeutenden Schritt vorwärts darstellt. Während es zu Beginn dieser Phase nur mit Sätzen zurechtkam, die zwei wichtige Wörter enthielten wie »*Teddy* will seine *Mütze*«, vermag es gegen Ende dieser Phase einen Satz mit drei Schlüsselwörtern zu verstehen und zu behalten, etwa: »Gib *Papi* den *großen Ball*.«[3]

Als weiterer wichtiger Schritt nach vorne lernt das Kind Bedeutungen zu verstehen, die nicht direkt ausgesprochen werden – eine beachtliche geistige Leistung. Mit etwa drei Jahren weiß das Kind zum Beispiel, dass »in einer Minute« bedeutet, dass es auf etwas warten muss, aber nicht sehr lange.

Es hat jetzt zahlreiche Begriffe gebildet, die mit Tieren, Menschen und Spielsachen zu tun haben. Es weiß nicht nur über deren Farben, Formen und Größen Bescheid, sondern auch – und das ist wichtiger – über das, was sie tun und wie sie miteinander und mit ihm selbst in Beziehung stehen. Infolgedessen bekommen einfache Geschichten, die sich auf seinen Alltag beziehen, Sinn, und das Kind vermag ihnen mit großem Vergnügen zu folgen.

Das Kind weiß noch etwas besser, über welches Wissen andere Menschen verfügen und was ihnen neu ist. Es spricht einen Fremden beispielsweise so an: »Da drin ist mein Baby. Es heißt Jan.« Das Kleinkind weiß sehr gut, dass Familienmitgliedern diese Information nicht gegeben werden muss.

Ihr Kind hört sich die Antworten auf seine Fragen jetzt wirklich an, insbesondere auf die Warum-Fragen. Jetzt macht es überdies die sehr aufschlussreiche Entdeckung, dass es auf die Beantwortung seiner Warum-Frage mit einer weiteren Warum-Frage reagieren kann und dass das eine ganze Weile so weitergehen kann!

Gleichermaßen große Veränderungen ereignen sich in Bezug auf sein *Sprechvermögen*. Mit drei Jahren spricht das Kind Sätze mit drei oder vier wichtigen Wörtern, bisweilen sogar mit noch mehr: »Mami ist einkaufen gegangen, um eine Hose für die Arbeit zu kaufen« oder »Papi fährt später mit dem Auto in die Stadt«. Es verbindet sogar zwei Sätze miteinander, was eine große neue Errungenschaft ist. Es benutzt vielleicht Konjunktionen wie »und« oder »weil« und sagt etwas wie »Wir sind in den Park gegangen, und ich habe meinen Traktor fallen lassen« oder »Papi war böse, weil ich meinen Saft verschüttet habe«.

Seine Sätze haben jetzt nur noch selten Telegrammstil, enthalten aber immer noch eine Reihe von Grammatikfehlern. Schließlich benutzt das Kind die entsprechenden Formen noch nicht sehr lange. Oft konjugiert es noch falsch, und Sätze wie »Er ist weggeht« sind in diesem Alter häufig.

Das Kind benutzt mehr richtige Pluralformen sowohl schwach als auch stark gebeugter Substantive wie »Kinder«, »Häuser«, »Autos« und »Frauen«.

Eine recht subtile Neuerwerbung ist, dass das Kind jetzt Frageanhängsel wie »nicht wahr?« oder umgangssprachliche Formen wie »gell?« zu benutzen beginnt und Fragen stellt wie »Rauch kommt aus dem Schornstein, nicht wahr?« (Sie merken, was für eine komplizierte Grammatik wir haben, wenn Sie einem Sprechlehrling zuhören!)

Da das Kind nun über all diese neuen Fertigkeiten verfügt, kann es interessante Erlebnisse aus der jüngsten Vergangenheit ungehindert sprachlich mitteilen und detailliert beschreiben, was es auf Bildern sieht. Es versteht zudem kleine Geschichten zu erzählen, auch wenn sie zu dieser Zeit gewöhnlich auf einen oder zwei Sätze beschränkt bleiben. Es sagt beispielsweise: »Das Auto ist die Straße runtergefahren, und da kam ein Traktor. Es gab einen schlimmen Unfall.«

Das Vermögen des Kleinkindes, an einer Unterhaltung teilzunehmen, entwickelt sich in dieser Zeit ebenfalls bemerkenswert. Zu Anfang waren seine Beiträge, wie wir gesehen haben, recht zusammenhanglos, und es blieb vorwiegend den Erwachsenen überlassen, das Gespräch in Gang zu halten. Ein Großteil dessen, was es äußerte, richtete sich überhaupt nicht an einen anderen Sprecher. Doch wenn das Kind ein Alter von drei Jahren erreicht hat, ist die Lage ganz anders. Das Kind kann ohne Probleme ein Gespräch beginnen, indem es beispielsweise sagt: »Hör mal, Mami« oder »Ich möchte dir was erzählen …« Dass sich die Sprecher abwechseln, ist ihm inzwischen selbstverständlich, und gegen Ende dieser Phase kann es sogar Unterbrechungen des Wechselgesprächs bewältigen: Es wartet beispielsweise, dass seine Mutter das beendet, was sie sagen wollte, als sie vom Telefon unterbrochen wurde.

Das Kind ist sich der Absichten seines Gesprächspartners wohl bewusst und versteht, ob dieser ihm eine Frage stellt oder es bittet, das, was es gerade gesagt hat, klarer auszudrücken.

Wenn das Kind drei Jahre alt ist, wird die Sprache zum Medium des Denkens, was für den Rest seines Lebens so bleiben wird. Es spricht viel mit sich selbst, wenn es sich nicht mit anderen Menschen unterhält, als übte es, seine Gedanken in Worte zu fassen. Statt wie zu Beginn dieser Phase nur zu beschreiben, was es gerade tut, setzt es mit drei Jahren Sprache dazu ein, größere Klarheit in seine Vorstellungen und Ideen zu bringen. Es sagt zum Beispiel etwas wie: »Das sind alles große … die gehören Jonas. Das sind kleine … die sind für das Baby.«

Es vermag nun sowohl seine Probleme als auch seine Gefühle und Bedürfnisse verbal auszudrücken. Es könnte beispielsweise erklären »Ich kann das nicht«, »Ich habe den Ball verloren« oder »Ich hatte Angst«. Es benutzt auch Sprache, um sich zu weigern. Sie hören Sätze wie »Ich will nicht« oder »Mach ich nicht«.

Wörter helfen dem Kind, über sein Verhalten und über dessen Einschätzung durch andere Menschen nachzudenken. Es ist versessen auf Anerkennung und stellt Fragen wie »Ist das richtig?«

Wenn es drei ist, hat es den ungeheuren Wert von Fragen für die Informationsgewinnung voll und ganz realisiert und nutzt dieses Werkzeug ohne Ende, was die Erwachsenen ringsum manchmal an den Rand der Erschöpfung treibt. Seine Neugier auf diese wunderbare Welt ist grenzenlos, und jetzt hat es den Schlüssel in der Hand, um alles darüber herauszufinden! Seine Fragerei mag zu dieser Zeit teilweise wie ein Spiel wirken, insbesondere wenn die Fragen ohne Unterlass aus ihm heraussprudeln, doch in aller Regel beruht sie auf einem echten Bedürfnis, die Bedeutung von Wörtern und Informationen zu verstehen und zu klären.

Sprache dient jetzt auch dem Humor. Das Kind liebt es, kleine Scherze zu machen wie »Warum ist das Huhn über die Straße gelaufen?« »Weil es auf die andere Seite wollte!«

■ Allgemeine Entwicklung

Wiederum folgt aus der verbesserten Körperbeherrschung des Kindes und aus seiner Fähigkeit, viele motorische Aktivitäten wie Gehen und Rennen automatisch und ohne Nachdenken auszuführen, dass es all dem weniger Aufmerksamkeit widmen muss und diese dafür auf Gespräche und Frage-Antwort-Spiele verwenden kann.

Das Kind kann jetzt mit beiden Füßen abwechselnd Treppen steigen und rückwärts und seitwärts gehen, während es ein Spielzeug trägt. Es kann einen Ball mit über den Kopf erhobenen Armen werfen und ihn mit ausgestreckten Armen fangen, und es vermag endlich einen Ball kraftvoll zu kicken, was es zutiefst befriedigt. Es kann nicht nur geradeaus, sondern auch in weiten Kurven Dreirad fahren. Es scheint sich seines Körpers und dessen Größenverhältnis zur Umgebung viel deutlicher bewusst zu sein; es weiß beispielsweise, in welche Gegenstände es hineinpasst und wie es Hindernisse überwinden kann, etwa indem es sich unter einer Absperrung hindurchwindet oder über einen niedrigen Zaun klettert.

Es gebraucht seine Hände jetzt geschickter. Es hält einen Stift in der Nähe der Spitze mit zwei Fingern und Daumen und versucht zum ersten Mal, einen Menschen zu zeichnen, wobei ein Kringel mit zwei Strichen für die Beine herauskommt. Es vermag wahrscheinlich einen Kreis nachzuzeichnen, sechs Farben zu unterscheiden und eine zu benennen sowie bis fünf zu zählen.[4]

Das Kind kann eine Brücke aus Bauklötzen nachbauen und einen Turm aus neun bis zehn Klötzchen bilden. Es kann Papier zweimal falten, geübter mit der Schere schneiden und Deckel geschickt auf Behälter setzen und abnehmen.

Interessant ist, dass es jetzt beginnt, Spielmaterialien zu kombinieren. So spielt es mit Autos und Klötzchen gleichzeitig, baut eine Straße oder eine Garage für die Autos. Es setzt einen Lokomotivführer in eine Lokomotive oder legt Pakete auf einen Laster.

Es kennt sich nun gut aus mit seinen alltäglichen Abläufen. Es kann beim Tischdecken helfen und aus einem Krug ausschenken, ohne dass allzu viel danebengeht. Es trinkt ohne größere Pannen aus einer normalen Tasse und kann sich mit wenig oder gar keiner Hilfe die Hände waschen und abtrocknen. Es ist nun gewandter beim Anziehen, zieht aber möglicherweise noch die Schuhe verkehrt herum an.

Das Kleinkind spielt wahrscheinlich immer noch Seite an Seite mit anderen Kindern, allerdings interessiert es sich jetzt mehr für sie und ihre Beschäftigungen. Es spielt auch schon ein wenig mehr mit ihnen, und allmählich zeichnet sich eine Ahnung von den Regeln des Abwechselns beim Spielen ab. Das Kind lernt beispielsweise auf dem Spielplatz zu warten, bis es mit Schaukeln oder Rutschen oder Ballspielen an der Reihe ist.

Das Kind spielt jetzt über kurze Phasen allein, braucht jedoch noch ständige Aufsicht und muss wissen, dass ein Erwachsener in der Nähe ist. Es bezieht gerne Erwachsene in sein symbolisches Spiel ein.

■ **Aufmerksamkeit**

In diesen drei Monaten tut sich in der Aufmerksamkeitsentwicklung des Kleinkinds wenig.

■ Hören

Sein Wissen um die Bedeutung der Geräusche und Laute in seiner Umwelt dehnt sich immer weiter aus, insbesondere da es jetzt nach der Bedeutung all dessen, was es hört, fragen kann.

▲ Das Spielen

Sowohl das erkundende als auch das symbolische Spielen entwickeln und entfalten sich in dieser Phase weiter.

Was das Entdeckungsspiel betrifft, so kann das Kind aufgrund seiner verbesserten Körperbeherrschung und Hand-Auge-Koordination viel mehr mit den verschiedenen verfügbaren Spielmaterialien anfangen. Es entwickelt größere Gewandtheit im Umgang mit Schere, Papier und Stiften und hantiert geschickter mit Bauklötzchen und Schraubspielzeug oder Auffädelperlen. Bei seinen Untersuchungen lernt es immer noch viel über Farben, Formen, Größen und Beschaffenheit. Das symbolische Spiel hat sich jetzt voll entfaltet und umfasst sehr ausgedehnte Rollenspiele, bei denen das Kind die Rollen gerne tauscht, beispielsweise abwechselnd mit einem Erwachsenen Zahnarzt und Patient spielt. Das fiktionale Spiel – so tun als ob – blüht und gedeiht weiterhin.

Ihr Beitrag zum Spiel des Kindes ist jetzt überaus wichtig. Für das Entdeckungsspiel benötigt Ihr Kind jetzt unbedingt angemessene Materialien, und wie zuvor können Sie seinem Spiel damit bereichernde Impulse geben, wenn Sie ihm all die verschiedenen Dinge, die es damit machen kann, erklären und zeigen.

Sie fördern überdies die Entwicklung des fiktionalen Spiels, wenn Sie dem Kleinkind zu verschiedenen Erfahrungen verhelfen, indem Sie einen Bauernhof oder Zoo genauso besuchen wie Läden und den Spielplatz. Es wird seine Erlebnisse mit Freude nachspielen, um sie ganz und gar zu verinnerlichen.

Das Kind braucht Zeit, in der es anderen Menschen aus seiner vertrauten Umgebung bei Tätigkeiten wie Kochen oder Gartenarbeit zusehen kann. Ganz wunderbar ist es für das Kind, wenn die Erwachsenen, die mit ihm spielen, bereitwillig alle Rollen übernehmen, die es ihnen anträgt, und genau wie bisher Vorschläge machen, wie sich diese Rollen ausgestalten lassen. Sie könnten dem Kind beispielsweise zeigen, wie die Bibliothekarin die Bücher stempelt und ihm vielleicht sogar einen Spielstempel geben.

Es ist von enormem Nutzen, wenn immer derselbe Erwachsene regelmäßig mit dem Kind spielt. Er oder sie kennt dann alle früheren Spiele und weiß, wann eine Tätigkeit wiederholt oder erweitert wird. Zudem kennt sie oder er natürlich die realen Erlebnisse, die das Kind gehabt hat und nachspielen möchte.

▪ Entdeckungsspiele

Das Kleinkind liebt es jetzt, sehr aktiv zu spielen, etwa Dreirad zu fahren und Bälle zu werfen und zu kicken. Sand und Wasser sind äußerst beliebt, und es verwendet beide Materialien nun in komplizierterer Weise, benutzt sie häufig eher als Beiwerk für eine Spielaktivität, statt nur wie früher ihre Eigenschaften zu untersuchen. Jetzt macht es ihm beispielsweise Spaß, Schiffchen im Wasser schwimmen zu lassen oder im Sand Straßen für seine Autos und andere Fahrzeuge zu bauen. Es kann mit den großen Spielgeräten wie Schaukel und Rutsche auf dem Spielplatz viel anfangen, muss aber von einem Erwachsenen beaufsichtigt werden, und es interessiert sich mehr für die Gesellschaft anderer Kinder beim Spielen.

Es hat immer noch Freude daran, Farben, Formen und Größen zu vergleichen, zu sortieren und nach Reihenfolge zu ordnen, und es erwirbt darin immer mehr Übung.

Sein Umgang mit Spielmaterialien verfeinert sich. Das Kind schneidet genauer und möchte es einem Erwachsenen beim Papierfalten nachtun. Das gelingt ihm auch längs und quer. Aufschlussreich ist jedoch, dass seine visuelle Wahrnehmung noch nicht so weit ausgereift ist, dass es ein Stück Papier diagonal falten könnte.

Ihr Kind kritzelt immer noch gerne mit Blei- und Buntstiften, Kreide und Farbe und erklärt Ihnen, was seine Werke darstellen sollen. Es versucht zum ersten Mal, einen Menschen zu zeichnen und bringt einen so genannten Kopffüßler zustande – einen Kreis, der den Kopf darstellt, mit zwei Strichen für die Beine.

Baumaterialien wie große Legosteine benutzt das Kind jetzt in unterschiedlicher Weise, etwa um Straßen und Häuser zu bauen. Wie Sand und Wasser dienen sie als Mittel zum Zweck statt nur zur Untersuchung ihrer Eigenschaften.

■ Symbolisches Spiel

Das symbolische Spiel steht jetzt in voller Blüte, und es ist eine Freude zuzusehen und mitzumachen. Das Kleinkind spielt sehr lange Ereignisketten, die den Tätigkeiten der Erwachsenen, die es längere Zeit beobachtet hat, sehr genau entsprechen. Das Kind tut beispielsweise so, als wüsche es Teddys Kleider, hänge sie zum Trocknen auf und bügele sie, und zieht sie Teddy dann wieder an.

Es zeigt nach wie vor starkes Interesse am Rollenspiel und verkleidet sich gerne, um es realistischer zu gestalten. Mit Vorliebe stakst es in Stöckelschuhen umher und spielt Mami oder raucht eine imaginäre Pfeife und ist damit Großvater. Das Kind wäre begeistert über die Uniform eines Feuerwehrmanns, einer Krankenschwester oder eines Briefträgers.

Es spielt jetzt auch weniger häufige Ereignisse wie einen Friseurbesuch nicht nur nach, sondern bringt immer mehr Details in sein Spiel ein. So tut es nicht nur so, als schneide es als Friseur jemandem die Haare, sondern bürstet ihm auch noch sorgfältig die abgeschnittenen Haare von den Schultern und nimmt ihm den Frisierumhang ab.

Das Rollenspiel trägt enorm dazu bei, das Verständnis des Kindes für die Welt zu erweitern. Die Gespräche, die sich häufig daraus ergeben, fördern sein Denken und seine Dialogfertigkeiten, weil sie das Erinnern und Verstehen von Ereignisfolgen voraussetzen.

Die Gegenstände, mit denen das Kleinkind andere Objekte darstellt, können jetzt weniger realistisch sein. Ein kurzes Stück Schnur kann beispielsweise als Stethoskop gelten oder ein Stück Karton als Buch. Wenn das Kind drei Jahre alt ist, kommt es sogar völlig ohne ein Objekt aus. Seine umfangreichen sprachlichen Fertigkeiten befähigen das Kind zu beachtlichen Höhenflügen der Phantasie. Es kann am Ende eines Stücks Schnur einen Hund spazieren führen oder sich als Busfahrer mit imaginären Fahrgästen unterhalten. Manchmal zieht es nicht einmal eine deutliche Grenze zwischen Wirklichkeit und Vorstellung. Ich amüsierte mich köstlich über das, was mir kürzlich eine Freundin erzählte: Ihr kleiner Sohn Charles jagte sich mit seiner eigenen Phantasiegeschichte Angst ein. Er begann von einem kleinen Jungen zu erzählen, der durch einen Wald ging, als es dunkel wurde und er sich verirrte. Charles wurde sehr ängstlich, bis ihn seine Mutter daran erinnerte, dass es nur eine Geschichte war, die sie rasch zu einem glücklichen Ende brachte. Viele kleine Kinder haben in dieser Zeit einen imaginären Freund oder eine imaginäre Freundin.

Das Kind spielt phantasievoller mit Modellfiguren und beginnt sie zu differenzierten Spielen zu kombinieren. Es baut beispielsweise eine lange Straße für seine Autos oder eine Startbahn für seine Flugzeuge. Ein Traktor kann einen Anhänger schieben, und in einen Bus oder Zug werden Fahrer und Passagier gesetzt. Der Zug kann liegen bleiben und eine Reparatur benötigen oder an vielen verschiedenen Stationen halten, die alle Orte darstellen, an denen das Kind schon gewesen ist. Bauernhof- und Zootiere können alle möglichen Abenteuer erleben, fortlaufen und sich verirren und schließlich sicher nach Hause zurückkehren.

Puppen und Teddybären sind an weitaus längeren Spielsequenzen als früher beteiligt und werden ausgezogen, gebadet, gefüttert und in den Schlafanzug gesteckt.

Handpuppen können dem Kind jetzt großes Vergnügen bereiten, deutlich ausgeprägte Persönlichkeiten annehmen und ebenfalls alle Arten Abenteuer bestehen.

Das Kind spielt zwar meist neben anderen Kindern her, beginnt jedoch auch, sie in sein symbolisches Spiel einzubeziehen, das sich dadurch in eine soziale Aktivität verwandelt. Ein anderes Kind wird beispielsweise in ein imaginäres Kaffeetrinken einbezogen und aufgefordert, seinen Kaffee auszutrinken.

■ Fernsehen und Video

Begrenzen Sie wie schon vorher den Fernseh- oder Videokonsum Ihres Kindes auf eine halbe Stunde pro Tag und schauen Sie möglichst mit ihm gemeinsam, damit Sie mit ihm besprechen können, was es gesehen hat, und ihm eventuell nötige Erklärungen geben können.

Bei der Auswahl der Sendungen richten Sie sich am besten nach denselben Prinzipien wie für die Bücherauswahl. Am meisten liebt das Kind Figuren, die ihm bald vertraut werden und die Dinge tun, die es selbst auch macht, und es wiederholt auch gerne immer wieder dieselben Szenen und Aktivitäten. Es mag auch Phantasiegeschichten, aber achten Sie wie bei den Büchern darauf, dass diese ihm keine Angst einflößen.

Kinderverse und Musik sind weiterhin reizvoll, ebenso Humor von der klamaukigen Sorte. Das Kind liebt auch Sendungen, die sich um die Art Begriffe drehen, für die es sich jetzt interessiert: Größe und Farbe.

Die Spielzeugkiste

Wie schon gewohnt teile ich Spielsachen und -materialien nach ihrer Eignung für das erkundende und symbolische Spiel ein, doch wiederum mag Ihr Kind Sie damit in Erstaunen versetzen, was es sich dafür ausdenkt.

Entdeckungsspiel

- Kleiner Ball
- Kleine Bauklötzchen
- Nudelholz und Teigrädchen für Knete
- Große Spielgeräte für draußen wie Schaukel oder Rutsche
- Mehr Baumaterialien

Symbolisches Spiel

- Schiffchen für das Spiel mit Wasser
- Spielfiguren für Puppenhaus und Autowerkstatt
- Modellfahrzeuge und -menschen für den Sandkasten
- Bauernhof mit Tieren
- Flughafen und Flugzeuge
- Kleider zum Verkleiden
- Schuhe oder andere Kleidungsstücke,
  die erwachsenen Bezugspersonen gehören
- Eisenbahn und Schienen mit Lokomotivführer
  und Fahrgästen
- Kran
- Hand- und Fingerpuppen

Das Bücherregal

Ihr Kind hat bestimmt noch Freude an den Büchern für den vorigen Altersabschnitt. Es möchte immer noch dieselben Bücher durchgehen; deshalb besteht in dieser Phase keine Notwendigkeit, Bücher in größerer Anzahl anzuschaffen.
Bitte lassen Sie sich aber weiterhin nicht dazu verleiten, ihm jetzt schon das Lesen beizubringen. Erzählen Sie ihm etwas über die Bilder und lesen Sie ihm kleine Geschichten vor. Wenn das Kind

Sie dazu auffordert, reden Sie mit ihm über die Figuren und Ereignisse in den Büchern und was diese mit seinen eigenen Erfahrungen zu tun haben. Diese Gespräche beziehen sich häufig auf vergangene und zukünftige Ereignisse und geben Ihnen eine wunderbare Gelegenheit zu sprachlicher Anregung.

Ausschlaggebend ist immer noch das gemeinsame Vergnügen an Büchern, und wie im vorigen Abschnitt besprochen, lernt Ihr Kind durch Bücher viel über die Konventionen bei Gedrucktem, beispielsweise dass wir von links nach rechts lesen und die Bilder und Zeichen auf den Seiten für reale Objekte stehen. Dieses wichtige Fundament sorgt dafür, dass es zur entsprechenden Zeit wahrscheinlich extrem schnell und leicht lesen lernt. Umgekehrt haben Kinder, die lesen sollen, bevor sie dafür bereit sind, für den Rest ihres Lebens die Nase voll von Büchern und massive Schwierigkeiten mit dem Lesenlernen. Was auf dieser Stufe zählt, ist nur, dass Sie beide Spaß miteinander haben.

Ihr Kind mag immer noch Bücher, die seine Alltagserfahrungen aufgreifen, und spricht gerne darüber, wie die Figuren des Buches diese wohl empfinden. Viel Freude hat es auch an Büchern, die sich mit der Art Begriffe befassen, die es jetzt spannend findet: etwa Größe, Zahl und Farbe.

Seine sprachlichen Fertigkeiten erlauben es ihm, einer einfachen Geschichte zu folgen, und sein elementares Wissen darüber, wie die Welt funktioniert, reicht nun aus, um so weit zwischen Realität und Einbildung unterscheiden zu können, dass es jetzt auch einen Schuss Phantasie in den Geschichten vertragen kann. Nun erst kann es an Geschichten über Tiere und Fahrzeuge Gefallen finden, die das tun, was es selbst tut – in der Gewissheit dessen, was sie im wirklichen Leben tun.

Bringen Sie Dramatik ins Spiel: Sprechen Sie in lebhaftem Tonfall und vielleicht mit unterschiedlichen Stimmen für die verschiedenen Figuren. Das wird dem Kind großen Spaß machen. (Sie können übrigens den Text der Geschichten in dieser Phase immer noch ein wenig abändern, wenn Sie glauben, dass er zu lang für seine Aufmerksamkeitsspanne ist oder durch die Abwandlung leichter verständlich wird.)

Achten Sie darauf, dass Ihr Kind nicht durch imaginäre Ereignisse geängstigt wird. Helfen Sie ihm stets zu unterscheiden, was real ist und was nicht, indem Sie das besprechen, und wenn es sich trotzdem fürchtet, dann ändern Sie die Geschichte; sorgen Sie insbesondere für ein glückliches Ende.

Wiederum gibt es zahlreiche wunderschöne Bücher, die den Kriterien für dieses Stadium entsprechen. Es folgt eine Auswahl:

- *1, 2, 3, wo ist der Papagei* von Quentin Blake
- *Der Breitmaulfrosch* von Keith Faulkner
- *Kuschelgelbe Enten* von Matthew van Fleet
- *Ich hab dich lieb, mein blaues Känguru* von Emma Chichester Clark
- *Nicos wundersame Reise durch die Nacht* von Helen Cooper
- *Struppi, der wasserscheue Hund* von Gene Zion und Margaret Bloy Graham

▲ Zusammenfassung

Mit drei Jahren wird Ihr Kind wahrscheinlich
- mit großem Vergnügen Geschichten lauschen
- kurze Anweisungen mit drei wichtigen Wörtern verstehen etwa: »Mach die Kiste auf, nimm das Auto heraus und gib es Papi.«
- das, was gerade geschieht, mit einem langen Monolog begleiten
- sich an einer Unterhaltung über ein vergangenes Ereignis beteiligen
- seinen vollen Namen nennen.

▲ Grund zur Sorge

Unten sind Sachverhalte aufgeführt, bei denen es ratsam wäre, mit einem Spezialisten über die Entwicklung Ihres Kindes zu sprechen. (Bitte denken Sie aber daran, dass nicht alle Kinder sich gleich schnell entwickeln.)

Wenn Sie irgendwelche Zweifel hegen, auch wenn der Grund Ihrer Sorge hier nicht aufgeführt ist, dann suchen Sie mit Ihrem Kind so bald wie möglich einen Kinderarzt oder Kinderpsychologen auf.

Wenn Ihr Kind drei Jahre alt ist, wäre es ratsam, die Meinung eines Experten einzuholen, falls

- es häufig nicht zu verstehen scheint, was Sie sagen
- es häufig zu erkennen gibt, dass es sich dessen, was andere Menschen schon wissen, nicht bewusst ist. Es fängt beispielsweise an, einem Fremden von »Robert« (seinem kleinen Bruder) zu erzählen, ohne zu realisieren, dass sein Gesprächspartner keine Ahnung hat, wer Robert ist
- es oftmals etwas sagt, das Ihnen irrelevant scheint
- es immer noch Sätze aus nur zwei oder drei Wörtern benutzt
- es keine grammatischen Formen wie Pluralendungen benutzt
- es niemals Fragen stellt
- es kein Interesse an Geschichten zeigt
- es kein Interesse am Spiel mit anderen Kindern zeigt
- es Menschen außerhalb der Familie schwer fällt, das Kind zu verstehen
- seine Aufmerksamkeitsspanne immer noch sehr kurz ist.

Das Sprechlern-Spaß-und-Spiel-Programm

■ Eine halbe Stunde täglich

Behalten Sie Ihre tägliche Spielzeit unbedingt weiter bei. Wie schon betont, ist das von unschätzbarem Wert für fast jeden Aspekt der Entwicklung Ihres Kindes. Es ist immer noch darauf angewiesen, dass Sie seine Aufmerksamkeitsspanne berücksichtigen, und wie wir im Abschnitt über das Spiel gesehen haben, können Sie viel dazu beitragen, seine Entwicklung in dieser Hinsicht zu fördern. Insbesondere dadurch, dass Sie sich regelmäßig als Spielpartner zur Verfügung stellen, machen Sie Ihrem Kind ein wunderbares Geschenk. Auch seine emotionale Entwicklung wird wie schon zuvor enorm von Ihrer ungeteilten Aufmerksamkeit profitieren; Sie erleichtern dem Kind das Erkunden, unterstützen es und stärken sein Selbstvertrauen durch Lob und Ermutigung. Diese Spielzeiten geben Ihnen zudem Gelegenheit, Ihr alltägliches Leben miteinander zu besprechen, einschließlich der Verbote und die Notwendigkeit, sie zu beachten. Ihre Gründe zu erklären ist eine der wirksamsten Methoden, um die Zahl der Wutanfälle so klein wie möglich zu halten.

> Mit drei Jahren wurde Guy zu mir gebracht, weil man befürchtete, er könnte sich in der Spielgruppe, in die er aufgenommen werden sollte, nicht verständlich machen. Wie sich herausstellte, hatte Guy drei überaus gesprächige Schwestern und in seinem ganzen Leben kaum Gelegenheit gehabt, allein mit einem Erwachsenen zu sein. Infolgedessen waren ihm nur sehr wenige Möglichkeiten zu einem längeren Gespräch geblieben, und er hatte die Grundregeln, wie man ein Gespräch beginnt oder sich dabei abwechselt, nicht gelernt. Ständig unterbrach er die anderen Familienmitglieder, was diese sehr ärgerlich machte, und hörte nicht zu, wenn sie antworteten, was ihren Unmut noch verstärkte. Als wir tägliche Spielzeiten allein mit seiner Mutter einrichteten, erlernte Guy diese Fertigkeiten rasch. Er kam drei Monate später in die Spielgruppe und integrierte sich ohne Probleme.

Ihr Kleinkind ist jetzt in einem Alter, in dem sich Kinder bisweilen absichtlich dumm anstellen, um die Regeln auszutesten; beispielsweise weigert es sich, etwas zu tun, oder behauptet, es nicht zu können, obwohl Sie genau wissen, dass das nicht stimmt. Wenn Sie Ihr Kind zurechtweisen müssen, dann versuchen Sie immer, sein Verhalten und nicht seine Person zu kritisieren. Es ist beispielsweise viel besser zu sagen: »Da hast du etwas Dummes gemacht« statt »Du bist ein dummer Junge«.

Die Spielzeiten geben Ihnen zudem eine Gelegenheit, seine endlosen Fragen so lange zu beantworten, wie es damit fortfahren möchte. Mitten im Trubel des Alltags kann das schwierig sein, doch das Kind lernt sehr viel, wenn es so viel fragen kann, wie es möchte. Die Fragerei kommt ihm wie gerufen, um seine neu erworbenen Dialogfertigkeiten zu üben, was äußerst wichtig ist.

Ein weiterer Grund, weshalb diese Spielzeiten für manche Kleinkinder so maßgeblich sein können, ist der, dass in diesem Alter häufig ein Geschwisterchen die Szene betritt. Gefühle wie Eifersucht und Abgeschobenwerden können in diesen Zeiten allein mit einem Erwachsenen aufgefangen werden, und es lohnt sich, diese Zeiten auf Biegen und Brechen fortzusetzen. Warten Sie, bis Ihr Partner nach Hause kommt und sich um das Baby kümmern kann, oder bitten Sie falls nötig eine Freundin/einen Freund oder eine(n) Verwandte(n), täglich eine halbe Stunde zu kommen. Der emotionale Aspekt steht zu dieser Zeit im Vordergrund, doch es ist zweifellos schwierig, wenn nicht sogar unmöglich, zwei Kindern die bestmögliche sprachliche Anregung zu geben, selbst wenn sie im gleichen Alter und Entwicklungsstadium sind. Sie werden merken, dass der Grund für diese Schwierigkeit darin liegt, dass Sie idealerweise dem Mittelpunkt der Aufmerksamkeit jedes Kindes folgen müssen.

Bitte unterschätzen Sie auf keinen Fall den enormen Nutzen, den Geschwister für das ganze Leben haben. Sogar im Hinblick auf den Spracherwerb stellen Unterhaltungen zwischen Kind, Eltern und einem Geschwister oftmals die Situation dar, in der der Elternteil dem Kind die Teilnahme an einem Dreiergespräch am einfachsten ermöglichen kann – und diese Fertigkeit ist sehr bedeutsam.[5] Kinder müssen letztendlich lernen, in vielen anderen Situationen als der von Angesicht zu Angesicht kompetent zu kommunizieren.

Lassen Sie sich nicht verleiten, diese Spielzeiten in Lehr- und Lernzeiten zu verwandeln. Diese Versuchung kann Sie überkommen, weil Ihr Kind jetzt wahrscheinlich Interesse an Begriffen wie Farbe, Zahl und Form zeigt, und viele Erwachsene glauben, dass es ihrem Kind später schulische Vorteile verschafft, wenn sie ihm jetzt etwas darüber beibringen. Vergeuden Sie Ihre kostbare gemeinsame Zeit nicht damit. Bringen Sie die Bezeichnungen dieser Begriffe unbedingt dann in das Gespräch ein, wenn es sich von selbst ergibt; sagen Sie beispielsweise »das blaue Auto und das gelbe Auto«, wenn Sie mit Autos spielen, oder »das lange Bauklötzchen passt neben das kurze«, wenn Sie mit Bauklötzchen bauen. Neue Wörter, die mit diesen Begriffen zu tun haben, wie »riesig« oder »winzig« könnten jetzt für das Kind sehr interessant sein. Ihrem Kind auf diese Weise begriffsbezogene Wörter nahe zu bringen, entspricht der goldenen Regel, stets dem Zentrum seiner Aufmerksamkeit zu folgen. So sind die Namen aufschlussreich und sinnvoll für das Kind, das sie infolgedessen mühelos lernt. Sie Ihrem Kind dagegen als von Ihnen bestimmten »Lernstoff« zu vermitteln, wäre unvergleichlich viel weniger effektiv und könnte für Sie und für Ihr Kleinkind zu einer großen Enttäuschung werden.[6]

Ich hatte mit etlichen Kindern zu tun, die jede Menge Farben und Formen benennen und das Alphabet wie ein Automat herunterleiern konnten, aber weder wussten, was das für Gegenstände waren, die sie beschrieben, noch was sie mit ihnen anfangen sollten. Ihre Eltern hatten ihnen diese Begriffsbezeichnungen fast unter Ausschluss jedes normalen Gesprächs beigebracht.

Der dreijährige Toby kam wegen stark verzögerter Sprachentwicklung zu mir. Sein häufigster Satz lautete: »Ich kann nicht.« Seine Mutter hatte sich eingebildet, dass Kinder Fertigkeiten sehr viel schneller erwerben, wenn man sie ihnen beibringt, und sie hatte täglich Stunden damit verbracht, Toby das Laufen beizubringen, als er fünf Monate alt war. Mit den Buchstaben des Alphabets und den

Namen von Farben, Zahlen und Formen begann sie noch vor seinem ersten Geburtstag. Toby war zu einem extrem aggressiven und frustrierten kleinen Jungen geworden, dessen Entwicklung auf den meisten Gebieten hinterherhinkte. Als seine Mutter von ihrer Tagesordnung zu seiner übergegangen war, seinen Interessen folgte und darüber sprach, statt ihn zu drillen, stellte sie zu ihrem Erstaunen fest, dass er sich sehr schnell entspannte und zu lernen begann. Sein Verhalten wendete sich ebenfalls bald zum Besseren, und beim Spracherwerb holte er binnen einiger Monate zu seinen Altersgenossen auf.

Ich sah Tom zum ersten Mal, als er fast drei war. Er hatte einen lernbehinderten Onkel, und seine Eltern waren so ängstlich darauf bedacht, ihm ein ähnliches Schicksal zu ersparen, dass sie jede freie Minute darauf verwendeten, ihm das Zählen und das Alphabet beizubringen. Wie Toby hatte er nicht die leiseste Ahnung, was diese Buchstaben und Zahlen bedeuteten, und weil die ganze Paukerei so viel Zeit beansprucht hatte, waren ihm Unmengen von Spiel- und Gesprächserfahrungen entgangen. Er sagte sehr wenig spontan, und weil er wenig von dem, was zu ihm gesprochen wurde, verstand, gab er häufig wie ein Echo zurück, was er hörte. Seine Aufmerksamkeit war sehr flüchtig, und er zeigte kaum einmal symbolisches Spiel. Glücklicherweise machte auch er sehr rasch Riesenfortschritte, als seine Eltern mit ihrem Drill aufhörten und allem folgten, dem er seine Aufmerksamkeit zuwandte.

Gespräche, die sich ganz natürlich aus der Situation ergeben, helfen dem Kleinkind im Gegensatz zu Lehr- und Lernsituationen enorm bei dem Erwerb des so wichtigen Wissens, über welche Vorkenntnisse verschiedene Leute verfügen und wovon sie in Kenntnis gesetzt werden müssen, damit sie sich an der Unterhaltung beteiligen können. Ein Gespräch beispielsweise darüber, dass Sie diversen Leuten von dem neu geborenen Baby erzählen müssen, bestätigt dem Kind, dass diese noch nichts davon wissen. Wenn Sie mit ihm darüber reden, wie Sie beide der Großmutter von dem wunderschönen Nachmittag im Schwimmbad erzählt haben, dann ruft ihm das ins Gedächtnis, was seine Oma zuvor wusste und was nicht. Wir alle sind in hohem Maße auf solche Informationen angewiesen, um erfolgreich miteinander kommunizieren zu können.

Diese Gespräche helfen dem Kind überdies, die verschiedenen Zwecke und Verwendungsweisen von Sprache klar zu unterscheiden, etwa um Kommentare abzugeben, Fragen zu stellen und um Erklärungen zu bitten. All diese Kommunikationssituationen werden auftreten und für das Kleinkind unter diesen Voraussetzungen sehr leicht zu erkennen sein.

An manchen Tagen bieten sich gemeinsame Beschäftigungen wie Hausarbeit oder Wäschewaschen ausgezeichnet zur Nutzung als Spielzeit an, insbesondere wenn Sie ein Neugeborenes zu versorgen haben und Ihre Zeit sehr begrenzt ist. Sorgen Sie aber dennoch dafür, dass Sie mit Ihrem Kleinkind allein sind und dass im Zimmer Ruhe herrscht.

Ihre Spielzeit kann besonders wichtig sein, wenn Ihr Kind ein belastendes Ereignis wie Ihre Scheidung oder den Verlust eines Familienmitglieds verarbeiten muss. Es ist unabdingbar, dass es Gelegenheit erhält, über das Ereignis und seine Gefühle zu reden und Fragen dazu zu stellen. Zudem gibt es Ihnen Gelegenheit, ihm zu versichern, dass es an den Geschehnissen kein bisschen Schuld hat, denn zu dieser Annahme neigen kleine Kinder häufig.

■ Die Umgebung für Ihre Spielzeit zu zweit

Hier gibt es keinen Unterschied zum vorigen Altersabschnitt. Wie früher sollte Ihrem Kind eine Vielzahl unterschiedlicher Spielsachen und -materialien zur Verfügung stehen, unter anderem für das erforschende und jetzt auch für das symbolische Spiel. Sorgen Sie wie bisher dafür, dass alles in Ordnung ist und dort aufbewahrt wird, wo Ihr Kind es leicht finden kann. Es möchte jetzt wahrscheinlich verschiedene Spielsachen und -materialien kombinieren, etwa Bauklötze, um daraus eine Straße für seine Autos zu bauen, oder Menschenfiguren, um sie in einen Zug zu setzen. Berücksichtigen Sie dies bei der Zusammenstellung seines Spielzeugs.

Sorgen Sie auch dafür, dass ihm auf dem Boden und dem Tisch ausreichend Platz zum Spielen zur Verfügung steht, und lassen Sie Konstruktionen wie Straßen oder Startbahnen falls möglich über Nacht stehen.

Als mein Sohn drei war, brachten er und sein Freund Paul einen ganzen Nachmittag damit zu, einen Bauernhof mit Gehegen und Ställen für die Tiere zu bauen, und waren sehr stolz auf ihr Werk. Leider hielt Pauls Vater sehr auf Ordnung und erlaubte den Jungen nicht, alles stehen zu lassen, sondern bestand darauf, dass sie es praktisch sofort nach seiner Vollendung wieder abbauten. Als ich Abends ankam, um meinen kleinen Jungen abzuholen, fand ich beide Kinder in Tränen aufgelöst vor.

Wie Sie sprechen sollten

Folgen Sie dem Kind weiterhin zum Zentrum seiner Aufmerksamkeit

Obwohl Ihr Kind, wie schon gesagt, jetzt in bestimmten Situationen eine Anweisung von Ihnen befolgen kann, ist es in Ihren gemeinsamen Spielzeiten immer noch weitaus besser, wenn Sie stets dem folgen, worauf es seine Aufmerksamkeit richtet. Sie werden merken, dass Sie beide jetzt viele Gespräche über interessante Ereignisse führen, die das Kind in der jüngsten Vergangenheit erlebt hat und die Sie für die unmittelbare Zukunft planen. Lassen Sie jedoch wie schon früher ausschließlich das Kind bestimmen, wie viel Sie über das Hier und Jetzt und wie viel Sie über nicht gegenwärtige Ereignisse reden. Beides ist für seine Sprachentwicklung sehr gut, machen Sie sich also keine Gedanken; folgen Sie einfach seinen Entscheidungen.

Brechen Sie das Gespräch stets ab, sobald Ihr Kind seine Aufmerksamkeit etwas anderem zuwendet, ob dies nun ein anderes Gesprächsthema im Zusammenhang mit vergangenen oder zukünftigen Ereignissen oder etwas im Hier und Jetzt ist. (In letzterem Fall kommentieren Sie wie früher die laufenden Geschehnisse.)

Obwohl Ihr Kind in vielfältiger Hinsicht Kompetenzen erwirbt, ist seine Aufmerksamkeit immer noch an nur einen Wahrnehmungskanal gebunden. Es vermag immer noch über nur ein Ding auf einmal nachzudenken, während Ihnen im Verlauf Ihrer Spielzeit sehr wahrscheinlich viele Gedanken, die nichts mit dem Hier und Jetzt zu tun haben, durch den Kopf gehen. Ich habe viele Eltern kennen gelernt, die das nicht begriffen und über die mangelnde Konzentrationsfähigkeit ihres Kindes klagten.

> Richten Sie sich weiterhin nach dem Mittelpunkt der Aufmerksamkeit des Kindes

Marias Mutter brachte viel Zeit damit zu, mit ihrer Tochter zu spielen, legte jedoch Wert darauf, dass sie jede Spielaktivität abschlossen und alles wegräumten, bevor sie mit der nächsten begannen. Eines Tages beobachtete ich die beiden, wie sie mit großem Vergnügen Kaffeekränzchen spielten. Nach einer Weile, gerade als Marias Mutter eine neue Figur eingeführt hatte, verlor Maria das Interesse und wandte sich den Malfarben zu. Ihre Mutter bestand darauf, dass sie sich wieder an den Kaffeetisch setzte, doch es lag auf der Hand, dass sie weder Spaß daran hatte noch zuhörte, was ihre Mutter zu ihr sagte; sie schaute vielmehr unablässig zu den Farben. Die beiden hatten viel mehr Spaß miteinander, als Marias Mutter das Problem erkannt hatte und Maria die Führung überließ.

Die dreijährige Lucy hatte das entgegengesetzte Problem. Ihre Eltern spielten beide zugleich mit ihr und wollten, dass sie sich in der begrenzten Zeit, während ihr kleiner Bruder schlief, möglichst vielen Aktivitäten widmete. Die arme Lucy war kaum mit einem Spiel fertig geworden, als es schon rasch weggenommen wurde, sodass ihr keine Zeit blieb, das Ergebnis ihrer Mühe zu bewundern.

Im Verlauf dieser Phase wird es für Sie viel einfacher, mit Ihrem Kleinkind ein Gespräch zu führen. Sie werden merken, dass es nun einen viel größeren Teil dazu beiträgt. Ihre Unterhaltungen werden jetzt meist recht ausführlich sein und sich nicht nur um das drehen, was das Kind oder andere Personen getan haben, sondern auch um die Gründe dafür und die damit verknüpften Gefühle.

Die Gelegenheiten für vielfältige sprachliche Anregungen sind grenzenlos. Sie können ohne Bedenken so viele neue Wörter einführen, wie Sie mögen. Solange Sie sie im Zusammenhang mit dem Interesse und der Aufmerksamkeit des Kindes benutzen, wird es sie sehr schnell verstehen. Wie zuvor sind Wiederholungen sehr hilfreich, wenn Sie glauben, dass ihm ein Wort neu ist. Bauen Sie das Wort in mehrere verschiedene kurze Sätze ein, etwa: »Das ist eine Spinne. Guck mal! Die Spinne rennt. Was für eine große Spinne.«

> **Benutzen Sie viele neue Wörter**

Sie können zudem eine breite Palette grammatischer Strukturen verwenden. Sie brauchen jetzt nicht mehr darauf zu achten, möglichst einfache Sätze zu machen; benutzen Sie alle Satzformen, die Ihnen angemessen scheinen. Ihr Kind erwirbt die grammatischen Formen jetzt sehr schnell, und solange diese mit dem zu tun haben, was im Mittelpunkt seiner Aufmerksamkeit steht, erweitert es seinen grammatischen Wissensschatz sehr rasch.

■ Wie Sie dem Spiel Ihres Kindes Impulse geben können

Regelmäßig mit Ihrem Kind zu spielen ist ihm jetzt die allergrößte Hilfe. Wie wir gesehen haben, entwickeln sich sowohl das Entdeckungs- als auch das symbolische Spiel enorm, und mit beidem können Sie viel für Ihr Kind tun. Das Wesentlichste beim Entdeckungsspiel besteht darin, dem Kind ausreichende Mengen angemessenen Materials bereitzustellen, beispielsweise Kreide oder verschiedene Farben und Papier in verschiedenen Formaten zum Bemalen, sowie weiteres Spielzeug, das sich zum Spielen mit Wasser, Sand und Knete eignet. Dazu gehören Behältnisse verschiedener Größe und Form oder Plätzchenausstecher. Ihr Kleinkind wird sich sehr freuen, wenn Sie ihm zeigen, was für aufregende Sachen es mit all diesen Dingen anstellen kann, wie viel Spaß es macht, mit weißer Kreide auf schwarzes Papier zu zeichnen oder den Umriss seiner Hand oder seines Fußes nachzuziehen. Natürlich wählen Sie dafür den Augenblick, in dem es Sie in Erwartung solcher Vorschläge anschaut, was es mit Sicherheit tun wird. Es wird sich jetzt wahrscheinlich an schwierigere Dinge wagen, etwa Papier schneiden und falten oder kompliziertere Gebilde bauen, und oft ist ein wenig taktvolle Hilfe durchaus willkommen. Wie zuvor werden Sie merken, dass es am besten ist, die bereits vorhandenen Fertigkeiten zu erweitern. Wenn das Kind schon relativ gut mit der Schere umgehen kann, könnten Sie ihm zeigen, dass sich interessante Formen ergeben, wenn man das Papier vor dem Schneiden einmal faltet. Wie früher schon ist es am besten, ihm eine Aktivität oder deren Erweiterung zu zeigen und sich dann zurückzuziehen und das Kind sie alleine ausprobieren zu lassen. Es wird nicht zögern, Ihnen mitzuteilen, wenn es möchte, dass Sie wieder mitmachen.

Überdies können sich Gelegenheiten ergeben, ihm selbst auf dieser frühen Stufe das Element des Abwechselns beim Spielen näher zu bringen. Gegen Ende dieser Phase hat es wahrscheinlich Freude an Zuordnungsspielen wie Bilderdomino und Farbenzuordnungsspielen und lernt so das Abwechseln im natürlichen Verlauf des Spiels.

Genauso sehr können Sie ihm beim symbolischen Spiel helfen. Wiederum können bereitgestellte Materialien wie Kostüme zum Verkleiden oder einige Ihrer abgelegten Kleider oder Schuhe Anstöße zu wunderschönen Spielen geben. Zudem sind Sie als Teilnehmer am Rollenspiel gefordert. Sie finden sich wahrscheinlich in allen möglichen Rollen wieder, die mit den vielen verschiedenen Erfahrungen, die Ihr Kind jetzt macht, zusammenhängen: Es spielt etwa Besuche beim Zahnarzt oder beim Friseur nach, um herauszufinden, was diese Leute tun und warum. Liebend gerne tauscht es die Rollen mit Ihnen. Wie zuvor können Sie dem Spiel bedeutsame Impulse geben, wenn Sie Vorschläge machen, dem Kind beispielsweise zeigen, wie der Friseur den Boden fegt oder wie der Zahnarzt das Wasser im Spülbecken anschaltet. (Natürlich beharren Sie nicht darauf, wenn das Kind sich nicht für Ihre Vorschläge interessiert.)

Wenn es mit Figuren des Bauernhofs oder Zoos spielt, können Sie in ähnlicher Weise Anregungen geben, zum Beispiel vorschlagen, dass ein Traktor eine Panne hat und repariert werden muss. (Unabdingbare Voraussetzung ist jedoch, dass diese Vorschläge innerhalb der Erfahrungswelt des Kindes liegen, dass sie also für das Kind eine Bedeutung haben.)

> **Geben Sie dem Spiel des Kindes Impulse**

Wenn es Materialien zu kombinieren beginnt, also eine Straße aus Bauklötzchen für seine Autos baut, so ist das ebenfalls eine Gelegenheit, seinem Spiel Impulse zu geben, indem Sie Ampeln oder eine Kreuzung hinzufügen.

Gegen Ende dieses Zeitabschnitts führt Ihr Kind vielleicht imaginäre Personen in sein Spiel ein und ist begeistert, wenn Sie sich seiner Phantasie anschließen. Sie können ihm sogar helfen, die Persönlichkeiten und Erlebnisse dieser Figuren zu erweitern, und Sie interessieren sich natürlich brennend für das, was sein(e) imaginäre(r) Freund(in) erlebt.

Sorgen Sie dafür, dass das Kind weiterhin Freude am Zuhören hat

Es ist immer noch sehr nützlich, wenn Ihr Kind oft Gelegenheit hat, das Zuhören, insbesondere einer Stimme, als etwas Angenehmes zu erleben. Die Wiederholungs- und Bewegungsreime, von denen wir schon so lange sprechen, eignen sich dazu immer noch ausgezeichnet, beispielsweise »Ringelringelreihe«, »Alle meine Entchen«, »Häschen in der Grube« und »Es tanzt ein Bi-Ba-Butzemann«. Sie machen dem Kind immer noch enorm viel Spaß. Außerdem liebt es jetzt Unsinnsge-

> **Sprechen Sie weiterhin mit stark modulierter Stimme**

dichte und -lieder wie »Atte katte nuwa« und Scherze im Zusammenhang mit Husten und Niesen. Übertriebener Ausdruck von Überraschung oder Entsetzen amüsiert es ebenfalls mächtig.

Bitte sprechen Sie nach wie vor ein wenig langsamer und lauter als mit einem Erwachsenen sowie mit starker Modulation. Dies ist immer noch diejenige Sprechweise, der das Kind am liebsten zuhört. Fahren Sie auch mit Ihren Spielgeräuschen fort, machen Sie »tatü tata« oder »brmm brmm« beim Spielen mit Autos. Das Kind ist noch eine beträchtliche Zeit lang nicht zu alt dafür.

Sprechen Sie in Ihren Spielzeiten in nicht allzu langen Sätzen

Wie beschrieben, versteht das Kleinkind jetzt Wörter aller Art in enormer Anzahl sowie zahlreiche grammatische Konstruktionen. Dennoch ist die Informationsmenge, die das Kind innerhalb eines Satzes verarbeiten kann, begrenzt. Diese Grenze liegt gegen Ende dieses Altersabschnitts immer noch bei drei wichtigen Wörtern, lässt aber Raum für recht lange Sätze wie »Großmutter fährt mit dem Bus zum Einkaufen«. Es ist sinnvoll, Ihre Sätze während Ihrer Spielzeiten auf diese Länge zu begrenzen, da dies dazu beiträgt, dass sich das Sprachverständnis des Kindes so schnell wie möglich entwickelt.

Es gibt noch einen wichtigen Grund für die Begrenzung der Satzlänge in Ihren Spielzeiten. Ihr Kind beginnt jetzt, jede Menge der kleinen grammatischen Formen wie Pluralendungen sowie all die verschiedenen Verbformen zu benutzen. Sich dabei zurechtzufinden ist keine leichte Aufgabe. Denken Sie nur an all die verschiedenen Formen des Verbs »sein«; dazu gehören »bin«, »ist«, »sind«, »waren«, »wird sein« und so weiter.

> Sprechen Sie in nicht allzu langen Sätzen

Je besser das Kind all diese Varianten erkennen kann, desto rascher lernt es sie richtig zu benutzen. Diese Hilfe können wir ihm am besten dadurch geben, dass wir die Länge unserer Sätze ihm gegenüber begrenzen. Wenn wir mit Kleinkindern in sehr langen Sätzen sprechen, müssen sie ihre ganze Energie dafür aufwenden, diesen Sätzen zu folgen, und haben so kaum eine Chance, die grammatischen Abwandlungen zu registrieren. Viele davon liegen im unbetonten, kaum gesprochenen Teil des Wortes. Es könnte möglicherweise sehr leicht passieren, dass ihm die Endung des Wortes »sagte« in einem langen Satz entgeht.

Wiederholen Sie dem Kind das, was es meint

Wie oben besprochen, ist Ihr Kind eifrig damit beschäftigt, die kleinen grammatischen Formveränderungen zu registrieren und zu benutzen, die die Bedeutung des Gesagten für den Zuhörer um so vieles klarer machen. Wenn Sie merken, dass Ihr Kind einen Satz nicht ganz richtig formuliert, ist es immer noch sehr hilfreich, ihm die korrekte Fassung vorzusprechen. Wenn es beispielsweise sagte: »Wir gingten zum Spielplatz«, könnten Sie sagen: »Ja, das haben wir gemacht. Wir gingen zum Spielplatz. Wir gingen heute Vormittag.«

> Lassen Sie Ihre Erwiderung in das natürliche Gespräch einfließen

Bitte denken Sie dabei an die goldene Regel: Achten Sie darauf, dass Ihre Erwiderung sich immer ganz natürlich in das Gespräch einfügt und dem Kind nie den Eindruck vermittelt, dass Sie es verbessern. Beginnen Sie deshalb immer mit einem »Ja«.

Ihr Kind wird manche Wörter bestimmt falsch aussprechen, da das Sprachlautsystem nicht vor dem achten Lebensjahr endgültig ausgeprägt ist.

Wie zuvor ist es sehr nützlich, dem Kind die Wörter, die es falsch ausgesprochen hat, klar und deutlich und in mehrere kurze Sätze eingebettet zu wiederholen. Wenn es gesagt hat: »Das ist ein hocher Sornstein«, könnten Sie erwidern: »Ja, das ist er. Das ist ein hoher Schornstein. Dieser hohe Schornstein reicht fast bis zum Himmel.«

> Wiederholen Sie dem Kind klar und deutlich, was es gesagt hat

Dies gibt dem Kind die größtmögliche Chance, alle Laute eines Wortes und deren Reihenfolge zu registrieren, und mehr braucht es nicht, um das Wort schließlich richtig aussprechen zu können.

Beachten Sie wiederum die goldene Regel und beginnen Sie mit einem »Ja«.

Spinnen Sie das weiter, was das Kind sagt

Im letzten Abschnitt haben wir darüber gesprochen, wie hilfreich es ist, das, was Ihr Kind sagt, ein wenig auszuschmücken. Tun Sie das jetzt häufig. Wenn es beispielsweise sagt: »Der Clown hatte einen lustigen Hut«, erwidern Sie: »Ja, das stimmt. Der Hut hatte eine Bommel obendrauf. Die Bommel wackelte herum, und wir mussten darüber lachen.« Sie werden sehr wahrscheinlich merken, dass diese Ausschmückungen jetzt zu sehr interessanten Unterhaltungen führen.

■ Was Sie bei dieser Altersgruppe nicht tun sollten

Korrigieren Sie das Kind niemals beim Sprechen, und sorgen Sie dafür, dass es auch sonst niemand tut. Wie gesagt ist seine Aussprache wahrscheinlich noch für einige Zeit nicht ausgereift. Dies beruht größtenteils darauf, dass es die korrekte Lautfolge aller Wörter noch nicht ganz registriert hat und noch nicht über die nötige Feinkoordination von Zunge und Lippen verfügt, um schwierigere Laute oder Lautkombinationen auszusprechen. Das Kind zu verbessern hilft ihm dabei überhaupt nicht und vermittelt ihm nur die Botschaft, dass uns nicht gefällt, wie es spricht, und genau das wollen wir doch sicher nicht. Wie oben erwähnt, hilft ihm am meisten, wenn es uns die fraglichen Wörter klar und deutlich aussprechen hört.

Den Hunderten Kindern, die wegen unverständlichen Sprechens unsere Fördermaßnahmen durchlaufen haben, war nicht im Geringsten bewusst, dass sie ein Problem hatten. Sie glaubten, nur zu einer durch und durch angenehmen Spielzeit zu kommen. Natürlich sprachen wir in Wirklichkeit so mit ihnen, dass sie all die verschiedenen Sprachlaute und ihre Stellung im Wort erkennen konnten, und genau das brauchten sie. Das einzige Problem, das wir hatten, bestand darin, die Kinder am Ende der Spielzeit wieder aus dem Raum hinauszubekommen!

Nehmen Sie sich nicht vor,
Ihrem Kind Unterricht zu erteilen

Wenn Sie sich mit Ihrem Kind beschäftigen und das mitmachen, was es gerne tun möchte, dann wird es Wortschatz, Grammatik, Begriffe und die Regeln der sozialen Beziehungen mühelos und ganz natürlich erlernen. – Würden Sie bestimmen, wo es langgeht, und beschließen, Ihrem Kind bestimmte Wörter oder Begriffe beizubringen, würde es bei weitem nicht so schnell lernen, da diese Wörter und Begriffe in seinen Augen wesentlich weniger sinnvoll und interessant wären. Ich habe viele Kinder erlebt, in deren Kopf die pure Verwirrung über Farben, Formen und Zahlen herrschte, weil ihre Eltern sich vorgenommen hatten, ihnen Unterricht zu erteilen. Die Angst der Eltern, dass ihr Kind nur ja etwas lernte, hatte sich auf die Kinder übertragen, und dies hatte natürlich zur Folge, dass ihnen das Lernen schwer fiel. Umgekehrt habe ich andere Kinder gesehen, die mit zwei Jahren alle Farben kannten. Sie interessierten sich besonders dafür, und ihren Eltern war dies aufgefallen, sodass sie die Namen beiläufig erwähnten, während sie den Vorgaben ihres Kindes beim Spielen folgten.

▪ Fragen

Wahrscheinlich fällt Ihnen auf, dass Sie mehr Fragen in der Art stellen, über die wir im letzten Kapitel gesprochen haben und die dem Kind helfen sollen, sich erlebte Ereignisfolgen zu merken. So könnte die Frage »Weißt du noch, was der Zahnarzt gemacht hat, nachdem du vom Behandlungsstuhl heruntergeklettert bist?« das Kind zu einer nützlichen Erinnerung der Ereignisse dieses Vormittags anregen. Es empfiehlt sich jedoch immer noch, die Zahl dieser Fragen zu begrenzen und sie stets selbst zu beantworten, wenn es das Kind nicht tut. Wenn es beispielsweise die obige Frage mit Schweigen quittiert, könnten Sie sagen: »Er hat dir deinen Mantel gegeben und einen Anstecker dafür.«

Nochmals: Stellen Sie keine Fragen, um eine Antwort aus dem Kind herauszuholen. Das ist wirklich sehr, sehr wichtig.

Ein bezaubernder dreijähriger Junge namens Mike sollte von uns behandelt werden, weil es ihm sehr schwer fiel, Wörter zu Sätzen zusammenzubauen. Seine Mutter überhäufte ihn unablässig mit Fragen, die ihn zwingen sollten, Wörter zusammenzusetzen, beispielsweise: »Ist das ein großer Bus oder ein kleines Auto?« und »Sind das deine schwarzen Socken oder deine weißen Handschuhe?« Mike verweigerte standhaft jede Antwort, zog sich immer mehr in sich selbst zurück und ignorierte die Gegenwart anderer Menschen völlig. Sobald seine Mutter ihre Fragen vorwiegend in Kommentare umwandelte, die sich auf das bezogen, was im Mittelpunkt seines Interesses stand, verwandelte er sich in einen äußerst vergnüglichen Spielkameraden. Er sprudelte über vor phantasievollen Ideen und zeigte einen ausgeprägten Sinn für Humor.

Natürlich ist es in Ordnung, Fragen zu stellen, wenn Sie die Antwort nicht kennen, also etwa: »Möchtest du Milch oder Saft?« Derartige Fragen können jetzt auch solche einschließen, die klären sollen, was Ihr Kind im Sinn hat, etwa: »Willst du, dass Teddy jetzt dran ist oder ich?«

> **Es ist in Ordnung, Fragen zu stellen, wenn Sie die Antwort nicht kennen**

Orientieren Sie sich wiederum an der goldenen Regel, dass es in Ordnung ist, eine Frage zu stellen, wenn Sie die Antwort nicht kennen.

■ Außerhalb Ihrer halben Stunde

- Lassen Sie Ihr Kind so viel wie möglich selbst machen (aber seien Sie zur Stelle, wenn es Hilfe braucht, damit es nicht frustriert wird).
- Erklären Sie ihm, warum es manches tun und anderes lassen muss.
- Geben Sie ihm häufig Gelegenheit, Ihnen und anderen Erwachsenen bei Alltagsarbeiten wie Kochen und Gartenarbeit zuzusehen.

- Sprechen Sie mit ihm seine alltäglichen Abläufe durch und erklären Sie sie ihm.
- Lassen Sie es die großen Spielgeräte auf dem Spielplatz benutzen.
- Geben Sie ihm Gelegenheit, in der Nähe anderer Kinder zu spielen.
- Geben Sie ihm Gelegenheit, seine Erlebnisse wie Friseur- oder Zahnarztbesuche nachzuspielen.

Drei bis vier Jahre

▲ Überblick

Das ist ein wunderschönes Alter und für die Erwachsenen im Umfeld des Kindes in vielfältiger Hinsicht einfacher.

Das Kind bewältigt seinen Alltag jetzt schon sehr kompetent, isst und zieht sich weitgehend selbständig an. Es ist sich der Gefühle und Bedürfnisse anderer Menschen viel deutlicher bewusst und kann sich sowohl in andere Kinder als auch in Erwachsene hineinversetzen. Über all diese Dinge kann man jetzt mit ihm sprechen – und es kann ein überaus charmanter Gesprächspartner sein!

Es bringt Ihnen Herzlichkeit und Vertrauen entgegen – und den innigen Wunsch, es Ihnen recht zu machen. Es hilft Ihnen bereitwillig im Haus und im Garten und bemüht sich sogar, sich und sein Zimmer in Ordnung zu halten!

Ein bedeutender Meilenstein ist, dass Ihr Kind jetzt bereitwillig ohne Sie zu anderen Kindern nach Hause geht und in einer Spielgruppe bleibt, solange es genau weiß, wann Sie es wieder abholen kommen.

Es spielt gerne mit anderen Kindern, und Sie werden merken, dass Sie viel seltener unterbrochen werden als früher, wenn es eine Spielgefährtin oder einen Spielgefährten zu Gast hat. Es bleibt viel länger bei einer Beschäftigung, und es kommt nicht mehr oft vor, dass Sie es zu einer Aktivität anregen, die es schon nach einigen Minuten wieder sein lässt.

Bitte beachten Sie, dass die hier beschriebenen Entwicklungsstadien sich nur auf den Durchschnitt beziehen.

Alle Kinder entwickeln sich in unterschiedlichem Tempo, und
häufig können Fortschritte in einem Bereich zu Stillstand in einem
anderen führen. Sorgen oder gar Verzweiflung sind nicht angebracht, wenn bei Ihrem Kind nicht alles in genau dem hier besprochenen Zeitabschnitt einzutreten scheint. Weitere Informationen
finden Sie im Abschnitt *Grund zur Sorge* auf Seite 350.

▲ Drei bis dreieinhalb Jahre

▪ Sprachentwicklung

Wie wir gesehen haben, *versteht* das Kleinkind zu Beginn dieses
Altersabschnitts ein breites Spektrum von Verben, Adjektiven und
Präpositionen und kann Sätzen folgen, die drei wichtige Wörter ent-
halten, wie »Teddy ist auf dem größten Stuhl«.

Es beginnt die Bedeutung nicht wörtlicher Bemerkungen wie »in
einer Minute« zu verstehen und ist sich in hohem Maße dessen bewusst, was andere Menschen bereits wissen und nicht wissen. Dies
hilft ihm, sich mit mehr Menschen zu unterhalten.

Wenn das Kind dreieinhalb Jahre alt wird, versteht es zudem seltener benutzte Wörter wie »Lieferung« und »scheußlich« und kann
Sätzen mit vier wichtigen Wörtern folgen, etwa: »Babys gelber Becher
ist in der Küche« – ein weiterer Riesenschritt vorwärts. Es versteht
allmählich Vergleiche wie »es regnet wie aus Kübeln« und »Schuhe
wie Kähne« und findet sie lustig, sogar Metaphern wie »nicht auf dem
Damm sein«, wenn es sie zuvor schon einmal gehört hat.

Das Kleinkind versteht jedoch immer noch alles meist ganz buchstäblich. Kürzlich erzählte mir dazu eine Freundin eine lustige Geschichte. Sie hatte ihren kleinen Sohn Charles zu seiner Großmutter
gebracht, und diese öffnete ihnen mit den Worten: »Ich kämpfe gera-

de mit meinen Federbetten, weil ich sie frisch beziehen will.« Charles fiel vor Lachen fast um und japste: »Man kann doch mit einem Federbett nicht kämpfen!« Noch am nächsten Tag kicherte er über diese Bemerkung.

Ihr Kind achtet jetzt so sehr auf die Wörter, dass Sie, wie Sie merken werden, den Text eines Liedes oder einer Geschichte nicht mehr verändern können, ohne sich heftige Proteste einzuhandeln.

Es hört Ihren Antworten auf seine Fragen nicht immer voll zu, weil es jetzt mehr darauf achtet, ob sie sich in seine eigenen Gedanken einfügen. Wenn Sie ihm auf seine Frage, wie sich Knospen in Blumen verwandeln, eine genaue Erklärung geben, bekommen Sie vielleicht nur zu hören: »Im Park gibt es viele Blumen.«

Zu Beginn dieser Phase zeichnet sich das *Sprechvermögen* des Kindes durch Sätze mit drei oder mehr wichtigen Wörtern aus, etwa: »Mami ist mit dem Auto zur Arbeit gefahren.« Es übt sich auch in Sachen Humor, weil es entdeckt hat, dass Witze Leute zum Lachen bringen, und erzählt häufig welche, auch wenn es sie nicht immer versteht.

Es verknüpft Sätze durch »und« und »weil«, beispielsweise »Ich ging einkaufen und hab einen Ballon gekauft« und »Ich hab es fallen gelassen, weil es heiß war«, und es benutzt grammatische Strukturen wie Pluralformen und einige korrekte Verbformen der Vergangenheit und Gegenwart wie »ging« und »gehe«.

Wenn das Kind dreieinhalb ist, bildet es bereits komplexere Sätze mit viel mehr korrekten grammatischen Elementen, darunter mehr richtige Vergangenheitsformen wie »weinte« und mehr Pluralformen stark und schwach gebeugter Substantive wie »Betten« und »Häuser«.

Auf dieser Stufe benutzt es die Pronomen »ich«, »wir«, »sie« [feminin] und »sie« [Plural] korrekt, und auch die Wortstellung in Fragen ist richtig. Es sagt jetzt: »Was machst du da?« statt »Was du machst?«, wie früher. Es benutzt verschiedene Verneinungsformen wie »kann nicht« und »will nicht« und verbindet viel mehr Sätze miteinander, unter anderem durch »wenn« und »dann«. Beispiele: »Ich möchte das da, aber es ist zu heiß«, »Wir gehen nach draußen, wenn es aufhört zu regnen« und »Ich gehe erst auf die Schaukel, dann gehe ich auf die Rutsche.«

Diese Fortschritte befähigen das Kind, sich sprachlich frei auszudrücken, und dies tut es klar und bemerkenswert detailliert. Es fiele ihm beispielsweise überhaupt nicht schwer, um »das große Törtchen mit der Schokolade obendrauf« zu bitten.

Manchmal schaltet es sich auch in das Gespräch anderer Menschen ein. Ich beobachtete einmal in einem Supermarkt einen kleinen Jungen, der der Unterhaltung zweier anderer Kunden über einen Hund gespannt lauschte. Als er an ihnen vorüberging, legte er los: »Ich habe auch einen Hund. Er heißt Rusty.«

Zu Beginn dieser Phase hat sich die Sprache in ein regelrechtes Medium des Denkens verwandelt und erlaubt es dem Kind, Probleme zu lösen und Pläne zu schmieden. Das Kind versteht jetzt auch kompetent zu kommunizieren: Es knüpft Unterhaltungen an, führt sie weiter und bringt ein abgerissenes Gespräch wieder in Gang. Mit dreieinhalb Jahren hat es mehrere Strategien entwickelt, um ein Gespräch einzuleiten, etwa Eröffnungsfragen wie »Weißt du was?« Dank seines viel größeren Wissens darüber, was andere wissen und was nicht und wie man Lücken in diesem Wissen füllt, vermag es sich jetzt viel kompetenter mit Fremden und Gleichaltrigen zu unterhalten. Es ist sich der Dialogkonventionen durchaus bewusst; es weiß zum Beispiel, wann ihm eine Frage gestellt wurde oder wann es erläutern soll, was es gesagt hat.

Erheiternd ist, dass das Kind beim Spiel mit einem Partner jetzt manchmal abwechselnd mit sich selbst und seinem Partner spricht. Es sagt beispielsweise zu sich selbst: »Ich stelle das hier hin« und wendet sich dann dem Partner zu und fährt fort »und du stellst das da hin«.

Es kann imaginäre Unterhaltungen führen und von einer Stimme und Sprechweise zu einer anderen wechseln, etwa als Riese mit einer tiefen, barschen Stimme sprechen und als kleines Kind mit einer hohen, piepsigen.

■ Allgemeine Entwicklung

Wie stets ist die Sprache nicht der einzige Bereich, in dem sich bedeutsame Fortschritte und Entwicklungen vollziehen.

Das Kleinkind in diesem Alter liebt lebhafte Spiele im Freien und wird nun viel geschickter dabei. Es kann mit einem großen Ball kicken und einen kleinen ein gutes Stück weit werfen. Es kann hüpfen, von der zweiten Stufe einer Treppe springen und wendig und behände rennen, ohne vor großen Kurven anhalten zu müssen. Zudem vermag es zu rennen, während es ein Spielzeug schiebt oder zieht.

Seine verbesserte Hand-Auge-Koordination und Handkontrolle schlagen sich in neuen Fertigkeiten nieder. Mit dreieinhalb Jahren vermag das Kleinkind recht genau mit einer Schere an einer Linie entlang und eine Raute auszuschneiden. Es kann die Buchstaben V, H und T nachzeichnen.

Es kann noch mehr selbständig machen, isst mit Messer und Gabel und wäscht und trocknet sich Hände, Arme und Gesicht ab.

Es genießt das Lob eines Erwachsenen und versucht die familiären Regeln einzuhalten, indem es hilft, seine Spielsachen wegzuräumen, und sie mit anderen teilt.

■ Aufmerksamkeit

Was die Aufmerksamkeit angeht, so vollzieht sich zu Beginn oder um diesen Zeitabschnitt herum ein wichtiger Entwicklungsschritt. Zum ersten Mal kann das Kind seine Aufmerksamkeit von seiner Beschäftigung ab- und einem Sprecher zuwenden – ohne Hilfe.[1] Es ist nicht mehr darauf angewiesen, dass ein Erwachsener es beim Namen nennt und ihm so das Stichwort gibt, sondern es registriert selbst, dass jemand spricht, und zieht seine Aufmerksamkeit von seiner Beschäftigung ab, um zuzuhören. Diese Verschiebung der Aufmerksamkeit geht nicht etwa schnell vonstatten: Häufig braucht das Kind einige Zeit, bis es merkt, dass jemand spricht, und seine Beschäftigung unterbricht, um zuzuhören. Je mehr es in seine Aktivität vertieft ist, desto länger braucht es, um seine Aufmerksamkeit neu auszurichten, und desto schneller nimmt es seine vorherige Beschäftigung wieder auf.

▪ Hören

Wenn Sie das Spielprogramm anwenden, ist es unwahrscheinlich, dass es Ihrem Kind in irgendeiner Weise schwer fällt, selektiv das zu hören, was es will und solange es will. Selbst wenn es eine Hörschädigung erlitten hat, begrenzt das Spielprogramm deren Auswirkungen auf ein Minimum, da es ihm reichlich Gelegenheit verschafft, in einer ruhigen Umgebung Sprache zu hören, und zwar eine Sprache, die attraktiv und leicht anzuhören ist.

▲ Dreieinhalb bis vier Jahre

▪ Sprachentwicklung

Das Erstaunlichste ist, dass Ihr Kind gegen Ende dieser Phase die Sprache im Wesentlichen beherrschen wird. Innerhalb von nur vier kurzen Jahren wird es sich einen passiven und aktiven Wortschatz aus Tausenden von Wörtern sowie alle grundlegenden Satzbautypen der Sprache angeeignet haben. Es wird wie wir alle seinen Wortschatz sein Leben lang weiter ausbauen und immer komplexere Sätze bilden können, doch schon jetzt ist es ein vollständig verbal kommunizierender Mensch.

Das *Sprachverständnis* des Kleinkinds erweitert sich jetzt ganz enorm. Wenn es vier Jahre alt wird, kennt es die Bedeutung vieler Tausender Wörter, darunter aller grundlegenden Wortarten wie Substantive, Verben, Adverbien, Adjektive und Präpositionen. Es versteht auch Wörter, die man eher selten hört, wie »Flüssigkeit«, »Forst«, »Adler«, »Klebstoff« und »wollig«.[2] Noch wichtiger ist, dass es jetzt

Sätzen mit bis zu sechs wichtigen Wörtern zu folgen vermag, beispielsweise »Legen wir die beiden großen Teddys unter das lange Regal« oder »Die großen Bauklötze sind in der roten Kiste hinter der Tür«. Dies bedeutet, dass es in der Alltagssprache kaum etwas gibt, das es nicht versteht, und infolgedessen lernt es fast ständig und nicht mehr nur, wenn es direkt angesprochen wird, neue Wortbedeutungen und grammatische Strukturen.

Die enorme Erweiterung des Sprachverständnisses schlägt sich auch im *Sprechvermögen* des Kindes nieder. Wenn sein vierter Geburtstag näher rückt, umfasst der aktive Wortschatz des Kindes rund fünftausend Wörter. Überdies beherrscht es im Wesentlichen alle grammatischen Grundstrukturen der Sprache (wenn es auch von Zeit zu Zeit noch Fehler macht). Was zukünftig noch bleibt, ist, das Vokabular zu erweitern, was wir alle unser ganzes Leben lang tun, und die Grammatik in immer komplexerer Weise zu nutzen.

Das Kind gebraucht jetzt viele, ausgereiftere grammatische Formen, beispielsweise den besitzanzeigenden Genitiv wie bei »Teddys Mantel«.

Ein Anzeichen für das Ausmaß, in dem das Kind mit Hilfe von Sprache planen und Probleme lösen kann, sind Sätze wie »Ich glaube, wir laden Tommy auch ein« und »Ich möchte draußen spielen, aber es regnet gleich«.

Was das Kleinkind sagt, ist jetzt in aller Regel leicht zu verstehen, trotz einiger weiter bestehender Unausgereiftheiten. Es ersetzt wahrscheinlich immer noch einen schwierigeren Laut durch einen einfacheren wie »Stuhl« durch »Tuhl« und vereinfacht schwierige Lauthäufungen wie in »kritzeln« zu »titsen«. Es kann weitere zwei Jahre oder noch länger dauern, bis es solche Laute korrekt ausspricht. Bei manchen Kindern dauert es bis zum siebten Lebensjahr.

Das Kleinkind scheint auf dieser Stufe in seinen neu erworbenen sprachlichen Fähigkeiten förmlich zu schwelgen und wird überaus gesprächig. Es ist ihm möglich, über Ereignisse der jüngsten Vergangenheit und zukünftige Pläne zusammenhängend zu berichten und lange Geschichten zu erzählen, in denen sich Fakten und Fiktion in erheblichem Maße vermischen, was widerspiegelt, wie schwer es ihm fällt, beides zu trennen. Es kann sich wunderschöne Entschuldigungen und Erfindungen ausdenken, die es schließlich selbst glaubt. Zum Beispiel versichert es Ihnen ernsthaft, dass ein Riese durch den Kamin gekommen sei und seinen Saft umgestoßen habe!

Es kann jetzt eher Tatsacheninformationen geben, darunter seinen vollen Namen und seine Adresse.

Das Fragenstellen erreicht jetzt seinen Höhepunkt. Die Fragen unterscheiden sich von denen früherer Phasen, weil sie sich nicht mehr auf einfache Zusammenhänge von Ursache und Wirkung beziehen wie »Warum ist das nass?«, sondern oftmals den Wunsch erkennen lassen, die Natur und die soziale Welt zu verstehen. Häufig stellt es jetzt Fragen wie »Warum hat die Frau ihm das gegeben?« oder »Warum fliegen die Vögel?«

Ihr Kind ist jetzt dank seines stark gewachsenen sozialen Bewusstseins ein sehr kompetenter Gesprächspartner. Es beginnt, indem es den Partner mit Namen anspricht oder eine Wendung wie »Ich will dir was sagen« benutzt, und beendet die Unterhaltung, indem es das Thema wechselt oder sich einer anderen Beschäftigung zuwendet. Es bemerkt sofort, wenn sein Gegenüber es verständnislos anschaut, und wiederholt oder formuliert unklare Wörter oder Sätze rasch neu, bevor eine Nachfrage kommt. Das »Timing« seiner Gesprächsbeiträge entspricht in etwa dem von Erwachsenen. Es wählt beispielsweise einen angemessenen Zeitpunkt, um sich in die Unterhaltung anderer Leute einzuschalten, wartet auf eine Pause und hält sich an das Thema, über das gerade gesprochen wird. Es nimmt länger, also mit mehreren Beiträgen an dem Gespräch teil, nickt vielleicht oder sagt »ja«, um damit seinem Gesprächspartner beizupflichten. Sein stark gewachsenes soziales Bewusstsein befähigt es sogar, seine Sprechweise verschiedenen Gesprächsteilnehmern anzupassen. Mit einem Baby spricht es sehr einfach, und einer Autoritätsfigur wie einer Erzieherin begegnet es mit Höflichkeit und sagt geflissentlich »guten Morgen« und »bitte« und »danke«, was zu Hause oder unter Altersgenossen schon einmal in Vergessenheit geraten kann.

Sein Wissen über das, was seinen Gesprächspartnern bereits bekannt ist und was nicht, ist umfangreich, aber noch nicht komplett. Es vergisst möglicherweise immer noch, dass seine Erzieherin nicht weiß, dass es am Wochenende an der See war, und sagt zu deren größter Verwirrung etwas wie: »Und die Wellen wurden immer größer.«

Die Sprache wird noch vielfältiger eingesetzt und ist im sozialen Umgang sowohl mit Erwachsenen als auch Gleichaltrigen zweckgerichteter. Das Kind kann etwas vereinbaren – es sagt beispielsweise zu einem anderen Kind: »Du kannst zuerst auf die Rutsche gehen, und ich gehe zuerst auf die Schaukel« –, und es kann verhandeln: »Ich gebe dir alle Bauklötze, wenn ich bestimmen darf, was wir bauen.« Es kann auch drohen, etwa in Aussagen wie »Ich nehm sie dir alle weg, wenn du mich nicht mitmachen lässt«. Es kann mit Hilfe von Sprache Regeln aufstellen: »Du setzt den Stein zuerst auf dieses Kästchen« und sogar zur Behauptung eines Alibis nutzen, wenn es etwa sagt: »Das muss Adrian gewesen sein; ich war draußen.« Es diskutiert seine eigenen Handlungen und deren Einschätzung. Es kann verbale Kritik an sich üben, zum Beispiel: »Das war blöd.« Und beglückwünscht sich selbst mit Bemerkungen wie: »Heute habe ich schön gemalt.«

Das Kleinkind liebt es jetzt, mit Sprache zu spielen. Es schwärmt für Witze wie: »Was ist ein Kubikmeter? – Wenn sich die Kuh einen Meter bickt.« Noch bevor es den Witz versteht, merkt es, dass er andere zum Lachen bringt, und erzählt ihn viele Male. Mit Begeisterung albert es verbal herum, singt unter der Dusche: »Es regnet, es regnet, die Erde wird nass« und wedelt dabei mit den Armen. Wortdreher wie »Bröckchen singen« statt »Söckchen bringen« findet es überaus erheiternd.

■ Allgemeine Entwicklung

Die beliebten Aktivitäten im Freien übt das Kind jetzt noch gewandter aus. Es kann im Rennen einen Ball in die gewünschte Richtung kicken, kann einen aufprallenden Ball fangen und mit einem großen Schläger umgehen. Es kann auf Zehenspitzen rennen und um scharfe Kurven laufen. Es klettert begeistert auf Leitern oder Bäume. Das

Kind kann auf einem Fuß hüpfen, kleine Objekte überspringen und sie vom Boden aufheben, indem es sich aus der Taille heraus bückt. Es kann aus dem Stehen oder Laufen springen und sogar einen Purzelbaum schlagen. Es ist jetzt ein geübter Dreiradfahrer, der mit beträchtlichem Geschick und Tempo lenkt.

Das Kind hält jetzt einen Stift genauso wie ein Erwachsener und merkt, dass es hilfreich ist, das Papier mit der anderen Hand festzuhalten. Es zeichnet einen Menschen mit Kopf, Armen, Augen und Rumpf und auch ein sehr einfaches Haus. Es kann ein Kreuz nachmalen, ein Stück Papier dreimal knicken und einen Turm aus zehn Klötzen bauen. Es kann vielleicht bis zehn zählen (obwohl es noch weit davon entfernt ist, einen Zahlbegriff zu verstehen, der über drei hinausgeht).

Das Kleinkind ist jetzt in der Lage, noch mehr Alltagsaufgaben allein zu bewältigen. Es zieht sich fast gänzlich alleine an und aus und braucht nur bei komplizierten Verschlüssen Hilfe. Es kann Marmelade mit einem Messer verstreichen und sich selbst die Zähne putzen. Es erledigt gerne kleine Botengänge, etwa einen Brief in den Briefkasten werfen.

Wenn das Kind vier wird, ist es ein kleines Energiebündel; es ist extrem aktiv und lebhaft, und es fällt ihm schwer, still zu sitzen. Es hat seinen eigenen Kopf und schlägt manchmal heftig über die Stränge. Es kann ziemlich frech werden und Dinge sagen wie: »Ich mag dich nicht, und ich tu nicht, was du sagst.« Zuweilen wird es dann wieder ganz gut damit fertig, dass es nicht immer seinen Kopf durchsetzen kann.

Das Kleinkind wird nun ein richtiger kleiner Angeber und setzt sich gerne mit Nachahmen, Witzen und Neckereien in Szene.

■ **Aufmerksamkeit**

Die Aufmerksamkeit des Kindes ist immer noch an eine Sinnesart gebunden. Bis zum Ende dieser Phase oder sogar noch darüber hinaus kann es nicht zuhören, wenn jemand über etwas redet, das nichts mit seiner Beschäftigung zu tun hat. (Bei der Einschulung muss es dieses Stadium natürlich erreicht haben, weil die Kinder dort gleichzeitig Anweisungen folgen und arbeiten können müssen.)

Das Kleinkind braucht immer noch viel Vorwarnung, wenn ein Wechsel der Beschäftigung ansteht, und genügend Zeit, um seine Aufmerksamkeit etwas anderem zuwenden zu können. Es ist immer noch sehr hilfreich, wenn eventuell notwendige Anweisungen nicht zu früh vor dem erfolgen, was es tun soll. Anweisungen wie: »Wasch dir die Hände, es gibt Mittagessen« geben Sie ihm am besten unmittelbar vorher.

■ **Hören**

Gegenüber dem vorigen Zeitabschnitt gibt es keine besonderen Veränderungen.

▲ **Das Spielen**

Dies ist eine wunderbare Phase für das Spielen, das in dieser Zeit in vielfacher Hinsicht aufblüht. Die größte Veränderung ist die, dass Spielen in wachsendem Maße zu einer kooperativen, sozialen Aktivität wird. Das Kleinkind findet immer mehr Gefallen am gemeinsamen Spiel mit Gleichaltrigen, auch wenn es immer noch zuweilen zwar Seite an Seite mit ihnen, aber für sich spielt. Seine neu erworbenen sprachlichen Fertigkeiten erlauben es ihm, Pläne und Regeln zu besprechen und auszuhandeln, und dadurch wiederum lernt es allmählich, mit anderen zu kooperieren. Es lernt abzuwechseln, seine

Ansicht zu erklären, anderen zuzuhören, zu verhandeln und sich in ihre Lage zu versetzen – was alles sehr wichtige Fertigkeiten für das ganze Leben sind.

Nun zeichnen sich individuelle Unterschiede beim Spielen – Vorläufer der bevorzugten Freizeitaktivitäten als Erwachsener – deutlicher ab. Lebenslange Interessen für Kunst, Musik oder Naturwissenschaften können in diesem Alter einsetzen.

Als weiterer wichtiger Entwicklungsschritt kommt nun das kreative Spiel zur Geltung. Dies liegt daran, dass das Kleinkind jetzt ein solides Arbeitswissen über die Eigenschaften der verfügbaren Spielzeuge und -materialien sowie die sprachlichen Fertigkeiten besitzt, um phantasievoll und kreativ über ihre Verwendung nachzudenken.

■ Drei bis dreieinhalb Jahre

Entdeckungsspiele

Das Kleinkind liebt das aktive Spiel im Freien immer noch sehr. Es fährt begeistert Dreirad und rennt, springt und kickt.

Mit Sand und Wasser spielt es ebenfalls noch sehr gerne und schüttet sie zuweilen unermüdlich von einem Behälter in den anderen. Öfter jedoch dienen diese Materialien als immer differenzierterer Hintergrund für das Spiel mit Autos und Menschenfiguren. Das Kleinkind lernt dabei nach wie vor viel über Größe, Gewicht, Beschaffenheit und Volumen.

Es beginnt sich mit unterschiedlichen Modelliermassen wie Ton und Fimo zu befassen und bastelt sich daraus Objekte für seine Spiele, etwa Kuchen für ein Puppenkaffeekränzchen oder Gebäude wie Ställe für seine Bauernhoftiere. Es beginnt auch damit zu experimentieren und entdeckt beispielsweise, dass man Muster erzielen kann, wenn man verschiedene Gegenstände hineindrückt.

Es hat jetzt auch Spaß daran, etwas mit »Abfall«material zu bauen, und fertigt aus Schachteln und Röhren wunderbare Konstruktionen, sowohl im Haus als auch draußen.[3]

In dieser Phase ist das Kind begeistert, wenn man es in reale Aktivitäten wie Gartenarbeit oder Kochen einbezieht. Es freut sich unbändig, wenn es Kuchen backen oder Pudding kochen darf oder wenn eine Blume aus der Zwiebel wächst, die es gepflanzt hat. Es staunt auch über Raupen oder Schmetterlingskokons und über die Verwandlung von Kaulquappen in Frösche.

Symbolisches Spiel

Wenn das Kleinkind Gelegenheit dazu hat, entwickelt sich das symbolische Spiel zum sozialen Spiel, in dem mehrere Kinder unterschiedliche Rollen übernehmen: beispielsweise die des Verkäufers und verschiedener Kunden.[4] Dies geschieht anfangs nur während kurzer Zeitspannen, da die Kinder immer noch viel zu lernen haben, wie man ein solches Spiel organisiert und in Gang hält. Die Kooperation ist ein ganz neuer Schritt. Es ist noch nicht viel von einer Handlung mit einer Abfolge bestimmter Ereignisse zu sehen – das kommt später.

Wenn keine anderen Kinder da sind, spielt das Kleinkind wie zuvor vorausgegangene Erlebnisse nach und freut sich immer noch, wenn Erwachsene sich daran beteiligen. Es spielt jetzt vielleicht auch Ereignisse aus einer Geschichte oder Fernsehsendung nach und tut so, als sei es eine Lokomotive, die sich selbständig gemacht hat, oder ein Ungeheuer. Toll findet es noch immer realistische »Requisiten« wie eine Einkaufstasche, eine Kasse und Spielgeld.

Das symbolische Spiel mit Fahrwegen, Autowerkstatt und Bauernhof oder Zoo verfeinert sich ebenfalls immer mehr, und jetzt spielen es oft zwei oder mehr Kinder gemeinsam. Ein Kind ist beispielsweise für den Bauern zuständig und fährt Traktor, während das andere dafür sorgt, dass die Tiere auf die Weide kommen.

Kleinkinder in diesem Alter finden Gefallen an einfachen Wettspielen wie sehr leichten Kartenspielen, etwa »Schnippschnapp«, und Legespielen wie »Bilderlotto«. Kegeln und einfache Spiele wie »Stille Post« machen den Kindern ebenfalls viel Spaß, und sie sind eifrig darauf bedacht, die Regeln zu lernen (und falls nötig durchzusetzen).

■ Dreieinhalb bis vier Jahre

Entdeckungsspiele

Die Freude des Kleinkindes an sehr lebhaften Spielen im Freien steht nach wie vor im Vordergrund. Wenn es vier Jahre alt wird, testet es gerne seine Grenzen aus, springt so hoch und weit es kann und macht wagemutige Kunststücke, fährt etwa im Stehen Dreirad.

Mit den Spielmaterialien für das kreative Spiel geht es so koordiniert um wie nie zuvor. Es malt und zeichnet sehr viel und probiert jetzt gerne viele verschiedene Materialien aus: beispielsweise Drucken mit Kartoffeln und anderem, Frottagen und Collagen, Ausschneiden und Kleben.

Es baut weiterhin aus »Abfall« wie Joghurtbechern, Deckeln, Dosen und Schachteln wunderbare Konstruktionen wie eine Feuerwache oder eine Ritterburg. Sein Interesse am Kochen oder an der Gartenarbeit hält unvermindert an.

Es legt jetzt gerne schwierigere Puzzles, und aus Lego-Steinen oder Fischer Technik baut es jetzt viel komplexere Gebilde. Auch mag es jetzt kleinere Bausteine und benutzt sie beispielsweise für Gebäude, die zu seinem Flughafen passen.

Das Spielen mit Bauklötzen wird ebenfalls kooperativ, und die Kinder entwerfen jetzt unter Umständen genaue Pläne, beispielsweise für eine Straße, und arbeiten beim Bau zu mehreren zusammen. Natürlich herrscht dabei nicht immer nur Friede, Freude, Eierkuchen, und Zankereien sind an der Tagesordnung. Kinder in diesem Alter schwanken oft zwischen Kooperation und Aggression, sowohl untereinander als auch Erwachsenen gegenüber. Sie sind jedoch zu beträchtlichem Einfühlungsvermögen imstande, insbesondere wenn es sich um Geschwister und Spielgefährten handelt, die etwas bedrückt.

Kooperative Spiele wie »Zeigt her eure Füße, zeigt her eure Schuh« und »Ich seh etwas, was du nicht siehst« steigen jetzt in der Beliebtheitsskala auf, ebenso einfache Karten- und Brettspiele.

Spielmaterial wie große Kartons und Klötze werden gerne genommen, weil sie sich in einen Laden, ein Flugzeug oder etwas anderes, das für ein Spiel gebraucht wird, verwandeln lassen.

Das Interesse an der Natur, das im letzten Altersabschnitt einsetzte, hält unvermindert an; Kleinkinder auf dieser Stufe sind beispielsweise fasziniert von keimenden Erbsen und Bohnen, treibenden Blumenzwiebeln, Kaulquappen und Schmetterlingen. Sie beobachten gerne Vögel, die in einem Vogelhäuschen Futter picken, und interessieren sich sehr für Raupen und Spinnen.

Symbolisches Spiel

Das symbolische Spiel in der Gruppe nimmt deutlich zu. Die soziale Entwicklung des Kleinkinds macht weiter Fortschritte, und es spielt längere Ereignisfolgen mit festgelegtem Ausgang. Das können eigene Erlebnisse wie ein Friseur- oder Arztbesuch sein, die Themen können aber auch aus einem Buch oder einer Fernsehsendung stammen. Imaginäre Figuren können jetzt auftreten, etwa Drachen und Ungeheuer. Die Kinder können zum Beispiel die Entscheidung treffen, dass es brennt zu spielen und alle Leute in dem Gebäude gerettet werden müssen und das Feuer gelöscht werden muss. Dieses erweiterte symbolische Spiel kann zuweilen phantastische Elemente enthalten: Dass beispielsweise ein Feuerwehrauto vom Himmel kommt. Solche dramatischen Spiele werden durch Verkleiden noch toller, und das Kind entdeckt, wie viel Spaß das Schauspielern machen kann, und benutzt verschiedene Stimmen und Bewegungen für verschiedene Figuren.

Ein Spielhaus kommt jetzt wie gerufen; es lässt sich für alle möglichen Spiele im und um das Haus nutzen und bietet Gelegenheit zum Ausprobieren zahlreicher Rollen.

Puppen werden jetzt ebenfalls häufig in das symbolische Spiel einbezogen; sie sind zum Beispiel Eisenbahnfahrgäste, die einen Unfall erleiden und ins Krankenhaus gebracht werden. Diese Spielsequenzen können sich wiederum über längere Zeit hinziehen.

Die Spielzeugkiste

Die vorgeschlagenen Ergänzungen der Spielzeugkiste sind wiederum unterteilt in Material für das Erkundungs-, das symbolische und das soziale Spiel, doch wie immer kann Ihr Kind Sie damit überraschen, wie es das Spielmaterial verwendet.

Entdeckungs- und kreatives Spiel

- Ton
- Fimo und Knete
- Fingerfarben
- Filzstifte
- Schwämme zum Malen
- Stempel und andere Druckutensilien
- Seidenpapier
- Schwierigere Puzzles
- Große Kisten für Konstruktionen im Freien
- »Abfall« wie Röhren, Schachteln, Joghurtbecher
- Pfeifenreiniger, Schnürsenkel
- Pflanzen und Blumenzwiebeln
- Vogelhäuschen oder -futterstelle
- Kaulquappen

Symbolisches Spiel

- Naturgetreue Puppen für ausgedehnte symbolische Spielhandlungsfolgen
- Spielhaus
- Kleine Häuser, Bäume und Menschenfiguren für das Spiel im Sandkasten
- Weitere Kleidungsstücke zum Verkleiden
- Schaukel- oder Steckenpferd
- Spielbrett mit Bauernhof oder Zoo
- Spielteppich mit aufgedruckten Straßen

Das Bücherregal

Nun bricht eine wunderbare Zeit für Bücher an, weil das Kind jetzt in vollem Umfang entdecken kann, wie herrlich sich Bücher als Informationsquelle, als Futter für die Phantasie und als höchst unterhaltsame Beschäftigung eignen.

Wie beim Spielen zeichnen sich die individuellen Vorlieben der Kinder jetzt deutlicher ab, und es ist unter Umständen sinnvoll, erst einmal mit Hilfe der Stadtbücherei herauszufinden, was Ihr Kind mag, bevor Sie ihm Bücher kaufen. Meiner Tochter und meinem älteren Sohn gefiel schlichtweg alles, was ich ihnen vorlas, mein jüngerer Sohn zeigte jedoch zu meiner Überraschung eine ausgeprägte Vorliebe für ganz bestimmte Geschichten, die er im Gegensatz zu anderen immer wieder hören wollte.

Das Interesse für Geschichten, die mit dem Alltag des Kleinkindes zu tun haben, ist immer noch stark, doch das Kind kann jetzt auch etwas mit Phantasiegeschichten anfangen. Sie sollten sich aber vor Augen halten, dass es Kleinkindern in diesem Alter noch sehr schwer fällt, Fakten und Fiktion auseinander zu halten, da ihre Erfahrung mit der Welt noch begrenzt ist. Sie brauchen dabei Hilfe von Erwachsenen, insbesondere bei potenziell Angst erregenden Geschichten. Berücksichtigen sollten Sie auch, dass sie zwar gerade lernen, bildhafte Redewendungen zu erkennen, aber alles immer noch vorwiegend wörtlich nehmen, sodass Analogien, die man ihnen nicht eindeutig erklärt, sie durcheinander bringen können. Ein Ausdruck wie »eine weiße Schneedecke« stürzt es vielleicht in Verwirrung, weil es den Zusammenhang zwischen seiner kuscheligen Decke und der Kälte draußen nicht zu sehen vermag.

Traditionelle Geschichten und Märchen wie »Schneewittchen und die sieben Zwerge« oder »Hans im Glück« bereiten ihm jetzt große Freude. Kleinkinder lieben die wiederholenden Texte und Lautmuster, und die erwähnten Geschichten enthalten Elemente, die immer wieder aufs Neue für Überraschung und Heiterkeit sorgen. Kleinkinder werden nicht müde, sie immer wieder zu hören, je öfter, desto lieber, genau wie es Erwachsenen mit bestimmten Musikstücken geht. Es macht ihnen großen Spaß, wenn sie im Vorhinein wissen, was als nächstes kommt, und wehe dem Erwachsenen, der es wagt, den Text auch nur leicht abzuändern!

Sie werden erleben, dass Ihr Kind seinerseits Ihnen eine Geschichte, die es gut kennt, erzählen möchte.

Das Kind hat nun wahrscheinlich Freude an Sachbüchern über die Natur, insbesondere über Einzelheiten, mit denen es vertraut ist. Wenn es beispielsweise Frösche gesehen hat, gefällt ihm ein Buch über die Entwicklung von Kaulquappen zu Fröschen.

Kleinkinder dieser Altersstufe betrachten gerne sehr detaillierte Bilder und picken sich Teilbereiche davon heraus.

Wahrscheinlich interessiert sich Ihr Kind auch für Bücher, die mit Begriffen wie Farben, Zahlen, Ähnlichkeiten und Unterschieden zu tun haben. Auch Bücher mit Reimen findet es toll.

Wie Sie merken werden, richtet es sein Augenmerk jetzt auf das Gedruckte, weil es erkannt hat, dass die Wörter auf der Seite den gesprochenen Wörtern entsprechen. Es erkennt vielleicht sogar, dass ein bestimmter Buchstabe für einen bestimmten Laut steht. Wenn es Wörter oder Buchstaben spontan erkennt und Ihnen erklärt, was sie bedeuten, dann ist das großartig, aber nehmen Sie sich bitte *auf keinen Fall* vor, ihm das Lesen beizubringen. Schließlich vermitteln Sie ihm die wichtigen Vorstufen des Lesens in reichlichem Maße.

Sorgen Sie dafür, dass Sie weiterhin täglich ein Buch miteinander anschauen. Es gibt eine Fülle wunderschöner Bücher für diese Altersgruppe. Die unten aufgeführten stellen eine winzige Auswahl dar, und wie schon gesagt, zeigen Kinder in diesem Alter bereits ausgeprägte individuelle Vorlieben. Folgen Sie der goldenen Regel und überlassen Sie immer dem Kind die Wahl des Buches.

Geschichten, die mit dem Alltag zu tun haben
- *Opa, was ist das?* von Francesca Simon und David Melling

Geschichten mit phantastischen Elementen
- *Mein Schneemann* von Raymond Briggs
- *Fünf kleine Mäuse* von Joyce Dunbar und James Mayhew
- *Ein Tiger kommt zum Tee* von Judith Kerr
- *Der Bär* von Raymond Briggs

Sachbücher
- *Auf dem Bauernhof* von Gillian Doherty
- *Ich mach dich gesund, sagte der Bär* von Janosch

Begriffsbezogene Bücher
- *Jeder Tag hat eine Farbe* von Dr. Seuss
- *Komm, Tom!* von Quentin Blake

Reime
- *Suchen, suchen, Pflaumenkuchen* von Janet und Allan Ahlberg

▪ Fernsehen und Videos

Diese Medien können jetzt zum Einsatz kommen, da das Kind über ausreichende sprachliche Fähigkeiten verfügt, um dem folgen zu können, was darin gesprochen wird. Sie können eine gute Informationsquelle, lehrreich und sehr unterhaltsam sein sowie der Phantasie Nahrung geben. Wie bei Büchern und beim Spielen zeigen die Kinder nun ausgeprägte individuelle Vorlieben, doch bestimmte Sendungen begeistern sehr wahrscheinlich alle.

Das Kleinkind liebt Geschichten, insbesondere über Figuren, die ihm vertraut werden, weil sie immer wieder erscheinen. Es verfolgt mit Begeisterung eine Abfolge von Begebenheiten, insbesondere wenn es voraussehen kann, was als Nächstes geschehen wird. Phantastische Ereignisse machen ihm viel Spaß, aber denken Sie daran, dass es dem Kind immer noch schwer fällt, Phantasie und Realität zu trennen, und dass es dabei auf Hilfe angewiesen ist. Die Worte »als ob« sind jetzt sehr hilfreich. Denken Sie auch daran, dass das Kind fast alles wortwörtlich auffasst und Redewendungen wie »Die Beine des Riesen waren wie Baumstämme« es sehr verwirren können.

Kinderlieder und Musik machen ihm viel Freude, und es liebt Witze und klamaukigen Humor noch mehr als zuvor.

Wie schon erwähnt, interessiert sich das Kleinkind in dieser Zeit brennend für die Natur, und hier kommen Fernsehen und Videos zu ihrem Recht. Sie können dem Kind viele wunderbare Erfahrungen vermitteln, die in seinem Alltag oder durch andere Medien nicht möglich sind. Es kann Zeuge vieler Wunder werden: beispielsweise Zeitrafferaufnahmen einer sich öffnenden Blüte oder der Verwandlung einer Raupe in einen Schmetterling. Zudem kann es Tiere vieler verschiedener Weltteile in ihrer natürlichen Umgebung beobachten. (Schauen Sie gemeinsam mit dem Kind und machen Sie sich auf eine Unmenge Fragen gefasst.)

Obwohl Fernsehen viel Wertvolles zu bieten hat, ist es immer noch sehr wichtig, dass Sie den Konsum Ihres Kindes begrenzen. Eine Stunde täglich sollte das Äußerste sein. Der mächtige Reiz, den die Mattscheibe ausübt, fesselt seine Aufmerksamkeit jetzt für beträchtliche Zeitspannen, doch halten Sie sich vor Augen, dass der Fernseher weder Fragen beantwortet noch die Bedeutung von Wörtern erklärt, noch dem Kind sagt, was Realität und was Phantasie ist.

▲ Zusammenfassung

Mit vier Jahren wird Ihr Kind wahrscheinlich
- von Menschen, die nicht mit ihm vertraut sind, verstanden werden
- einen zusammenhängenden Bericht über Ereignisse in der jüngsten Vergangenheit geben
- Adresse und Namen nennen
- endlos Fragen stellen
- lange Geschichten anhören und erzählen
- mittels Sprache Vereinbarungen treffen und Verhandlungen führen
- Höflichkeitsfloskeln wie »bitte« und »danke« benutzen.

▲ Grund zur Sorge

Unten sind Sachverhalte aufgeführt, bei denen es ratsam wäre, mit einem Spezialisten über die Entwicklung Ihres Kindes zu sprechen. (Bitte denken Sie aber daran, dass nicht alle Kinder sich gleich schnell entwickeln.)

Wenn Sie irgendwelche Zweifel hegen, auch wenn der Grund Ihrer Sorge hier nicht aufgeführt ist, dann suchen Sie mit Ihrem Kind so bald wie möglich einen Kinderarzt oder Kinderpsychologen auf.

Wenn Ihr Kind vier Jahre alt ist, wäre es ratsam, die Meinung eines Experten einzuholen, wenn es
- häufig verwirrt wirkt, als ob es nicht verstünde, was Sie sagen, oder wenn es nicht tut, worum Sie es gebeten haben

- sich nicht länger als einige Minuten auf etwas konzentriert
- selten grammatische Strukturen wie Verb- und Pluralformen benutzt
- sehr undeutlich spricht
- Ihnen keinen klaren Bericht über ein Ereignis geben kann, das in Ihrer Abwesenheit stattfand
- wenig Fragen stellt
- nicht mit anderen Kindern spielen will
- Ihnen zeigt oder sagt, dass es sich seines beeinträchtigten Redeflusses bewusst ist, oder wenn es ihm schwer fällt, Wörter herauszubringen.

Das Sprechlern-Spaß-und-Spiel-Programm

Eine halbe Stunde täglich

Wie wir gehört haben, ist Ihr Kind jetzt in das Stadium gekommen, in dem das Spiel mit anderen Kindern immer wichtiger wird. Es profitiert enorm davon, wenn es in den Kindergarten oder eine Spielgruppe geht und wenn andere Kinder zum Spielen zu ihm nach Hause kommen.

Ihr Kind profitiert aber auch noch deutlich von den Zeiten mit Ihnen allein, weshalb Sie unbedingt damit fortfahren sollten. Sie stellen die bestmögliche Sprechlernsituation dar, und für das Kind ist die Gesellschaft eines Erwachsenen, der auf den Stand seiner Aufmerksamkeitsentwicklung eingehen kann, immer noch enorm hilfreich. Zudem können Sie ihm viel dadurch geben, dass Sie zu weiteren kreativen Aktivitäten und erweiterten Spielmöglichkeiten anleiten. Ihre regelmäßige, verlässliche und bedingungslose Aufmerksamkeit, während der Sie alle Zeit der Welt haben, um ihm zuzuhören, vermittelt ihm immer noch große emotionale Sicherheit, und die Gelegenheit, über notwendige Verbote und Pflichten zu sprechen, sorgt für möglichst wenig Frustration sowohl bei Ihnen als auch bei Ihrem Kind. Man braucht wohl kaum eigens zu betonen, wie sehr es das Kind immer noch genießt, einen Erwachsenen ganz zu seiner Verfügung zu haben, um ihm Löcher in den Bauch zu fragen.

Beeinträchtigter Redefluss

Es gibt noch einen Grund, weshalb diese Zeit für diese Altersgruppe so wichtig ist. Über die Hälfte aller Kinder zwischen drei und vier Jahren macht eine Phase mit »beeinträchtigtem Redefluss« durch, in der sie beim Sprechen Silben oder Wörter oft viele, viele Male hintereinander wiederholen. Dies geschieht, weil in ihrem Kopf ungeheuer viel vor sich geht und weil sie noch nicht über die sprachlichen Fertigkeiten verfügen, all diesen gedanklichen Prozessen Ausdruck zu geben. Die Wiederholungen treten dann auf, wenn das Kleinkind herauszufinden versucht, wie es das sagen soll, was es sagen will. Es konzentriert sich total auf diesen Denkprozess und ist sich der Wiederholungen nicht bewusst. Dieses Stadium ist völlig normal und geht nach einigen Wochen oder Monaten, wenn sich die sprachlichen Fertigkeiten weiterentwickeln, vorüber. Ich bespreche diese Phase und wie Sie Ihrem Kind am besten hindurchhelfen, weil sie ganz unnötige Sorgen und sogar Verzweiflung auslösen kann. Eltern, die einen Stotterer im Bekanntenkreis oder sogar in der Familie haben, ziehen vielleicht voreilig die ganz und gar irrige Schlussfolgerung, dass ihr Kind zu stottern begonnen hat, und geraten möglicherweise in helle Panik. Die Gefahr besteht, dass dann geschieht, was in dieser Situation meistens geschieht: Die Eltern sagen Dinge zu dem Kind, die helfend gemeint sind, etwa: »Sag es noch einmal langsamer« oder »Hol tief Luft, bevor du sprichst«, und das Kind, das bislang überhaupt noch nicht bemerkt hat, dass irgendetwas nicht so ist, wie es sein sollte, wird darauf aufmerksam gemacht und versucht nun, die Wiederholungen abzustellen. *Dies* kann tatsächlich zu Schwierigkeiten und zum Stottern führen. Die oben diskutierte goldene Regel, nach der wir niemals die Aufmerksamkeit des Kindes auf seine Redeweise lenken sollten, hat zu dieser Zeit besonderes Gewicht.

Ihre Spielzeiten geben Ihrem Kind genau das, was es braucht, um ohne Probleme durch dieses Stadium zu kommen, weil sie ihm die Erfahrung stressfreier Kommunikation vermitteln. Es muss sich nicht durchsetzen, um das Wort zu bekommen; Sie lassen ihm zum Sprechen jede Menge Zeit; es wird nicht unterbrochen; und es wird nicht durch Aufforderungen, Fragen zu beantworten oder bestimmte Wörter zu sagen, unter Druck gesetzt. (Wie Sie erfahren haben, ist ein zentraler Grundsatz des Sprechlern-Spaß-und-Spiel-Programms, jederzeit kommunikativen Stress zu vermeiden, weshalb Kinder, die es durchlaufen, danach so selbstsicher kommunizieren.)

> Lenken Sie niemals
> die Aufmerksamkeit des Kindes
> auf seine Redeweise

Michael war ein entzückender, lockenköpfiger Dreijähriger, dessen Mutter ihn mir als Fall mit großer Dringlichkeit dargestellt hatte. Wie sie mir sagte, war sie wie gelähmt vor Angst, weil Michael zu stottern begonnen hatte. Sie hatte zwei Brüder, die beide stotterten, und ihr war nur zu deutlich bewusst, welche Behinderung das Stottern darstellt. Sie hatte sich bemüht, Michael zu helfen, indem sie ihn ständig beschwor, langsam zu sprechen, allerdings den Eindruck gewonnen, dass, wenn sich überhaupt etwas geändert hatte, die Wortwiederholungen bei Michael immer stärker zugenommen hatten. Michael stürzte sich auf die Spielzeugkiste und redete munter drauflos. Er hatte erkennbar viel zu sagen und wiederholte mehrmals ein Wort bis zu fünfzehnmal. Er war sich dessen ganz eindeutig nicht bewusst und im Gegensatz zu seiner Mutter völlig entspannt. Michaels Mutter war ungeheuer erleichtert, als sie erfuhr, dass ihr Sohn ein ganz normales Stadium durchlief. Sie rief mich wenige Wochen später an und berichtete mir, dass Michaels Redefluss sich praktisch völlig normalisiert hatte.

Das Einzige, was Sie in dieser Phase noch zusätzlich tun können, ist, langsamer zu sprechen, wenn Ihr Kind zu schnellem Sprechen neigt. Dies verlangsamt seinen Redefluss automatisch, ohne dass es etwas davon merkt.

▪ Die Umgebung für Ihre Spielzeit zu zweit

Diese kann nun beträchtlich variieren, solange Sie beide irgendwo, wo es ruhig ist, allein miteinander sind. Ihr Kind beschäftigt sich vielleicht gerne zusammen mit Ihnen im Garten, mit dem Bepflanzen von Blumenkästen, dem Auslegen von Vogelfutter oder dem Kochen. Ein Spaziergang oder ein Ausflug kann sich ebenfalls gut eignen.

In den eigenen vier Wänden ist es jetzt sehr nützlich, dem Kind Material für kreative Aktivitäten, etwa Farben oder Ton, zur Verfügung zu stellen, ebenso Material für das erkundende und symbolische Spiel.

Wie Sie sprechen sollten

Folgen Sie seiner Aufmerksamkeit

Zwar hat Ihr Kind, wie wir gehört haben, wahrscheinlich die Fertigkeit entwickelt, das Objekt seiner Aufmerksamkeit zu wechseln, doch es ist immer noch wichtig, in Ihren Spielzeiten stets ihm die Führung zu überlassen. Lassen Sie wie bisher das Kind bestimmen, in welchem Ausmaß sich Ihr Gespräch um das »Hier und Jetzt« dreht und in welchem um vergangene und zukünftige Ereignisse.[5] Wenn Sie sich auf das Hier und Jetzt konzentrieren, dann vermeiden Sie wie früher jegliche Anweisungen und geben Sie, wie es Ihnen hoffentlich zur zweiten Natur geworden ist, einen »laufenden Kommentar« zu den Ereignissen ab, wenn Sie beide gerade keine Unterhaltung führen. Wenn das Kind mit einem Karussell spielt, können Sie beispielsweise sagen: »Oh, es dreht sich immer rundherum. Es dreht sich rundherum, wenn du es anstupst.«

Lassen Sie sich, wie im vorigen Abschnitt besprochen, nicht in Versuchung führen, Ihrem Kind Unterricht erteilen zu wollen. Es lernt erheblich mehr, wenn es beiläufig Informationen erhält, die mit dem zu tun haben, worauf es im Moment sein Augenmerk richtet. Es ist durchaus in der Lage, Ihnen durch seine Bücherwahl oder Unterhaltung zu zeigen, wann es sich beispielsweise für Begriffe wie Farbe und Zahl interessiert. Zwei Studien, eine ältere und eine neuere, belegen beide, dass Kinder, deren Eltern mit ihnen spielten, bei späteren Schultests besser abschnitten als solche, die früh »trainiert« wurden.[6, 7]

> Der dreijährige Ben kam in meine Praxis, weil er nur Zwei- bis Drei-Wort-Sätze sprach, und selbst diese nicht deutlich. Drei Wochen nach unserem ersten Termin und nach zahlreichen Diskussionen mit seinem Vater, der es sich nur sehr schwer abgewöhnen konnte, Ben Unterricht zu erteilen, sah ich den beiden zu, wie sie wunderschön miteinander spielten. Ben hatte sich einen Beutel mit großen, unterschiedlich geformten Bauklötzen ausgesucht und wollte eine kom-

plizierte Straße damit bauen. Während er die Klötze auslegte, kommentierte sein Vater seine Beschäftigung und erwähnte dabei beiläufig die Formen der Klötze; er sagte beispielsweise: »Das ist eine gute Idee. Der quadratische Klotz passt prima neben den rechteckigen« und »Der runde ist eine sehr gute Ampel«. Ben, der die Namen von Formen immer verwechselt hatte, benutzte sie nach weniger als einer Stunde richtig.

Geben Sie dem Spiel des Kindes neue Impulse

Sie geben Ihrem Kind bei seinem erkundenden Spiel immer noch die größte Unterstützung, wenn Sie es mit angemessenen Spielsachen und -materialien versehen und ihm all die wunderbaren verschiedenen Möglichkeiten zeigen, sie zu benutzen. Das Interesse an Aktivitäten, mit denen sich Ihr Kind schon länger beschäftigt, lässt sich ganz leicht durch neue Materialien beflügeln, etwa durch Filzstifte zum Zeichnen oder Schwämme zum Malen. Eine tolle Sache ist zum Beispiel, Farbe mit Kleister anzudicken, um dann mit Hölzchen, einem Kamm oder einer Zahnbürste Muster darin zu machen.

Das Kind modelliert gerne mit Fimo und Knete; vielleicht geben Sie ihm verschiedene Ausstecher, in die es die Masse hineindrücken kann. Eine neue Beschäftigung, die es möglicherweise sehr spannend finden wird, könnten Frottagen von Baumrinde oder anderen Gegenständen sein: Legen Sie Papier darauf und schraffieren Sie sie mit flach gehaltenem Bleistift. Sie könnten dem Kind zeigen, wie es sich ein Sammelalbum aus ausgeschnittenen Illustriertenbildern basteln oder eine Collage aus zusammengeknüllten und aufgeklebten Stücken Seidenpapier machen kann. (Alte Computerausdrucke liefern billiges Papier im Überfluss.)

Dieses Bereitstellen von Material ist überaus wichtig. Wie eine aufschlussreiche amerikanische Studie in den 80er-Jahren zeigte, gab es einen Zusammenhang zwischen der bloßen Bereitstellung von angemessenem Spielmaterial mit einer weiter fortgeschrittenen Entwicklung in der späteren Kindheit.[8]

Wenn Sie Ihrem Kind darüber hinaus zeigen, was es damit anfangen kann, und ihm dabei helfen, profitiert es unermesslich davon. Das Experimentieren damit und mit vielen anderen kreativen Beschäftigungen kann Ihnen beiden sehr viel Freude machen und eröffnet natürlich wunderbare Gelegenheiten zu vielfältiger sprachlicher Anregung. Denken Sie nur an die großartigen Wörter, die Sie bei einer Frottage von Baumrinde einführen können, beispielsweise »rissig«, »blättrig«, »erhaben«, »hervorstehend« und »Relief«.

Geben Sie wie zuvor den Fertigkeiten, die das Kind bereits entwickelt hat, neue Impulse. Wenn das Kind gelernt hat, Knetmasse zu formen, dann zeigen Sie ihm, wie man Muster darauf machen kann, wenn man verschiedene Materialien hineindrückt. Sie können ihm auch vormachen, mit der Schere Formen daraus zu schneiden, wenn es schon gut mit der Schere umgehen kann.

> Zollen Sie den Bemühungen des Kindes Bewunderung

Lob und Bewunderung für seine Produkte wirken wahre Wunder für sein Selbstvertrauen. Das Kind freut sich sehr, wenn Sie seine Bilder aufhängen und seine Basteleien auf das Fensterbrett stellen.

Ihr Kind ist jetzt begeistert, wenn Sie einfache Brett- und Kartenspiele mit ihm spielen, und Sie können ihm sehr helfen, wenn Sie ihm die Regeln erklären, bevor es sie mit anderen Kindern spielt.

Genauso viel Hilfestellung können Sie ihm beim symbolischen Spiel geben. Wiederum ist es das Bereitstellen von Material, das am meisten nützt: Ein abgelegter Rock oder ein Paar Schuhe von Ihnen, Kostüme und große Kartons und Pappröhren, die sich in eine Werkstatt, einen Laden, eine Feuerwache oder ein Haus verwandeln lassen.

Wichtig ist zudem nach wie vor, dem Kind möglichst viele interessante Erfahrungen zu vermitteln, die es später nachspielen kann. Dadurch versteht es besser, worum es dabei geht und welchen Platz in seiner Welt es einnimmt.

Wie schon im vorigen Altersabschnitt begrüßt es Ihr Kind, wenn Sie viele Vorschläge machen, um seinem Spiel Impulse zu geben. Wenn es gerade Feuerwehrmann spielt, können Sie ihm zeigen, wie Feuerwehrmänner eine Stange hinunterrutschen, um zum Einsatzfahrzeug zu gelangen, und wie sie die Schläuche aufwickeln. Das Spiel

»Einkaufen« wird differenzierter, wenn Sie dem Kind erklären, dass sich hinter dem Geschäft ein Lager befindet und dass die Regale daraus aufgefüllt werden.

Widerstehen Sie jedoch stets der Versuchung, die Führung zu übernehmen, wie viele tolle Ideen Sie auch haben mögen. Vergessen Sie niemals die goldene Regel, das Kind bestimmen zu lassen. Eine amerikanische Studie wies schlüssig nach, dass Eltern, die zu stark in das Spiel ihres Kindes eingreifen, seine Entwicklung eher behindern.[9]

> Überlassen Sie die Führung stets Ihrem Kind

Wenn eine kleine Gruppe von Kindern bei Ihnen zum Spielen ist, dann können Sie auch dieser viel Unterstützung geben. Sorgen Sie möglichst dafür, dass die Kinder für mindestens eine halbe Stunde genügend Platz zum Spielen haben. Wenn Sie Material wie Kartons, Schachteln und Klötze bereitstellen, damit sie Dinge wie Schiffe oder Flugzeuge daraus bauen können, werden sie viel Spaß miteinander haben.

Sie können auch helfend einschreiten, um Streit zu schlichten, da die Kinder noch kaum über die dazu nötigen Fertigkeiten verfügen.

Sorgen Sie dafür, dass Ihr Kind weiterhin gerne zuhört

Es ist immer noch nützlich, wenn Ihr Kind sehr oft die Erfahrung macht, dass Zuhören eine vergnügliche Sache ist. Es hat jetzt große Freude daran, zu singen, zu Musik zu tanzen und den Rhythmus mitzuklatschen. Wiederholende Kinderlieder wie »Der Bauer schickt den Jockel aus« und »Katzentatzentanz« sind absolute Lieblingsstücke.

> Sorgen Sie dafür, dass dem Kind Zuhören immer noch Spaß macht

Auch die Vorlesezeit vermittelt ihm wunderschöne Zuhörerfahrungen, und wenn mehrere Kinder beisammen sind, machen Spiele wie »Stille Post« und »Kofferpacken«, die auf dem Zuhören beruhen, viel Vergnügen.

Lustig könnte es auch sein, zum Zeichnen und Kritzeln Spielgeräusche zu machen, etwa »huiiii« zu einem Kreis und »ritsch ratsch« zu einer Zickzacklinie. Ihr Kind ist noch nicht zu alt, um an Spielgeräuschen Freude zu haben, die beispielsweise mit Wasser oder Fahrzeugen zu tun haben. »Bschhhhhh« und »gluckgluckgluck« zu ein- oder auslaufendem Wasser findet es immer noch sehr erheiternd.

Satzlänge

Daran brauchen Sie nicht mehr zu denken. Reden Sie frisch von der Leber weg. Ihr Kind kann Ihnen jetzt sagen, wenn es ein Wort nicht kennt, und fragen, was es bedeutet, oder Ihnen zu verstehen geben, wenn Sie wiederholen sollen, was Sie gesagt haben.

Sie brauchen auch keine Zurückhaltung mit Wörtern zu üben, die dem Kind vielleicht neu sind (auch wenn Sie dies jetzt, wo es die ganze Zeit quasi nebenbei lernt, manchmal erraten müssen). Im Zusammenhang dessen, was im Mittelpunkt seiner Aufmerksamkeit steht, und seiner bereits sehr umfangreichen Kenntnis der Sprache lernt es sie ohne jede Mühe. Es ist immer noch nützlich, ein Ihres Erachtens neues Wort in mehrere kleine Sätze zu verpacken, zum Beispiel: »Das ist eine Antilope. Ich glaube, Antilopen sind eine Art Rehe. Antilopen sehen noch eleganter aus als Rehe.«

Es besteht auch keine Notwendigkeit mehr, besonders langsam (sofern Ihr Kind nicht gerade die Phase des beeinträchtigten Redeflusses durchmacht) oder laut oder moduliert zu sprechen. Das Kind ist jetzt gut eingestimmt auf und interessiert an Sprache und weiß genau, wie spannend es ist, genau hinzuhören.

Es macht immer noch grammatische Fehler, und sehr wahrscheinlich ist auch seine Aussprache noch nicht ganz ausgereift. In solchen Fällen ist es immer noch hilfreich, ihm klar und deutlich zu wiederholen, was es gesagt hat. Vergessen Sie dabei jedoch niemals unsere Regeln. Fügen Sie Ihre Antwort immer in das normale Gespräch ein und beginnen Sie immer mit einem »Ja«.

Schmücken Sie weiterhin aus, was Ihr Kind gesagt hat

Sie werden feststellen, dass Sie dies jetzt oft automatisch tun. Spinnen Sie das, was das Kind Ihnen erzählt, wie im vorigen Altersabschnitt ein wenig weiter und fügen sie ihm Informationen hinzu. Wenn das Kind sagt: »Wir sind zur Hüpfburg gegangen«, könnten Sie hinzufügen: »Ja, das haben wir gemacht, und Teddy ist auf die Nase gefallen. Der arme, alte Teddy, er hat wirklich einen schlimmen Nasenstüber gekriegt.«

Nützlich ist es auch, den Antworten auf seine Fragen weitere Informationen hinzuzufügen (natürlich nur, wenn Sie sicher sind, dass dies das Kind noch interessiert). Wenn es Sie fragt: »Warum trägt dieser Vogel einen Zweig?«, können Sie ihm erklären, wie und warum die Vögel Nester bauen. Diese Unterhaltungen werden jetzt in weit höherem Maß von Ihrem Kind vorangetrieben. Es stellt unaufhörlich Fragen, erwartet Erklärungen und macht Ihnen klar, wenn ihm die erhaltenen Informationen nicht genügen.

■ Fragen

Sorgfältig ausgewählte Fragen können dem Kleinkind auf dieser Stufe eine echte Hilfe beim Denken und Begreifen sein. Wenn es beispielsweise Schwierigkeiten mit einem Puzzle hat, können Sie etwas sagen wie: »Was würde passieren, wenn du dieses Teil andersherum legen würdest?« Oder wenn es mit Bauklötzen baut: »Was konnten wir tun, als wir den großen unter all die kleinen gelegt haben?« Bitte stellen Sie nicht viele solcher Fragen und beantworten Sie sie wie zuvor selbst, wenn das Kind es nicht tut.

Es gilt immer noch dieselbe Regel: Stellen Sie niemals Fragen, um das Kind zum Antworten zu bringen. Kleinkinder, gleichgültig auf welchem Stand der Sprachentwicklung, wissen immer, was Sie im Sinn haben, und bauen sehr schnell sehr starke Hemmungen auf.

Als neulich Nicholas nachmittags kam, machte ich eine Bemerkung über sein Spiel, und in null Komma nichts waren wir in die schönste Unterhaltung verstrickt, in der sich herausstellte, dass seine Sprachentwicklung erfreulich weit fortgeschritten war. Seine Mutter war sehr erstaunt darüber. In ihren Augen war Nicholas ein sehr schüchternes Kind, da er gewöhnlich sehr lange brauchte, bis er bei ihm unbekannten Erwachsenen auftaute. Ich verriet ihr mein sehr einfaches Geheimnis: Ich hatte zu Nicholas eine Bemerkung über die aktuellen Geschehnisse gemacht und ihm keinerlei Fragen gestellt. Da fiel ihr ein älterer Verwandter ein, der immer auf die folgende Weise ein Gespräch mit ihr begonnen hatte: Er verschränkte die Arme, ließ seinen Blick auf ihr ruhen und sagte: »Was weißt du Neues?« Nicholas' Mutter erinnerte sich lebhaft, wie sie sich dabei gefühlt hatte, und verstand sehr gut, warum sie Kommentare gegenüber Fragen vorzog.

▪ Was Sie auf dieser Altersstufe nicht tun sollten

Einige der früheren Verbote gelten noch immer

Verbessern Sie niemals, was Ihr Kind sagt. Wie bisher auch ist dies überaus wichtig. Denken Sie daran: Wenn seine Wörter oder Sätze undeutlich sind, ist es am besten, ihm Gelegenheit zu geben, zu hören, wie Sie sie klar und deutlich sprechen.

Lenken Sie nie seine Aufmerksamkeit auf die Art und Weise, wie es spricht. Dies ist besonders dann wichtig, wenn es gerade die Phase des beeinträchtigten Redeflusses durchmacht. Gehen Sie immer auf das ein, was es mitteilt, nicht darauf, wie.

■ Außerhalb Ihrer halben Stunde

- Geben Sie ihm Zeit und Platz zum Spielen.
- Lassen Sie es viel alleine machen, wenn es möchte.
- Achten Sie auf den Grad seiner Aufmerksamkeit.
- Geben Sie ihm viel Gelegenheit, mit anderen Kindern zu spielen.
- Geben Sie ihm viel Gelegenheit zu aktiven Spielen im Freien, falls möglich.
- Helfen Sie ihm, die Wunder der Natur zu entdecken.

11

Jetzt ist Ihr Kind vier Jahre alt

▲ Sprachverhalten

Wie bereits erwähnt, hat das Kleinkind mit vier Jahren die Sprache im Wesentlichen gemeistert, besitzt einen umfangreichen Wortschatz und versteht und gebraucht alle grundlegenden Satztypen der Sprache. Es erweitert sein Vokabular und seine Kenntnis grammatischer Strukturen weiter und spricht in ausgereifterer Weise.

Es benutzt nun immer öfter Sprache, um Probleme zu durchdenken und zu lösen, etwa wie es in ein Baumhaus gelangt, und um Spielvorhaben sowohl für sich als auch in Kindergruppen zu entwickeln. Es verteilt beispielsweise Rollen und denkt sich phantasievolle »Drehbücher« aus. Das Kleinkind verfeinert zusehends seine Fertigkeiten, nicht nur beim Mitteilen seiner Vorstellungen, sondern auch beim Absprechen und Verhandeln. Es bespricht mit anderen, wer wann die Führungsrolle übernimmt. Es versteht auch seine Erlebnisse und seine damit zusammenhängenden Gedanken und Gefühle immer besser zu schildern.

Es nimmt an langen, vielschichtigen Gesprächen teil und weiß seine Sprechweise immer besser an die Situation und den Zuhörer anzupassen; ihm ist beispielsweise klar, dass es mit kleinen Brüdern anders sprechen muss als mit Lehrern. Es kann sich Höflichkeitsregeln besser merken und muss weniger oft daran erinnert werden, »bitte« und »danke« zu sagen. Es fordert die Aufmerksamkeit eines Erwachsenen beharrlicher ein, wenn es ein Gespräch beginnen möchte, und kann den geeigneten Augenblick, um sich in die Unterhaltung anderer einzuschalten, geschickter wählen; es wartet auf eine Pause, statt zu unterbrechen.

Es hat viel Spaß an Sprache in Form von Rätseln und Witzen und hört mit Vergnügen langen und recht verwickelten Geschichten zu.

Doch trotz all dieser enormen Fortschritte mischt es eben doch noch nicht lange mit, und seine Unreife zeigt sich in vielfältiger Hinsicht. Im fünften Lebensjahr sind gelegentliche grammatische Fehler wie »gehte« statt »ging« noch absolut normal. Die Sprachlaute der meisten Kinder sind ebenfalls noch nicht ausgereift; sie ersetzen oft schwierige Laute wie »str« durch einfachere, stoßen beim »s« mit der Zunge an, und auch das »ch« fällt noch schwer. Das Kleinkind weiß immer noch nicht in jedem Fall, was andere Menschen über sein Gesprächsthema wissen, und macht sie diesbezüglich von Zeit zu Zeit etwas ratlos. Bisweilen geht es auch nicht auf das Thema seines Gesprächspartners ein, wenn es mit seinen Gedanken woanders ist.

■ Allgemeine Entwicklung

Die Entwicklung der anderen Fertigkeiten des Kindes schreitet in diesem Jahr ebenfalls beträchtlich voran. Es sprudelt über vor Tatendrang und bewegt sich immer gewandter auf großen Spielplatzgeräten wie Klettergerüst, Schaukel und Rutsche. Wenn es fünf wird, kann es harmonisch zu Musik tanzen und behände Ball spielen. Seine beeindruckende Körperbeherrschung in diesem Alter drückt sich darin aus, dass es eine Treppe hinuntergehen und dabei etwas mit den Händen tragen kann. Es zeichnet mit Begeisterung, und man erkennt besser, was es zeichnet. Manche Kleinkinder fangen in diesem Alter spontan an, einige Buchstaben zu schreiben. Das Kind erwirbt neue Fertigkeiten wie Nähen mit großen Stichen. Es findet immer mehr Gefallen am Spiel mit anderen Kindern und kann dabei immer besser kooperieren.

■ Aufmerksamkeit und Hören

Um seinen vierten Geburtstag herum hat das Kind die Fähigkeit erlangt, seine Aufmerksamkeit neu auszurichten. Im darauf folgenden Jahr macht es einen weiteren großen Schritt nach vorn. Seine Aufmerksamkeit kann sich jetzt endlich auf zwei Wahrnehmungskanäle gleichzeitig richten, das heißt, das Kind vermag mit seiner Beschäftigung fortzufahren, während es einem Sprecher zuhört, ohne dass es sie unterbrechen und den Sprecher anschauen muss.[1] Dies vermag es anfangs nur über kurze Zeitspannen, die allmählich länger werden. Das Erreichen dieses Stadiums bedeutet, dass das Kind jetzt bereit ist für die Schule, insofern es Anweisungen registrieren kann, die sich auf seine Aktivität beziehen, was für die Lernsituation im Klassenzimmer unabdingbar ist. (Diese Fähigkeit wird jedoch noch ein weiteres Jahr lang nicht vollständig beherrscht.)

▲ Das Spielen

Das Kleinkind liebt jetzt sehr aktive Spiele und geht sehr kompetent mit einen Fahrrad und einem Ball um. Es widmet sich auch gerne den künstlerischen und kreativen Tätigkeiten, die im vorigen Jahr einsetzten, und baut immer kompliziertere Konstruktionen aus Bauklötzen und anderen Baumaterialien.

Das Spiel mit anderen Kindern gewinnt zunehmend an Bedeutung, und das symbolische Spiel wird zu einer höchst sozialen Aktivität mit viel gemeinsamer Planung und Zusammenarbeit. Es werden Regeln aufgestellt und eingehalten. Die Phantasie erlebt Höhenflüge, und das Kind spielt oft Geschichten nach, die es durch Bücher und Fernsehsendungen kennen gelernt hat.

■ Wie Sie Ihr Kind fördern können

Ich hoffe, es macht Ihnen so viel Spaß, täglich Zeit mit Ihrem Kind allein zu verbringen, dass ich Ihnen gar nicht erst empfehlen muss, dies weiterhin zu tun. Wie im vorigen Jahr muss es jetzt keine spezielle Spielzeit mehr sein, sondern Sie können Ihr Kind in eine Ihrer Tätigkeiten wie Kochen oder Gartenarbeit einbeziehen, mit ihm ins

Schwimmbad oder zu einer Vorlesestunde in die Stadtbücherei gehen. Diese Zeiten bieten Ihnen nach wie vor ausgezeichnete Gelegenheiten, seine Fragen zu beantworten oder die Ereignisse in seinem Leben und seine Empfindungen dabei zu besprechen. Dies ist von besonderer Bedeutung, wenn es etwas sehr Belastendes wie die Scheidung seiner Eltern, den Tod eines Familienangehörigen oder auch nur eines geliebten Haustiers erlebt hat. Wenn Sie ihm erlauben, seinen Gefühlen Ausdruck zu geben, und ihm helfen, das Ereignis zu verarbeiten, und ihm insbesondere versichern, dass es auf gar keinen Fall für das Ereignis verantwortlich ist, dann hilft ihm das enorm.

Nehmen Sie sich weiterhin jeden Tag ein Buch mit ihm vor. Ich hoffe, dass dies eine weitere Gewohnheit ist, die Sie sehr genießen und nicht mehr missen möchten. Ihr Kind hat jetzt bestimmt seinen individuellen Büchergeschmack entwickelt, und wenn es sich in diesem Stadium selbst Bücher in der Bibliothek aussuchen darf, findet es das ganz toll.

Sie können immer noch einiges unternehmen, das die Gewähr bietet, dass seine Sprachentwicklung weiterhin wächst und gedeiht. Wie schon im vorigen Jahr brauchen Sie keinen Gedanken mehr daran zu verschwenden, Ihren Wortschatz einzuschränken oder Ihre Sätze einfach zu halten. Ihr Kind wird Ihnen umgehend klarmachen, wenn es Sie nicht verstanden hat.

Schmücken Sie das, was es sagt, weiterhin aus. Wenn es beispielsweise sagt: »Nach dem Mittagessen gehen wir auf den Spielplatz«, könnten Sie antworten: »Ja, das machen wir, und Leon und sein Vater kommen auch, und dann gehen wir wieder zu uns und trinken Kaffee.« So werden Sie jetzt wahrscheinlich schon automatisch reagieren.

Wenn Sie einen grammatischen Fehler hören, sollten Sie dem Kind weiterhin wie zuvor die richtige Version, eingebettet in den natürlichen Gesprächsfluss, vorsprechen. (Ein vierjähriges Mädchen erzählte mir kürzlich, wie sie sich ihren Hund »aussucht« hatte, und ich sagte: »Wie schön! Du hast den kleinsten ausgesucht. Ich glaube, den hätte ich mir auch ausgesucht.«)

Dasselbe gilt für Aussprachefehler, die ebenfalls noch ab und an auftreten. Wenn Ihr Kind sagt: »Da fliegt eine Fnake«, könnten Sie erwidern: »Ja, da fliegt eine Schnake, und ich glaube, mich hat vorhin eine Schnake gestochen.«

Nützlich ist es auch, auf Momente zu achten, in denen das Kind sich verschätzt, was das Vorwissen einer anderen Person angeht. Mein kleiner Freund Charles erzählte mir neulich ausführlich, dass Joe in eine Pfütze gefallen sei. Seine Mutter musste ihn daran erinnern, dass ich nicht wusste, ob Joe ein Kind oder ein Tier war.

Fördern Sie weiterhin die Entfaltung seines Spiels, indem Sie ihm Zeit und Platz zum Spielen einräumen und ihm immer mehr Gelegenheiten geben, mit anderen Kindern zu spielen.

Bitte begrenzen Sie seinen Fernsehkonsum immer noch auf maximal eine Stunde pro Tag. Es kann jetzt viel Spaß an Kindersendungen haben und viel dadurch lernen. Diese Sendungen können seine Phantasie anregen und ihm die Wunder der Natur nahe bringen, die ihm im wirklichen Leben nicht zugänglich sind. Es hat jedoch noch ein enormes Bedürfnis zu spielen, Wechselbeziehungen mit Menschen einzugehen und sich zu unterhalten und die Ereignisse seines Alltags nachzuspielen, um sie zu verstehen und zu verarbeiten. Es kann einfach nicht mehr als eine Stunde erübrigen.

■ Wenn die Schule am Horizont auftaucht

Das wichtigste Ereignis, das Ihrem Kind in nächster Zukunft bevorsteht, ist wahrscheinlich die Einschulung. Wenn Sie das Sprechlern-Spaß-und-Spiel-Programm mit ihm gemacht haben, hat Ihr Kind sicherlich die Aufmerksamkeit und die Fähigkeit zum Zuhören sowie die sprachlichen Fertigkeiten entwickelt, die ihm die Schule und die Beteiligung am Unterricht zum Vergnügen werden lassen.

Wie erwähnt, tobt gegenwärtig eine heftige Debatte über den angemessensten Zeitpunkt für Lese-, Schreib- und Rechenunterricht. Aufgrund meiner Erfahrung bin ich zu der Ansicht gelangt, dass für viele Kinder später besser ist, doch die meisten Eltern haben keine Wahl, was Zeitpunkt und Ort der Einschulung ihres Kindes betrifft.

Wichtig für Sie als Eltern ist, dass Sie Ihrem Kind zu Hause reichlich Gelegenheit zum Spielen geben und ihm viele bereichernde Erfahrungen wie Besuche im Schwimmbad, im Park und in der Leihbücherei vermitteln. Es kann natürlich sein, dass es jetzt von sich aus zu Hause lesen, schreiben und sich mit Zahlen beschäftigen möchte. Das ist überhaupt kein Problem. Stellen Sie nur sicher, dass ihm stets die Freiheit der Entscheidung bleibt.

Sie können viel tun, um Ihr Kind bei dem großen Abenteuer des Schulanfangs zu unterstützen. Manche Schulen bieten beim »Tag der offenen Tür« die Möglichkeit, sich alles anzusehen. Reden Sie viel mit ihm über das, was in der Schule passieren wird, und sorgen Sie dafür, dass Sie Zeit haben, auf alle seine Fragen einzugehen. Das Kind hört sicher gerne Geschichten von Ihrer eigenen Einschulung. Vor allem aber denken Sie daran, dass Ihr Kind sehr rasch merkt, welche Einstellungen zu allen Ereignissen in seinem Leben Sie haben, und wenn Sie überzeugt sind, dass die Schule für das Kind eine positive und erfreuliche Erfahrung wird, dann sieht es sie ebenfalls so.

▲ Und zum guten Schluss ...

Ich hoffe, dass Sie über den verblüffend raschen Fortschritt Ihres Kindes vom hilflosen Säugling zum vollwertigen Gesprächspartner gestaunt und sich daran gefreut haben.

Ich hoffe auch, dass es Ihnen von Nutzen war zu wissen, wie Sie am besten mit ihm sprechen und umgehen, damit es seine Fähigkeiten bestmöglich entfalten kann, und Sie eine Beziehung zueinander aufgebaut haben, die Ihnen beiden für Ihr ganzes Leben lang lieb und teuer sein wird.

Vor allem aber hoffe ich, dass das Sprechlern-Spaß-und-Spiel-Programm Ihnen und Ihrem Kind Freude gemacht hat.

Wenn Sie all diese Hoffnungen bestätigen können, habe ich mein Ziel mit diesem Buch erreicht.

Alle guten Wünsche für die Zukunft.

Anhang I: Etikettierungen

Ich werde kurz auf einige neurologisch bedingte Beeinträchtigungen eingehen, die langfristige Sprech- und Sprachprobleme verursachen. Sie weisen eine deutliche erbliche Komponente auf, und die betroffenen Kinder benötigen dauerhafte logopädische Betreuung, viele von ihnen zusätzlich heilpädagogische Maßnahmen. Ich bespreche sie hier, weil sie nach meiner auf langjähriger Praxis beruhenden Einschätzung selten vorkommen, ihre Bezeichnungen aber häufig dazu benutzt werden, Kinder ungerechtfertigt »abzustempeln«.

Expressive und / oder rezeptive Sprachentwicklungsstörung

Kinder mit dieser Beeinträchtigung haben schwere und dauerhafte Probleme mit dem Spracherwerb, die nicht durch andere Beeinträchtigungen wie Hörschädigung, Autismus oder Lernbehinderungen erklärbar sind.

Dyspraxie

Diese neurologisch bedingte Beeinträchtigung bei Kindern führt zu verzögerter Sprachentwicklung und geht mit Schwierigkeiten einher, die Zungen- und Lippenbewegungen zu koordinieren, um die zum Sprechen von Wörtern nötigen Laute zu erzeugen. Die Kinder haben zudem Probleme, ihre Körperbewegungen einzuschätzen und zu organisieren, beispielsweise in eine enge Lücke zu schlüpfen oder ein Spielzeug zu erreichen, indem sie einen Stuhl heranrücken und besteigen. Die betroffenen Kinder wirken allgemein unbeholfen und unkoordiniert und spielen häufig in sehr desorganisierter Weise.

Aufmerksamkeits- und Hyperaktivitätsstörung (ADHD)

Die familiäre Häufung fällt besonders stark ins Auge. Diese Beeinträchtigung zeichnet sich durch massive Schwierigkeiten aus, die Aufmerksamkeit zu steuern und bei einer Aufgabe zu bleiben. Die Kinder sind extrem leicht ablenkbar. Manchen hilft ein medikamentöse Behandlung deutlich.

Ich habe viele Kinder gesehen, denen diese Etikettierungen verpasst wurden, darunter auch einige, deren Eltern man geraten hatte, ihnen die Gebärdensprache beizubringen und sich auf erforderliche heil- und sonderpädagogische Maßnahmen einzustellen. Für einen winzigen Bruchteil von ihnen war dies durchaus angemessen, doch bei der großen Mehrheit hätten sich die Probleme durch eine Frühförderung ihrer Hörfähigkeit und ihrer Aufmerksamkeit sowie durch verständnisvolle Worte vermeiden lassen. Diese Mehrheit erreichte, wenn ihre Eltern unser Spielprogramm anwandten, rasch einen normalen Entwicklungsstand; manche erwiesen sich sogar als hoch begabt, sowohl in Bezug auf die sprachlichen Fähigkeiten als auch in Bezug auf die allgemeine Intelligenz, wie sie standardisierte Intelligenztests messen – und all das in wenigen Monaten.

Mit drei Jahren war Sonia, das jüngste von drei Kindern, mit ihren riesigen blauen Augen ein sehr hübsches kleines Mädchen. Sie wurde mehrmals in unterschiedlichen Einrichtungen untersucht, weil die Sorge ihrer Eltern wegen ihrer langsamen Sprachentwicklung wuchs. Einmal erhielt sie das Etikett »Dyspraxie«, ein andermal »stark verzögerte Sprachentwicklung«, und es wurden sonderpädagogische Maßnahmen in Erwägung gezogen. Sonia war in der Tat unbeholfen, hatte keine Ahnung, wie sie einen Stift oder eine Schere halten sollte, und brachte keine organisierten Handlungsabfolgen zustande, beispielsweise auf eine Kiste zu steigen, um an ein Spielzeug heranzukommen. Sie verstand und sprach nur wenige einzelne Wörter.

Auf den ersten Blick wirkte Sonia tatsächlich wie ein Kind mit massiven Problemen. Es stellte sich jedoch heraus, dass sie fast ihr ganzes bisheriges Leben in der Obhut einer Tagesmutter zugebracht hatte, die zwar liebevoll und fürsorglich war, aber fast nie mit ihr sprach und sie den größten Teil des Tages vor Kindervideos setzte. Nach nur drei Wochen mit dem Sprechlern-Spaß-und-Spiel-Programm begann Sonia Zwei- bis Drei-Wort-Sätze zu verstehen und zu sprechen. Ihre Zeichen-, Bau- und Schneidefertigkeiten entwickelten sich ebenfalls sehr rasch, sobald sie Gelegenheit erhielt, sie zu üben, und man ihr vormachte, wozu sie gut waren. Es ist bereits gewiss, dass sie keine langfristigen schulischen Probleme haben wird. Ich war erfreut, vor kurzem von ihrer Mutter zu erfahren, dass sie jetzt, mit fünf Jahren, Bücher liest, die eigentlich für Sechseinhalbjährige gedacht sind, und begeistert in die Vorschule geht.

Ein anderes Kind, bei dem eine expressive und rezeptive Sprachentwicklungsstörung diagnostiziert worden war, erwies sich als ein verblüffend origineller und pfiffiger Kopf. Als ich Ben im Alter von drei Jahren kennen lernte, entsprach der Stand seines Sprachverständnisses und seines Sprechvermögens dem eines Kindes von nur sechzehn Monaten, und er erhielt Unterricht in Gebärdensprache. Es war fast nicht zu glauben, aber nach sechs Monaten mit dem Sprechlern-Spaß-und-Spiel-Programm strapazierte er uns mit Fragen wie »Was ist Zeit?« und »Wie kommen die Knochen unter die Haut?« Als er vier wurde, verfügte er über die sprachlichen Fertigkeiten eines Siebeneinhalbjährigen.

Anhang II: **Elternfragen**

Es folgen einige häufige Fragen von Eltern, die bei ihren kleinen Kindern das Sprechlern-Spaß-und-Spiel-Programm anwenden oder anzuwenden gedenken. Ich hoffe, Sie finden meine Antworten nützlich.

Ich muss wieder arbeiten gehen, wenn mein Baby sechs Monate alt ist. Ist das ein Problem?

Ich hoffe zuversichtlich, dass Sie es sich bis dahin zur Gewohnheit gemacht haben, täglich eine halbe Stunde allein mit Ihrem Baby zu verbringen, und dass es nicht allzu schwierig sein wird, dies fortzusetzen, wenn Sie wieder arbeiten gehen. Diese halbe Stunde täglich kann für die Entwicklung Ihres Babys ausschlaggebend sein. Wenn Sie zudem die- oder denjenigen, der sich um das Baby kümmern wird, mit den Prinzipien des Spielprogramms vertraut machen können, dann ist das umso besser, doch seien Sie versichert, dass Sie Ihrem Kind auch dann, wenn dies nicht möglich ist, alles geben, was wichtig ist.

Meine Frau geht wieder arbeiten, und ich werde unser Baby versorgen. Bestehen da irgendwelche Bedenken?

Überhaupt nicht. Ich habe mit vielen Vätern gearbeitet, die sich um die Familie kümmern, und alle haben ihre Sache großartig gemacht. Als einziger Unterschied gegenüber der Arbeit mit Müttern ist mir aufgefallen, dass es Vätern viel schwerer fällt, ihre kleinen Kinder nicht zu »belehren« und ihnen keine Fragen zu stellen. Ich hoffe, dass Sie sich bemühen, sich in dieser Hinsicht an das Spielprogramm zu halten und dieser Versuchung widerstehen. Wenn Ihnen das gelingt, bin ich sicher, dass Sie Erfolg und vor allem viel Spaß dabei haben werden.

Ich bin allein erziehend und habe noch zwei ältere Kinder.
Es wird sehr schwer sein, mir Zeit allein mit dem Baby zu nehmen.

Das kann ich Ihnen nachfühlen; ich weiß, wie überaus schwer das wahrscheinlich ist. Ich bin jedoch überzeugt, dass es sich lohnt, alle Hebel in Bewegung zu setzen und Freunde, Nachbarn oder Verwandte einzuspannen, damit sie die anderen Kinder für eine kurze Weile übernehmen. Vielleicht ist es auch möglich, den Tagesrhythmus Ihres Babys so zu verändern, dass es in einer Zeit wach ist, in der die anderen Kinder in der Schule oder im Kindergarten sind. Selbst wenn das nicht jeden Tag möglich ist, wird Ihr Baby dennoch von der Zeit, die Sie für es erübrigen können, erheblich profitieren. Diese kostbare halbe Stunde täglich kann einen Riesenunterschied bewirken.

Wir suchen eine Tagesmutter für unser Baby.
Was sollten wir beachten?

Wenn Ihre Tagesmutter einen wesentlichen Teil des Tages mit Ihrem Baby verbringen wird, sollten Sie darauf achten, dass ihre Muttersprache möglichst dieselbe ist wie Ihre. Am besten ist es, wenn Sie ihr das Sprechlern-Spaß-und-Spiel-Programm nahe bringen, damit sie sich mit dessen Grundsätzen vertraut macht – auch wenn, wie ich hoffe, *Sie* die halbe Stunde täglich in die Tat umsetzen.

Wenn Sie keine Tagesmutter finden, die Ihre Sprache spricht, dann bitten Sie sie, in ihrer eigenen Muttersprache mit dem Baby zu sprechen und ihm vorzusingen. Ihr Baby erhält so die Chance, mehr als eine Sprache zu lernen, genau wie in multinationalen Familien. Sollten Sie zu einer anderen Tagesmutter wechseln müssen, dann sollten Sie unbedingt darauf achten, dass die zweite dieselbe Sprache spricht wie die erste. Ich habe mehrere Kinder behandelt, die nacheinander von mehreren Tagesmüttern, die unterschiedliche Sprachen sprachen, betreut wurden. Leider machten die Kinder in keiner davon wesentliche Fortschritte.

Ich werde mein Baby in einer Tageseinrichtung unterbringen müssen, während ich arbeite. Ist es von Nachteil, wenn dort das Sprechlern-Spaß-und-Spiel-Programm nicht angewandt wird? Ich habe gehört, dass die Erzieherinnen den Kindern beispielsweise viele Fragen stellen, und ich habe gemerkt, wie viel besser es ist, das zu unterlassen.

Wenn Ihr Kind in den Kindergarten geht, ist es sogar noch wichtiger, mit ihm zu Hause täglich das Spielprogramm zu machen, wenn Sie irgend können. Zum Glück sind Kleinkinder sehr anpassungsfähig, und solange Sie zu Hause das Spielprogramm mit ihm durchführen, wird es immer noch so viel Nutzen daraus ziehen, dass dieser durch den anders gearteten Ansatz im Kindergarten nicht zunichte gemacht wird. Es wird von all den Spielmaterialien und Spielsachen im Kindergarten profitieren und später von der Gesellschaft anderer Kinder. Mit der Zeit könnten Sie den Erzieherinnen vielleicht auch Ihre Ansichten taktvoll nahe bringen.

Ich habe eine dreijährige Tochter namens Michaela, die eifersüchtig zu sein scheint, weil ich Zeit mit ihrem kleinen Bruder allein verbringe. Sie bekommt diese Zeit nicht, weil die beiden zur selben Zeit ins Bett gehen und das Baby immer dann wach ist, wenn Michaela nicht im Kindergarten ist. Was kann ich da machen?

Versuchen Sie, das Baby ein wenig früher schlafen zu legen oder Michaela länger aufzulassen, damit auch sie Zeit mit Ihnen allein bekommt. Alle Kinder profitieren von der ungeteilten Aufmerksamkeit eines Erwachsenen, und ich glaube, dies könnte ihre Eifersucht auf das Baby sehr mildern. Sie werden wahrscheinlich feststellen, dass Michaela viel Freude an dem Spielprogramm für ihre Altersstufe hat.

Mein Mann und ich lassen uns scheiden. Wie können wir die Auswirkungen auf unsere dreijährige Tochter so gering wie möglich halten?

Sie können natürlich nicht erwarten, dass ein solch trauriges Ereignis spurlos an Ihrem kleinen Mädchen vorübergeht. Ich glaube aber, dass Sie ihm viel helfen können, wenn Sie weiterhin Zeit mit ihm alleine verbringen und ihm Zeit und Gelegenheit geben, über seine Gefühle zu sprechen, und seine Fragen beantworten. Sie können ihm erklären, wenn auch nur im Rahmen seiner begrenzten Verständnismöglichkeiten, was geschehen wird und was nicht. Wichtig ist auch, sich vor Augen zu halten, dass Kinder dazu neigen, sich die Schuld an solchen Ereignissen zuzuschreiben, und Ihrer Tochter wiederholt zu versichern, dass dies nicht der Fall ist.

Ich bin Italiener, meine Frau ist Engländerin, und wir wohnen in London. Ich würde meinem kleinen Jungen gerne Italienisch beibringen, aber ich befürchte, dass zwei Sprachen in seinem Umfeld ihn durcheinander bringen könnten. Habe ich Recht mit dieser Annahme?

Babys und Kleinkinder, die die Chance bekommen, mit mehr als einer Sprache aufzuwachsen, schaffen das unter den richtigen Umständen ganz leicht; es ist ein Glück für sie, diese Gelegenheit zu haben. Sie können nur unter zwei Voraussetzungen in Verwirrung geraten:

- Wenn die beiden Sprachen in hohem Maße miteinander vermischt werden, das heißt, wenn mehrere Wörter aus jeder Sprache innerhalb eines Satzes verwendet werden.
- Wenn eine Bezugsperson eine Sprache spricht, die sie nicht in ihrer Kindheit gelernt hat. Der Grund dafür erklärt sich, wenn man sich ein wesentliches Prinzip des Sprechlern-Spaß-und-Spiel-Programms vor Augen hält, nämlich die Art und Weise, wie wir mit Babys und Kleinkindern sprechen, zu modifizieren. Bekanntlich ist dies in einer anderen Sprache als der eigenen Muttersprache oder einer in der Kindheit erworbenen Sprache äußerst schwierig

zu bewerkstelligen. Die Erwachsenen kennen zudem wahrscheinlich die traditionellen Kinderverse, -lieder und -geschichten in
einer für sie fremden Sprache nicht, und diese stellen einen bedeutenden Teil des Erbes dar, das wir an unsere Kinder weitergeben.

Ich rate Ihnen, mit ihrem kleinen Sohn, wann immer Sie beide
allein sind, Italienisch zu sprechen. Perfekt wäre es, wenn Sie mit
ihm das Sprechlern-Spaß-und-Spiel-Programm auf Italienisch
und Ihre Frau auf Englisch machen würden. Er wird beide Sprachen ganz leicht lernen!

Anmerkungen

Einführung

1 T. Walpaw, J. Nation u. D. Aram, »Developmental Language Disability – a Follow-up Study« in: M. Burns u. J. Andrew (Hg.), *Selected Papers in Language and Phonology*. Nr. 1

2 T. Fundudis, J. Kolvin u. R. Garside, *Speech in Retarded and Deaf Children* (London, Academic Press, 1979)

3 P. Silva, »The Prevalence and Stability of Language Delay From Three to Seven Years« in: *Folio Phoniatrica*, 35 Nr. 3-4 (1983)

4 N. Richman, J. Stevenson u. P. Graham, *Pre-school to School – a Behavioural Study* (London, Academic Press, 1982)

5 C. Drillien u. M. Drummond, »Developmental Screening and the Child with Special Needs« in: *Clinics in Developmental Medicine*, Bd. 86 (Heinemann Medical Books, 1983)

6 S. Ward, »An Investigation Into the Effectiveness of an Early Intervention Method for Language Delayed Children« in: *International Journal of Disorders of Language and Communication*, 34 Bd. 3, S. 243–264 (1999)

7 D. Wechsler, *Wechsler Intelligence Scale for Children* (dritte Ausgabe für Großbritannien) Sidcup, Kent 1992. Deutsche Fassung: *HAWIK, Hamburg-Wechsler-Intelligenztest für Kinder*, Bern 1995

8 J. Rust, *Wechsler Objective Language Dimensions* (The Psychological Corporation, Harcourt Brace & Co, 1996)

9 J. Rust, S. Golombok u. G. Trickey, *Wechsler Objective Reading Dimensions* (Sidcup, Kent, The Psychological Corporation, 1992)

10 L. M. Dunn, L. M. Dunn u. C. Whetton with D. Pintilie, *British Picture Vocabulary Test* (NFER Nelson, 1982)

11 B. Skinner, *Verbal Behaviour* (New York, Appleton Century Crofts, 1957)

12 N. Chomsky, »A Review of ›Verbal Behaviour‹ by B. Skinner« in: *Language*, 35, S. 26–58 (1959)

13 N. Chomsky, *Aspekte der Syntax-Theorie*, Frankfurt 1969

14 N. Chomsky, *Knowledge of Language: Its Nature, Uses and Origin* (New York, Praeger, 1986)

15 S. Pinker, *Der Sprachinstinkt*, München 1996

16 K. Kaye, »Towards the Origins of Dialogue« in: H. R. Shaffer (Hg.), *Studies in Mother-Child Interaction* (New York, Academic Press, 1977)

17 C. Trevarthen, »A Descriptive Analysis of Infant Communicative Behaviour« in: H. R. Shaffer (Hg.), *Studies in Mother-Child Interaction* (New York, Academic Press, 1977)

18 L. Vygotskij, *Denken und Sprechen*, Berlin 1964

19 E. Hoff Ginsberg, »Methodological and Social Concerns in the Study of Children's Language Learning Environments« in: *First Language*, 12, S. 251–255 (1992)

20 J. Huttenlocher, W. Haight, A. Bryk, M. Selzer u. T. Lyons, »Early Vocabulary Growth« in: *Developmental Psychology*, 27, S. 236–248 (1991)

21 G. Wells u. W. Robinson, »The Role of Adult Speech in Language Development« in: C. Fraser & K. Scherer (Hg.), *The Social Psychology of Language* (Cambridge University Press 1982)

22 M. Tomasello u. J. Todd, »Joint Attention and Lexical Acquisition Style« in: *First Language*, 4, S. 197–212 (1983)

23 A. Fernald u. P. Khul, »Acoustic Determinants of Infants' Preference for Motherese« in: *Infant Behaviour and Development*, 10, S. 279–293 (1987)

24 K. Nelson, »Towards a Rare Event Comparison Theory of Syntax Acquisition« in: P. Dale u. D. Ingram (Hg.), *Child Language – an Interactional Perspective*

(Baltimore MD, University Park Press, 1981)

25 E. Lenneberg, *Biologische Grundlagen der Sprache*, Frankfurt 1972

26 B. Thorpe, *Birdsong – The Biology of Vocal Communication and Expression in Birds* (Cambridge University Press, 1961)

27 J. Law, *The Early Identification of Language Disabled Children* (London, Chapman and Hall, 1989)

28 M. Sheridan, »Children of Seven Years With Marked Speech Defects« in: *British Journal of Disorders of Communication*, 8, S. 1–8 (1973)

29 M. Bax, H. Hart u. S. Jenkins, »The Assessment of Speech and Language Development in Young Children« in: *Paediatrics*, 3, S. 19–26 (1980)

30 P. Macintyre u. R. Umansky, »Speech and Language Screenings as Predictors of Communicative Problems in Young Children« in: *Folio Phoniatrica*, 35, Nr. 3–4 (1983)

31 L. Bliss u. D. Allen, »Screening Kit of Language Development« in: *Journal of Communication Disorders*, 17, S. 133–141 (1984)

32 M. Nash im *Time Magazine* (24. Februar 1997) berichtet über Arbeiten von Forschern: Baylor College of Medicine Houston, Harry Chugain – Wayne State University Belmont, Corey Goodman & Carla Shatz – University of California Berkeley, Stanley Greenspan – George Washington University, Eric Kandel – Columbia University

33 J. Cooper, M. Moodley u. J. Reynell, *Helping Language Development* (London, Edward Arnold, 1978)

Von der Geburt bis zum dritten Lebensmonat

1 B. Stern, B. Beebe, J. Jaffe u. S. Bennet, »The Infant's Stimulus World During Social Interaction« in: H.R. Shaffer (Hg.), *Studies in Mother-Child Interaction* (London, Academic Press, 1977)

2 A. Slater, D. Rose u. V. Morison, »Newborn Infants' Perception of Similarities and Differences Between Two and Three Dimensional Stimuli« in: *British Journal of Developmental Psychology*, 2, S. 287–294 (1984)

3 R. Fantz, »Pattern Discrimination and Selective Attention as Determinants of Perceptual Development From Birth« in: A. Kidd & J. Rivoire (Hg.), *Perceptual Development in Children* (New York, International Universities Press 1966)

4 E. Melhuish, »Visual Attention to Mothers' and Strangers' Faces and Facial Contrast in One-month Olds« in: *Developmental Psychology*, 18, S. 299–331

5 I. Bushnell, F. Sai u. J. Mullin, »Neonatal Recognition of Mother's Face« in: *British Journal of Developmental Psychology*, 7, S. 3–15 (1989)

6 B. Berthenthal, D. Profitt, N. Spetner u. M. Thomas, »The Development of Infant Sensitivity to Biomechanical Motions« in: *Child Development*, 56, S. 531–543 (1985)

7 A. Melfzoff u. K. Moore, »Newborn Infants Imitate Adult Facial Gestures« in: *Child Development*, 54, S. 702–709 (1983)

8 A. Melfzoff u. A. Goprick, »The Role of Imitation in Understanding Persons and Developing a Theory of Mind« in: S. Baron-Cohen, H. Tager-Flushberg u. D. Cohen (Hg.), *Understanding Other Minds – Perspectives From Autism* (Oxford University Press, 1993)

9 L. Camras, C. Malatesta u. C. Izard, »The Development of Facial Expression in Infancy« in: R. Feldman u. B. Rime (Hg.), *Fundamentals of Nonverbal Behaviour* (New York, Cambridge University Press, 1991)

10 T. M. Field, R. Woodson u. C. Cohen, »Discrimination and Imitation of Facial Expressions by Neonates« in: *Science*, 218, S. 179–181 (1982)

11 G. Bremner, »Object Tracking and Search in Infancy« in: *Developmental Review*, 5, S. 371–396 (1985)

12 A. Slater, V. Morrison, C. Town u. D. Rose, »Movement Identity and Identity: Constancy in the Newborn Baby« in: *British Journal of Developmental Psychology*, 3, S. 211–220 (1985)

13 A. DeCasper u. W. Fifer, »On Human
Bonding« in: *Science*, 208, S. 1174–1176
(1980)

14 A. DeCasper u. W. Fifer, »On Human
Bonding« in: *Science*, 208, S. 1174–1176
(1980)

15 R. Aslin, »Visual and Auditory Develop-
ment in Infancy« in: J. D. Osofsky (Hg.),
Handbook of Infant Development (New
York, Wiley, 1987)

16 W. Fifer u. C. Moon, »Psychobiology of
Human Newborn Preferences« in: *Semi-
nars in Perinatology*, 13, S. 430–433 (1989)

17 D. Messer, *The Development of Communication* (Chichester, Wiley, 1994)

18 R. Cooper u. R. Aslin, »Preference for
Child Directed Speech in the First Month
After Birth« in: *Child Development*, 61,
S. 1584–1595 (1990)

19 P. Hepper, »An Examination of Fetal
Learning Before and After Birth« in:
Irish Journal of Psychology, 12, S. 95–107
(1991)

20 C. Trevarthen, »A Descriptive Analysis of
Infant Communicative Behaviour« in:
H. R. Shaffer (Hg.), *Studies in Mother-
Infant Interaction*, S. 227–270 (London,
Academic Press, 1977)

21 P. Eimas, E. Sequeland, P. Jusczyk u. J.
Vigorito, »Speech Perception in Infants«
in: *Science*, 171, S. 303–306 (1971)

22 L. Camras, C. Malatesta u. C. Izard,
»The Development of Facial Expression
in Infancy« in: R. Feldman u. B. Rime
(Hg.), *Fundamentals of Nonverbal Beha-
viour* (New York, Cambridge University
Press, 1991)

23 P. Slater, »Visual Perceptual Abilities at
Birth« in: B. de Boysson-Bardies, S. de
Sconen, P. Jusczyk, P. McNeilage u. J.
Morton (Hg.), *Developmental Neurecog-
nition – Speech and Face Processing in the
First Year of Life* (Dordrecht Boston,
1993)

24 G. Bremner, »Object Tracking and Search
in Infancy« in: *Developmental Review*, 5,
S. 371–396 (1985)

25 P. Eimas u. P. Quinn, »Studies on the
Formation of Perceptually Based Basic
Level Categories in Young Children« in:
Child Development, 65, S. 903–918 (1994)

26 E. Hoff-Ginsberg, »Methodological and
Social Concerns in the Study of Children's Language Learning Environments« in: *First Language*, 12, S. 251–255
(1992)

27 J. Huttenlocher, W. Haight, A. Bryk, M.
Selzer u. T. Lyons, »Early Vocabulary
Growth: Relationship to Language Input
and Gender« in: *Developmental Psychology*, 27, S. 236–248 (1991)

28 E. Bates, I. Brotherton u. L. Snyder, *From
First Words to Grammar* (Cambridge
University Press, 1988)

29 D. Messer, *The Development of Communication* (Chichester, Wiley, 1994)

Drei bis sechs Monate

1 G. Bremner, »Object Tracking and Search
in Infancy« in: *Developmental Review*, 5,
S. 371–396 (1985)

2 M. Ruddy u. M. Bornstein, »Cognitive
Correlates of Infant Attention and Maternal Stimuli Over the First Year of Life«
in: *Child Development*, 82, S. 53–183

3 M. Ruddy u. M. Bornstein, »Cognitive
Correlates of Infant Attention and Maternal Stimuli Over the First Year of Life«
in: *Child Development*, 82, S. 53–183

4 K. Bzoch u. R. League, *Receptive-Expressive Emergent Language Scales* (Pro-Ed
Inc, 1991)

5 K. Hirsch-Pasek, E. Kemler, D. Nelson,
P. Jusczyk, K. Cassidy, D. Benjamin u.
L. Kennedy, »Clauses are Perceptual
Units for Children« in: *Cognition*, 26,
S. 269–286 (1987)

6 D. Hay, A. Nash u. J. Pederson, »Interactions Between Six-month Old Peers« in:
Child Development, 54, S. 557–562 (1983)

7 M. Ruddy u. M. Bornstein, »Cognitive
Correlates of Infant Attention and Maternal Stimuli Over the First Year of Life«
in: *Child Development*, 82, S. 53–183

8 A. Fernald u. P. Khul, »Acoustic Determinants of Infants' Preference for Motherese« in: *Infant Behaviour and Development*, 10, S. 279–293 (1987)

9 J. Werker u. P. McLeod, »Infant Preference for Both Male and Female Infant Directed Talk« in: *Canadian J Psychology*,
43, S. 230–246 (1989)

10 A. Fernald, »Four-month-olds Prefer to Listen to Motherese« in: *Infant Behaviour and Development*, 8, S. 181–195

11 M. Papousiek, M. Bornstein u. I. Nuzzo, »Infant Responses to Prototypical Melodic Contours in Parental Speech« in: *Infant Behaviour and Development*, 13, S. 539–545

12 J. Ryther-Duncan, D. Scheumeman, J. Bradley, M. Jensen, D. Hansen u. P. Kaplan, »Infant Versus Adult Directed Speech as Signals for Faces«, Poster at Biennial Meeting of SRCD New Orleans (1993)

Sechs bis neun Monate

1 K. Bzoch u. R. League, Receptive-Expressive Emergent Language Scales, (Pro-Ed Inc, 1991)

2 S. Bochner, »The Development of Vocalisation of Handicapped Children in a Hospital Setting« in: Australian and New Zealand Journal of Developmental Disabilities, 12, S. 55–63 (1986)

3 K. Bzoch u. R. League, Receptive-Expressive Emergent Language Scales (Pro-Ed Inc, 1991)

4 J. Bruner, Child's Talk: Learning to Use Language (New York, Norton, 1983)

5 C. Trevarthen, »Communication and Cooperation in Early Infancy« in: M. Bullowa (Hg.), Before Speech (Cambridge University Press)

6 D. Messer, The Development of Communication (Chichester, Wiley, 1994)

7 M. Turvey, R. Shaw u. W. Mace, »Issues in the Theory of Action« in: J. Requin (Hg.), Attention and Performance, 7, S. 557–595 (Hillsdale, New Jersey Lawrence Erlbaum Associates Inc., 1978)

8 R. Baillergeon, »The Object-Concept Revisited« in: C. Gramrud (Hg.), Visual Perception and Cognition in Infancy (Hillsdale, New Jersey Lawrence Erlbaum Associates Inc., 1993)

9 E. Lenneberg, The Biological Foundations of Language (New York, Wiley, 1967)

10 C. Murphy u. D. Messer, »Mothers, Infants and Pointing« in: H.R. Shaffer (Hg.), Studies in Mother-Infant Interaction, (London, Academic Press, 1977)

11 J. Mandler, P. Bauer, L. McDonagh, »Separating the Sheep From the Goats« in: Cognitive Psychology, 23, S. 263–298 (1991)

12 R. Griffiths, Griffiths Entwicklungsskalen (GES) zur Beurteilung der Entwicklung in den beiden ersten Lebensjahren, Weinheim 1983

13 G. Collis, »Visual Co-orientation and Maternal Speech« in: H.R. Shaffer (Hg.), Studies in Mother-Infant Interaction (London, Academic Press, 1977)

14 K. Bzoch u. R. League, Receptive-Expressive Emergent Language Scales (Pro-Ed Inc, 1991)

15 C. Trevarthen, »The Development of Intersubjective Motor Control in Infants« in: M.G. Wade (Hg.) Motor Development in Children (Dordrecht Martinus Nyhof, 1986)

16 C. Trevarthen, »Communication and Cooperation in Early Infancy« in: M. Bullowa (Hg.), Before Speech (Cambridge University Press)

17 A. Nelson, »Constraints on Word Learning?«, in: Cognitive Development, 3, S. 221–246 (1988)

18 K. Clarke-Stewart, »Interaction Between Mothers and Young Children« in: Monographs of the Society for Research in Child Development, Nr. 153, Bd. 38, S. 96–97 (1973)

Neun bis zwölf Monate

1 M. Carpenter, K. Nagell u. M. Tomasello, »Social Cognition, Joint Attention and Communicative competence from Nine to Fifteen Months« in: Monographs of the Society for Research in Child Development, 4, Nr. 255 (1998)

2 K. Nelson, »Structure and Strategy in Learning to Talk« in: Monographs of the Society for Research in Child Development, 38,1–2, Nr. 149 (1973)

3 S. Ward, »The Predictive Accuracy and Validity of a Screening Test for Language Delay and Auditory Perceptual Disorder« in: European Journal of Disorders of Communication, 27, S. 55–72 (1992)

4 C. Trevarthen, »Signs Before Speech« in: T.A. Sebeok u. Umiker-Sebeok (Hg.), The Semiotic Web (Berlin, Amsterdam, Mouton de Gruyter, 1990)

5 K. Bzoch u. R. League, Receptive-Expressive Emergent Language Scales, (Pro-Ed Inc, 1991)

6 J. Cooper, M. Moodley u. J. Reynell, Helping Language Development (London, Edward Arnold, 1978)

7 M. Adamson u. T. Bakeman, »Affect and Attention: Infants Observed With Mothers and Peers« in: Child Development, 56, S. 582–593 (1985)

8 D. Hay u. H. Posse, »The Social Nature of Early Conflict« in: Child Development, 53, S. 105–113 (1982)

9 S. Pinker, The Language Instinct: The New Science of Language and Mind (London, Penguin, 1994)

10 J. Bruner, »Early Social Interactions and Language Acquisition« in: H.R. Shaffer (Hg.), Studies in Mother-Child Interaction, (London, Academic Press, 1977)

11 Kaye, The Mental and Social Life of Babies, (University of Chicago Press, 1982)

12 E. Hoff Ginsberg, »Methodological and Social Concerns in the Study of Children's Language Learning Environments«, in: First Language, 12, S. 251–255 (1992)

13 K. Nelson, Making Sense: the Acquisition of Shared Meaning, New York 1985

14 C. Snow, R. Perlman u. P. Nathan, »Why Routines are Different« in: K. Nelson u. A. Kleek (Hg.), Children's Language, 6 (Hillsdale, New Jersey Lawrence Erlbaum Associates Inc., 1987)

15 G. Wells u. W. Robinson, »The Role of Adult Speech in Child Development« in: C. Fraser u. K. Scherer (Hg.), The Social Psychology of Language (Cambridge University Press, 1982)

16 M. Tomasello u. Farrer, »Joint Attention and Early Language« in: Child Development, 57, S. 1454–1463 (1986)

17 L. Baumwell, C. Tamis-Lemanda, R. Kahana-Kalman u. J. McClune, »Maternal Responsiveness and Infant Language Comprehension«, SRCD Conference New Orleans (1993)

18 M. Tomasello u. J. Todd, »Joint Attention and Lexical Acquisition Style« in: First Language, 7, S. 197–212

19 M. Carpenter, K. Nagell u. M. Tomasello, »Social Cognition, Joint Attention and Communicative Competence from Nine to Fifteen Months« in: Monographs of the Society for Research in Child Development, 4, Nr. 255.

20 M. Tomasello u. J. Todd, »Joint Attention and Lexical Acquisition Style« in: First Language, 7, S. 197–212

21 V. Reddy, D. Hay, I. Murray u. C. Trevarthen, »Communication in Infancy« in: G. Bremner, A. Slater u. G. Butterworth (Hg.), Infant Development – Recent Advances (Psychological Press, Taylor & Francis, 1997)

Zwölf bis sechzehn Monate

1 J. Huttenlocher, »Origins of Language Comprehension« in: R. Solso (Hg.), Theories in Cognitive Psychology (Loyola Symposium Potomac MD Erlbaum, 1974)

2 K. Nelson, Making Sense: the Acquisition of Shared Meaning (New York, Academic Press, 1985)

3 D. Furrow, K. Nelson u. H. Benedict, »Mother's Speech to Children and Syntactic Development: Some Simple Relationships« in: Journal of Child Language, 6, S. 423–442 (1979)

4 J. Cooper, M. Moodley u. J. Reynell, Helping Language Development (London, Edward Arnold, 1978)

5 M. Beeghley, »Parent Infant Play« in: K. Macdonald (Hg.), Parent Child Play (State University of New York Press, 1993)

6 K. Bzoch u. R. League, Receptive-Expressive Emergent Language Scales (Pro-Ed Inc, 1991)

7 J. Mandler, »The Development of Categorisation: Perceptual and Conceptual Categories« in: G. Bremner, A. Slater u. G. Butterworth (Hg.), Infant Development: Recent Advances (Psychological Press, Taylor & Francis, 1997)

8 M. Beeghley, »Parent Infant Play« in:
   K. Macdonald (Hg.), *Parent Child Play*
   (State University of New York Press,
   1993)
9 C. Snow, A. Arlmann-Rupp, Y. Hassin,
   J. Jobse, J. Jooten u. J. Vorster, »Mothers'
   Speech in Three Social Classes« in: *Journal of Psycholinguistic Research*, 5, S. 1–20
   (1976)
10 J. Sachs u. M. Johnson, »Language Development in a Hearing Child of Deaf
   Parents«, International Symposium on
   First Language Acquisition, Florenz,
   Italien (1972)
11 M. Tomasello u. J. Todd, »Joint Attention
   and Lexical Acquisition Style« in: *First
   Language*, 4, S. 197–212 (1983)
12 M. Della Court u. B. P. Keene, »The Relationship Between Pragmatic Dimensions
   of Mothers' Speech to the Referential-
   Expressive Distinction« in: *Journal of
   Child Language*, 10, S. 35–44 (1983)
13 D. Furrow, K. Nelson u. H. Benedict,
   »Mothers' Speech to Children and Syntactic Development« in: *Journal of Child
   Language*, 6, S. 423–442 (1979)
14 M. Beeghley, »Parent Infant Play« in:
   K. Macdonald (Hg.), *Parent Child Play*
   (State University of New York Press,
   1993)

Sechzehn bis zwanzig Monate

1 J. Huttenlocher, W. Haight, A. Bryk,
   M. Selzer u. T. Lyons, »Early Vocabulary
   Growth: Relationship to Language Input
   and Gender« in: *Developmental Psychology*, 27, S. 236–248 (1991)
2 J. Cooper, M. Moodley u. J. Reynell,
   Helping Language Development
   (London, Edward Arnold, 1978)
3 R. Baldwin, »Infants' Contribution to the
   Achievement of Joint Reference« in:
   Child Development, 62, S. 875–890.
4 M. Tomasello u. J. Todd, »Joint Attention
   and Lexical Acquisition Style« in: *First
   Language*, 4, S. 197–212 (1983)
5 P. Dunham, F. Dunham u. A. Curwin,
   »Joint Attention and Lexical Acquisition
   at Eighteen Month« in: *Developmental
   Psychology*, 29, S. 827–831

Zwanzig bis vierundzwanzig Monate

1 K. Bzoch u. R. League, *Receptive-
   Expressive Emergent Language Scales*
   (Pro-Ed Inc, 1991)
2 R. Griffiths, *Griffiths Entwicklungsskalen
   (GES) zur Beurteilung der Entwicklung
   in den beiden ersten Lebensjahren*, Weinheim 1983
3 A. Gesell, *The First Five Years of Life*
   (London, Methuen, 1954)
4 M. Tomasello u. J. Farrer, »Joint Atten-
   tion and Early Language« in: *Child
   Development*, 57, S. 1454–1463
5 N. Cohen u. A. Barwick, Department of
   Research, Hinks Bellcrest Institute,
   University of Toronto
6 L. Gleitman, E. Newport u. H. Gleitman,
   »The Current Status of the Motherese
   Hypothesis« in: *Journal of Child Language*, 11, S. 43–79 (1984)
7 C. Wells, »Adjustments in Adult Child
   Conversation: Some Effects of Inter-
   action« in: H. Giles, W. Robinson u.
   P. Smith (Hg.), *Language; Social and
   Psychological Perspectives* (Oxford,
   Pergamon, 1980)
8 M. J. Farrer, »Discourse and the Acquisi-
   tion of Grammatical Morphemes« in:
   Journal of Child Language, 17, S. 607–623
9 R. Brown u. U. Bellugi, »Three Processes
   Involved in Language Acquisition of Syntax« in: *Harvard Educational Review*, 34,
   S. 133–151 (1964)

Zwei bis zweieinhalb Jahre

1 A. Gesell, *The First Five Years of Life*
   (London, Methuen, 1954)
2 J. Cooper, M. Moodley u. J. Reynell,
   Helping Language Development,
   (London, Edward Arnold, 1977)
3 S. Edwards, P. Fletcher, M. Garman,
   A. Hughes, C. Letts u. I. Sinka, *Reynell
   Developmental Language Scales* (NFER
   Nelson, 1997)
4 R. Brown, *A First Language – the Early
   Stages* (Cambridge, Mass., Harvard
   University Press, 1973)
5 R. McConkey, D. Jeffree, S. Hewson, *Let
   Me Play* (London, Souvenir Press, 1964)

6 R. Battin, »Psychological and Educational Assessment of Children with Language Learning Problems« in: R. Roes u. M. Downs (Hg.), *Auditory Disorders in School Children* (New York, Theime Stratton, 1987)

7 D. Johnson, *Lernschwächen*, Stuttgart 1971

8 D. Cantwell u. I. Baker, »Psychiatric Disorder in Children with Speech and Language Retardation« in: *Archives of General Psychiatry*, 34, S. 583–591 (1977)

9 M. Hadley u. P. Rice, *Journal of Speech and Hearing Research*, 34, S. 1308–1317 (1991)

10 S. Baron-Cohen u. H. Ring, »A Model of the Mind Reading System« in: C. Lewis u. P. Mitchell (Hg.), *Children's Early Understanding of the Mind* (Hove Erlbaum, 1994)

11 N. Cohen u. A. Barwick, Hincks Bellcrest Institute, University of Toronto

12 R. Brown u. V. Bellugi, »Three Processes in Childrens' Acquisition of Syntax« in: *Harvard Educational Review*, 34, S. 133–151 (1964)

13 M. Farrer, »Discourse and the Acquisition of Grammatical Morphemes« in: *Journal of Child Language*, 17, S. 607–624 (1990)

14 C. Wells, »Adjustments in Adult Child Conversation« in: H. Giles, W. Robinson u. P. Smith (Hg.), *Language: Social and Psychological Perspectives*, (Oxford, Pergamon, 1980)

Zweieinhalb bis drei Jahre

1 J. Cooper, M. Moodley u. J. Reynell, *Helping Language Development* (London, Edward Arnold, 1978)

2 S. Edwards, P. Fletcher, M. Garman, A. Hughes, C. Letts u. I. Sinka, *Reynell Developmental Language Scales* (NFER Nelson, 1997)

3 K. Bzoch u. R. League, *Receptive-Expressive Emergent Language Scales* (Pro-Ed Inc, 1991)

4 R. Griffiths, *Griffiths Entwicklungsskalen (GES) zur Beurteilung der Entwicklung in den beiden ersten Lebensjahren*, Weinheim 1983

5 P. Levenstein u. J. O'Hara, »The Necessary Lightness of Mother Child Play« in: K. Macdonald (Hg.), *Parent Child Play: Descriptions and Implications* (State University of New York Press, 1993)

6 M. Barton u. M. Tomasello, »Joint Attention and Conversation in Mother-Infant Sibling Triads« in: *Child Development*, 62, S. 517–529 (1991)

Drei bis vier Jahre

1 J. Cooper, M. Moodley u. J. Reynell, *Helping Language Development* (London, Edward Arnold, 1978)

2 L. M. Dunn, L. M. Dunn u. C. Whetton mit D. Pintilie, *British Picture Vocabulary Test* (NFER Nelson, 1982)

3 R. McConkey, D. Jeffree u. S. Hewson, *Let Me Play* (London, Souvenir Press, 1964)

4 J. Singer u. D. Singer, »Combinatorial Play, Conceptual Development and Early Multi-Word Speech« in: *American Psychologist*, 2, S. 184–190 (1990)

5 M. Tomasello, *Joint Attention as Social Cognition: Origins and Role in Development* (Hillsdale NJ Erlbaum, 1995)

6 P. Levenstein, »Cognitive Growth in Preschool Children Through Verbal Interaction with Mothers« in: *Journal of Orthopsychiatry*, 40, S. 426–432 (1970)

7 M. Bornstein, »Maternal Responsiveness; Characteristics and Consequences« in: *New Directions for Child Development*, 43 (1989)

8 H. Gottfried u. I. Caldwell (Hg.), *Play Interaction* (Lexington Mass., Lexington Books)

9 D. Singer u. J. Singer, *The House of Make-Believe* (Harvard University Press, 1990)

Jetzt ist Ihr Kind vier Jahre alt

1 J. Cooper, M. Moodley u. J. Reynell, *Helping Language Development* (London, Edward Arnold, 1978)

Literatur

Sprache

E. Lenneberg, *Biologische Grundlagen der Sprache*, Frankfurt 1972

S. Pinker, *Language Development and Language Learnability* (Cambridge Mass., MIT Press, 1984)

N. Chomsky, *Aspects of the Development of Syntax* (Cambridge Mass., MIT Press, 1965)

G. Altmann, *The Ascent of Babel* (Oxford University Press, 1997)

D. Crystal (Hg.), *The Cambridge Encyclopaedia of Language* (Cambridge University Press, 1997)

S. Pinker, *Der Sprachinstinkt*, München 1996

Sprachentwicklung

C. Snow u. C. Ferguson (Hg.), *Talking to Children* (Cambridge University Press, 1977)

J. Bloom, *Stability and Change in Human Characteristics* (New York, Wiley, 1964)

H. R. Shaffer (Hg.), *Studies in Mother-Child Interaction* (London, Academic Press, 1977)

C. Gallaway u. B. Richards (Hg.), *Input and Interaction in Language Acquisition* (Cambridge University Press, 1994)

D. Messer, *The Development of Communication* (Chichester, Wiley, 1994)

E. Bates, I. Brotherton u. L. Snyder, *From First Words to Grammar* (Cambridge University Press, 1988)

K. Nelson, *Making Sense: the Acquisition of Shared Meaning*, New York 1985

M. Bullowa (Hg.), *Before Speech* (Cambridge University Press, 1979)

J. Bruner, *Wie das Kind sprechen lernt*, Bern, Stuttgart, Toronto 1987

Kaye, *The Mental and Social Life of Babies* (University of Chicago Press, 1982)

S. Bochner, P. Price u. J. Jones, *Child Language Development* (London, Whurr, 1997)

Wahrnehmung und Entwicklung bei Säuglingen

J. D. Osofsky (Hg.), *Handbook of Infant Development* (New York, Wiley, 1987)

C. Gramrud (Hg.), *Visual Perception and Cognition in Infancy* (1985)

J. Mehler u. E. Dupoux, *What Infants Know: the New Cognitive Science of Infant Behaviour* (Cambridge Mass., Blackwell, 1994)

R. Feldman u. B. Rune (Hg.), *Fundamentals of Human Behaviour* (New York, Cambridge University Press, 1985)

R. Griffiths, *Griffiths Entwicklungsskalen (GES) zur Beurteilung der Entwicklung in den beiden ersten Lebensjahren*, Weinheim 1983

C. Bremner, A. Slater u. L. Butterworth, *Infant Development: Recent Advances* (Psychological Press, Taylor & Francis, 1997)

A. Gesell, *The First Five Years of Life* (London, Methuen, 1966)

P. Mussen (Hg.), *Carmichael's Manual of Child Psychology* (New York, Wiley, 1989)

Spielen

D. Singer u. J. Singer, *The House of Make-Believe* (Harvard University Press, 1990)

E. Matterson, *Play with a Purpose for the Under Sevens* (dritte Aufl.) (London, Penguin, 1989)

K. Macdonald (Hg.), *Parent-Child Play* (State University of New York Press, 1993)

R. McConkey, D. Jeffree u. S. Hewson, *Let Me Play* (London, Souvenir Press, 1964)